本书由首都师范大学历史学院提供出版资助
主办：中华炎黄文化研究会童蒙文化研究分会
　　　首都师范大学中国童蒙文化研究中心

童蒙文化研究

（第六卷）

TONGMENG WENHUA YANJIU

主　编　金滢坤
副主编　江露露

人民出版社

目　录

论　文

博士生论坛

综述与资讯

论　文

中国古代童蒙教育在传统传承中的作用

郭　娅*

摘要： 童蒙教育在中国有着悠久的历史，自周秦始直至中华人民共和国建立之初，童蒙教育以其广泛的教育对象、丰富的教育内容及多彩的教育方式在传递、延续中国文化传统的过程中起着重要的作用。首先，中国古代童蒙教育是中国文化大系列中延续文化传统的重要媒介。其次，中国古代童蒙教育是中国古代优秀文化传统得以保存的良好温床。再次，中国古代童蒙教育是促进中华民族文化传统不断更新和变革的催化剂。一个民族的文化传统正是在传递、继承、选择和变革中不断得以升华，这其中童蒙教育的作用是不可忽视的。

关键词： 童蒙教育；传统；传承；中国古代

"传统"这一在人类生活中司空见惯的概念，像幽灵一样，在世界各地区、各民族中游荡，它无声无息，却无处不在，无时不有，无孔不入。在人类的日常生活中，人们总是会时时感觉到它的存在，并自觉不自觉地接受着它的制约和支配。传统就像人的影子一样，时时依附着人类，想摆脱，却永远无法摆脱，可以这样说，没有传统人类就无法生存。但是传统的延续及其对后世的影响，往往是通过教育得以实现的。

* 作者简介：郭娅，湖北大学历史文化学院教授，主要研究方向为中国近现代史、中国教育史。

一、传统与教育

关于传统，历来解释不尽相同。中国古代的甲骨文和金文中的"传"字与"遽"互训，其基本的意思是"传车驿马之名"①，指驿站上所备的车马，以便急速传递信息而用。这里的"传"字包含了一站传一站的意思，其后又将"传"字的"一站传一站"意思引申为"传授"。这时"传"字中的相传、继续的意义更为明显。唐代陆德明在《经典释义》中明确地将"传"字解释为"相传继续"②，从此"传"字的前人传后人，代代相传的含义就流传至今了。

所谓"统"，本义是茧的头绪，清代的段玉裁在其《说文解字注》曰："众丝皆得其首，是为'统'。"③ 后被"引申为万有总束为一个根本，名一统"④。这里的一统又可以被解释为一脉相承或世代相继的系统。

"传统"二字由单一的两个概念结合成一个概念，大体上始于《后汉书·东夷传》，这时的"传统"取了"传"字相传、继承之义和"统"字世代相承之义，形成了中国古典的"传统"的含义，即是"指历代延传下来的、具有根本性模型、模式、准则的总和。"⑤

西方的传统（tradition）是从拉丁文"traditum"逐渐演变过来的，它的基本含义为"从过去延传到现在的事物"⑥。美国著名社会学家爱德华·希尔斯《论传统》一书的译序中称：凡是"延传三代以上的、被人类赋予价值和意义的事物都可以看作是传统，它们包括物质产品，关于事物的观念思想，对人物、事件、习俗和体制的认识……'传统'一词还有一种更特殊的内

---

① （唐）陆德明：《经典释义》卷 26，清抱经常丛书本，转引自中国基本古籍库。
② （清）桂馥：《说文解字义证》卷 13，清同治刻本，转引自中国基本古籍库。
③ （清）段玉裁：《说文解字注》卷 13，上海古籍出版社 1988 年版，第 645 页。
④ 张立文：《传统学引论：中国传统文化的多维反思》，中国人民大学出版社 1989 年版，第 3 页。
⑤ 张立文：《传统学引论：中国传统文化的多维反思》，第 3 页。
⑥ 杨小京：《传统文化与素质教育研究》，吉林人民出版社 2019 年版，第 2 页。

涵，即指一条世代相传的事物之变体链，也就是说，围绕一个或几个被接受的延传的主题而形成的不同变体的一条时间链。这样，一种宗教信仰、一种哲学思想、一种艺术风格、一种社会制度，在其代代相传的过程中既发生了种种变异，又保持了某些共同的主题，共同的渊源，相近的表现方式和出发点，从而它们的各种变体之间仍有一条共同的链锁联结其间"，为此，"传统是一个社会的文化遗产，是人类过去所创造的种种制度、信仰、价值观和行为方式等构成的表意象征；它使代与代之间，一个历史阶段与另一历史阶段之间保持了某种连续性和同一性，构成了一个社会创造与再创造自己的文化密码，并且给人类生存带来了秩序和意义。"①

从中、西方对于传统内涵的解释中，可以看到，无论是中国还是西方均强调和肯定了传统的世代延传性。正如希尔斯所说的：确定"传统"的决定性标准是看它是否是"人类行为、思想和想象的产物，并且被代代相传"②。由此确定了"传统"延续性和传递性特征。

"传统"的延续与传递有多种途径，如家庭中上一代对下一代的口耳相传、民间习俗等，但最基本、最直接，并最能体现统治者意志的传统传承途径应该是教育。因为教育作为人类特有的有意识培养人的活动，它主要通过向新生一代传授人类社会长期积累起来的生产和生活经验来实现其价值的，教育的主要内容是人类在长期历史发展过程中积累起来的知识财富。这些知识财富中绝大多数是具有继承性的传统。因此，希尔斯指出："教育是维护过去的。教育即传授，而传授意味着延传某些已经获致的东西。认为儿童教育的教育核心不是延传这些东西，这种想法将会破坏社会和文化的延续，因而殃及受教育者。"③希尔斯的说法不仅肯定了教育在传统延续过程中的作用，而且他更强调了向儿童传授知识和文化传统是教育的核心，也是社会和文化得以延续的基础。

教育在延续传统的过程中，不仅延续着知识传统，更主要的是传承着一个民族和国家的社会文化传统。中国是一个有着悠久历史和文化传统的国

---

① [美] E.希尔斯：《论传统》，傅铿、吕乐译，上海人民出版社1991年版，第2—3页。

② [美] E.希尔斯：《论传统》，第15页。

③ [美] E.希尔斯：《论传统》，第240页。

家，在几千年历史文化的发展过程中，其文化传统能够绵延不断，并保持着自己独特的文化和民族特征，除了有其深刻的社会历史原因外，童蒙教育在其中所起的作用是不能忽视的。中国古代童蒙教育不仅担负着开启民智的责任，更大程度上还肩负着传承中华民族文化传统的重要使命。

二、童蒙教育的内涵

《易·序卦》曰："物生必蒙，蒙者，蒙也，物之稚也。"[1] 这里的"蒙"泛指一切幼稚的事物，也可以指万事万物的初成之基。郑玄注曰："蒙，幼小之貌，齐人谓萌为蒙也。……蒙者蒙蒙，物初生形，是其未开著之名也。人幼稚曰童，未冠之称。"[2] 孔颖达《尚书正义》释："童者，未冠之名；童而又小，故为童蒙幼末之称……蒙谓闇昧也，幼童于事多闇昧，是以谓之童蒙焉。"[3] 由此可知，"童蒙"的基本含义有二：一是指幼稚；二是指愚昧无知。由于儿童幼稚无知，就需要对其进行启蒙，谓之"发蒙解惑"。王夫之在《张子正蒙注·序论》中称："蒙者，知之始也。"[4] 故而，中国古代学者强调"蒙以养正"或"养正于蒙"，即要求在儿童智慧的发萌之际，以从前人那里继承的知识、传统对儿童施以正当的教育，以启迪儿童的智慧，培养儿童的品德，使之健康成长。因此，中国古代将这种启迪儿童智慧，培养儿童品德的启蒙教育称为童蒙或蒙养教育。

关于童蒙教育或蒙养教育所涵盖的内容，根据广义和狭义教育概念的区别，在学术界可分为以下几种看法：

第一种观点认为：童蒙教育或蒙养教育，"是指连接小学与学前幼童之间的一种启蒙教育形式，相当于普通小学的初级阶段，但比一般普通小学教

---

[1]　徐寒编译：《四书五经：全新校勘精注今译本》，线装书局 2017 年版，第 217 页。

[2]　（宋）王应麟辑：《周易郑康成注·蒙》，商务印书馆 1936 年版，正文第 5 页。

[3]　（晋）杜预注，（唐）孔颖达正义：《春秋左传正义》卷 13，上海古籍出版社 1990 年版，第 219 页。

[4]　（清）王夫之：《张子正蒙注·序论》，世界书局 1980 年版，第 1 页。

育的含义更为广泛。也包括一般幼童入学前和学校之外，通过各种形式所受到的启蒙教育，是特指在乡校、家庭和社会教育中那部分经过一定组织过程，利用特定的方法和手段所进行的文化、道德启蒙教育"①。这种观点主要是从广义教育概念的角度，将包括学前时期和小学阶段的启蒙教育、家庭教育和社会教育在内的儿童教育，统称为童蒙教育。

第二种观点认为童蒙教育或蒙养教育主要是指"对七八岁至十五六岁儿童的教育"②，这种教育主要"在书馆、乡学、村学、家塾、冬学、义学、社学等名称不同的处所进行"③。这种观点主要依据我国古代对儿童接受学校教育年限的规定，来确定童蒙教育涵盖的内容。《大戴礼记·保傅》篇记载："古者年八岁而出就外舍，学小艺焉，履小节焉；束发而就大学，学大艺焉，履大节焉。"④《汉书·食货志》也有"八岁入小学，学六甲五方书计之事，始知室家长幼之节。十五岁入大学，学先圣礼乐，而知朝廷君臣之礼"的记载。⑤

上述两种观点将一切能对儿童身心产生影响的启蒙教育都称为童蒙或蒙养教育的说法，由于边界不甚清楚，容易陷于庞杂而不易把握；而将童蒙或蒙养教育仅仅局限在学校范围之内，在研究中难免会影响研究问题的全面性，故在此笔者将童蒙或蒙养教育界定为：对学前幼童至十五六岁少年，在家庭、学校（包括书馆、乡学、村学、家塾、冬学、义学、社学、私塾等形式）和社会中经过一定组织过程，利用特定的方法和手段进行的文化启蒙和道德启蒙教育。

童蒙教育在中国有着悠久的历史，自周秦始，宫廷、贵族之家的儿童出生以后，就开始接受"保傅之教"，七八岁以后，"出就外傅"接受蒙养教育。汉唐时期，童蒙教育的实施，已基本趋于成熟，并被推广于宫廷和达官贵人家庭中，以及少数平民子弟的教育中。宋代以后，在教育庶民化趋势的

---

① 乔卫平：《中国宋辽金夏教育史》，人民出版社1994年版，第65页。

② 毛礼锐、沈灌群：《中国教育通史》第3卷，山东教育出版社1987年版，第43页。

③ 徐梓主编：《蒙学歌诗》代序，山西教育出版社1991年版，第1页。

④ 黄怀信主撰：《大戴礼记汇校集注》（上），三秦出版社2004年版，第407页。

⑤ 王雷鸣编注：《历代食货志注释》第1册，农业出版社1984年版，第66页。

影响下，童蒙教育开始面向一般庶民子弟，并在教育目的、教育内容和教育方法上形成了与前代不同的特点，使宋代成为中国古代童蒙教育发展过程中的历史转折期。宋代以后随着蒙学数量的不断增加和蒙养教育对象的不断扩大，童蒙教育延续传统的作用日益凸显，并逐渐承担起传承中国古代文化传统、变革传统的重要使命。

三、童蒙教育在传统传承中的作用

童蒙教育作为中国古代社会普及面最广的教育，它不仅反映了当时社会的教育状况，透过童蒙教育我们能够看到当时人们的社会心态、文化心理、生活习惯、道德风貌以及民众性情等。周谷城先生在为《传统蒙学丛书》所作的《序言》中指出："我们研究文化史，应当着眼全民族和各阶层人民文化的演进，着眼以往各时各地社会上多数人的文化状况。所以，研究唐五代文化，除了《北堂书钞》《监本九经》，还不妨研究研究今存《兔园册》残篇；研究宋文化，除了《困学纪闻》《剑南诗稿》，也不妨研究研究《三字经》和《百家姓》。"[1] 因为"当时普通人所受的教育，以及他们通过教育而形成的自然观、神道观、伦理观、道德观、价值观、历史观，在这类书中，确实要比在专属文人学士的书中，有更加充分而鲜明的反映。"[2] 的确，透过中国古代童蒙教育的历史长镜头，我们不仅可以了解古人乃至于我们自己是怎样被熏陶出来的，而且我们也可以从古代，尤其是从宋代以后普及于"田夫牧子"和"村姑里妇"的童蒙教育中，看到当时人们的社会心态、文化心理、生活习惯、道德风貌以及民众性情等。1938年，鲁迅在《申报·自由谈》上发表了题为《我们怎样教育儿童的》一文，强调："中国要作家，要'文豪'，但也要真正的学究。倘使有人作一部历史，将中国历来教育儿童的方法，用书，作一个明确的记录，给人明白我们的古人以至我们，是怎

---

[1]　喻岳衡主编：《传统蒙学书集成》代序，岳麓书社1996年版，第1页。

[2]　喻岳衡主编：《传统蒙学书集成》代序，第1页。

样的被熏陶下来的，则其功德，当不在禹下。"① 童蒙教育作为传统文化的重要载体，它不仅通过各种形式，对儿童进行初步的伦理道德训练和基本的文化知识的教学，更重要的是它将中国传统政治、伦理观念和士大夫所应掌握的各类知识贯穿于童蒙教育之中，发挥了巨大的文化传统传承的作用。主要表现在以下几个方面。

（一）中国古代童蒙教育是中国文化大系列中延续文化传统的重要媒介

中国古代童蒙教育的基本目标和主要内容是对儿童进行基础文化知识传授和伦理道德训练，它不仅仅指一般意义上的学校教育，而是一种比学校教育更广泛的教育，相较于狭义的学校教育而言，童蒙教育有以下几方面的特点：

第一，中国古代的童蒙教育是一种涵盖面比学校教育更加广泛的社会教化系统。童蒙教育不仅指狭义的学校教育，更主要的是指具有更广泛意义的家庭、社会教化系统。"就学校教育而言，除了有专门为皇室、贵族子弟设立的宗学、诸王宫学、内小学等贵胄性质的学校和由官方设立并管辖的国立、地方小学以外，还有大量的为广大中下层知识分子和普通百姓子弟设立的，包括私塾、义学（义塾）、家塾、村塾、冬学在内的各种私学。"② 此外，家庭教育及以"宗约""义约"和族规为表现形式的社会教化系统也是童蒙教育最重要的途径。在家庭教育中，由父母或塾师担任教师对子弟进行启蒙教育以外，更主要的是家长通过自己对人生经验的总结，对子弟进行如读书、处世、择友、从师、勤俭持家等家族传统教育。与此同时，为了约束族人，中国古代社会还出现了利用宗法关系团结教育族人的"宗约""义约""族规"等社会教化形式。这一由学校、家庭和社会教化构成的多管齐下的童蒙教育系统，为文化传统的传承提供了重要的途径。

第二，中国古代童蒙教育相对学校教育而言具有教育对象大众化的倾向。中国古代童蒙教育对象不仅包括皇亲贵戚的子弟，而且包括广大庶民的

---

① 鲁迅：《鲁迅全集》第 5 卷，人民文学出版社 1961 年版，第 204—205 页。

② 郭娅：《试论宋代童蒙教育的大众化》，《光明日报·理论周刊》2006 年 10 月 9 日。

子弟。尤其是宋代以后，随着教育大众化趋势的形成，其教育对象"除了赵宋宗室子孙和一般官僚地主家庭的子弟以外，相当一部分是出身于平民的农家子弟，如北宋'世为农家，九岁能文'的王俦和'眉山农家也，少从士大夫读书'的巢谷等。即使地位比较低下的'负担之夫'，尽管只能'日求升合之粟，以活妻儿'，勉强维持温饱，但为了'奖励厥子读书识字，有所进益，'也会节衣缩食'令厥子入学'。此外，历来位居四民之末的商人也非常重视对其子弟的教育。如饶州帽匠吴翁由于'日与诸生接，观其济济，心慕焉'，于是'教子任钧读书'。"① 一时间，农工商各教子读书成为宋代社会的一道独特风景。教育对象的大众化使中国古代社会传统文化的传承具有了更广泛的社会基础。

第三，中国古代童蒙教育内容相比官学广泛得多，它不仅要对村夫牧子和平民百姓进行基础的识字教育，更主要的是通过广泛传播中国传统文化中被统治者所推崇的，被百姓生活所认同的伦理道德观念，以形成普通民众的自然观、神道观、伦理观、价值观、历史观等，进而达到"化民成俗"的最终目的。

朱熹认为："古者小学，教人以洒扫应对进退之节，爱亲敬长，隆师亲友之道，皆所以为修身齐家治国平天下之本；而必使其讲而习之于幼稚之时，欲其习与智长，化与心成，而无扞格不胜之患也。"② 王守仁则更明确地提出："古之教者，教以人伦，后世记诵词章之习起，而先王之教亡。今教童子，惟当以孝、弟、忠、信、礼、义、廉、耻为专务；其栽培涵养之方，对宜诱之诗歌以发其志意；导之习礼以肃其威仪；讽之读书以开其知觉。"③ 正是基于童蒙教育的这种功能，中国古代，尤其是宋代以后，许多思想家、教育家积极参与童蒙教育活动，将中国传统的伦理道德观念和日常生活常识、自然常识及历史知识融会贯穿于各类童蒙教材之中，通过童蒙教育这一途径，使"上至天文，下知地理，中及人事，岁时节令，帝王朝廷，文臣武

---

① 郭娅：《试论宋代童蒙教育的大众化》，《光明日报·理论周刊》2006 年 10 月 9 日。

② （清）王懋竑撰：《朱子年谱》卷 3，清文渊阁四库全书本，转引自中国基本古籍库。

③ 王守仁撰：《训蒙大意示教刘伯颂等》，转引自邓艾民注《传习录注疏》，上海古籍出版社 2015 年版，第 174 页。

职，文事科明，礼仪乐舞，人伦关系、居处宫室、老幼寿诞、疾病死伤、婚姻嫁娶、饮食服饰、农耕蚕桑、珍宝器用、先道僧释、狐怪鬼神、制作技艺、鸟兽虫鱼和草木蔬果等"知识与传统在通都大邑以至穷乡僻壤不胫而走①，并以通俗易懂的内容、朗朗上口的文句，将高深的"圣经贤传"精义灌输给广大的村夫俗子和黄齿小儿，使封建的伦理说教转化为人们的日常生活规范，从而显示出童蒙教育在中国文化大系列中的文化媒介作用。

（二）中国古代童蒙教育是中国古代优秀文化传统得以保存的良好温床

中国是一个历史悠久，文化灿烂的文明古国。在几千年的历史发展中，积累了丰富的文化遗产，也形成了许多优秀的文化传统。这些文化遗产和文化传统的延续和传承主要依靠的是教育，这是由教育的历史继承性决定的。因为教育是继承人类创造的文化遗产的工具，它通过传递的途径，将人类优秀文化遗产继承下来，加以发扬光大，进而使人类社会能在继承优秀文化传统的基础上不断进步。从这个意义上而言，童蒙教育作为具有社会最广泛基础的教育应该是实现教育历史继承性功能的最基础和最好的温床。

宋代著名思想家、教育家朱熹认为，如果儿童自幼"不习之于小学，则无以收其放心，养其德性"②。"古人由小学而进于大学，其间持守坚定，涵养纯熟固已久矣。是以大学之教，特因小学已成之功。"③ 在这里朱熹将童蒙教育看成是培养圣贤的"胚膜"阶段，在他看来，幼年时期若"持守坚定，涵养纯熟"，根基已深厚，那么大学阶段，只要对其"点出光彩"或稍加"光饰"，就可以使之成为圣贤了。但是对这些"圣贤胚膜"的教育，必须仰仗于人类丰富的文化遗产和优秀的文化传统，为此古代学人花费了大量的精力和财力，编写了大量的童蒙读物，试图通过《三字经》《百家姓》和各类《杂字》等，对一代又一代的中国人进行"人之初，性本善"和"赵钱孙李，周吴郑王"的识字教育和更广泛意义上的伦理道德传统观念的教育。这些教育内容本身就是一个不断吸取传统精华，继承优秀文化传统的过程。

① 徐梓：《蒙学读物的历史透视》，湖北教育出版社1996年版，第239页。

② 朱熹撰：《四书或问·大学或问》卷39，转引自中国基本古籍库清文渊阁四库全书本。

③ （明）丘濬辑：《朱子学的》卷上，转引自中国基本古籍库明正德刻本。

同时通过将这些优秀文化传统传承给这些"圣贤坯模",使其在他们身心中生根发芽,从而实现教育对历史文化传统的传承。从这个意义上说,中国古代童蒙教育是使优秀文化传统和传统文化得以保存的温床。

（三）中国古代童蒙教育是促进中华民族文化传统不断更新并传承的催化剂

没有传统,人类便不能生存,一个没有传统的社会是无法想象的。但是"人类社会保存了许多他们所继承的东西,这不是因为人们热爱这些东西,而是因为他们认识到,没有这些东西他们就不能生存下去。他们没有想象出可以替代它们的东西,如果剥夺掉他们所具有的传统,他们便没有物质资源,也没有知识才能、道德力量和眼光来提供在世界中建设家园所需要的东西。他们接受了过去所给予他们的既定东西,但是他们对所接受的大部分东西并无感激之情"①。因此,他们试图对过去传下来的东西进行合乎其愿望的改造。在希尔斯看来,"传统是不可或缺的;同时它们也很少是完美的。传统的存在本身就决定了人们要改变它们。继承一项传统并依赖于它的人,同时也被迫去修正它"②,由此决定了传统的变革性。

中国古代童蒙教育的重要组成部分是童蒙教材。从古代童蒙教材的发展历程来看,它具有一定的稳定性,同时它的内容和形式也在不断地发生着变化。例如,在中国历史发展过程中流传时间久远,影响范围广泛的《三字经》《百家姓》和《千字文》等一经面世,便在社会上广泛流传,但随着岁月的流逝,其中的一些内容难免过时,以宋代出现的《三字经》为例,它所记载的历史多为宋以前的历史,其中有关宋以后的内容,显然是后人续写的。再如在周兴嗣《千字文》之后又出现了宋人侍其玮的《续千文》和葛刚正的《再续千字文》,清代又有黄祖颙的《别本千字文》《续千字》和《再续千字文》等,这些续作多半是在前人所做的《千字文》的基础上,加入了作者认为重要并与当时时代契合的内容,从而使原编本内容更加充实和完善。

---

① [美] E. 希尔斯:《论传统》,第 285 页。

② [美] E. 希尔斯:《论传统》,第 285 页。

除了续编外，中国历史上还出现过许多利用原名称重编的童蒙教材。这些教材或是利用原编的素材，或是利用原编的形式或体例，完全以全新的面貌出现在世人面前，如《重编百家姓》《百家姓鉴编》《御制百家姓》和《百家姓三编》等。从古代童蒙教材的发展历史来看，"无论是续作增补，还是利用原编的名义、内容和形式进行重编，归结到一点，可以说在蒙学读物的编纂史上，既尊重了传统，但却没有为传统所羁绊，而是发展了传统，革新了传统。"①

中国古代童蒙教材在历史发展过程中不断被更新和变革的同时，它又在最大程度上，以最直接的方式和最快的速度将发展、变革了的传统传递到其教育对象那里，从而使发展和变革了的文化传统能以最直接和最迅速的方式得以传播并被受教育对象所接受。如儒学作为中国古代童蒙教育的主要内容之一，它的发展经历了先秦儒学、两汉经学和宋明理学等几个重要发展阶段，在不同历史时期，儒学的教育内容不尽相同，如两汉时期的儒学童蒙教育读物主要以《孝经》《论语》为主，唐五代时期的"儒家经典传播、影响于民间的基本模式在于：儒家经典的基本原则，首先经过蒙学教材的文字通俗化处理后，变成了日用常行的道理，再经由戏曲的艺术形象化处理后，使日用常行的道理通过典型环境、典型人物表现出来，收到寓教于乐的效果；然后通过故事这一形式的民间口头化处理，把寓教于乐从舞台回到现实，达到家喻户晓；最后经过祠堂、私塾、（贞节）牌坊等乡土建筑的无言的渲染与强化，使儒化教育最终实现其深入人心的社会效应。"② 由此也拉开了中国古代儒学经典教育通俗化的序幕。宋代以后，儒学通俗化的教育内容继续在童蒙教育中显示其重要的功用，但是这一时期，为了进一步强化理学思想，则出现了一批专门传播性理之学的童蒙读物，如《训蒙绝句》（又称《训蒙诗》）《伊洛经义》《毓蒙明训》和《性理字训》等。这些教材主要用来传授"天理流行，赋予万物，是之谓命。人所案受，贤愚厚薄，是之谓分……察乎天理，莫非至善，是之谓性；主乎吾身，统乎性情，是之谓心。感物而

---

① 徐梓：《蒙学读物的历史透视》，第 235—236 页。

② 邓红雷：《论儒家教育的"层次效应"理论及其教育意义》，《江汉论坛》1994 年第 2 期。

动，分乎善恶，是之谓情"等理学基本概念和"天命流行，于穆不已，其赋于人，为性之善，是曰天理；喜怒哀乐，声色臭味，感物而动，易流于私，是曰人欲"① 等理学的基本内涵。这一变化本身说明儒学传统在不同时代是在不断发展、变化的，儒学通过童蒙教育这一途径传递给儿童及下层民众，使得宋代以后的新儒学得到了延续和发展的最大空间，从而也为儒学的进一步深入发展和普及化奠定了基础。上述这一过程，既反映了中国古代童蒙教育在继承和延续儒学传统中发挥的媒介作用，也反映出古代童蒙教育在促进文化传统变迁过程中的催化剂作用。

综上所述，中国古代童蒙教育在其长期的历史发展过程中，既起了延续本民族传统文化的作用，又促进了中国文化传统的变革和发展。然而，童蒙教育对传统的继承不是盲目的，而是有选择性的，即在保存优秀文化传统的同时，童蒙教育在历史发展过程中也在不断地及时对传统进行革新和变革。一个民族的文化及其传统正是在这种继承、选择和变革中不断获得升华，而童蒙教育在其中起着不可忽视的重要作用。

---

① 程若庸：《性理字训》，宋洪、乔桑编《蒙学全书新注》，吉林文史出版社 1991 版，第161、171 页。

先秦神童与童蒙教育*

刘　凯**

摘要：先秦神童传说和传世记载曲折反映出当时的神童形象，相关研究当以传世记载为主，而以神话传说为辅，研究目的非仅考证史料之真假与传说的原型、成色，而是通过对神童事例的解读，明晰先秦童蒙教育文化。先秦时期的神童记述，存在层累构成的痕迹：愈往前，记载愈模糊，且关于童蒙教育的描述，愈偏向于生命的前端，如三代之前的神童，多载其降生异象与早慧；愈往后，始后移至儿童时期，不仅记述翔实，且神童事迹着重于为政治、教化提供服务。"蒲衣八岁而友舜"故事出现于《庄子》中，而其真正丰满立体、符合神童形象的描述则在汉晋时期才完成。《孔子项托相问书》与"两小儿辩日"揭示出非难孔子的神童叙事模式。《史记》所载甘罗事迹成为后世"德才之辩"的先声。先秦神童传说反映出汉以降儒家童蒙教育制度化的逐步确立与增强，构造出一个以儒家孝悌、笃学为中心品德依托的神童群体。

关键词：先秦；神童；童蒙教育；儒家

神童即天赋异禀的特殊儿童群体，圣人、君王和贤良将相在儿童时期多有天赋异禀的记载，三代以来关于神童的相关神话传说和记载成为中国童

---

* 基金项目：2016 年度国家社会科学基金重大项目"中国童蒙文化史研究"（16ZDA121）。

** 作者简介：刘凯，中国社会科学院古代史研究所助理研究员，主要研究方向为魏晋南北朝史、礼制史。

蒙文化的一个特点。先秦神童传说和记载曲折反映出当时的神童形象，也是先秦童蒙文化的一个缩影。先秦的神童主要存在于后世的文献记载与神话传说中，这些记录皆不免有夸大事实的成分。我们对于神童的记载自然以后世文献记载为主，而以神话传说为辅，但其目的，并非仅是考证史料的真假与传说的"原型""成色"，而是通过对神童事例的解读，明晰先秦时期相关的童蒙教育。

囿于史料，有关先秦时期的神童记述，愈往前，而记载愈模糊，而且相关童蒙教育的描述，越偏向于生命的前端，如三代与此前的神童，其文献记述与传说多记载降生时期的神异景象；越往后，相关童蒙教育则开始偏向描述儿童时期的成长，并且记述翔实，同时让神童的故事可以为政治、教化服务。

先秦神童最具代表性的有三人：蒲衣、睪子与项托。明陈士元《汉书注》云："古今幼悟绝伦者有三人：蒲衣八岁而友舜，睪子五岁而赞禹言，项托七岁而为孔子师。"[1] 此外尚有战国末期的甘罗，项托之名便是借其流传；又有"两小儿辩日"非难孔子的故事，以下分别论述。

一、"蒲衣八岁而友舜"故事的层累构成

蒲衣子姓伊，名畴，他最大的名头便是舜之师友。相传他浑浑噩噩，淡泊名利，隐居深山，因常年穿一件蒲草编的粗服，所以被称作蒲衣子。尧闻其贤，登山造访。舜时亦闻其名，欲拜为师，并试图禅位于蒲衣子。《庄子·应帝王》："啮缺问于王倪，四问而四不知。啮缺因跃而大喜，行以告蒲衣子。"成玄英疏："蒲衣子，尧时贤人，年八岁，舜师之，让位不受，即被衣子也。"[2] 成疏将其年龄定为八岁，颇为可疑。设若如其所言，蒲衣子为尧时贤人，八岁时舜要拜他为师，并试图让位于他，则此时已需要完成所谓

---

① 秦始皇兵马俑博物馆《论丛》编委会编：《秦文化论丛》第 14 辑，三秦出版社 2007 年版，第 8 页。

② （清）王先谦撰：《庄子集解》卷 2《应帝王》，中华书局 1987 年版，第 70 页。

"尧舜禅让",若蒲衣子在尧时已有贤名,那他尚不到八岁,舜又要拜师与禅让,可信性极小。成疏中蒲衣子是作为证成舜之贤君形象的配角出现的。至西晋皇普谧作《高士传》时,已将蒲衣子的事迹装点得丰满翔实起来,此时蒲衣子通过一番颇具哲理的话语成为故事的主角:

> 蒲衣子者,舜时贤人也。年八岁而舜师之。啮缺问于王倪,四问而四不知。啮缺因跃而大喜,行以告蒲衣子。蒲衣子曰:"而乃今知之乎?有虞氏不及泰氏,有虞氏其犹藏仁以要人,亦得人矣,而未始出于非人。泰氏其卧徐徐,其觉于于。一以己为马,一以己为牛。其知情信,其德甚真,而未始入于非人也。"后舜让天下于蒲衣子,蒲衣子不受而去,莫知所终。①

皇普谧改变了成玄英"尧时贤人"说,将时间推迟至舜,蒲衣子成为"舜时贤人",由此蒲衣子"年八岁而舜师之",可信性增强。又通过蒲衣子训告啮缺之语,展示其聪慧,为"年八岁而舜师之"提供论据。最末又增加舜让蒲衣子事,已不言其年龄,但"后"字可说明此时已在蒲衣子八岁之后了。最终蒲衣子"不受而去,莫知所终",通过画龙点睛的末句,成功塑造出儒家推崇的"隐士""高士"形象,契合了皇普谧《高士传》主旨,蒲衣子的形象才丰满起来。由此看来,蒲衣子神童传说出现于《庄子》,而其真正丰满立体,符合神童形象,则是汉晋时期才完成。此时期,蒲衣子的神童形象已进入统治阶层的碑文中,由晋左芬《万年公主诔》:"昔蒲衣早智,周晋凤成,咸以岐嶷,名有典经"②,可窥一斑。

罃子的记载很少,《列女传》有"罃子五岁而赞禹言"③记载,此为前引《汉书注》的史料来源。《姓觿》则称罃子便是皋陶,概因古皋、罃相通,故皋陶之后有姓罃者,此说不可确知,不过罃子当是大禹时人,因五岁时"赞禹"而有神童之称。

---

① 皇普谧撰,刘晓东校点:《高士传》,辽宁教育出版社1998年版,第5页。
② (清)孙星衍辑:《续古文苑》卷20,中华书局1985年版,第1183页。
③ (汉)刘向:《古列女传》卷6《齐管姜婧》,中华书局1985年版,第154页。

二、《孔子项托相问书》与非难孔子的神童叙事模式

项托非难孔子之事在民间广为流传。关于项托，自清俞正燮《癸巳存稿》《癸巳类稿》以来，钱穆《项橐考》、刘师培《达巷党人考》等篇章多有关注。① 而自敦煌石室遗书出土《孔子项托相问书》后，王重民《敦煌变文集》以 P3883 号卷子为原卷，以 P3833、P3255、P3754、P3882、S5529、S5674、S5530、S1392、S395、S2941 等十号卷子参校，校订整理出《孔子项托相问书》录文及五十二条校记。② 此外，法国学者苏远鸣（Michel Soymie）亦有校录，所据资料较王重民多一种（P3826）写卷，但此文书残损严重，仅存两行，一行仅有寥寥数字，可提供史料价值有限。③ 敦煌本《孔子项托相问书》较为完整详细地记载了孔子项托相问的故事，且在汉文版外，尚有三种藏文文本，冯蒸、陈践等学者有相关考察。④

《吐鲁番出土文书》第五册刊载了《唐写本孔子与子羽队语杂抄》⑤，杂抄残存内容与《孔子项托相问书》不仅文字内容基本相同，而且所使用的某些俗字也相同或近似，所不同者，仅是用子羽替换了项托。卢善焕认为这两种文书，应是同一作品的传抄本；《孔子项托相问书》的著作时间大约在唐太宗贞观年间，最晚也不迟于高宗龙朔二年。⑥ 李江峰的意见稍有不同，他认为《孔子项托相问书》的最后写定，极有可能在公元 848—936 年这一段大约八十来年的时间内；最少，也在公元 78—936 年这一段一百五十来年的

① 钱穆：《项橐考》，《先秦诸子系年考辨》，商务印书馆 2001 年版，第 62—64 页。刘师培：《达巷党人考》，《刘申叔遗书》，江苏古籍出版社 1997 年版，第 1369 页。

② 王重民等编：《敦煌变文集》卷 3《孔子项托相问书》，人民文学出版社 1957 年版。

③ 参见冯蒸《敦煌藏文本〈孔子项托相问书〉考》，金雅声等主编《敦煌古藏文文献论文集》，上海古籍出版社 2007 年版，第 496—511 页。

④ 陈践：《敦煌古藏文 P.T.992〈孔子项托相问书〉释读》，《中国藏学》2011 年第 3 期。

⑤ 国家文物局古文献研究室等：《吐鲁番出土文书》第 5 册，文物出版社 1983 年版。

⑥ 卢善焕：《敦煌本〈孔子项托相问书〉研究》，《文学遗产》增刊十八辑。

时间之内。① 虽然目前仍有分歧，但可推知孔子项托相问的故事在唐代，尤其是在敦煌地区，流传度极高。

目下可见记载项托最早的史料只见项托之名，且是通过战国时期神童甘罗之口说出。其事见载于《史记·樗里子甘茂列传》《战国策·文信侯欲攻赵以广河间》，因《战国策》为刘向以中书六种（《国策》《国事》《事语》《短长》《长语》《修书》）和"国别者八篇"等材料进行了修撰编订的国别体史书，原作者不明，资料年代大部分出于战国时代，但史料真实度仍有存疑处，故以《史记》所载为据：

> 秦始皇帝使刚成君蔡泽于燕，三年而燕王喜使太子丹入质于秦。秦使张唐往相燕，欲与燕共伐赵以广河间之地。张唐谓文信侯曰……文信侯不快，未有以强也。甘罗曰："君侯何不快之甚也？"文信侯曰："吾令刚成君蔡泽事燕三年，燕太子丹已入质矣，吾自请张卿相燕而不肯行。"甘罗曰："臣请行之。"文信侯叱曰："去！我身自请之而不肯，女焉能行之？"甘罗曰："大项橐生七岁为孔子师。今臣生十二岁于兹矣，君其试臣，何遽叱乎？"于是甘罗见张卿曰："卿之功孰与武安君？"卿曰："武安君南挫强楚，北威燕、赵，战胜攻取，破城堕邑，不知其数，臣之功不如也。"甘罗曰："应侯之用于秦也，孰与文信侯专？"张卿曰："应侯不如文信侯专。"甘罗曰："卿明知其不如文信侯专与？"曰："知之。"甘罗曰："应侯欲攻赵，武安君难之，去咸阳七里而立死于杜邮。今文信侯自请卿相燕而不肯行，臣不知卿所死处矣。"张唐曰："请因孺子行。"令装治行。②

甘罗因文信侯因其年幼而轻视之，故举项橐七岁而为孔子师一事反驳。晋孔衍《春秋后语》（见《太平御览》卷四〇四）所载亦本此。同为战国时齐人的闾丘卬亦有类似的举动：

---

① 李江峰：《敦煌本〈孔子项托相问书〉成书时代浅探》，《河西学院学报》2004 年第 1 期。

② 《史记》卷 71《樗里子甘茂列传》，第 2319 页。

　　齐有闾丘卬年十八，道遮宣王曰："家贫亲老，愿得小仕。"宣王曰："子年尚稚，未可也。"闾丘卬曰："不然，昔有颛顼，行年十二，而治天下，秦项橐七岁而为圣人师，由此观之，卬不肖耳，年不稚矣。"宣王曰："未有咫角骖驹，而能服重致远者也，由此观之，夫士亦华发堕颠而后可用耳。"闾丘卬曰："不然。夫尺有所短，寸有所长，骅骝绿骥，天下之骏马也，使之与狸鼬试于釜灶之间，其疾未必能过狸鼬也；黄鹄白鹤，一举千里，使之与燕服翼，试之堂庑之下，庐室之间，其便未必能过燕服翼也。辟闾巨阙，天下之利器也，击石不缺，刺石不锉，使之与管蒯决目出眯，其便未必能过管蒯也，由此观之，华发堕颠，与卬何以异哉？"宣王曰："善。子有善言，何见寡人之晚也？"卬对曰："夫鸡处谨嗷，则夺钟鼓之音；云霞充咽则夺日月之明，谗人在侧，是见晚也。诗曰：'听言则对，颊言则退。'庸得进乎？"宣王拊轼曰："寡人有过。"遂载与之俱归而用焉。故孔子曰："后生可畏，安知来者之不如今？"此之谓也。①

　　闾丘卬同样因齐宣王言其年幼无法为官而举颛顼、项橐之例："颛顼行年十二而治天下，秦项橐七岁而为圣人师"，与甘罗的应对有异曲同工之妙。而此后闾丘卬与齐宣王的问答内容与情节安排，与《孔子项託相问书》《唐写本孔子与子羽队语杂抄》所载部分内容又多有相似处。《淮南子·修务训》《论衡·实知篇》对项橐为孔子师一事亦有记载：

　　夫项橐七岁为孔子师，孔子有以听其言也。以年之少，为闾丈人说，救敲不给，何道之能明也！②

　　难曰："夫项橐年七岁教孔子。案七岁未入小学，而教孔子，性自知也。孔子曰：'生而知之，上也；学而知之，其次也。'夫言生而知之，不言学问，谓若项橐之类也。"……曰："虽无师友，亦已有所问

———

① 刘向编著，石光瑛校释：《新序校释》卷5《杂事》，中华书局2001年版，第774—781页。
② 刘文典撰，冯逸、乔华点校：《淮南鸿烈集解》卷19《修务训》，中华书局1997年版，第654页。

受矣；不学书，已弄笔墨矣。儿始生产，耳目始开，虽有圣性，安能有知？项橐七岁，其三四岁时，而受纳人言矣……云教孔子，是必孔子问之。"①

《淮南子》言"孔子有以听其言也"，是说孔子采纳了项託的知识，比单纯地说"项橐七岁为圣人师"更为客观。而《论衡》中王充通过论难的形式，通过非难者举"项託七岁教孔子"的例子抛出"性自知"的论点，王充同样以项託的例子进行反驳："项橐七岁，其三四岁时，而受纳人言矣……云教孔子，是必孔子问之。"认为是项橐幼成早就，有被孔子取法的见识，从而说明孔子说的"后生可畏，安知来者不如今也"的意见是正确的。

自《战国策》至《新序》《淮南子》《论衡》，所载的孔子与项橐故事，情节较为简单，用"项橐七岁为孔子师"一句可概括其关系，关键是此时期并无项橐非难孔子的记载。

至曹魏时，孔子与项橐故事得到进一步的补充与完善，非难孔子的记载也展露端倪。《玉烛宝典》卷四引嵇康《高士传》："大项橐与孔子俱学于老子。俄而大项为童子，推蒲车而戏。孔子候之，遇而不识，问：'大项居何在？'曰：'万流屋是。'到家而知向是项子也，交之，与之谈。"②孔子与项橐之外引入了老子其人，但一句便带过，未完全展开，而后以"蒲车"为媒介，记项橐以此为难孔子之事。敦煌 P2524 号《语对》"蒲轮"条即源出于嵇康《高士传》的记载："项託年八岁，推蒲轮而戏；孔子候之，因难孔子，孔子遂尊以为师。"③

再至唐敦煌本《孔子项託相问书》时，孔子与项託相问难的细节已极为丰满。兹择录如下：

　　昔者夫子东游，行至荆山之下，路逢三个小儿。二小儿作戏，一小儿不作戏。夫子怪而问曰："何不戏乎？"小儿答曰：大戏相煞，小

---

① 王充著，黄晖撰：《论衡校释》卷 26，中华书局 1990 年版，第 1076—1077 页。
② 《古佚丛书》，江苏广陵古籍刻印社 1990 年版，第 450 页。
③ 参看郑阿财《敦煌文献与文学》，（台）新文丰出版公司 1993 年版，第 409 页。

戏相伤，戏而无功，衣破里空。相随掷石，不［如］归春。上至父母，下及兄弟，只欲不报，恐受无礼。善思此事，是以不戏，何谓（为）怪乎？

项託有（又）相随拥土作坡，在内而坐。夫子语小儿曰："何不避车？"小儿答曰："昔闻圣人有言：上知天文，下知地里（理），中知人情，从昔至今。只闻车避城，岂闻城避车？"夫子当时无言而对，遂乃车避城下道。遣人往问："此是谁家小儿？何姓何名？"小儿答曰："姓项名託。"

夫子曰："汝年虽少，知事甚大。"小儿答曰："吾闻鱼生三日，游于江海；兔生三日，盘地三亩；马生三月，绰（趁）及其母；人生三月，知识父母。天生自然，何言大小！"

夫人问小儿曰："汝知何山无石？何水无鱼？何门无关？何车无轮？何牛无犊？何马无驹？何刀无环？何火无烟？何人无妇？何女无夫？何日不足？何日有余？何雄无雌？何树无枝？何城无使？何人无字？"小儿答曰："土山无石，井水无鱼，空门无关，攀车无轮，泥牛无犊，木马无驹，斫刀无环，萤火无烟，仙人无妇，玉女无夫，冬日不足，夏日有余，孤雄无雌，枯树无枝，空城无使，小儿无字。"

……

小儿却问夫子曰："鹅鸭何以能浮？鸿鹤何以能鸣？松柏何以冬夏常青？"夫子对曰："鹅鸭能浮者缘脚足方，鸿鹤能鸣者缘咽项长，松柏冬夏常青［者］缘心中强。"小儿答曰："不然也！虾蟆能鸣，岂犹咽项长？龟鳖能浮，岂犹脚足方？胡竹冬夏常青，岂犹心中强？"夫子问小儿曰："汝知天高几许？地厚几文？天有几梁？地有几柱？风从何来？雨从何起？霜出何边？露出何处？"小儿答曰："天地相却万万九千九百九十九里，其地厚薄，以天等同，风出苍吾（梧），雨出高处，霜出于天，露出百草。天亦无梁，地亦无柱，以四方云，而乃相扶，故与为柱，有何怪乎？"

夫子叹曰："善哉！善哉！方知后生实可畏也。"

夫子共项託对答，下下不如项託；夫子有心杀项託，乃为诗曰：

……

夫子当时甚惶怕，州悬（县）分明置庙堂。①

《孔子项託相问书》由孔子与项託二人十一段对话及末尾一首咏事长诗组成。因"项託七岁为孔子师"的观念自战国时期便已经流传，在故事中项託着墨又较多，极易给读者留下项託为主角的印象。但据刘长东研究，孔子方是故事的真正主角。他列举有五例与《孔子项託相问书》相类乃至相同的早期文本，如《唐写本孔子与子羽对语杂抄》、日本《今昔物语集·臣下孔子道行值童子问申语》、金王寂《拙轩集·小儿难夫子辨》诗序等，指出孔子作为故事中的反派角色从未变动，而作为正角的小儿，则在项託、子羽、长姓者或无名小儿等多个角色中切换。他认为这种故事的流传是出于民间非主流文化传统企图消解正统文化赋予孔子的神圣性所致的：

> 主角之一之孔子乃正统文化中智慧与道德之象征，与之相对者则或为小儿或桑妇。此种角色设置皆采极端之例，然其情节发展之结果却出人意表，悉为少知之极端胜智慧之极端，其命意显然如张鼎思所云："言圣人亦有所不知也。"亦即欲"消解"孔子为智慧化身之象征性也；甚至于孔项相问故事中，不但消解其智慧之象征性，更以其诈杀小儿事，并其仁爱之道德象征性亦消解矣。②

三、"两小儿辩日"

非难孔子成为先秦"神童"形成（准确而言是后世制造先秦"神童"）的一种途径，项託之外，最著名的就是《列子·汤问》记载的"两小儿辩

---

① 依据潘重规《敦煌变文集新书》（文津出版社 1994 年版，第 1119—1134 页）与黄征、张涌泉校注《敦煌变文校注》（中华书局 1997 年版，第 357—359 页），斟酌录文。

② 刘长东：《孔子项託相问事考论——以敦煌汉文本〈孔子项託相问书〉为中心》，《四川大学学报》（哲学社会科学版）2003 年第 2 期。

日"①。唐殷敬顺《列子释文》卷下云："桓谭《新论》亦述此事。"② 所谓"此事"，即"两小儿辩日"故事。《新论》是东汉桓谭所著政论著作，钱钟书《管锥编》极赞之，谓此书若全，堪与《论衡》伯仲，全书共二十九篇，惜早亡佚。唐释道世《法苑珠林》卷四载有部分《新论》佚文，其中正有"两小儿辩日"事：

> 余小时闻间巷言：孔子东游，见两小儿辩斗，问其故，一儿曰："我以日始出时近，日中时远。一儿以日初出远，日中时近。"③

晋张华《博物志·史补》亦载此故事，文末云"亦出《列子》"④，是此当取材于《列子》。但《列子》成书时间及其作者，学界仍存争议：是先秦所作还是魏晋伪书？作者是否就是列子（列御寇）尚无定论。由此引发学者对"两小儿辩日"故事史源的怀疑，马叙伦《列子伪书考》便是显例。他认为"两小儿辩日"故事当出自桓谭《新论》："《汤问篇》记孔子见小儿辩日事，桓谭《新论》所载略同。谭云：'小时闻间巷言'，不云出《列子》。《博物志》五亦记此事，末云'亦出《列子》'，则华所据为《新论》。疑'亦出《列子》'四字为读者注语。不然，华当据《列子》先见之书。此为窃《新论》影撰，对校谭记，确然无疑。"⑤ 马叙伦的总体论点是确定《列子》为魏晋伪书，"两小儿辩日"史源出自《新论》之说便是为此论点服务的。他以桓谭"小时闻间巷言"便断定故事不出《列子》颇有武断之嫌；且据"两小儿辩日"的内容，此篇可视为一篇简短的故事或寓言，《列子》成书时间对此篇的考察并非决定性影响因素，故此处我们取学界主流观点，认为《列子》是战国早期列子、列子弟子以及其后学所著；史料仍用《列子·汤问》所载"两小儿辩日"文本。

---

① 杨伯峻撰：《列子集释》，中华书局 1979 年版，第 168—170 页。
② 中国学会辑印：《周秦诸子斠注十种》，第 5 页。
③ （唐）道世：《法苑珠林》卷 4，上海古籍出版社 1991 年版，第 30 页。
④ 《文渊阁四库全书》第 1047 册，商务印书馆股份有限公司 1986 年版，第 603 页。
⑤ 马叙伦：《天马山房丛箸》，第 8 页。

　　这则小故事用对话贯串始终。全文以孔子的见不能决为贯串线索，颇有条理地叙述了两小儿辩日的过程。先写两个小孩分别就太阳距离人的远近鲜明地提出看法，引人思考。接着又分别摆出根据。两人互不相让，都使用反问句式，扣住了题目中的"辩"字，增强了论辩性。从他们针锋相对的论辩中还能体味出对话者的虎虎生气和音容笑貌。但他们的认识毕竟都停留在表面现象上，只能各执己见而不能获得正确的答案。最后两小节写两小儿讥笑在他们争论面前"不能决"的孔子。此故事涉及历史人物，以孔子东游为背景，增添了真实感和吸引力，通过描写两个小孩争辩太阳在早晨和中午距离人们远近的问题，反映出中国古代的人们对自然现象的探求和独立思考、大胆质疑、追求真理的可贵精神。虽然两小儿的认识都停留在表面现象上，但他们能有根据地论辩，并以之难倒周游列国、见闻广博的孔子，确实凸显出过人的聪慧。

　　颇可注意的是，较桓谭稍晚的王充，所著《论衡》有《说日篇》，其中记载有所谓"儒者辩日"：

　　　　儒者或以旦暮日出入为近，日中为远；或以日中为近，日出人为远。其以日出人为近，日中为远者，见日出入时大，日中时小也……其以日出入为远，日中时为近者，见日中时温，日出入时寒也……二论各有所见，故是非曲直，未有所定。①

　　《论衡》所载"儒者辩日"同样是讨论旦暮日出入时与日中时太阳远近的关系，与"两小儿辩日"中所体现的太阳观念类同。区别在于前者是汉儒争论的学术问题，后者却是以此讨论为媒介，重点却是通过两小儿之口非难孔子。此故事中孔子的形象与《孔子项託相问书》中一样，都是作为被神童论难的代表，与官方正统赋予的圣人形象有所差别；但也正是因为官方赋予的圣人形象，孔子才会成为如此多的民间神童、老叟、妇人论难故事的主要对象。

---

① （汉）王充著，黄晖撰：《论衡校释》卷 11，第 492—493 页。

唐天宝元年，唐玄宗下旨设"玄学博士"，诏告《列子》为《冲虚真经》，北宋加封为"至德"，号曰《冲虚至德真经》，列为道教的重要经典之一。随着《列子》地位的抬升与流传，《汤问》所载"辩日"的两小儿成为"神童"的代表。而后世占据思想意识形态统治地位的儒家，则利用此故事，以孔子诚实地回答"不能决也"，成功塑造了孔子"圣人"光环之外颇具人性化的一面。

四、"战国之策士"甘罗

神童甘罗有史可证，前述项託之名便是通过十二岁的甘罗之口得以留存。甘罗乃战国末期下蔡人，是先秦时期极少于史有征、可考证其真实存在与成名经历的神童。其祖父为战国中期秦国名将、左丞相甘茂。甘茂一生经历颇为曲折。其人曾就学于史举，学百家之说，经张仪、樗里疾引荐于秦惠文王。在秦颇立功勋：周赧王三年（前312年），助左庶长魏章略定汉中地。秦武王即位后指派甘茂去平定蜀地，凭借功勋被任命为左丞相。此后因遭向寿、公孙奭谗毁，甘茂在攻魏国蒲阪时弃秦奔齐，在齐国任上卿。周赧王十年（前305年），他又为齐国出使楚国。秦王想让楚国送还甘茂，并许以相位。楚怀王派使臣去请求秦王让向寿在秦国任相。秦国最终让向寿担任了丞相。甘茂未能返秦，终卒于魏。甘茂去世时，甘罗年仅十二岁，进入丞相吕不韦门下，担任少庶子。

甘罗神童之名便来源于十二岁时说服吕不韦，自荐出使赵国，以一己之力为秦获取十几座城池，受到秦王嬴政嘉奖，得授上卿。《史记》所载说服吕不韦事已见前述，下列出使赵国事：

> 行有日，甘罗谓文信侯曰："借臣车五乘，请为张唐先报赵。"文信侯乃入言之于始皇曰："昔甘茂之孙甘罗，年少耳，然名家之子孙，诸侯皆闻之。今者张唐欲称疾不肯行，甘罗说而行之。今原先报赵，请许遣之。"始皇召见，使甘罗于赵。赵襄王郊迎甘罗。甘罗说赵王曰：

"王闻燕太子丹入质秦欤？"曰："闻之。"曰："闻张唐相燕欤？"曰："闻之。""燕太子丹入秦者，燕不欺秦也。张唐相燕者，秦不欺燕也。燕、秦不相欺者，伐赵，危矣。燕、秦不相欺无异故，欲攻赵而广河间。王不如赍臣五城以广河间，请归燕太子，与彊赵攻弱燕。"赵王立自割五城以广河间。秦归燕太子。赵攻燕，得上谷三十城，令秦有十一。

甘罗还报秦，乃封甘罗以为上卿，复以始甘茂田宅赐之。①

甘罗将项託作为自己的榜样，以此向吕不韦论证有志不在年高，毛遂自荐。甘罗年仅十二，却能洞察时局，利用国与国、人与人之间的矛盾，破解了吕不韦难题，不费一兵一卒便使秦国得到赵国数十座城池。如此神算，非神童不能为之，甘罗因此在十二岁就成为了秦上卿。司马迁评价甘罗云："甘罗年少，然出一奇计，声称后世。虽非笃行之君子，然亦战国之策士也。"②司马迁肯定了甘罗的策士才华，承认其神童之名。不过可注意的是，末句在策士之外，出现了相对的名词，即"笃行之君子"，且从句意看，在司马迁认识中笃行君子显然是高于战国策士的。策士以出谋划策著称，适合诸侯纷争、合纵连横的春秋战国乱世，与汉大一统时期推崇的孝悌、笃学等品德并不相符。司马迁对甘罗的评价，显然是以后世人的视角阐发的。黄巾乱后，汉廷崩塌，中原大地又进入群雄逐鹿的乱世，至魏晋南北朝时期，流行起"德才之辩"。若以司马迁评价甘罗之语为参考，则甘罗为代表的神童可归为"才"在"德"上，正符合曹操"唯才是举"的论调。

五、结　语

综上所论，可知先秦神童传说和传世记载曲折反映出当时的神童形象，相关研究当以传世记载为主，而以神话传说为辅，研究目的非仅考证史料之

---

① 《史记》卷 71《樗里子甘茂列传》，第 2319 页。
② 《史记》卷 71《樗里子甘茂列传》，第 2321 页。

真假与传说的原型、成色，而是通过对神童事例的解读，明晰先秦童蒙教育文化。先秦时期的神童记述，存在层累构成的痕迹：愈往前，记载愈模糊，且关于童蒙教育的描述，愈偏向于生命的前端；愈往后，开始后移至儿童时期，不仅记述翔实，且神童事迹着重于为政治、教化提供服务。"蒲衣八岁而友舜"故事出现于《庄子》，而其真正丰满立体，符合神童形象，则至汉晋时期才完成。《孔子项託相问书》与"两小儿辩日"揭示出非难孔子的神童叙事模式。《史记》所载甘罗事迹成为后世"德才之辩"的先声。

　　神童早在儒家童蒙教育制度化之前便已经出现，但其作为一个整体被宣传与记载，在民众与历史文献中出现与流传，皆是在西汉儒家教育制度化之后，先秦神童的传说，多出现在汉以降典籍记载中便是一证明。神童的出现曲折地反映出时代的种种变化，从而构成了现实世界的某种镜像，先秦神童传说反映出汉以降儒家童蒙教育制度化的确立与逐步增强，构造出一个以儒家孝悌、笃学为中心品德依托的神童群体。

朱熹"论学"诗析义

王伟勇*

摘要：本文系就朱熹诗篇中，涉及"论学"部分，举例予以析论，要旨凡六：其一，向学及时：勉学子把握分秒，四季皆可读书，不可须臾怠忽。其二，锲而不舍：藉自然景物为喻，云起水流，皆宜探源；一时难解，毋须气馁，俟积养愈深，自有茅塞顿开之日。其三，移樽就教：本文举朱子不远数里，徒步往从李侗问学；远赴江西鹅湖，与二陆（陆九龄、陆九渊）论学为例，以示欲博学广知，移樽就教，势在必行。其四，依归正道：本文以朱子逃禅归儒为例，强调学者务必自儒学圣道下功夫，方见生机无限；面对当时学派竞出之局面，朱子亦藉诗表达忧心，深恐歧路亡羊，终不识"乾坤造化心"。其五，学思并重：朱子尤强调熟、思、知三者之关系，亦即学者务必娴熟所学，方能反刍精思，探得真谛，是真知也。其六，学无新旧：除举朱熹相关诗句印证外，更举与二陆论新、旧学之诗篇，予以比较，终认定朱子"旧学商量加邃密，新知培养转深沉"之论点，最为通透中肯。即因朱子对各种学说具有包容心，且能求同存异，故能集大成也。

关键词：朱熹（子）；晦庵集；朱文公集；论学；宋诗

---

* 作者简介：王伟勇，成功大学名誉教授、英国威尔斯大学汉学客座教授，主要研究方向为诗词及童蒙文化。

前　言

朱熹，字符晦，一字仲晦，号晦庵，晚号晦翁；又有紫阳、云谷老人、沧州病叟、遯翁、考亭等别称。徽州婺源（今江西婺源县）人，寓建州（今福建建瓯县）。生于南宋高宗建炎四年（1130），绍兴十八岁年（1149）进士。宁宗庆元六年（1200）3月9日卒，年71。宁宗嘉定二年（1209），谥曰文。理宗宝庆三年（1227）赠太师，追封信国公；绍定三年（1230），改追封徽国公，淳祐（1241—1252）中从祀孔庙。①

朱熹晚年，正值韩侂胄、何澹、刘德秀等引"伪学"（即"文诈沽名，乞辨真伪"）之名②，论待儒士。即因伪学禁方严，以致熹殁，"门生故旧至无送葬者"③。虽然，辛弃疾闻朱熹即世，刻读《庄子》，乃填《感皇恩》词云：

> 案上数编书，非庄即老。会说忘言始知道。万言千句，不自能忘堪笑。　　今朝梅雨霁，青天好。一壑一丘，轻衫短帽。白发多时故人少。子云何在，应有玄经遗草。江河流日夜，何时了。④

词中对于故友辞世，虽有"白发多时故人少"之叹，然亦肯定朱熹之著作、论述，必如"江河流日夜，何时了"般，教后人永远传诵。并为文往哭之曰：

> 所不朽者，垂万世名；孰谓公死，凛凛犹生！⑤

---

① 详参昌彼得、王德毅、程元敏、侯俊德编《宋人传记资料索引》第1册，鼎文书局1997年版，第587页；（清）朱钦坤辑《朱夫子年谱》，见录于于浩辑《宋明理学家年谱》第6册次卷，北京图书馆出版社2005年版，第259、269、276页。
② 《宋史》卷429《朱熹传》，中华书局1985年版，第12768页。
③ 《宋史》卷401《辛弃疾传》，第12165页。
④ 邓广铭：《稼轩词编年笺注》卷4，华正书局2007年版，第470页。
⑤ 《宋史》卷401《辛弃疾传》，第12165页。

辛弃疾如此论断，诚有知人之明。盖朱熹卒后113年，即元仁宗皇庆二年（1313），定科举考试课目，须就《四书》出题，发挥题意则须以朱熹《四书集注》为根据；明、清两代，相沿不改。20世纪六七十年代起，台湾教育当局规定高中生必修习《中国文化基本教材》，亦以朱熹《四书集注》为依归，迄今虽只选部分篇章入教材，却仍具影响力。

众所周知，朱熹系继承并总结北宋以来道学家之思想，且有推进、发展、创新之功，乃理学之集大成者，对经学、史学、文学，乃至教育，均有巨大贡献。历来对朱熹之研究，面向多元，成果宏硕。然就针对朱熹诗歌研究之情况言之，仍看重于哲学、文化等面向之探讨，如朱熹诗中外王之生命情怀、佛老意识、丹道之学等；或予以分类探索，如感事抒怀、畅意山林、交游赠答、明道为学等；甚或探讨其诗歌形式，如体裁、用韵、修辞等，间亦论述其风格。

至论以启蒙视野研究其诗歌者，迄今仍未见之，有鉴于此，本文乃就个中引导学子勤学之相关内容，予以钩稽论述，期有裨于启蒙之际，正确引导学子步上学习之正道。

朱熹之诗歌，见载于《晦庵集》卷1至卷10[1]，涵盖所作诗赋，凡1148篇，诚可谓多产作家。复就其诗篇内容分析，盖可包含感事、哲理、山水、酬酢、杂咏等面向[2]，本文所涉"论学"部分，自可归入哲理范畴。兹分向学及时、锲而不舍、移樽就教、依归正道、学思并重、学无新旧六小节，举证析论，以见其道理诚足启发来兹，历久弥新。

---

[1]　南宋朱熹撰《晦庵集》，有《四库全书》本，凡100卷；并收《续集》5卷、《别集》7卷。又有《四部丛刊》及《四部备要》本，书名《晦庵先生朱文公文集》凡100卷；并收《续集》11卷、《别集》10卷。本文所据，以台湾商务印书馆2006年所刊文渊阁《四库全书》本为主。

[2]　可参考武夷山朱熹研究中心杨青、叶昌序，全球合撰《朱熹诗词选注》，福建教育出版社1993年版，第1—482页。

一、向学及时——务学修身要及时

宋代，自真宗御题《劝学诗》称："当家不用买良田，书中自有千锺粟；安居不用架高堂，书中自有黄金屋；娶妻莫恨无良媒，书中自有颜如玉；出门莫恨无人随，书中车马多如簇；男儿欲遂平生志，五经勤向窗前读。"① 而后士子向学读书之风尚，即每下愈况；旧刻《千家诗》卷头附诗甚云："天子重英豪，文章教尔曹；万般皆下品，惟有读书高。"② 朱熹贵为天子师，又为理学闽派之宗师，对于劝人及时向学之言论，自是所在多有，见之于诗，最耳熟能详者，莫过于《劝学》：

> 少年易老学难成，一寸光阴不可轻；未觉池塘春草梦，阶前梧叶已秋声。③

此诗劝勉年轻人应珍视光阴，努力向学；苟懵懂度日，则恐春日"池塘春草"之美梦尚未醒觉④，阶前梧叶已带来秋声，届时必然追悔莫及。朱熹

---

① 此诗俗传皆谓北宋真宗御题，相似内容，可见（明）高拱《本语》卷 6，收入文渊阁《四库全书》第 899 册，第 62 页。然《全宋诗》卷 104 辑录真宗诗，并未著录；本文从俗录之。（第 2 册，北京大学出版社 1988 年版，第 1178—1183 页）

② 此诗或谓出自北宋汪洙作《神童诗》，今所见该诗，实就汪所作，益以其他诗人作品而成。详参邱燮友、刘正浩《新译千家诗·附图 5 导读》（三民书局 1991 年版，见《导读》第 12 页）然《全宋诗》卷 1319 辑录汪洙诗，亦未见之，姑录备考。（第 22 册，第 14978—14979 页）

③ 此诗盛传于日本，题为朱熹作，又不见朱子文集载录，姑录备考。大陆及台湾童蒙教材，竞相选授，可见其影响力。

④ "池塘春草梦"，典出《南史》卷 19《谢方明传》："子惠连……尝于永嘉西堂思诗，竟日不就，忽梦见惠连，即得'池塘生春草'，大以为工。常云：'此语有神工，非吾语也。'"（（唐）李延寿等撰，中华书局 1975 年版，第 537 页）至于"池塘生春草，园柳变鸣禽"，则是谢灵运《登池上楼》诗句，被誉为写春意之千古名句。见收于（梁）昭明太子撰，（唐）李善注《文选》卷 22，台北艺文印书馆 1972 年版，第 320 页。

尚有一组写四季读书穷理之作品，兹移录如次：

> 晓起坐书斋，落花堆满径；只此是文章，挥毫有余兴。
> 古木披高阴，昼坐不知暑；会得古人心，开襟静无语。
> 蟋蟀鸣床头，夜眠不成寐；起阅案前书，西风拂庭桂。
> 瑞雪飞琼瑶，梅花静相倚；独占三春魁，深涵太极理。①

此组诗勉人不论暮春花落，夏日炎暑，秋虫易感，冬雪冷肃，均可调整心态，孜孜向学，所谓境随心生是也。此态度，朱熹不但用以自励，亦时用以勉人，如其《示四弟》诗：

> 务学修身要及时，竞辰须念隙驹驰；清宵白日供游荡，愁杀堂前老古锥。②

此诗系劝勉其四弟，无论读书、修身均应及时；盖光阴如白驹过隙，一晃即逝。苟日夜游荡，不务上进，必教堂上二老忧愁至极也（按：锥乃钻孔打洞之锐器，使用日久，必然拙钝，因借以喻秃头老翁）。

二、锲而不舍——更须涵养钻研力

学子立志读书，最忌一曝十寒，因之自古圣贤勉人弘毅坚持之言论，俯拾皆是。《论语·子罕篇》载孔子曰："譬如为山，未成一篑，止，吾止也。譬如平地，虽覆一篑，进，吾往也。"③ 即是典例。朱熹诗中，此类义涵，亦所在多有，如《吴山高》：

---

① 此为笔者赴朱熹故里，购得四条幅诗篇，特录于此，俾供参考。
② （南宋）朱熹撰：《晦庵集》卷2，第11页。
③ （南宋）朱熹撰：《四书章句集注》卷5《子罕篇》，台大出版中心1974年版，第153页。

行尽吴山过越山，白云犹是几重关；若寻汗漫相期处，更在孤鸿灭没间。①

此诗以登山为例，强调山外有山，山尽云浮，苟欲登峰造极，似孤鸿遨游于浩瀚苍冥之间，则须有锲而不舍之工夫。次如《观书有感二首》：

半亩方塘一鉴开，天光云影共徘徊；问渠那得清如许，为有源头活水来。

昨夜江边春水生，艨艟巨舰一毛轻；向来枉费推移力，此日中流自在行。②

此两诗与《春日》诗经选入《千家诗》，已然成为朱熹三首脍炙人口之代表作。前首强调欲使胸襟澄澈，气象万千，最需锲而不舍，读书穷理，躬行践实；恰似半亩方塘，所以能够倒映天光云影，端在源头活水不断注入也。次首转而强调，读书难免遭逢瓶颈，甚至思滞难通，亦毋须气馁、钻营，仅需持续涵养不懈，一旦水到渠成，自能无入而不自得。恰似水浅时，欲推移江边巨舰，终究枉费气力；不如俟春水涨发，顺势行驶，巨舰必若鸿毛，自在飘浮。此处可见朱熹事理通达，才思敏锐，出之笔端，果耐人再三品味。又次如《偶题三首》：

门外青山翠紫堆，幅巾终日面崔嵬；只看云断成飞雨，不道云从底处来。

擘开苍峡吼奔雷，万斛飞泉涌出来；断梗枯槎无泊处，一川寒碧自萦回。

步随流水觅溪源，行到源头却惘然；始信真源行不到，倚筇随处弄潺湲。③

---

① （南宋）朱熹撰：《晦庵集》卷 10，第 49 页。
② （南宋）朱熹撰：《晦庵集》卷 2，第 11 页。
③ （南宋）朱熹撰：《晦庵集》卷 2，第 14 页。

此三首诗，第一首藉镇日面对高耸青山、各色花草，或见流云、飞泉，慎莫以为看尽一切，须锲而不舍，探知云自何处生，方属探源。第二首藉水说同一道理，亦即见水擘开苍峡，雷吼而出，一泻千里，虽断梗、枯槎亦无栖泊之地，慎莫以为此乃水之原貌；俟艰险历尽，始知此乃一川寒碧之江水，回旋萦绕，自在流淌。第三首则藉探寻水源，道出世上无终结之真理，故须不断探求，随处穷理致知，持志不懈，幸勿自满。朱熹此种见地，亦用以勉人，如《石子重兄示诗留别次韵为谢三首》之一：

> 此道知君着意深，不嫌枯淡苦难禁；更须涵养钻研力，彊矫无忘此日心。①

《次韵伯崇自警二首》：

> 十载相期事业新，云何犹叹未成身；流光易失如翻水，莫是因循误得人。
>
> 诵君佳句极优柔，未得明强势所忧；若悟本来非木石，保君弘毅不能休。②

上引第一首，系次韵石墪（字子重，号克斋，1128—1182）而作，诗中既称颂石氏笃志圣道，钻研甚深；亦期能坚定意志，钻研不懈③，切勿忘却初衷。后两首，系次韵其弟子范念德（字伯崇，生卒年不详）诗，前首先引述范氏自许十年有成，却未能如愿；于焉朱熹以流光如翻水，易失难挽为戒，并询问是否为因循苟且所误？次首则自读范氏诗篇，觉其优柔有余，坚强

---

① （南宋）朱熹撰：《晦庵集》卷4，第22页。
② （南宋）朱熹撰：《晦庵集》卷5，第26页。
③ 《四书章句集注》卷5《中庸》，彊矫，即强矫，坚定貌。"子路问强。子曰：南方之强与？北方之强与？抑而强与？宽柔以教，不报无道，南方之强也。君子居之，衽金革，死而不厌，北方之强也。而强者居之，故君子和而不流，强哉矫；中立而不倚，强哉矫；国有道，不变塞焉，强哉矫；国无道，至死不变，强哉矫。"（第27页）

不足；因责范氏要能体悟悔改，弘毅其志，不可一日或休。此处系藉曾子所称："士不可不弘毅，任重而道远。仁以为己任，不亦重乎！死而后已，不亦远乎！"① 以劝勉弟子，体现出朱熹对弟子之谆谆教诲与期许。

三、移樽就教——春服成时岁一来

据《宋史·道学三·朱熹传》载："熹少时，慨然有求道之志。父松病亟，尝属熹曰：'籍溪胡原仲、白水刘致中、屏山刘彦冲三人学有渊源，吾所敬畏；吾即死，汝往事之，而惟其言之听。'三人，谓胡宪、刘勉之、刘子翚也。"并督促朱熹务必移樽就教。或缘庭训之故，证诸朱熹一生行实，既博读经传，复徧交当世有识之士。如："延平李侗老矣，尝学于罗从彦，熹归自同安，不远数百里，徒步往从之。"② 按：传中所称胡宪、二刘，皆崇安人。胡宪（1086—1162）世称籍溪先生，从胡安国（1074—1138）学，朱熹事之最久；刘勉之（1091—1149），字致中，号白水，又号草堂，诲熹如子，熹之得道，自勉之始；刘子翚（1101—1147），字彦冲，号屏山、病翁，与兄子羽（1086—1146），笃教熹，终为大儒。至于李侗（1093—1163），系延平人，字愿中，世称延平先生；罗从彦（1072—1135），南剑人，字仲素，学者称豫章先生，从学杨时（1053—1135）。今读朱熹文集，诚见不少就教之诗篇，如《题西林院壁二首》：

　　触目风光不易裁，此间何似舞雩台。病躯若得长无事，春服成时岁一来。
　　巾屦翛然一钵囊，何妨且住赞公房。却嫌宴坐观心处，不奈檐花抵死香。③

---

① （南宋）朱熹撰：《四书章句集注》卷4《子罕篇》，第140页。
② 《宋史》卷429《朱熹传》，第12769页。
③ （南宋）朱熹撰：《晦庵集》卷5，第25页。

此系朱熹年 29 时，赴南剑州延平县（今福建南平市）初次拜见李侗所作，时为高宗绍兴二十五年（1258）。由于西林院即位在该处，故第一首诗即由此起兴，谓西林院风光秀丽，难以描绘，极似孔子与弟子吟咏之舞雩台。① 三、四句进而道出若是身体健康许可，每年定来此向李先生请教。第二首谓家境清贫，为求问道，何妨暂驻禅舍。② 然欲遵李先生"默坐澄心，体认天理"之教诲③，无奈昔日之禅家工夫尚未根绝，恰如檐前之花香一再诱人。次如《二诗奉酬敬夫赠言并以为别》：

> 　　我行二千里，访子南山阴；不忧天风寒，况惮湘水深。辞家仲秋旦，税驾九月初；问此为何时，严冬岁云徂。劳君步玉趾，送我登南山；南山高不极，雪深路漫漫。泥行复几程，今夕宿楮洲；明当分背去，惆怅不得留。诵君赠我诗，三叹增绸缪；厚意不敢忘，为君商声讴。
>
> 　　昔我抱冰炭，从君识乾坤；始知太极蕴，要眇难名论。谓有宁有迹，谓无复何存；惟应酬酢处，特达见本根。万化自此流，千圣同兹源；旷然远莫御，惕若初不烦。云何学力微，未胜物欲昏，涓涓始欲达，已被黄流吞。岂知一寸胶，救此千丈浑；勉哉共无斁，此语期相敦。④

此二诗系宋孝宗乾道三年（1167）9 月初，朱熹至长沙拜访张栻（字敬夫，

---

① 《四书章句集注》卷 6《先进篇》，载孔子诱导弟子各言其志，曾点曰："莫春者，春服既成。冠者五六人，童子六七人，浴乎沂，风乎舞雩，咏而归。"（第 179 页）
② 诗中"赞公"指北宋赞宁（919—1000），于五代唐明宗天成（926—930）中出家，为两浙僧统。入宋，诏改号曰通惠。宋太宗太平兴国九年（984），诏修《大宋高僧传》，此处以"赞公"借指惟可禅师。详参昌彼得、王德毅、程元敏、侯俊德编：《宋人传记资料索引》第 5 册，鼎文书局 1997 年版，第 4482 页。
③ 《宋史》卷 248《李侗传》云："其接后学，答问不倦，虽随人浅深施教，而必自反身自得始。故其言曰：'学问之道，不在多言，但默坐澄心，体认天理。若是，虽一毫私欲之发，亦退听矣！'"第 12747 页。
④ （南宋）朱熹撰：《晦庵集》卷 2，第 11 页。

一字钦夫，一字乐斋，号南轩，1133—1180），时年 38。同年十一月初七日，与张栻共登衡山，至十六日下山，二十日与张栻话别东归，遂留作此二诗。第一首前八句，写不远千里移樽就教之经过；中八句写同游南岳之情景及话别之情绪；末四句写奉酬之用意，旨在惜别。第二首，着重对太极之理解。起首以"抱冰炭"①，喻己刻苦自励，前来长沙，请教"太极"之底蕴。中八句写自己对"太极"之理解，末八句则谦称自己对"太极"认识犹浅，日后敢请继续指点，相互勉励。凡此，皆可证明朱熹问道不惮远，以及移樽请益之诚心。

四、依归正道——等闲识得春风面

凡人学习，若能入手即归正道，即可避免误入歧途，亦可省却摸索工夫。此现代教育所以逐年段规划课程，设定教学目标、基本素养、核心能力等要项，以期宗旨明确。然古代教育未普及，生活环境、交通状况远不如今日便利，因之初学者如何慎重迈出第一步，始终困扰不已。朱熹之问学过程，亦曾遭遇困惑。前节已稍提及，朱熹问学，曾一度热衷禅学，自师事李侗后，始逃禅归儒。同时深觉昔日所学之非，乃以"困学"二字明其燕居之室，作《困学恐闻》一文，并作《困学二首》诗云：

旧喜安心苦觅心，捐书绝学费追寻；困衡此日安无地，始觉从前枉寸阴。

困学工夫岂易成，斯名独恐是虚称；旁人莫笑标题误，庸行庸言实未能。②

---

① （汉）赵晔撰《吴越春秋》卷 8《勾践归国外传》云："越王念复吴仇非一旦也，苦身劳心，夜以接日。目卧则攻之以蓼，足寒则渍之以水；冬常抱冰，夏还握火。愁心苦志，悬胆于户，出入尝之，不绝于口。"后遂以抱冰喻刻苦自励。（世界书局 1967 年版，第 225—226 页）

② （南宋）朱熹撰：《晦庵集》卷 2，第 11 页。

此诗题曰"困学",系出自《论语·季氏篇》:"孔子曰:'生而知之者,上也;学而知之者,次也;困而学之,又其次也。困而不学,斯为下矣!'"①而"困学"之意,盖谓人有所不通,仍积极向学。然第一首诗复出现"困衡"一词,意同"困心衡虑",即心意困苦,忧虑满怀之谓,语出自《孟子·告子下》:"人恒过,然后能改。困于心,衡于虑,而后作;征于色,发于声,而后喻。"②故朱熹"困学"两字,盖亦有学习之际,心意困苦之意。所困者何?端缘昔日学禅,为求安心苦觅心,致弃圣贤之书、之学而不顾;徒教心意困苦,终无安顿处,始知"学得杂博,却不济事",枉费光阴耳。第二首进一步称,人有所不通,却又能依正道而学之,殊觉不易;盖平常道德之实行,平常言语之谨慎,力犹未逮,故不敢不勉力励行也。此即《中庸》所谓:"庸德之行,庸言之谨;有所不足,不敢不勉;有余不敢尽"之意也。③

此外,朱熹见人学习误入歧途,亦必劝勉及时回头,依归儒学,如《公济和诗见闵,耽书勉以教外之乐,以诗请问二首》:

> 至理无言决浅深,尘尘刹刹不相侵;如云教外传真的,却是瞿昙有两心。

> 未必瞿昙有两心,莫将此意搅儒林;欲知陋巷忧时乐,只向韦编绝处寻。④

此二诗酬赠之对象为吴楫(字公济,生卒年不详),高宗绍兴(1131—1162)末乡试不第,退居田里,闭户读书,笃信佛学。第一首诗中,"尘尘刹刹"⑤,谓一微尘之中,接见无数国土(刹),而国土中又有微尘,微尘中又有国土,

---

① (南宋)朱熹撰:《四书章句集注》卷8《季氏篇》,第242页。

② (南宋)朱熹撰:《四书章句集注》卷12《告子下》,第487页。

③ (南宋)朱熹撰:《四书章句集注·中庸章句》,第25页。

④ (南宋)朱熹撰:《晦庵集》卷6,第32页。

⑤ (唐)澄观《大方广佛华严经随疏演义钞》载:"上经中明:尘尘刹刹,佛佛生生,皆悉融摄,事事相望。"见录于径山藏版《明版嘉兴大藏经》第5册卷27,(台)新文丰出版公司1987年版,第161—162页。

重重无尽，平等无碍，此乃佛门"圆融平等"之教义。至若"瞿昙"①，乃释迦牟尼之姓氏，可作为佛之代称。整首诗在强调圣贤之道与佛释思想，迥不相干，佛门亦无教外之乐（真的，犹真谛）。第二首则告知吴楫，释迦牟尼佛未必有两心，切莫混杂儒佛。学问正道，须学颜渊居陋巷犹孜孜孔学，不改其乐；②或似孔子持志把卷，勤读穷经，以至"韦编三绝"之境地。③

而当朱熹回归儒学之后，学术思想已然步入新境界，故心胸日益开阔通彻，尝作《春日》诗云：

> 胜日寻芳泗水滨，无边光景一时新；等闲识得东风面，万紫千红总是春。④

此诗起首所称"泗水"，当时并不属于南宋管辖，是知此处系虚写，用以喻指洙、泗之学，即孔学。强调自逃禅归儒之后，恰似春日寻芳，处处惊艳；亦感受孔孟圣学广大精微，奥妙无穷，引人入胜，日新又新。三、四两句，暗指悟得孔孟圣学之真蕴后，恰似"识得春风"化育万物之道理，已然由"寻"入"识"之境地；终乃道出大自然生机勃勃，绚烂多姿，亦如一旦把握圣道，则心胸处处逢春，豁然开朗，明彻通畅。虽然，朱熹对于当时理学家之百家争鸣，亦不能无忧，尝作《春日偶作》诗道及之：

> 闻道西园春色深，急穿芒屦去登临；千葩万蕊争红紫，谁识乾坤造化心。⑤

---

① 《辽史》卷53《礼志六》："悉达太子者，西域净梵王子，姓瞿昙氏，名释迦牟尼，以其觉性，称之曰佛。"（中华书局1974年版，第878页）

② 《四书章句集注》卷3《雍也篇》，载孔子曰："贤哉回也！一箪食，一瓢饮，在陋巷。人不堪其忧，回也不改其乐，贤哉回也！"（第117页）

③ （汉）司马迁：《史记》卷47《孔子世家》云："孔子晚而喜《易》……读《易》韦编三绝。曰：'假我数年，若是，我于《易》则彬彬矣。'"出自《四书章句集注·论语集注》卷4《述而》，第94页。

④ （南宋）朱熹撰：《晦庵集》卷2，第11页。

⑤ （南宋）朱熹撰：《晦庵集》卷2，第11页。

此诗前三句，经由"春色深""去登临"，至睹千葩万蕊"争红紫"，可见各种学派竞相出现之局面。然末结设问："谁识乾坤造化心"，则见诗人忧道之心亦极沉重；证诸日后终落入"伪学"之指责，实教人对末学之行径，兴"过犹不及"之慨叹！

五、学思并重——自然后处有思随

学、思问题，素为儒家所重。孔子曰："学而不思则罔，思而不学则殆"，即最典型之叮咛。朱熹注云："不求诸心，故昏而无得；不习其事，故危而不安。"① 是知学、思并重，方得两全，苟有所偏，必有缺憾。朱熹诗篇亦道及此事，如《九思》：

> 人之进学在于思，思则能知是与非；但得用心才熟后，自然后处有思随。②

此诗约作于绍兴（1131—1162）末。诗题"九思"，固可取《论语》"君子有九思"之义；③ 然此处何妨视"九"为多数，意谓多加思考，较切内容。至论其诗旨，在于阐述熟、思、知三者之关系，亦即强调学习欲见成效，端在善于思考，善思考方能辨是非；然思考非能轻易得之，端赖用心学习，迄乎内容精熟后，自然能反刍精思。朱熹教学生曾谓："泛观博取，不若熟读而精思"，又谓："大抵观书，先须熟读，使其言皆出于吾之口；继以精思，使其意皆若出于吾之心，然后可以有得尔。"④ 正可与此诗相发明。《论语·为

---

① （南宋）朱熹撰：《四书章句集注》卷1《为政篇》，第75页。

② 《朱熹诗词注》，第147页。

③ 《四书章句集注》卷8《季氏篇》："孔子曰：'君子有九思：视思明，听思聪，色思温，貌思恭，言思忠，事思敬，疑思问，忿思难，见得思义。'"第242页。

④ （南宋）黎靖德：《朱子语类》卷10，见收于郑明等校注《朱子全书》第14册，上海古籍出版社2002年版，第321页。

政》载孔子曰："温故而知新，可以为师矣。"① 《魏略》引董遇称："读书百遍而义自见。"② 苏轼《送安惇秀才失解西归》诗云："旧书不厌百回读，熟读深思子自知。"③ 斯可见圣贤异代论"温故""熟读""深思"，其理一也。朱熹另有一首《涉涧水作》诗：

幽谷溅溅小水通，细穿涧水认行踪；回头自爱晴岚好，却立滩头数乱峰。④

据杨青、叶昌序、全球合撰《朱熹诗词选注》浅析云："此诗按原诗题自注，写于绍兴二十四年同安主簿任内。字面意义是写诗人涉涧水的亲感，但真正寓意是说做学问要细水长流，循序渐进，一步一个脚印，并经常回味思考。'回头''却立'都用于表示勤于思考与'学而时习'的学习方法，'自爱晴岚好'与'滩头数乱峰'指自有所得。诗中比喻生动，语言流畅，写景优美，寓理于景，深刻动人。"⑤ 如此析论，理亦可通，所谓"作者之用心未必然，而读者之用心何必不然"⑥，故亦录供参考。

六、学无新旧——从容咏叹无今古

自汉以来，学界时有今古、新旧，甚或异同之争。如今古文经之争、汉学与宋学之争、中西学之争、新旧文学之争等，皆是其例。宋代，此等现

---

① （南宋）朱熹撰：《四书章句集注》卷 1《为政篇》，第 74 页。

② （西晋）陈寿撰：《三国志》，裴松之注引《魏略》卷 13《王肃传》，中华书局 1974 年版，第 420 页。

③ 《全宋诗》卷 789，第 9138 页。

④ （南宋）朱熹撰：《晦庵集》卷 1，第 8 页。

⑤ 可参考武夷山朱熹研究中心杨青、叶昌序，全球合撰《朱熹诗词选注》，福建教育出版社 1993 年版，第 140 页。

⑥ （清）谭献：《复堂词录序》，见录于唐圭璋编：《词话丛编》第 4 册，（台）新文丰出版公司 1988 年版，第 3987 页。

象未能或免，故朱熹诗篇亦涉及之，如《抄二南寄平父》诗：

> 阙里言诗得赐商，千秋谁复与相望；邹汾断简光前载，关洛新书袭旧芳。
>
> 析句分章功自少，吟风弄月兴何长；从容咏叹无今古，此乐从兹乐未央。①

此诗见载于《朱文公文集》卷六，列于《云谷二十六脉》之后、《登云谷》诗之前，约当作于孝宗淳熙四年（1177）前后。是年十月，朱熹甫完成《诗传集注》。朱熹颇推崇《二南》，其《诗集传序》称："吾闻之，凡诗之所谓'风'者，多出于里巷歌谣之作，所谓男女相与咏歌，各言其情者也。唯《周南》《召南》，亲彼文王之化以成德，而人皆有以得其性情之正，故其发于言者，乐而不过于淫，哀而不及于伤。是以二篇独为《风》诗之正经。"②此七律即为赞美《周南》《召南》而作，酬赠之对象为刘玶（字平父，自号七省翁，1138—1185），乃刘子翚之子，常与朱熹唱和。起首称孔子（阙里位于山东曲阜，系孔子讲学之所，后遂以"阙里"称孔子）言诗，曾称子贡、子夏能得《诗》之要旨③，朱熹进一步指称：此后谁能与之相比？然先贤如邹（孟子）、汾（文中子）、关（张载）、洛（程颢、程颐）之旧作、新着，亦能予以承继发扬。五、六两句谦称所撰《诗传集注》对于弘扬诗教功劳甚少，仅能供吟风弄月而已！然取今古著作，潜心吟咏，颇能领略其要旨，诚信从此其乐无穷。是可证朱熹于古今学术，系秉"不薄今人爱古人"④之态

---

① （南宋）朱熹撰：《晦庵集》卷6，第34页。

② （南宋）朱熹撰：《诗传集注》第1册，上海古籍出版社2002年版，第351页。

③ 《四书章句集注》卷1《学而篇》载："子贡曰：'贫而无谄，富而无骄，何如？'子曰：'可也，未若贫而乐，富而好礼者也。'子贡曰：'《诗》云："如切如磋，如琢如磨。"其斯之谓与？'子曰：'赐也，始可与言诗已矣！告诸往而知来者。'"（第68页）《四书章句集注》卷2《八佾篇》，载："子夏问曰：'巧笑倩兮，美目盼兮，素以为绚兮，何谓也？'子曰：'绘事后素。'曰：'礼后乎？'子曰：'起予者商也，始可与言诗已矣。'"（第84页）

④ 语出杜甫《戏为六绝句》之五："不薄今人爱古人，清词丽句必为邻"。见录于康熙敕撰《全唐诗》卷227，中华书局2005年版，第2454页。

度，故能如海纳百川，集其大成。其《鹅湖寺和陆子寿》诗亦云：

> 德义风流夙所钦，别离三载更关心；偶扶藜杖出寒谷，又枉篮舆度远岑。
>
> 旧学商量加邃密，新知培养转深沉；却愁说到无言处，不信人间有古今。①

此诗写于孝宗熙淳六年（1179）三月，朱熹刻奉诏差知南康军（今江西庐山市），候命于信州（今江西上饶市）。据《朱子年谱》载："（淳熙）六年己亥，五十岁，春正月，复请祠，二十五日启行，候命于铅山……寓止崇寿僧舍。二月复请祠，陆子寿来访。"② 是知此次于江西，曾与"二陆"相会，故皆有诗记之。朱熹所唱和者，为陆九龄（字子寿，学者称复斋先生，1132—1180）《鹅湖示同志》诗，原作如次：

> 孩提知爱长知钦，古圣相传只此心；大抵有基方筑室，未闻无址可成岑。
>
> 留情传注翻榛塞，着意精微转陆沉；珍重友朋勤切琢，须知至乐在于今。③

陆九龄此诗，既强调"古圣相传只在心"，又劝戒"留情传注翻榛塞，着意精微转陆沉"，盖指朱熹苟专情于支离之传注，恐圣道反而堵塞不通，刻意强调细碎之道理，恐圣道反而昏昧不明。此观点陆九渊（字子静，号存斋、象山翁，学者称象山先生；与五兄陆九龄，讲学鹅湖，互为师友，时称"二陆"）亦曾道及，见于《鹅湖和教授兄韵》诗：

> 墟墓兴哀宗庙钦，斯人千古不磨心；涓流积至沧溟水，拳石崇成泰

---

① （南宋）朱熹撰：《晦庵集》卷4，第22页。
② （清）王懋竑编：《朱子年谱》卷22，清道光、光绪年间刻本，第256—257页。
③ 《全宋诗》卷2413，第27849页。

华岑。

　　易简工夫终久大，支离事业竟浮沉；欲知自下升高处，真伪先须辨古今。①

　　按：陆九龄曾授全州（今广西全县）教授，又为陆九渊之五兄，故诗题以"教授兄"称之。诗中所谓"易简工夫终久大，支离事业竟浮沉"，颇有为其兄"助阵"之势。且两诗结尾，一称"须知至乐在于今"，强调今日切磋论学之乐：一称"真伪先须辨古今"，强调后出转精，不必溺于旧作。明乎此，吾人回头析论朱熹此诗，则知后四句旨在辨明：爬梳旧学，商量校注，可教思考益加缜密；能得友朋切磋新知，讨论"心"与"理"之问题，益可探得精微之道理。是知旧学、新学各有裨益，只担心言语无法将道理之精微处说清楚，仁义、天理本无古今之分。以此度之，朱熹之识见实较"二陆"通透！无怪乎其《次益老韵》复云：

　　乾坤极处无古今，道术多歧自短长；倘有心思还告我，不应无雁到衡阳。②

　　诗题所称"益老"，即益公道人，乃温陵（今山东省定陶县）高僧，与朱熹交往甚密。诗中强调宇宙道理浩大无垠，无古今之分，而道术何妨自由争鸣，截长补短，更期切磋不断，精益求精。从末句可知，朱熹此时应置身湖南湘阳。甚至异、同问题，朱熹亦曾涉及，其《分水铺壁间读赵仲缜诗留题二十字戏续其后》诗即云：

　　水流无彼此，地势有西东。若视分时异，方知合处同。③

　　此诗借水同源异流之自然现象，导出学术问题实可求同存异，相互交

---

①　《全宋诗》卷2570，第29841页。
②　（南宋）朱熹撰：《晦庵集》卷10，第48页。
③　（南宋）朱熹撰：《晦庵集》卷4，第20页。

融、借鉴，互补有无。凡此，足证朱熹胸怀坦荡，论学不受新旧、今古、异同所拘，故能集理学之大成。

五、结　语

本文系就朱熹诗篇中，涉及"论学"部分，析分为六项，包括向学及时、锲而不舍、移樽就教、依归正道、学思并重、学无新旧等，予以举证论述，兹略作结语如次：

其一，就向学及时言之，朱熹喜藉季节轮替，强调光阴流逝如翻水，片刻不留。因之学子宜把握分秒，积极向学。并以个人看待四季迁化之心态，启发后学不论暮春、炎夏、伤秋、冷冬，皆可读书，以勉人向学不可须臾怠忽也。

其二，就锲而不舍言之，朱熹亦常藉自然景物以喻之。如见山顶浮云，宜更探求云如何产生？睹潺潺水流，宜更探索源头何处？甚或心有困惑，一时难解，亦毋须气馁、钻营，俟积养愈深，自有茅塞顿开之日。持志如此，源头活水自然汩汩注心，个人器识亦能永保澄明通透。

其三，就移樽就教言之，本文举朱熹不远数里，徒步往从李侗问学；甚或"行二千里"，抵长沙向张栻请益。乃至于第六小节举朱熹赴江西鹅湖，与"二陆"论学等，皆可见其移樽就教之诚意，故能博学广知，增进见闻。

其四，就依归正道言之，朱熹早年本欲参禅悟道，却徒劳无功；后从李侗问学，始逃禅归儒，经此历练，从此导引后学，务从儒学圣道下功夫，方能处处逢春，生机无限。对于欲调和佛、道、儒之学者，更严正声明，三者迥不相侵；并告知勿将佛、道扰儒林。此外，对于各学派竞出争雄之局面，亦表达忧心，深恐歧路亡羊，终不识"乾坤造化心"也。

其五，就学思并重言之，朱熹尤其强调熟、思、知三者之关系。亦即学者务必娴熟所学，方能反刍精思，探得真谛。较之孔子所称"学而不思则罔，思而不学则殆"，益见引导学习之苦心。

其六，就学无新旧言之，本文除举朱熹相关诗句，如"从容咏叹无今古""乾坤极处无古今",印证其思想外,更列举陆九龄、陆九渊、朱熹三人论及新、旧学之诗篇,予以分析比较。终乃认定朱熹"旧学商量加邃密,新知培养转深沉"之言论,最为通透中肯。文末并附论其《分水铺壁间读赵仲缜诗留题二十字戏续其后》诗,以见朱熹对各种学说具有包容心,并强调求同存异,故能集大成也。

元代近侍子弟的儒学教育*

蔡春娟**

摘要：由于怯薛制度的存在，不少贵胄子弟年幼即进入宫中服务。宫中近侍子弟的儒学教育，主要有从学名儒、入国子学、入宫学学习三种形式。学习内容以经史为主，兼及书算、礼仪。统治者意在培养近侍子弟的治国理政才能，以适应中原汉地的统治。汉儒旨在通过涵养蒙古子弟的儒学素养，以打造成儒家理想的贤臣硕辅。

关键词：元代；怯薛；儒学教育

由于怯薛制度的存在，不少贵胄子弟年幼即进入宫中服务，或担任宿卫士，或内廷执役。这批人或来自世宦、官员子弟，或来自质子，出身非同一般人，尤其是四怯薛长之子弟，时人目为"大根脚"，甚至十几岁便职长禁卫，出官一品。① 第三怯薛木华黎四世孙安童（1248—1293）十三岁长宿卫，年十八出任忽必烈朝中书右丞相；安童之孙拜住（1298—1323）十二岁袭为怯薛长，十八岁任太常礼仪院使，英宗时官中书右丞相。② 其他有根脚之子弟，亦可由怯薛平步而登显官。这些人任官"言出中禁，中书奉行制敕

---

* 基金项目：2016 年度国家社会科学基金重大项目"中国童蒙文化史研究"（16ZDA121）。

** 作者简介：蔡春娟，中国社会科学院古代史研究所副研究员，主要研究方向为元代教育史。

① 关于元代怯薛的研究，参见萧启庆《元代的宿卫制度》，载《内北国而外中国》，中华书局 2007 年版，第 216—255 页。

② 《元史》卷 126《安童传》、卷 136《拜住传》，中华书局 1976 年版，第 3081、3300 页。

而已，十之一"①，占据了官僚队伍的上层，其素质直接影响到王朝的统治质量。因而，对这部分近侍的教育，不管是统治者，还是汉儒，都极为重视。随着元朝统治者逐步体认到儒术在国家治理中的作用，历任皇帝都强调儒学教育的重要性。本文拟对宫中近侍子弟的儒学教育做一梳理，以见在蒙汉涵化大背景下，这一特殊群体接受儒家文化的情况。

一、学习途径

宫中近侍子弟的儒学学习途径，大致有以下三种。

（一）从学名儒

令勋贵子弟或近侍跟从名儒学习汉文化，是蒙古统治者常采用的方式。这在元朝国子学成立前尤其多见。忽必烈潜邸时期，王鹗、张德辉、李德辉、赵璧、姚枢、窦默都曾先后奉命教授皇子或贵官子弟。②如甲辰年（1244），忽必烈令近侍阔阔（1223—1262）等师事金状元王鹗。③大致同一时期，赵璧在藩府，忽必烈呼秀才而不名，宠遇无比，"又令蒙古生十人从璧受儒书"。④

忽必烈即位，仿汉制相继建立省、台、院等汉式官僚机构，教育贵胄子弟的国子学在即位十年后的至元八年（1271）才正式成立。在这之前，侍从子弟仍然以从学名儒的方式学习儒家文化。如前述阔阔之子坚童（1253—1291），甫十岁，即从王鹗游。⑤中统二年（1261）和至元四年（1267）两度被任命为国子祭酒的许衡⑥，以及时任太子赞善、辅导真金的王恂，成为

①　（元）姚燧：《牧庵集》卷4《送李茂卿序》，《四部丛刊初编》本。

②　萧启庆：《元代蒙古人的汉学》，载《内北国而外中国》，中华书局2007年版，第587页。

③　《元史》卷134《阔阔传》，第3250—3251页。

④　《元史》卷159《赵璧传》，第3747页。

⑤　《元史》卷134《阔阔传》，第3250—3251页。

⑥　《元史》卷4《世祖纪一》、卷6《世祖纪三》，第73、116页。

这一时期侍从们受命从学的主要师儒。如刘容（字仲宽），中统初以国师荐，入侍皇太子于东宫，命专掌库藏。每退直，即诣国子祭酒许衡，衡亦与进之。刘容于至元七年（1270）出为中书省掾，可知其执事东宫与从学许衡在国子学建立以前。① 再如提点太医院事许国祯之子许宬从父事世祖于潜邸，进退庄重，世祖赐蒙古名忽鲁火孙。"俾从许衡学，入备宿卫，忠慎小心。"②

至元八年国子学成立以前，忽必烈曾命侍臣子弟十一人分别从学许衡和王恂，长者四人从许衡，童子七人从王恂。③ 王恂的记事中提到，"世祖择勋戚子弟学于公，师道卓然。及公从裕宗抚军称海，始以诸生属许文正公，名臣自是多学者，而国学之制兴矣。"④ 王恂从真金抚军称海事在至元七年，他走后，他教授的七名学生转由许衡教授。许衡的记事也可验证上述记载："（至元）八年，授集贤大学士、国子祭酒。先生方居相府，丞相传旨令教蒙古生四人。后又奉旨教七人。至是有旨令四方及都下愿受业者，俱得预其列。即今南城之旧枢密院设学。"⑤ 这段记载说明，许衡起初受命教蒙古生四人，应该就是《元史·选举志》所载"长者四人从许衡"，后来又奉旨教七人，这七人应就是原从学于王恂的"童子七人"。至元八年国子学成立，这些生员又随许衡进入国子学，成为国子学的首批学员。

不忽木（1255—1300）就是先从学王恂、继而转从许衡的学员。不忽木是康里人，乃忽必烈近臣燕真之子。忽必烈见其资禀英特，进止详雅，命给事裕宗东宫，"师事太子赞善王恂"。至元七年，王恂从真金北征，不忽木转而受学于国子祭酒许衡。⑥ 与不忽木一起随许衡学习的，还有年龄与他相仿，同是十四五岁的少年近侍秃忽鲁（1256—1303）。秃忽鲁亦是康里人，

---

① 《元史》卷 134《刘容传》，第 3259 页。

② 《元史》卷 168《许国祯传》，第 3964 页。

③ 《元史》卷 81《选举志一·学校》，第 2029 页。

④ （元）苏天爵：《国朝名臣事略》卷 9《太史王文肃公》引《家传》，中华书局 1996 年版，第 183 页。

⑤ （元）耶律有尚：《国学事迹》，载淮建利、陈朝云点校《许衡集》卷 13，中州古籍出版社 2009 年版，第 325 页。

⑥ 《元史》卷 130《不忽木传》，第 3163—3164 页。

自幼入侍世祖，世祖命他与也先铁木儿、不忽木从许衡学。①

　　国子学成立后，部分侍臣子弟进入国子学学习。如前述坚童，幼从王鹗游，及长，奉命入国学，复从许衡游。②但勋臣之后从学名儒仍非常常见。如安童之孙拜住五岁而孤，其母"令知文学者陈圣贤孝悌忠信之说以开导之，闻辄领解"，任太常礼仪使后，常向儒士咨访古今礼乐治乱得失，虞集、吴澄都是他咨访的对象。③再如顺帝朝宰相脱脱之子哈剌章，从学于浦江义门后人郑深。④

（二）入国子学学习

　　元代有三所国子学，（汉人）国子学主要教授儒家文化，蒙古国子学和回回国子学分别教授八思巴字和亦思替非文字。蒙古国子学生员来自"随朝蒙古、汉人百官及怯薛歹官员"之子弟俊秀者⑤，顺帝时中书参知政事实理门甚至言该学"专教四怯薛并各爱马官员子弟"⑥，蒙古国子学以贵近子弟为教育对象的设置目的很明显。然本文讨论近侍子弟的儒学教育，故蒙古国子学略而不论。

　　儒臣王恽曾上书请立国子学，言："窃见朝廷选近臣子孙聪明者，付之省部娴习政务，或授之儒生讲诵书史。合无立国子学，使学士院官及选通达政务一人专领其事。"⑦既然敕遣贵近子弟从学儒臣，不如成立国子学专门设官教导之。在大臣们的建议下，至元八年，忽必烈命设国子学，"教国子与蒙古大姓四怯薛人员"，以及七品以上朝官子孙及民之俊秀者。⑧近侍子弟

① 《元史》卷 134《秃忽鲁传》，第 3251 页。

② 《元史》卷 134《阔阔传》，第 3250—3251 页。

③ （元）黄溍：《金华黄先生文集》卷 24《中书右丞相开府仪同三司上柱国追封郓王谥文忠神道碑》，《四部丛刊初编》本。

④ （清）王梓材、冯云濠：《宋元学案补遗》卷 56《郑先生深》，沈芝盈、梁运华点校本，中华书局 2012 年版，第 3263 页。

⑤ 《元史》卷 81《选举志一·学校》，第 2027 页。

⑥ 《元史》卷 44《顺帝纪七》，第 925 页。

⑦ 杨亮、钟彦飞点校：《王恽全集汇校》卷 86《论立国子学事状》，中华书局 2014 年版，第 3542 页。

⑧ 《元史》卷 87《百官志三》，第 2192—2193 页。

是生员的重要组成部分。

统治者非常重视怯薛子弟的培养，屡屡下令选充为国子生。至元二十四年（1287）国子学重建，强调"官人每的、怯薛歹每的兄弟、孩儿每根底，汉儿文字算子教学呵……如今算子文字学呵，后头勾当里使唤呵，勾当里教行呵。学的怯薛歹每的孩儿每根底，交太史院里学算子、国子监里学文书呵。"①成宗大德八年（1304），增加国子生员数额，诏"选宿卫大臣子孙充之"②。武宗至大二年（1309），诏"择卫士子弟充国子学生"③。

身兼怯薛执事的国子生，每年在皇帝巡幸上都时要随至上都。国子学中具有这种身份的生员不在少数，据危素记载，诸生之在宿卫，或从父兄至上都者，往往"多至数十人"④。而皇帝春季从大都出发到上都，待秋季返回大都，往往迁延半年之久。为了使这部分国子生不致因从幸上都中断学业，大德六年（1302），丞相哈剌哈孙命国子助教尚野分学于上都，"以教诸生，仍铸印给之"⑤。可以说，上都分学的设立目的，就是为了教育国子学中从幸上都的怯薛和官员子弟。

史料中，我们也可以看到很多贵近子弟肄业国子学的记载。如别儿怯不花（？—1350），字大用，燕只吉䚟氏。其父阿忽台事成宗为丞相。别儿怯不花八岁，以兴圣太后及武宗命，侍明宗于藩邸，寻入国子学为诸生，仁宗召入宿卫，顺帝朝仕至中书右丞相。⑥月鲁帖木儿（？—1352），其父普兰奚宿卫出身，与丞相哈剌哈孙迎立武宗有功。月鲁帖木儿幼警颖，年十二，成宗命入国子学，仁宗时入宿卫，顺帝朝任翰林学士承旨、江浙平章等职。⑦不忽木之子巙巙（1295—1345），幼肄业国学，博通群书，其正心修身之要得诸许衡及父兄家传，在真、行、草书方面皆有造诣。长袭宿卫，

---

① 方龄贵：《通制条格校注》卷5《学令·习学书算》，中华书局2001年版，第246—247页。
② 《元史》卷21《成宗纪四》，第457页。
③ 《元史》卷23《武宗纪二》，第519页。
④ （元）危素：《危学士全集》卷3《上都分学书目序》，清乾隆二十三年刻本。
⑤ 《元史》卷164《尚野传》，第3861页。
⑥ 《元史》卷140《别儿怯不花传》，第3365页。
⑦ 《元史》卷144《月鲁帖木儿传》，第3434页。

文宗、顺帝朝任奎章阁大学士、翰林丞旨、江浙平章等职。①

（三）宫廷内专门设学教导

贵近子弟除了进入国子学学习，有时统治者还在宫中专门设学教导。这种宫中学校，目前可知有世祖时太子真金于东宫设立的"春坊学"，文宗和顺帝时依托奎章阁和宣文阁成立的"宫学"。宫学在宫城内苑，以近侍子弟为主要教育对象。

世祖时，太子真金在东宫春坊设学，命赞善王恂教养宫府侍卫之子孙。王恂卒，征处士刘因教之，刘公归，又命耶律有尚教之。② 王恂、李栋、宋衜、李谦、刘因、耶律有尚都曾任"春坊学"教官。王恂自中统初年任太子赞善，负责真金的教导，他在东宫任职，同时负责教养东宫近侍子弟。至元十八（1281）年王恂去世，李栋③、太常宋衜、东平府教授出身的翰林待制李谦皆以东宫僚友，继典教事。至元二十（1283）年，真金征辟名儒刘因专领"春坊学"④。《静修先生刘公墓表》载："初，裕皇建学宫中，命赞善王公恂教近侍子弟，恂卒，继者难其人，乃以先生嗣其教事。"⑤ 不久，刘因以疾乞去，又令耶律有尚接替教学。耶律有尚是许衡最得意的弟子，他在东宫教学，严格教法。一蒙古生不请命远出，闻公欲深责之，祈中贵求免，公曰："教法不可废也"，竟扑之。裕皇时时召见，听诸生讲诵古训。⑥ 至元二十四年国子学重建时，"春坊学"的生员跟随耶律有尚进入国子学学习。

天历二年（1329），文宗创建奎章阁学士院，置大学士、学士等官，开展经筵讲学、翻译和编纂书籍、鉴定书画等文化活动。奎章阁属官中，有授经郎二员，职正七品，负责教授勋旧、贵戚子孙及近侍年幼者。⑦ 首任授经

---

① 《元史》卷 143《瓌瓌传》，第 3413 页。

② （元）苏天爵：《滋溪文稿》卷 7《耶律文正公神道碑铭》，中华书局 1997 年版，第 103 页。

③ 疑应为白栋，此时白栋为国子助教且侍东宫。参（元）姚燧《河南道劝农副使白公墓碣铭》，载《元文类》卷 55，中华书局 1958 年版，第 790—792 页。

④ 《元史》卷 115《裕宗传》，第 2891 页。

⑤ （元）苏天爵：《滋溪文稿》卷 8《静修先生刘公墓表》，第 112 页。

⑥ （元）苏天爵：《滋溪文稿》卷 7《耶律文正公神道碑铭》，第 103 页。

⑦ 《元史》卷 33《文宗纪二》，第 732 页。

郎是揭傒斯（1274—1344），据其《神道碑》记载："天历二年，文宗始聚勋戚大臣之子孙于奎章阁而教之，命学士院择可为之师者，得十余人，而无以易公。乃擢公授经郎。阁在兴圣殿西，公蚤作，必徒步先诸侍臣而至……其后，去公座下而入侍帷幄者，皆为国之重臣。"① 受学怯薛需要一边学习一边执役，每到轮值日，给假三日。② 与揭傒斯同时担任授经郎的，是国子教授庐陵林希颜。林希颜精通国字，他所教当为八思巴字。③ 之后，在文学、史学方面皆造诣不凡的真定人苏天爵亦担任授经郎。

顺帝即位亲掌政权后，于后至元六年（1340）改奎章阁为宣文阁，并在玉德殿东侧、延春阁西侧起建新宣文阁。④ 宣文阁不置学士，但保留了鉴书博士和授经郎⑤，并延续文宗时的宫学教育，"设授经郎二员，以教世戚勋臣之子孙"，学舍位于内苑，即临近新宣文阁的玉德殿西室。生员获得"丰廪饩，给笔札，俾无外慕，所以长养其材以待上之用"的待遇。⑥ 首任宣文阁授经郎是周伯琦，至正元年宫学开教之时，举行了令周伯琦感到尊崇无比的拜师礼："奉敕开宫学于玉德殿西室，授宿卫官及翰林学士承旨和尚等二十五人经。中贵人传旨，命受经生北面行弟子礼。太官设馔、光禄进酒，朝廷公卿皆陪坐，时人荣之。"⑦ 周伯琦又言生员数额是三十人，"有旨，以玉德宫之西殿为学，上亲选宿卫官及勋戚子弟年二十以下者三十人为弟子员，受业阁下。"⑧ 则初开宫学日生员到学25人，定额当是30人。周伯琦之

---

① （元）黄溍：《金华集》卷26《翰林侍讲学士中奉大夫知制诰同修国史同知经筵事揭公神道碑》，《四部丛刊初编》本。

② 《元史》卷103《刑法志二·学规》，第2637页。

③ （元）揭傒斯：《揭文安公全集》卷14《题邹福诗后》，《四部丛刊初编》本；（元）陈旅：《安雅堂集》卷13《勤耕亭铭》言，富州民邹福从学揭傒斯，又从奎章阁授经郎林希颜学国字。《景印文渊阁四库全书》第1213册，台湾商务印书馆1986年版，第163页。

④ 赵利光：《元顺帝宣文阁改址及其学术价值》，《文献》2018年第2期。

⑤ 《元史》卷92《百官志八》，第2329页。

⑥ （元）王沂：《伊滨集》卷18《授经署板屋记》，《景印文渊阁四库全书》第1208册，台湾商务印书馆1986年版，第546页。

⑦ （明）宋濂：《宋学士文集》卷64《元故资政大夫江南诸道行御史台侍御史周府君墓铭》，《四部丛刊初编》本。

⑧ （元）周伯琦：《近光集》卷首《自序》，《景印文渊阁四库全书》第1214册，第507页。

后，贡师泰、危素、郑深等相继担任过授经郎。

宫学生员几乎都是怯薛，"皆入侍帷幄，出备警跸，以故大驾岁清暑上京必从，授经郎二员在扈从列。"① 此时宫学便转移到上都教学。至正二年（1342）扈从上京的周伯琦写有两首咏宫学诗，"黉舍重开大殿西，牙符给事籍金闺。吾伊日课翻青简，挥染还看写赫蹄"②。诗中大殿当指大安阁，可知上都宫学在大安阁西设教。

史料中也可见近侍在宫学学习的个例。如拜住之子笃麟铁穆尔，年幼袭职环卫，年十一，文宗见其朝服列于班行，神采焕发，甚爱重之，命受经于奎章阁。③

综上，宫学的设立，主要是为了教育宫中近侍。顺帝时规定生员年龄在 20 岁以下，生员数目 30 人。教学地点，文宗时在兴圣殿西，顺帝时在玉德宫西殿，皆在宫城之内。每岁夏季宫学随皇帝巡幸而转移到上都教学。宫学生员的待遇与国子学生员一样，都有官给廪饩和笔札。授经郎皆是饱读经书之名儒，多有翰林院、国子学任职经历，在诗文、书法方面皆有造诣。顺帝时授经郎又兼任经筵译文官。也就是说，皇帝是以自己的经筵进讲官及文学侍从之臣教育身边的贵近子弟，可见其重视程度非同一般。

二、诸经史的学习及其目的

贵胄子弟从学名儒属于私学范畴，没有统一规定的教学内容和模式，儒师根据所教生员的秉性与知识基础，灵活选择教学内容与方法。宫学教学囿于史料，具体教学情况也不甚清晰。但大体上来说，是教习儒家经学和历

---

① （元）王沂：《伊滨集》卷18《授经署板屋记》，《景印文渊阁四库全书》第 1208 册，第 546 页。

② （元）周伯琦：《近光集》卷1《是年五月扈从上京宫学纪事绝句二十首》，《景印文渊阁四库全书》第 1214 册，第 519 页。

③ （元）黄溍：《金华黄先生文集》卷24《中书右丞相开府仪同三司上柱国追封郓王谥文忠神道碑》，《四部丛刊初编》本。

史以资身心修养与治道能力的提升。好在国子学留下了翔实的资料，我们可以从中窥见贵胄子弟的儒学学习内容。

（一）经、史学习

国子学自至元八年许衡为国子祭酒创立其教学规程后，其教学内容有元一代基本未变。许衡设置的国子学课程，有经学、书算、礼仪教学，以及投壶、习射等活动。经学教学由易到难，逐渐深入，"由《小学》而《四书》，讲贯之精，而后进于《易》《诗》《书》《春秋》"①。书、算科目，习字以颜真卿字为法，为了教诸生习算，许衡亲自编写一书，将上古至至元壬申（九年，1272）三千六百零五年的历史按世代历年编写，令诸生诵其年数而加减之。礼是儒家重要内容，许衡将社交礼仪和祭拜礼仪的练习纳入教学，在读书之暇，令蒙古生年长者习拜及受宣拜诏仪，释奠、冠礼；小学生有倦意，令习跪拜、揖让、进退、应对之节，或投壶习射，负者罚读书若干遍。② 投壶和习射，也并非单纯的竞技活动，其中贯穿着礼与心性的修养。至元二十四年的国子学基本踵袭许衡确立的成规，教学内容是"先《孝经》《小学》《论语》《孟子》《大学》《中庸》，次及《诗》《书》《礼记》《周礼》《春秋》《易》"。元中期，国子学改行升斋积分法，分为六斋。下两斋左曰游艺，右曰依仁，凡诵书、讲说《小学》、属对者隶焉；中两斋左曰据德，右曰志道，讲说《四书》、课肄诗律者隶焉；上两斋左曰时习，右曰日新，讲说《易》《书》《诗》《春秋》科，习明经义等程文者隶焉。③ 虽然生员岁贡考核方式有变，但学习内容仍然是以《小学》《孝经》《四书》《五经》等儒家经典为主。

除了诸经，史书也是重要的学习内容。如许衡编写《编年歌括》，让生员背诵历代兴衰沿革。王恂以伴读、太子赞善的身份常伴真金左右，他对真金的教育，必发明三纲五常、为学之道，及历代治忽兴亡之所以然。又以辽、金之事近接耳目者，区别其善恶，论著其得失。教学注重儒家伦理知识

---

① 淮建利、陈朝云点校：《许衡集》卷14《先儒议论》"姚氏牧庵语"，第329页。

② （元）耶律有尚：《国学事迹》，《许衡集》卷13，第325—326页。

③ 《元史》卷81《选举志一·学校》，第2029—2030页。

和治道得失之经验总结。他的教导得到忽必烈认可，进而下诏择勋戚子弟从恂学。① 不忽木年十六书《贞观政要》数十事以进忽必烈②，表明他跟从许衡学习过《贞观政要》。《资治通鉴》《贞观政要》等有关治道的史书，是汉儒教授蒙古子弟的重要内容。

宫学教学内容虽不见明确记载，但从"授经郎"这一名称，可以想见其主要职责是教授经学。周伯琦任授经郎，因"讲诵经史称旨"，得到顺帝赐钞五千贯的奖赏③，由此知宫学教学内容也主要是经学和历史。从周伯琦诗句"吾伊日课翻青简，挥染还看写赫蹏"看，宫学生员除读诵经典外，书法也是必修课程。④ 可见，宫学教学内容与国子学基本相同，也包含经学、历史、书法、礼仪教学，顺帝时让 25 名贵胄子弟行弟子礼，便是礼仪教育的最好注脚。

综上，元代对贵近子弟的教育，包括《孝经》《四书》《五经》等经学知识及历史知识的传授，洒扫、应对、进退之礼及祭拜礼仪的训练，书、算教学以及投壶、射箭等活动。从许衡教学内容的设置看，基本遵循了礼、乐、射、御、书、数的教育理念。

（二）教育目的

通过经史的学习，提高近侍的文化素质和治国理政的才能，这是蒙古帝王让近侍学习儒学的主要目的。随着蒙古统治者对儒学认识的加深，已体认到儒术对国家统治的作用。耶律楚材"以儒治国，以佛治心"的思想⑤，在元代诸帝王及宰臣的言论中皆可看到。仁宗尝曰："明心见性，佛教为深；修身治国，儒道为切。"⑥ 当有人劝英宗以释氏之法治天下时，宰相拜住

---

① 《元史》卷 164《王恂传》，第 3844 页。

② 《元史》卷 130《不忽木传》，第 3164 页。

③ （元）周伯琦：《近光集》卷 1《纪恩三十韵》，《景印文渊阁四库全书》第 1214 册，第 517 页。

④ （元）周伯琦：《近光集》卷 1《是年五月扈从上京宫学纪事绝句二十首》，《景印文渊阁四库全书》第 1214 册，第 519 页。

⑤ （金）耶律楚材《湛然居士文集》卷 13《寄万松老人书》，中华书局 1986 年版，第 293 页。

⑥ 《元史》卷 26《仁宗纪三》，第 594 页。

曰："释氏之道，贵清静寂灭，可以自治，而不可以治人；帝王之仁义礼乐，乃所以为治也。"① 顺帝时翰林丞旨巙巙曰："儒者之道，从之则君仁、臣忠、父慈、子孝，人伦咸得，国家咸治；违之则人伦咸失，家国咸乱。"② 而要以儒治国，自然要学习儒家文化。"先取侍御贵近之特异者，使受教焉，则效用立见。"③ 因而自忽必烈始，历任帝王皆尊崇儒学，几乎都在即位诏书中阐明儒学教育的重要性，且不断增加国子学生员，甚至在宫中开设学校，专门教育贵胄近侍子弟。

就儒臣进讲内容看，元代统治者尤其重视有关治道的《大学衍义》《资治通鉴》《贞观政要》等书。忽必烈在潜邸，曾命通蒙古语的赵璧、贾居贞为之讲说《大学衍义》《资治通鉴》等。④ 成宗在退朝之暇，命大臣进读《资治通鉴》《大学衍义》，凡正心修身之要，用人出治之方，君臣善恶之迹，兴坏治忽之由，皆烂然可睹。⑤ 仁宗时，有进《大学衍义》者，他便命詹事王约等节而译之，曰："治天下，此一书足矣。"命与《图象孝经》《列女传》并刊行，赐臣下。他对《贞观政要》也极为重视，诏谕翰林侍讲阿林铁木儿曰："此书有益于国家，其译以国语刊行，俾蒙古、色目人诵习之。"⑥ 帝王下令蒙古、色目大臣诵习之《大学衍义》《贞观政要》，也必定是贵近子弟学习的重要内容。忽必烈近侍秃忽鲁自幼入侍，忽必烈命他与也先铁木儿、不忽木从许衡学。一日，问其所学，秃忽鲁与不忽木对曰："三代治平之法也。"忽必烈喜曰："康秀才，朕初使汝往学，不意汝即知此。"⑦ 这表明，自元初始，蒙古统治者以及其身边侍臣都明确，从儒学中学习治国理政之法才是最关键的。

至元二十年（1283），刑部尚书崔彧上疏曰："贵游子弟，用即显官，幼

---

① （元）黄溍：《金华黄先生文集》卷 24《中书右丞相开府仪同三司上柱国追封郓王谥文忠神道碑》，《四部丛刊初编》本。

② 《元史》卷 143《巙巙传》，第 3415 页。

③ （元）虞集：《道园学古录》卷 5《送李扩序》，《四部丛刊初编》本。

④ 《元史》卷 153《贾居贞传》、卷 159《赵璧传》，第 3622、3747 页。

⑤ （元）苏天爵：《滋溪文稿》卷 22《太医院使韩公行状》，中华书局 1997 年版，第 373 页。

⑥ 《元史》卷 24《仁宗纪一》，第 544、536 页。

⑦ 《元史》卷 134《秃忽鲁传》，第 3251 页。

不讲学，何以从政?"①反映出汉人对蒙古贵胄子弟教育的关注。汉儒更希望借教授贵胄子弟的机会，在蒙古、色目群体中弘扬儒家文化，将未来的辅佐大臣打造成儒家理想的宰辅模样。如周伯琦"小侯饱泳诗书泽，共儗皋夔佐庙堂"诗句，以三代贤臣皋陶和夔期待宫学生员的未来。②故而，对汉儒来说，传授知识只是教学的一个方面，而用儒家伦理、礼仪、规矩潜移默化地熏陶涵养，以从根本上改变蒙古贵胄子弟的气质，将他们浸润成符合儒家标准、符合士人理想的辅佐人臣，才是他们的根本目的。忽必烈潜邸时教授蒙古贵胄的王鹗，即非常重视蒙古子弟的秉性和气质教育。忽必烈近侍阔阔对王鹗非常尊敬，每旦起，盛饰其冠服往见王鹗，王鹗责之曰："圣主好贤乐善，征天下士，命若从学。若等不能称主上心，惟夸炫鲜华以益骄贵之气，恐窒于外而塞于中，道义之言，无自而入，吾所不取也。"③时人对国子生的描述，也侧重其由内到外气质的改变，如"虽勋伐世胄，变化气质，周旋动静，皆有可观"之语，明显是以儒家眼光来看待国子学教育的成果。④

　　蒙古统治者和汉儒对贵胄子弟儒学教育的目的虽不尽相同，但都促进了儒学的传播，加深了蒙古统治阶层对儒学的认识。

---

① 《元史》卷173《崔彧传》，第4039页。
② （元）周伯琦：《近光集》卷1《是年五月扈从上京宫学纪事绝句二十首》，《景印文渊阁四库全书》第1214册，第519页。
③ 《元史》卷134《阔阔传》，第3250页。
④ （元）苏天爵：《滋溪文稿》卷7《耶律文正公神道碑铭》，第102页。

晚唐敦煌寺学名师张球名字之异写*

杨宝玉**

摘要：晚唐文士张球曾在位于敦煌郡城西北方的佛寺中兴办寺学，并以自己的作品教授生徒。因而，对其作品的搜集整理解读必有益于对彼时敦煌寺学教育状况的深入研究。然而，研究者需首先面对张球名字在敦煌文书和敦煌古碑铭中的不同题写方式问题。本文即聚焦于此，搜集列举了今知全部相关材料，并引介学界有关张球、张景球关系的不同主张，赞同两称皆指一人的观点并进行了补充论证。然后又将讨论范围从两称扩大至四称，全面探讨了四称之间的关系，认为"张球"与"张景球"、"张俅"与"张景俅"乃二字称与三字称之别，"球"与"俅"系同音字之异，四称所指实为同一人。作者并推测最原始的一称可能是"张景俅"，后来"景"字的减省应与时人习俗有关，"俅"又被写为"球"盖因后者更常见而被反复择用，流传颇广，乃至实际使用频率超过了本字。

关键词：晚唐敦煌；张球；张景球；张俅；张景俅

敦煌历史上的晚唐时期（张氏归义军时期），在敦煌文化与教育发展史上异常特殊而重要。自唐玄宗天宝十四载（755）安史之乱爆发，至唐宣宗

---

* 基金项目：2016 年度国家社会科学基金项目"晚唐敦煌文士张球与归义军史研究"（16BZS007）的阶段性成果。

** 作者简介：杨宝玉，中国社会科学院历史研究所与中国社会科学院敦煌学研究中心研究员，博士生导师，主要研究方向为敦煌学。

大中二年（848）张议潮率众推翻吐蕃统治并奉土归唐，在这近一个世纪的时间里，因吐蕃侵占河陇大部分地区，甚至曾占据敦煌六七十年，偏处西陲的敦煌与中原等地基本上一直处于隔绝状态。长期阻隔，特别是吐蕃统治者在这里强制推行的一系列吐蕃化措施（包括限制汉俗和汉字的行用等），使自汉代立郡后即传承有序的敦煌汉文化遭到了非常严重的破坏。故此，以汉人为主导的张氏归义军政权负有重建与复兴敦煌汉文化的使命，而这当中一个特别重要的方面便是兴办各种类型的学校以接续和弘扬汉文化。官学自然需尽快恢复①，但是不能完全满足社会需要；在吐蕃统治时期承担了基础教育任务的在佛寺中兴办的寺学显然不能废弃，且因其具有连续性，因此在晚唐时期的敦煌仍占有不可或缺的地位，其自身也获得了进一步发展。②

　　今知晚唐时的敦煌净土寺、莲台寺、灵图寺、金光明寺等都建有寺学③，占当时敦煌十六所大寺的四分之一，并且，晚唐时的敦煌不仅有以教授童蒙识文断字、了解百科知识，以及认知习练伦常礼仪为主要教学目的的启迪童蒙类型的寺学，还有由外来文士、致仕高官张球兴办的以传道授业为主旨的寺学。后一种寺学在敦煌文书中仅见此一例，但却异常重要，因为它代表着一种寺学类型，且在历史背景特殊的晚唐时期所发挥出的作用是不可替代的。关于该寺学④，笔者已刊发《集后进以阐大猷：晚唐敦煌张球寺学考索》进行了集中考察⑤，主要讨论了如下问题：1. 张球寺学的办学目的，认为张球兴学意在给有一定基础的学子传道授业，从而将江南等地的文人寄寺兴学之风

---

① 根据敦煌文书中保留的多条学郎题记，如中国国家图书馆藏 BD14636（新 0836）《逆刺占》所记"于时天复贰载（882）岁在壬戌四月丁丑朔七日，河西敦煌郡州学上足子弟翟再温记"（中国国家图书馆编，任继愈主编《国家图书馆藏敦煌遗书》第 131 册，北京图书馆出版社 2010 年版，第 121 页）等可知，此期的敦煌已恢复官学。

② 详参拙文《唐后期五代宋初敦煌寺学考索》，《隋唐辽宋金元史论丛》第 10 辑，上海古籍出版社 2020 年版，第 44—52 页。

③ 或许当时其他寺院中也有寺学，只是我们今日受现存史料所限已无从得知。

④ 由于今日已无从知晓该寺具体名称，为行文方便，姑且标记以授课者姓名，称之为"张球寺学"。

⑤ 详参拙文《集后进以阐大猷：晚唐敦煌张球寺学考索》，《亦僧亦俗、自内及外：东亚大视野下的佛教与教育国际研讨会论文集》，（新加坡）World Scholastic Publishers，2020 年，第 181—195 页。

引入了敦煌，而这正与张球原本生长于江南并曾游历多地的特殊经历和见识有关；2. 张球寺学的兴办时间，考证出张球是七十岁致仕后才专心从事教学活动，时当唐昭宗景福二年（893）之后；3. 张球寺学的教学方法，论证了除常见儒家经典外，为达成"阐大猷"的教学目的，张球还改编类书用为教材，并经常以自己的作品教授生徒，而其人生阅历与感悟正是最好的无形的教材；4. 张球寺学的影响，指出张球西来正值敦煌汉文化已历经重创之际，其于此时兴学必然极有益于敦煌汉文化的重建与复兴。该文发表后，笔者继续进行相关问题的深化与细化研究，以期探寻到一些具体问题的答案，其中关于该寺学兴办者张球名字在敦煌文书和敦煌古碑铭中的不同书写方式问题不仅关系到对张球寺学所用教材、教授内容与教学方式等的探究，还涉及对张球作品的搜集整理能否相对完整全面、对张球生平事迹及相关归义军史事的讨论是否准确允当等。故今特撰此文略陈管见，不当之处，敬请方家教正。

一、相关文书与碑铭题写方式汇录

在敦煌文书或现存敦煌古碑铭中，我们可以看到"张球""张景球""张俅""张景俅"等署名或指称，以下逐一列举有关材料。

其一，"张球"。此一署名或指称方式连名带姓地在敦煌文书中出现过至少 10 次，不带姓氏仅题"球"者 3 次，共 13 次：

1. P.4660《大唐河西道沙州故释门法律大德凝公邈真赞》署：

军事判官将仕郎守监察御史上柱国张球撰。①

2. P.4660《大唐河西道沙州敦煌郡将仕郎守敦煌县尉翟公讳神庆邈真赞》署：

---

① 文书图版见上海古籍出版社、法国国家图书馆编《法国国家图书馆藏敦煌西域文献》第 33 册，上海古籍出版社 2005 年版，第 45 页。

沙州军事判官将仕郎守监察御史张球撰。①

3. P.3425《金光明变相一铺铭并序》署：

将仕郎摄沙州军事判官守监察御史张球撰上。②

4. P.4660《大唐沙州译经三藏大德吴和尚邈真赞》署：

军事判官将仕郎守监察御史上柱国张球撰。③

5. P.4660《故敦煌阴处士邈真赞并序》署：

归义军诸军事判官宣义郎守监察御史清河张球撰。④

6. P.3288V+P.3555AV《河西节度马步都虞侯银青光禄大〔夫〕检校太子宾客兼监察御史上柱国张怀政邈真赞并序》署：

节度判官宣德郎兼御史中丞柱国清河张球撰。⑤

7. P.2913V《大唐敦煌译经三藏吴和尚邈真赞》署：

弟子节度判官朝议郎检校尚书主客员外郎柱国赐绯鱼袋张球撰。⑥

8. P.4615 + P.4010V《唐故河西节度凉州左司马检校国子祭酒兼御史中

---

① 《法国国家图书馆藏敦煌西域文献》第 33 册，第 47 页。
② 《法国国家图书馆藏敦煌西域文献》第 24 册，2002 年，第 169 页。
③ 《法国国家图书馆藏敦煌西域文献》第 33 册，第 44 页。
④ 《法国国家图书馆藏敦煌西域文献》第 33 册，第 32 页。
⑤ 《法国国家图书馆藏敦煌西域文献》第 23 册，2002 年，第 81 页。
⑥ 《法国国家图书馆藏敦煌西域文献》第 20 册，2002 年，第 50 页。

丞上柱国陇西李府君墓志铭》署：

　　　　清河张球撰。①

　　9. P.2537《略出簒金一部并序》记：

　　　　宗人张球写。②

　　10. BD06800（潜100）《〈大佛顶如来密因修证了义诸菩萨万行首楞严咒〉题记》谓：

　　　　弟子张球手自写咒。③

　　11. P.4660《故前河西节度押衙银青光禄大夫检校太子宾客兼敦煌郡耆寿清河张府君讳禄邈真赞》署：

　　　　从佺沙州军事判官将仕郎兼监察御史里行球撰。④

　　12. P.3863V《金刚经》灵验记（也有学者将该卷拟名为《光启三年记事》）记：

　　　　球与一人面向北胡跪。⑤

　　13. P.3715《致大夫状》谓：

①　《法国国家图书馆藏敦煌西域文献》第32册，2005年，第180页。
②　《法国国家图书馆藏敦煌西域文献》第15册，2001年，第215页。
③　《国家图书馆藏敦煌遗书》第93册，2008年，第240页。
④　《法国国家图书馆藏敦煌西域文献》第33册，第35页。
⑤　《法国国家图书馆藏敦煌西域文献》第29册，2003年，第23页。

球自到西□。①

其二，"张景球"。目前所知仅出现 1 次：
P.2913V《归义军节度使检校司徒南阳张府君墓志铭》署：

节度掌书记兼御史中丞柱国赐绯鱼袋张景球撰。②

其三，"张俅"。今知出现于至少 3 个写卷中：
1. P.2568《南阳张延绶别传》署：

河西节度判官权掌书记朝议郎兼御史中丞柱国赐绯鱼袋张俅撰。③

2. S.2059《〈佛说摩利支天菩萨陀罗尼经〉序》记：

□□□□州山阴县人张俅。④

该抄经序随后的行文中亦多次自称"俅"，序文之后接抄的《佛说摩利支天菩萨陀罗尼经》的序分部分又言：

弟子张俅知摩利……

采用的是当时流行的将抄经者名字嵌入相关位置以为自己积累佛教功德的习惯做法。
　　3. P.2488《贰师泉赋》署：

———————

① 《法国国家图书馆藏敦煌西域文献》第 27 册，2002 年，第 66 页。
② 《法国国家图书馆藏敦煌西域文献》第 20 册，第 50 页。
③ 《法国国家图书馆藏敦煌西域文献》第 16 册，2001 年，第 26 页。
④ 上海师范大学、英国国家图书馆合编，方广锠、〔英〕吴芳思主编：《英国国家图书馆藏敦煌遗书》第 32 册，广西师范大学出版社 2014 年版，第 348—349 页。

乡贡进士张俅撰。①

其四，"张景俅"。目前所知也仅出现 1 次：

敦煌市博物馆藏《大唐河西道归义军节度索公纪德之碑》署：

节度判官权掌书记朝议郎兼御史中丞赐绯鱼袋南阳张景俅撰。②

二、学界有关张球与张景球关系的不同观点

上列"张球""张景球""张俅""张景俅"四称均出现于晚唐时期的敦煌，应用场合、所涉官称、文书内容等相同、相近或相关。那么，四称之间到底是怎样的关系呢？

关于此问题，以前学界在相关研究中曾有所涉及，只是大家的关注点主要集中于张球、张景球两称。

最先作出推论的是王重民先生。在为 P.3650《纂金》残卷撰写的提要中，王先生提到了张球改编而成的《略出纂金》（P.2537），进而提出"又二九一三号卷子《张淮深墓志铭》，题张景球撰；考景球官衔与张球同，则景球当是张球之字"③。

1983 年，荣新江先生发表《敦煌卷子札记四则·张球和张景球》④，通过比对张球和张景球的官衔，并分析张景球自署望出南阳，而张球则称出自清河，提出了张景球和张球并非同一人的观点，称 P.2913V《张淮深墓

① 《法国国家图书馆藏敦煌西域文献》第 14 册，2001 年，第 277 页。关于该赋作者名字的识读，学界有不同观点，笔者推断即"俅"字，详参拙文《〈贰师泉赋〉作者推考》，待刊。

② 2018 年 8 月，笔者于敦煌市博物馆据原碑校录。

③ 王重民：《敦煌古籍叙录》，商务印书馆 1958 年版，第 211 页。

④ 荣新江：《敦煌卷子札记四则·张球和张景球》，《敦煌吐鲁番文献研究论集》第 2 集，北京大学出版社 1983 年版，以下两条引文分见该论集第 643—644、644 页。下引文中的"属衔"或当为"署衔"，有可能是抄写者误书，该论集系胶印而成。

志铭》"撰者张景球的属衔和《张延绶别传》张某的属衔完全相同，又都是在前后二、三年中为张淮深父子作传制铭，因此，张某即张景球，殆无疑义"，又称《索勋纪德碑》"撰人属衔和上面所引两文作者的属衔一样，所以，无疑也是张景球。如果把张景球的三个题衔和我们目前所能看到的材料上张球的属衔相比较，两者直不相侔，难于把他们勘同为一人。"是知荣先生判断张球与张景球是两个人，并将署名张俅（荣先生称为"张某"）、张景俅（因《索勋碑》撰者署名中的末字仅存"亻"，荣先生据官称推测为"球"字）的作品归入张景球名下。荣先生此文引发了学界关于张球与张景球关系的长期争论，颜廷亮、郑炳林两位先生即分别在多篇文章中表示支持或反对。

颜廷亮先生完全赞同荣新江先生提出的张球与张景球并非同一人的观点，既在其主编的《敦煌文学概论》等书的张球作品介绍中剔除署名"张景球"的作品①，又将此一观点贯穿于其多篇相关论文中，如《张球：著述系年与生平管窥》②、《关于张球生平和著述几个问题的辨析》等文即是。③

郑炳林先生则着力论述了张景球就是张球的观点，不仅在其所著《敦煌碑铭赞辑释》的《李端公讳明振墓志铭》等相关文书注释中多次沿用此说④，还撰写了数篇论文进行专门阐释。其中《〈索勋纪德碑〉研究·碑文作者张景俅有关问题》重申张球和张景球实为同一人。⑤《论晚唐敦煌文士张球即张景球》则对张球与张景球关系问题明确给出结论⑥，"通过对张球与张景球考释，他们任职加官相同，都是节度判官权掌书记兼御史中丞；文

---

①　颜廷亮主编：《敦煌文学概论》，甘肃人民出版社 1993 年版，第 96—97 页。

②　颜廷亮：《张球：著述系年与生平管窥》，原刊《1990 年敦煌学国际研讨会文集》（史地·语文编），辽宁美术出版社 1995 年版，后收入氏著《敦煌文学概说》，（台北）新文丰出版公司 1995 年版，第 119—150 页。

③　颜廷亮：《关于张球生平和著述几个问题的辨析》，原刊《中国敦煌吐鲁番学会研究通讯》1993 年第 2 期，后收入前揭氏著《敦煌文学概说》，第 151—163 页。

④　郑炳林：《敦煌碑铭赞辑释》，甘肃教育出版社 1992 年版，第 294—296 页。

⑤　郑炳林：《〈索勋纪德碑〉研究·碑文作者张景俅有关问题》，原刊《敦煌学辑刊》1994 年第 2 期，又收入《敦煌吐鲁番文献研究》，兰州大学出版社 1995 年版。

⑥　郑炳林：《论晚唐敦煌文士张球即张景球》，《文史》第 43 辑，1997 年。

散品阶前后衔接，并有相同的正六品上朝议郎；郡望称谓与归义军张氏一样，时称清河时称南阳，加之名字省称互通等，都证实张球即张景球，是一个人。"

可见，关于张球与张景球，学界已进行了一定程度的讨论，目前大多数学者已接受两称指同一个人的观点，笔者也赞同此说。不过，受各自研究主旨所限，同时也因前贤探讨此一问题时还都没有注意到于此有重要参证作用的 S.2059《〈佛说摩利支天菩萨陀罗尼经〉序》中作者自称的"张俅"，即便后来颜廷亮先生发表《有关张球生平及其著作的一件新见文献》一文时也仅将该序文中的张俅直接理解为张球①，而未作论证，故已刊论文的有关论述尚不够透彻全面，对张俅、张景俅两称的讨论尤其不足。

三、张球、张景球、张俅、张景俅实为同一人

（一）二字称与三字称之别

上述学界关于张球与张景球关系的争论，乃至前贤未曾论及的张俅与张景俅关系问题，本质上就是由三个字组成的姓名的中间一字在某些情形下可否省略的问题。

其实，省略三字姓名的中间一字，本是中古时期的习惯做法，敦煌文书中的例证即比比皆是，不仅不同文书有可能将同一人的名字分别以二字称、三字称书写，就是同一件文书都可能采用两种写法。例如，法藏敦煌文书 P.3899V《开元十四年（726）二月至四月沙州敦煌县勾征开元九年悬泉府马社钱案卷》中，有一位沙州司户史曾多次出现，其名字时而写为"范鲁"，时而写为"范思鲁"。再如，P.2942《广德二年（764）至大历元年（766）河西节度使公文集》抄录了 40 余则河西节度使判文，其中第173—177 行判文判处的是"刺史张元璟请替"（第 173 行所书）一事，同卷第 181—189 行、97—100 行、59—66 行所抄判文则是对与此事密切相关的

---

① 颜廷亮：《有关张球生平及其著作的一件新见文献》，《敦煌研究》2002 年第 5 期。

各后续事件的处理①，各文也都提到了这位甘州刺史，所书相关语句分别为"张瑗诈称节度"（第181行）、"肃州刺史王崇正错用官张瑗伪官衔"（第97行）、"应缘张瑗秭政"（第60行）。可见，在P.2942这同一件文书中，这位因争权而叛乱并最终落败的张刺史的名字出现了4次，其中1次被写为"张元瑗"，3次被写为"张瑗"，而从整件文书的内容来看，张元瑗与张瑗无疑是同一个人。

更具有说服力的，是同一件公文对同一个人名字的不同写法。同样以P.2942为例，该卷第71—74行所书为一则判文，其中第71行"故沙州刺史王怀亮擅破官物充使料"很简捷明了地概括了该文判理的事由，下一行则予以较详说明："王亮在官，颇非廉慎，擅破财物，不惧章程……"，行文中这位已故沙州刺史的名字从"王怀亮"简化成了"王亮"。

是知，当姓名由三个字组成时，将中间一个字省略的情况在唐五代时期的敦煌十分常见（实际上其他时期其他地区亦有此俗），故"张球"与"张景球""张俅"与"张景俅"这两种指称方式也是可以并行不悖的。

可附此一提的是，前引王重民先生论文系以名、字之别解释"张球""张景球"两称之间的关系，实际上两者皆为名。至于张球的字，S.2059《〈佛说摩利支天菩萨陀罗尼经〉序》本已提到，非常遗憾的是那两个字已漫漶残损，据残迹推测，第一个字有可能是"思"或"恩"，第二个字仅存左边的"言"字旁，故两字均难以遽断，但非"景球"却是可以肯定的。

（二）同音字之异

或许是因为在S.2059《〈佛说摩利支天菩萨陀罗尼经〉序》被揭出②之

---

① 该卷判文的抄集顺序与各文形成时间先后（也就是各文所涉史事发生时间先后）有关，大体上是后成文的抄于前，先成文的抄于后，详参拙文《法藏敦煌文书P.2942文本解析》，《形象史学》2017上半年卷，社会科学文献出版社2017年版，第156—169页。

② 陈玉女：《〈佛说摩利支天经〉信仰内涵初探——从郑和施刻〈佛说摩利支天经〉谈起》，首发于2002年7月，由兰州大学敦煌学研究所、麦积山石窟艺术研究所、陇东学院联合举办的"麦积山石窟艺术与丝绸之路佛教文化国际学术研讨会"与"北石窟佛教艺术与丝绸之路佛教文化国际学术研讨会"，后收入会议正式论集《麦积山石窟艺术文化论文集》（下），兰州大学出版社2004年版，第453页；前揭颜廷亮《有关张球生平及其著作的一件新见文献》。

前，学界所知题写"张俅"的文书仅 P.2568《南阳张延绶别传》一件，受以往阅卷条件的限制，该卷所书"俅"字因字体较小又不太容易识读（如前揭荣新江先生论文即将原卷上的"张俅"称为"张某"），而《索勋纪德碑》上"张景俅"的"俅"字又有残损，故前贤没有对"张球"与"张俅"关系展开全面细致的辨析。

笔者以为，上述语境中的"球""俅"乃同音之异，为同一人名字的不同写法。

其实，人名用字音同而字不同的现象在敦煌文书中并不罕见，不仅平民百姓，一些高官名人也是如此。例如：上段提及的保留有自题的 P.2568《南阳张延绶别传》的传主为张氏归义军第二任节度使张淮深的第三子，而 P.2913V《归义军节度使检校司徒南阳张府君墓志铭》谓："公以大顺元年二月廿二日殒毙于本郡，时年五十有九，葬于漠高乡漠高里之南原，礼也。兼夫人颖（颍）川郡陈氏六子：长曰延晖、次延礼、次延寿、次延锷、次延信、次延武等，并连坟一茔，以防陵谷之变"，张淮深第三子名字的最后一字即又作"寿"。再如，张氏归义军时期和曹氏归义军前期的敦煌政坛上活跃着一位非常著名的官员张保山，张氏时期他担任过新城镇的镇使，曹氏时期曾为归义军东征甘州回鹘的军事统帅之一，后官至左马步都押衙，张曹两氏时期他都曾多次率团赴中原入奏，受封左散骑常侍兼御史大夫，P.3518V《大唐河西归义军节度左马步都押衙录（银）青光禄大夫检校右（左）散骑常侍兼御史大夫上柱国故张府君邈真赞并序》记述了他的主要功绩。他的名字在上述邈真赞、P.3016V《天成二年（927）至三年慕容归盈致曹议金书》、S.8683《曹仁裕等算会状》、P.4640V《己未至辛酉年（899—901）归义军军资库司布纸破用历》、BD15246（新 1446）《入破历》、P.3859《丙申年（876？）十月十一日报恩寺常住百姓名目》、S.5049《某寺诸色入破计会》、Дx.2431《壬申年入历》等中多被书为"保山"或"张保山"，但在《新城镇使张宝山上常侍状》（罗福苌编《沙州文录补》所收）等文书中又被写为"张宝山"①，

---

① 详参杨宝玉、吴丽娱《归义军朝贡使张保山生平考察与相关历史问题》，《中国史研究》2007 年第 4 期。

学界一向认为两称所指即同一人。又如，P.2482《晋故河西应管内外诸司马步军都指挥使银青光禄大夫检校工部尚书兼御史大夫上柱国豫章郡罗府君墓志铭并序》的志主为敦煌名将罗盈达，铭文中提到他的独子名叫"元定"，当时的官职为"节度押衙银青光禄大夫检校太子宾客"。罗盈达去世于后晋天福八年（943），而在十余年后写成的 P.3727《某年十月内亲从都头知常乐县令罗员定致军事都知曹都头状》中，罗盈达的这位独子的名字则被写作"罗员定"①。类似的例子还有不少，限于篇幅，不再列举。

实际上，同类情形也常见于传世文献，甚至今人在不同场合也可能选用不同的字。因而，"俅""球"之异并不难理解。当然，对于音同而字不同的名字的比对确实需要十分慎重，既不能不加思索地断然否定同音字指称同一人的可能性，又需进行更深层次的考证论述，如对人物经历事迹等的多方位解析即是非常必要的。我们对敦煌文书和敦煌古碑铭中的"张球"与"张俅"关系的推断即综合考虑了人物生活空间、时间、职任、事迹等方面因素，只是相关推考涉及问题颇多，更适宜分专题另做探讨②，本文仅聚焦于张球名字表述方式问题。

以上笔者引介了学界有关张球、张景球关系的不同主张，在表明笔者倾向性的同时，增补了一些新的论据。在此基础上，笔者又将讨论范围从两称扩大至四称，认为敦煌文书中的张球、张景球、张俅、张景俅实为同一人。笔者推测，四称中最原始的一称可能是"张景俅"，后来"景"字的减省应与时人习俗有关，至于"俅"又被写为"球"，盖因"球"字更常见而被反复择用并流传颇广，乃至实际使用频率超过了本字。

① 详参拙文《P.3727 曹氏归义军时期书状考释》，《隋唐辽宋金元史论丛》第 1 辑，紫禁城出版社 2011 年版，第 116—126 页。

② 详参拙文《晚唐敦煌文士张球事迹及相关归义军史研究》，《丝绸之路民族文献与文化研究》，甘肃教育出版社 2015 年版，第 298—324 页等。

从写本原生态论一卷本《王梵志诗》的
性质与功能

朱凤玉*

摘要：一卷本《王梵志诗》是晚唐时民间依托"王梵志"的名义，编写流传的格言类蒙书。本文据写卷图版，从现存各写本原生态呈现的现象，析论其蒙书性质，从抄写者、使用者有"学仕郎"，显示为学童教材；题记有"金光明寺僧大力""三界寺"等，也提示与佛教寺学的关系，当是晚唐五代风行的教诲诗。其内容性质与家训类蒙书《太公家教》近似，约成书于 7 世纪下半叶，而 8 世纪流传全国，且远及吐鲁番、敦煌等地，影响广泛，蒙书、变文、长沙窑瓷壶多有援引。二者均以儒家生活伦理、处世哲学为基调。衡以生活礼仪、处世格言等内容、文句的比对，具备蒙书发展群体性、传承性、积累性与变异性的特色，增删改易。一卷本《王梵志诗》当是在《太公家教》基础上改写完成的。

关键词：一卷本《王梵志诗》；《太公家教》；写本原生态；蒙书

一、研究旨趣

有关《王梵志诗》的写卷，据今所得知，总计有 43 号，分别收藏于英国不列颠图书馆、法国国家图书馆、俄罗斯科学院东方研究所圣彼得堡分

---

* 作者简介：朱凤玉，嘉义大学中国文学系退休教授，主要研究方向为敦煌学、红楼梦、唐代文学俗文学、民间文学和童蒙教育。

所，以及日本奈良宁乐美术馆等。此外敦煌写卷《历代法宝记》等，历代诗话、笔记亦存有王梵志诗的零篇散句。综观43号敦煌写本，其中除了近20号写本没有诗题卷次，其余均标有诗题卷次，所呈现的标题卷次计有："卷上并序""卷中""法忍抄本""卷第三"及"一卷"等，各卷内容没有重复，不能衔接，经过研究分析，大致可归纳成：卷上并序、卷中、法忍抄本、卷第三、零卷（没有标题的梵志体诗）①、一卷本、辑佚等七系。

除去辑佚，其他六系依据内容研究分析，大致可分为三个系统，即：社会诗（卷上、卷中之三卷本）、宗教诗（法忍抄本、卷第三、零卷）、教诲诗（一卷本）。其中教诲诗的一卷本，今所知见计有21号。其中有些写卷抄写得非常工整，且流传下来的也很完整，所以"一卷本"的《王梵志诗》在当时一定是颇为盛行，同时也可说明内容相同却题为"卷第一"的P.2914b是不正确的。

一卷本共有诗92首，全篇采五言四句的整齐形式，内容偏重在生活仪节、处世格言、俗谚等方面，它的整齐形式和内容主旨都和其他卷次的王梵志诗不一样，这种独特的风格正是它以"一卷本"形态出现的主因；将这类处世训、格言诗编在一起，题为王梵志诗集"一卷本"，以独立的方式流布传抄，作为童蒙教育用。②其内容性质与另一通俗蒙书《太公家教》相似，且二者常合抄流传，在敦煌地区广泛流行。又史志记载，都是"王梵志诗一卷"，更提供了充分的证据，它当是晚唐时期民间知识分子编写而依托"王梵志"的名义，以求广为流传的格言诗类蒙书。1980年开始日本遊佐昇便对一卷本《王梵志诗》中的童蒙伦理教育内容投以关注。③

① 见王维《与胡居士皆病寄此诗兼示学人二首》述古堂本、元本诗题下俱有"梵志体"三字注语。见（唐）王维著，陈铁民校注《王维集校注》，中华书局1997年版，第532页。

② 其写卷概况与录文可参见张锡厚：《王梵志诗校辑》，中华书局1983年版；朱凤玉：《王梵志诗研究》，台湾学生书局1986年版；项楚：《王梵志诗校注》，上海古籍出版社1991年版。

③ ［日］遊佐昇：《〈王梵志诗〉について两侧面》，《大正大学大学院研究论集》2，1978年第2卷；《〈王梵志诗集〉一卷について》（一）、（二），《东洋大学大学院纪要》17、18，1980年、1981年，第128—138页、第151—163页；《敦煌文献にあらわれた童蒙庶民教育伦理——〈王梵志诗〉·〈太公家教〉を中心として》，《大正大学大学院研究论集》4，1981年第5卷，第151—161页。

1991 年，项楚《王梵志诗校注》出版，《前言》中对《王梵志诗》历来聚讼纷纭的作者及不同编次写卷的编辑年代问题，广征文献，做深入细致的考证，以为《王梵志诗》中的作品并非王梵志一人所作，《王梵志诗》也非一时编辑而成。同时也用了相当的篇幅考察一卷本《王梵志诗》的形式、内容特色，并持与《太公家教》对照，比较二者异同与关系，以为：一卷本《王梵志诗》是在《太公家教》的基础上改写而成的，《太公家教》成书于八世纪后半期，所以"一卷本《王梵志诗》编写于晚唐时期"，"出于唐代一位民间知识分子之手，而借用了王梵志的大名，以广流传"①。

我在《王梵志诗研究》一书中也曾对一卷本王梵志诗的内容与《太公家教》进行过比较。特别是与外子郑阿财共同投入敦煌蒙书的整理研究，前后对几篇内容性质与一卷本王梵志诗相似的蒙书做探讨②，我也认为"它当是晚唐时期民间知识分子编写而依托'王梵志'的名义，以求广为流传的格言类蒙书。"③ 近年，随着敦煌写本原卷图录及数位扫描的大量公布，以及研究观点的进展，将一卷本视为一个有机体，从写本原生态来进行观察研究，或有助于敦煌写卷文本性质的判定。以此视角，我陆续发表了《敦煌诗歌写本原生态及文本功能析论》等系列论文④，今依此观点方法审视一卷本《王梵志诗》写本，借以考察其性质与功能。

二、一卷本《王梵志诗》的写本原生态

"原生态"是从自然科学生态学科的"生态概念"借鉴而新生的文化名

① 项楚：《王梵志诗校注》，上海古籍出版社 1991 年版，第 17—21 页。

② 郑阿财：《〈太公家教〉研究》，《汉学研究》1986 年第 2 期。

③ 郑阿财、朱凤玉：《敦煌蒙书研究》，甘肃教育出版社 2002 年版，第 424 页。

④ 《敦煌诗歌写本原生态及文本功能析论》，《敦煌研究》2018 年第 1 期；《敦煌变文写本原生态及其文本讲唱特征析论——以今存写本原题有"变"为中心》，2018 年 11 月 10—11 日台湾师范大学中文系主办"出土文献与域外汉学国际学术研讨会"论文；《敦煌曲子词写本原生态及文本功能析论》，2019 年 4 月 16—19 日"敦煌学国际学术研讨会剑桥 2019"论文。

词，指一切在自然状况下生存下来的东西。敦煌文献中的文学写本"原生态"则是指没有经过整理改变，保存于敦煌文献抄写的原始样态，包含作者的草稿、修改、定本、抄录、转写；抄者有意与无意的编纂、汇录、丛抄、散篇、涂抹改写乃至习文字等原始的样态。

现存敦煌写本一卷本《王梵志诗》，计有 21 个卷号，分别为英藏：S.2710、S.3393、S.4669、S.5794 四 号；法 藏：P.2607V、P.2718、P.2842、P.2914、P.3266、P.3558、P.3656、P.3716、P.4094 九号；俄藏：Дх.4754 ＋ Дх.890 ＋ Дх.891、Дх.4935、Дх.10736、Дх.10740 六号，日本藏：宁乐本、羽 30 等二号，经缀合后计得 18 件写本，是所有《王梵志诗集》各系中写本最多的。除去其中 S.4669、S.5794、P.3656、Дх.4754 ＋ Дх.890 ＋ Дх.891、Дх.4935、Дх.10736、Дх.10740 等 9 号，此 7 件为仅抄写王梵志诗写卷及残片外，另 12 件所呈现的写本抄写原生态，提供考察析论的写本情况，兹根据写卷照片图录及数位扫描，略为叙录如下：

1. S.2710 卷子本，正背皆书。

正面有二部分：

(1)《王梵志诗一卷》，首缺尾完，存 57 行。尾题："王梵志诗一卷"

题记："清泰四年（937）丁酉岁十二月舍书吴儒贤从头自续泛富川"。

(2)"清泰三年丁酉岁十二月洪闰乡百姓泛富川雇工契"。

背面有："□争食胜曹□□""社司转帖右缘"、小儿习字及"泛富川王梵志诗一卷"等五行文字。

2. S.3393 卷子本，正背皆书。

正面为王梵志诗一卷，首尾俱完，计 95 行。

首题："王梵志诗一卷"、尾题："王梵志诗一卷"。卷末尾题旁有诗一首，全文为："莫道今朝大其（奇）哉，日落西夏（下）眼不开，不是等闲游行许，前世天生配业来。"又有"王梵志诗一卷　兄弟须和顺叔"数字。

卷背：有零落之正、倒杂写："社司转""太傅阿郎""之之之""有钱惜不吃"（王梵志诗句）等，字体拙劣稚嫩。间有"童画"一副如下：

3. P.2607 卷子本，正背皆书。

正面为"勤读书抄示頔等"。

背面为杂写七行："王梵志诗一卷诗兄弟须""岁成诚天成一月"，又重复地写着"志""心"等字，似为习字。另有"孟春犹寒伏惟大兄""尊体起居万福"等。

4. P.2718 卷子本，有丝栏，分作二部分，系一人所抄，分别为：

（1）王梵志诗一卷，首尾俱完，计 81 行。

首题："王梵志诗一卷"，尾题："王梵志诗一卷"。

（2）茶酒论一卷并序乡贡进士王敷撰

题记："开宝参年（970）壬申岁正月十四日知术院弟子阎海真自手书记"。

5. P.2842Bis 卷子本，首完尾缺，存 19 行。

首题："王梵志诗一卷"，题记："己酉年二月十三日学仕郎　全文"。

6. P.2914 卷子本，正背书。

正面有丝栏，为《王梵志诗》卷第三残卷，存 30 行。

尾题：《王梵志诗》卷第三。

尾题后有 62 行杂写，与前抄者不同，内容为：

（1）"大汉天福参年（938）庚戌岁闰四月九日金光明寺僧自手建记写毕"。

（2）"大汉天福参年岁次甲寅年七月廿九日金光明寺僧大力自手记"。

（3）"々名子々名卷子君事々"。

（4）"王梵志诗卷第一：兄弟须和顺，叔侄莫奚（轻）欺。财物同箱"。

（5）"柜，房中莫充（畜）私。夜眠须在后，子（起）胜（则）（妹）每须先。平为"。

（6）"谨请金光明寺都僧录和尚　索僧政　僧法律刘"。

1、2 行为题记。4、5 行为王梵志诗一卷本。

背面：杂抄 30 行。

内容：前 8 行为《新集文词九经抄》。

后 21 行为《宣宗皇帝御制劝百寮文》等杂写。

倒数第三行有：清泰参年岁次甲寅八月廿三日。

7. P.3266 卷子本，正背皆书。

正面为《梵志诗》，首尾俱缺，存 38 行，首二行上半残。

背面为：（一）下女夫词、（二）董延进投社帖。

8. P.3558 卷子本，首尾俱完，计 101 行。

首题："梵志诗一卷"，题记："辛亥三年正月十七日三界寺"。

9. P.3716 卷子本，正背书。

正面为"瑜伽师地论手记"卷卅一、卅二。

背面分作五部分，分别为：

（1）新集书仪一卷。有题记："天成五年（930）庚寅岁五月十五日，敦煌伎术院礼生张儒通"。

（2）王梵志诗一卷，首尾俱完，计 77 行。

首题："王梵志诗一卷"，尾题："王梵志诗一卷"。

（3）晏子赋一首。

（4）赵洽丑妇赋一首。

（5）百鸟名君臣仪仗。

10. P.4094 册子本，存四叶，写卷书写整齐，句读原有。分作二部分：

（1）《王梵志诗集一卷》，首缺尾完，存 73 行。

尾题："王梵志诗集一卷

王梵志诗上、中、下三卷为一部，又"。

题记："维大汉乾祐二年（949）岁当己酉白藏南

叶节度押衙樊文升奉　命遣写诸□□

册谨录献　上伏乞　容纳请赐□□"。

（2）夫子劝世词。

11. 日本宁乐美术馆藏本　卷子本。内容分作二部分：

(1)《太公家教》首尾俱缺，存 12 行。

(2)《王梵志诗》首缺尾完，存 95 行，句读原有。卷首上半部破损严重。卷末四行笔迹与前不同。

12. 日本杏雨书屋藏羽 30 卷子本正背书。

正面："王梵志诗一卷"计 94 行，下半多残。

首题："王梵志诗一卷"，尾题："王梵志诗一卷第一"。

题记："辛巳年十月六日　金光明寺学郎泛员宗写继之耳　张巡受书写"。

背面为杂写，分别为：

"金光寺""孟母三思""先达宋永落""寺门""社司转帖　右缘小事商""马永宝是个"等。

从以上叙录一卷本《王梵志诗》写本题记，显示了抄者或使用者的身份有学郎、知术院弟子、寺院僧人。如：

S.2710 卷子，正面题记有："清泰四年（937）丁酉岁十二月舍书吴儒贤从头自续泛富川"。背面题记有："泛富川王梵志诗一卷"。

P.2718 卷子，分作二部分，皆系一人所抄。一卷本《王梵志诗》与《茶酒论》一卷合抄，《茶酒论》有题记："开宝叁年（970）壬申岁正月十四日知术院弟子阎海真自手书记"。

P.2842Bis，有题记："己酉年二月十三日学仕郎　全文"。

P.2914，正面有题记："大汉天福叁年（938）庚戌岁闰四月九日金光明寺僧自手建记写毕、大汉天福参年岁次甲寅年七月廿九日金光明寺僧大力自手记"。

P.3558 卷子，有题记："辛亥三年正月十七日三界寺"。

杏雨书屋羽 30 有题记："辛巳年十月六日　金光明寺学郎泛员宗写继之耳　张巡受书写"。

按：P.2842Bis，题记有"学仕郎"，羽 30 题记有："金光明寺学郎泛员宗"，S.2710 没有学郎或学士郎称谓，但"吴儒贤"前有"舍书"二字疑亦为学士郎，"吴儒贤"一名又见于 P.3691 卷子《新集吉凶书仪》卷末题记：

"天福五年庚子岁二月十六日学士郎吴儒贤诗记写耳读诵"。天福为后晋高祖石敬瑭年号，"大汉天福叁年"当作"后晋天福叁年"（938）；天福五年（940）时"吴儒贤"为学士郎，则清泰四年（按：清泰仅二年，清泰四年当是天福二年（937））当亦是学士郎无疑。

唐代佛教发达，庄严辉煌结构完备的寺院，不但是广大佛教信众信仰的圣殿，也是文化、艺术的宝藏，社会教育的重心。寺院除了让学子寄寓外，甚至还有义学、寺塾的兴办，即所谓的寺学。[①] 敦煌地区中唐之后，吐蕃占领敦煌，敦煌地区的州学随之荒废。民间教育工作，转由寺院来接续办理。归义军时期，大半寺院都有寺学的兴办。据今所知见敦煌写本题记及莫高窟壁画题记有"某某寺学郎""某某寺学士郎""某某寺学仕郎"的资料[②]，唐五代北宋初期敦煌地区有对俗家弟子进行童蒙教育的寺学，计有：净土寺、莲台寺、灵图寺、金光明寺、三界寺、龙兴寺、永安寺、大云寺、乾明寺、显德寺等十所。归义军时期私学教育家学、义学及寺学的学生，称为学士，张承奉金山国（876）之后，改称为"学士郎"，或"学仕郎"，省称作"学郎"[③]。由此可知《王梵志诗》在敦煌地区普遍用来作为一般学童教育的教材。上举题记亦见有"金光明寺僧大力""三界寺"等，也提示我们《王梵志诗》与敦煌地区的佛教寺学也有着一定的关系。

"开宝叁年壬申岁正月十四日知术院弟子阎海真自手书记"。"开宝"是宋太祖赵匡胤年号，"开宝叁年"为公元 970 年。"知术院"是敦煌州学下所创置用以培养专门学艺人才的学校。其学生称弟子，年龄较一般私学学生大。

其次，一卷本《王梵志诗》写本存在有与敦煌流行的蒙书及劝世诗文合抄的情形。如：P.4094 卷子，一卷本《王梵志诗》与《夫子劝世词》合抄；日本宁乐美术馆藏一卷本《王梵志诗》卷子，则与《太公家教》合抄。这些现象说明了，他们应属相同的性质。

---

① 唐德宗贞元三年（787）正月，右补阙宇文炫上言："请京畿诸县乡村废寺，并为乡学。"见《唐会要》卷 35《学校》"贞元三年正月"条，第 635 页。

② 参见李正宇《敦煌学郎题记辑注》，《敦煌学辑刊》1987 年第 1 期。

③ 参见高明士《唐代敦煌的教育》，《汉学研究》1986 年第 2 期。

再者，一卷本《王梵志诗》抄写的字迹拙劣稚嫩与习字、杂写、涂鸦的情形，显示有出自学童书写的卷子。如：S.3393 卷子本，正背皆书。正面为王梵志诗一卷，卷背：有零落之正、倒杂写："社司转""太傅阿郎""之之之""有钱惜不吃"（《王梵志诗》）等，字体拙劣稚嫩。间有"童画"；P.2607 卷子，正面为"勤读书抄示颡等"，背面为杂写文字七行，分别为："王梵志志中人""王梵志心心""王梵志诗一卷诗兄弟须""心心""心心心志心志志诗一卷兄弟""志志心心心心心""岁成诚天成一月"。

综合这些写本原生态的抄写情形所呈现的现象，说明了他们的性质相同，均属于蒙书，是当时晚唐五代风行的教诲诗，既是学郎诵习的通俗读物，也是僧人劝化的通俗劝化诗。

三、一卷本《王梵志诗》的内容析论

今所得见有关王梵志诗，七种卷次系统，除去辑佚外，其余六种，依其内容，大致可分为三个系统，即：社会诗（卷上、卷中之三卷本）；宗教诗（法忍抄本、卷第三、零卷）；教诲诗（一卷本）。

一卷本《王梵志诗》的内容，主要为民间实际生活的礼节，及传统社会中家庭伦理与人际关系相处之道；大多取材于礼记等书，及民间格言谚语。92 首中有 72 首是以传统民间日常生活训世的格言诗为主体，大抵以儒家生活伦理为核心，主要围绕在孝道、勤学、交友、修养、应对进退礼仪等主题。具体内容大致如下：

以孝道为本，主张为人子女对于父母必须尽孝，然而子女应如何去实践孝道，《王梵志诗》中具体地说：

> 尊人相逐出，子莫向前行。识事相逢见，情知乏礼生。(159)[1]
> 尊人共客语，侧立在旁听。莫向前头闹，喧乱作鸦鸣。(160)

---

[1]　以下所引《王梵志诗》，采用项楚先生《王梵志诗校注》编号。

> 立身行孝道，省事莫为愆。但使长无过，耶娘高枕眠。（162）
> 耶娘行不正，万事任依从。打骂但知默，无应即是能。（163）
> 尊人嗔约束，共语莫肛胮。纵有些些理，无烦说短长。（164）
> 耶娘年七十，不得远东西。出后倾危起，元知儿故违。（166）
> 耶娘绝年迈，不得离旁边。晓夜专看侍，仍须省睡眠。（167）
> 四大乖和起，诸方请疗医。长病煎汤药，求神觅好师。（168）

从以上几首诗，我们可以看出，这都是儒家教育思想中所谓的"孝行""孝养"的支流余裔。只是《王梵志诗》中所说的乃日常生活中最平常、通俗、浅近，且最具体的孝道实践。

中国的政治组织，是以家庭为最基本的单位，个人立身以孝为根本，除了孝顺父母外，进一步地对于家庭的每一分子相处要融洽，如此，家庭方能和乐。家齐国始能治，天下方能太平。《论语·学而》说："君子务本，本立而道生，孝悌也者，其为仁之本欤。"国之本在家，家庭的伦理，除了子女与父母的关系外，最为亲近则首推兄弟，故常"孝悌"并举。一卷本《王梵志诗》中亦多强调兄弟的可贵，如：

> 兄弟宝难得，他人不可亲。但寻庄子语，手足断难论。（158）

同胞兄弟实在难得，手足之情应加珍惜，切不可相互轻贱。又云：

> 亲中除父母，兄弟更无过；有莫相轻贱，无时始认他。（169）

除了父母之外，兄弟最为亲近，相处应和顺，不可有轻欺的举动。然而如何才能在日常生活中做到兄弟和睦相处，一卷本《王梵志诗》则云：

> 兄弟须和顺，叔侄莫轻欺。财物同箱柜，房中莫蓄私。（152）
> 夜眠须在后，起则每须先。家中勤检校，衣食莫令偏。（153）
> 兄弟相怜爱，同生莫异居。若人欲得别，此则是兵奴。（154）

好事须相让，恶事莫相推。但能辨此意，祸去福招来。（155）

《王梵志诗》中不断就日常生活起居，提出兄弟相处之道，并且举田真三兄弟分荆事，以告诫世人兄弟当同生，切莫产生异居之心，如：

昔日田真分，庭荆当即衰。平章却不异，其树复还滋。（156）
孔怀须敬重，同气并连枝。不见恒山鸟，孔子恶闻离。（157）

兄弟义居共生共活，各自婚娶之后，家庭庞大，问题自然萌生。姒娌之间，易生嫌隙，造成纠纷。因此，要使家庭和合，则处理事情不宜听取妇人之言。故其诗中说：

有事须相问，平章莫自专。和同相用语，莫取妇儿言。（165）

除了在家修身须孝顺、兄弟须和睦外，《王梵志诗》认为待人处世，立身行事要敬要忍，与人相交，必得恩来义往，受恩慎勿忘，施恩则慎勿念。所以诗中有：

有恩须报上，得济莫孤恩。但看千里井，谁为重来寻？（217）
知恩须报恩，有恩莫不报。更在枯井中，谁能重来救？（218）
先得他恩重，酬偿勿使轻。一餐何所直，感贺百金倾。（219）
蒙人惠一恩，终身酬不极。若济桑下饥，扶轮可惜力。（220）

《王梵志诗》中对于待人接物之理，亦多劝人谨言慎行，诗中不说高深的道理，不谈迂阔的论调，而是直就日常生活的细节，提示世人行为的规范。如：

主人相屈至，客莫先入门。若是尊人处，临时自打门。（170）
亲家会宾客，在席有尊卑。诸人未下箸，不得在前掎。（171）

亲还同席坐，知卑莫上头。忽然人怪责，可不众中羞。（172）

尊人立莫坐，赐坐莫背人。存坐无方便，席上被人嗔。（173）

尊人对客饮，卓立莫东西。使唤须依命，躬身莫不齐。（174）

尊人与酒吃，即把莫推辞。性少由方便，圆融莫遣之。（175）

尊人同席饮，不问莫多言。纵有文章好，留将余处宣。（176）

巡来莫多饮，性少自须监。勿使闻狼狈，交他诸客嫌。（177）

坐见人来起，尊亲尽远迎。无论贫与富，一概总须平。（178）

欲得于身吉，无过莫作非。但知牢闭口，祸去阿宁来。（186）

得言请莫说，有语不须传。见事如不见，终身无过愆。（212）

以上各首无非是洒扫应对进退之事，犹如今日的国民生活须知、礼仪规范。

一卷本《王梵志诗》中亦颇多教人待人之道，尤其对于柔弱、处下、居后、不争等处世哲学，更有独到的见解，不但奉为立身处世的圭臬，同时更发为诗作，以讽劝世人。如：

逢人须敛手，避道莫前荡。忽若相冲着，他强必自伤。（196）

见贵当须避，知强远离他。高飞能去网，岂得值低罗。（198）

有德人心下，无才意即高。但看行滥物，若篙是坚牢？（201）

在乡须下意，为客莫高心。相见作先拜，膝下没黄金。（210）

除了传统儒家的社会伦理，处世哲学之外，还杂糅有当时社会盛行的佛教思想，尤其是后面 20 首，可说是佛教训示格言的劝化诗。三皈五戒是接近佛教修学佛法的基础。五戒：不杀生，不偷盗，不邪淫，不妄语，不饮酒，是具体的实践要求。佛家五戒第一是不杀生，所以一卷本《王梵志诗》劝人第一要戒杀，苦口婆心地劝人莫吃肉，因为不吃肉则不杀生。如：

煞生罪最重，吃肉亦非轻。欲得身长命，无过点续明。（224）

吃肉多病报，知者不须餐。一朝无间地，受罪始知难。（227）

  造酒罪甚重，卖肉亦非轻。若人不信语，捡取涅槃经。（229）

  五戒的第二戒是不偷盗。一卷本《王梵志诗》中劝人不可盗窃，盖物各有主，非自己之物，绝不可妄想窃取，所以诗中说：

  偷盗须无命，侵欺罪更多。将他物己用，思量得也磨？（225）

  五戒的第三戒是不邪婬。一卷本《王梵志诗》更明白地劝诫世人不要耽于女色，不可邪淫，佛教以为人之所以投胎为人，盖因父母淫欲而来，所以淫欲乃生死的源头，若欲超脱生死，则须戒绝淫欲，出家人对淫欲的戒绝，立戒特严，名为不淫戒。然而在家人均有妻室，不能断除，故立下不邪婬戒，即除自己妻室之外，不得对他人妻女有邪淫行为，此称之为不邪淫。一卷本《王梵志诗》云：

  世间难舍割，无过财色深。丈夫须达命，割断暗迷心。（223）
  邪淫及妄语，知非总勿作。但知依道行，万里无迷错。（226）

  佛家五戒中第四戒是不妄语。佛教认为不顾事实，妄造虚言，颠倒是非，诳惑众听，乃是最不好的行为，亦为人们最易犯、最常犯的缺失。一卷本《王梵志诗》中亦重此戒，诗中劝人不可妄语，不可欺谩。如：

  邪淫及妄语，知非总勿作。但知依道行，万里无迷错。（226）

  不饮酒是第五戒。盖饮酒足以使人乱性，令人昏乱神志不清，行为乖张，是以佛教严禁饮酒，而立有不饮酒戒。《王梵志诗》中亦多劝人戒酒，其诗有云：

  饮酒是痴报，如人落粪坑。情知有不净，岂合岸头行。（228）
  造酒罪甚重，卖肉亦非轻，若人不信语，检取涅槃经。（229）

按：五戒之中，杀、盗、淫的恶业，是由于口业而生的；妄语则出于口业；饮酒则现之于身、口二业。详究五戒之起，乃针对贪、瞋、痴三毒而设。不杀，盖所以戒瞋，因杀多半由瞋而起；不盗，盖所以戒贪，因盗念之起，皆由贪生；不淫，盖所以戒痴，男女之欲，皆由痴起；不妄语则兼戒贪痴，盖妄语无非欲隐其恶，或诈取名利。隐恶则由痴起，诈取则因贪生。

三毒中的瞋，是瞋恚无忍，犹如烈火，能烧一切功德，因此佛家教示人们以忍辱来对治瞋痴，一卷本《王梵志诗》中亦多劝人忍辱，无生瞋痴，如：

忍辱生端正，多瞋作毒蛇。若人不停恶，必得上三车。(235)
持戒须含忍，长斋不得瞋。莫随风火性，参差误煞人。(238)

综上所述：从一卷本《王梵志诗》写本生态考察，呈现抄写者、使用者有"学仕郎"，显示王梵志诗在敦煌地区有用来作为学童教育的教材。而题记中有"金光明寺僧大力""三界寺"等，也提示我们《王梵志诗》与敦煌地区的佛教寺学也有着一定的关系。这与所呈现内容正相契合。

四、一卷本《王梵志诗》与《太公家教》

敦煌石室发现的唐写本《太公家教》是现存最早的格言谚语类的家训蒙书，据海内外敦煌汉文写卷目录资料，今所知见的写本总计有 50 个卷号的写本，分别为英藏：S.479、S.1163、S.1291、S.1401、S.3835、S.4901、S.4920、S.5655、S.5729、S.5773、S.6173、S.6183、S.6243、S.10847 等十四号；法藏：P.2553、P.2564、P.2600、P.2738、P.2774、P.2825、P.2981、P.2937、P.3069、P.3104、P.3248、P.3430、P.3569、P.3599、P.3623、P.3764、P.3797、P.3894、P.4085、P.4588、P.4880、P.4995 等二十二号；中国国家图书馆藏：BD08137、BD16465、BD11408 等三号；《鸣沙石室佚书》一件；《贞松堂西陲祕籍丛残》一件；俄藏 Дx003858、Дx03863、Дx03894、Дx12696、

Дx12827 等五号；日本宁乐美术馆藏一件、日本有邻馆藏一件及杏雨书屋
羽 664（1）R、羽 664（9）R 等两件。

吐鲁番文书也有：大谷 3167、3169、3175、3507、4371、4394 等 6 号残片。
敦煌吐蕃文的文献中也有翻译成吐蕃文的《太公家教》写本，如法藏敦煌藏
文文献 P.T.987、P.T.988，以及日本台东区立书道博物馆藏中村不折旧藏敦
煌西域文献中一件藏文写本。足见唐五代时期《太公家教》盛行的一斑。

其中，抄写时代最早的是 P.2825，题记作："大中四年（850 年）庚午
正月十五日学生宋文显读，安文德写"；最晚的是 P.3797，题记作："维大宋
开宝九年（976 年）丙子岁三月十三日写子文书了"。

抄写者署名有：S.479："学士吕康三读诵记"、S.1163："永宁寺学士郎
如顺进白手书记"、P.2825："学生宋文显读，安文德写"、P.2937："沙洲敦
煌郡学士郎兼充行军除解□太学博士宋英达"、P.3569："莲台寺学士索威建
记耳"、P.3764："学士郎张厶乙午时写记之耳"、P.4588："学士郎□盈信记写"
等，从这些我们可清楚地推知抄者身份是敦煌各寺学的学生。特别是 S.728
号《孝经》写卷，卷末有题记："丙申年四五日灵图寺沙弥德荣写过，后辈
弟子梁子校。庚子年二月十五日灵图学郎李再昌已，梁子校"。后有学郎写
的打油诗说："学郎大歌（哥）张富千，一下趁到《孝经》边，《太公家教》
多不残，猡儿〔中〕实乡偏"。更证明了《太公家教》与《孝经》都是当时
敦煌地区寺学学郎所使用的课本。

又这些卷子抄写的时间主要集中在 10 月到 2 月间，这似乎也说明了民
间教育主要对象是农村子弟，而受教时间主要在秋收之后的农闲时段，正是
一般所谓的"冬学"。这与《齐民要术》卷三引东汉崔寔《四民月令》所说
"冬十一月，砚冰冻，命幼童入小学，读《孝经》《论语》篇章"的情形相
吻合。①

寺学是唐、五代敦煌教育的主体，而《太公家教》是寺学普遍流行的
教材，也是敦煌百姓生活智慧的源泉。因此，当寺院俗讲活动时，僧人讲唱
经文也有援引《太公家教》来阐释经义的情形。如：P.2418《父母恩重经讲

---

① （北魏）贾思勰撰，石声汉译注：《齐民要术》，中华书局 2015 年版，第 390 页。

经文》中便有："又《太公家教》：孝子事亲，晨省暮醒，知饥知渴，知暖知寒。忧则共戚，乐即同叹。父母有病，甘羹不餐。食无求饱，居无求安，闻乐不乐，见戏不看，不修身体，不整衣冠，待至疾愈，整易不难。"① 不但如此，甚至还成为当时民间通俗读物共同取材的对象，如《新集文词九经抄》《文词教林》等一类通俗读物，便大量引用《太公家教》中立身修德的处世箴言。②

根据敦煌写本得知《太公家教》全篇一卷，分作三部分：首为序文，计31 句，139 字；次为正文，共 281 则，2462 字；后为跋文，计 13 句，60 字。序文中，作者说明了编撰主旨与成书背景：

> 余乃生逢乱代，长值危时。亡乡失土，波迸流离。只欲隐山居住，不能忍冻受饥；只欲扬名后代，复无晏婴之讥。才轻德薄。不堪人师，徒消人食，浪费人衣。随缘信业，且逐时之。辄以讨论坟典，简择诗书，依经傍史，约礼时宜，为书一卷，助诱童儿。

而跋文也说：

> 余之志也，四海为宅，五常为家，不骄身体，不慕容华，食不重味，衣不丝麻，唯贪此书一卷，不用黄金千车，集之数韵，未辨疵瑕；本不呈于君子，意欲教于童儿。

序跋中陈说的是一位乱世流离失所的老者，虽怀才不遇，却以诲人不倦为己任，"为书一卷，助诱儿童"乃依凭经史典籍，因应时代风气与社会礼俗，兼采民间格言谚语，"意欲教于童儿"编成蒙书一卷。

此书的内容，大抵以儒家传统的伦理思为基础，强调修身、齐家、治国、平天下，以及为人处世的原则与态度，这是中国家教的传统。敦煌写本

---

① 参见朱凤玉《〈太公家教〉研究》，《汉学研究》1986 年第 2 期。
② 参见郑阿财《敦煌写卷〈新集文词九经抄〉研究》，文史哲出版社 1989 年版。

《太公家教》也是在这个基调上编写的。所以，内容性质与古代蒙学施教的旨趣无甚差异，主要在教忠教孝，教导学习洒扫应对进退之节，留意食息言动之际，使之从容周旋，动静云为，合宜中节，以达到潜移默化之功。但由于是助诱儿童的村书，尤重实用且求合乎时宜；因此，更加入唐代社会盛行的谦让柔忍等处世哲理的灌输，如："柔必胜刚，若必胜强；齿坚则折，舌柔则长"，"他强莫触，他弱莫欺"，"忿能积恶，必须忍之"，"立身之本，义让为先"；还有生活教育的具体行为规范，如："与人共食，慎莫先尝；与人同饮，莫先举觞；行不当路，坐不背堂；路逢尊者，侧立路旁；有问善对，必须审详。子从外来，先须就堂，未见尊者，莫入私房；若得饮食，慎莫先尝，飨其宗祖，始到爷娘，次霑兄弟，后及儿郎。食必先让，劳必先当；知过必改，得能莫忘。"使《太公家教》一书成为唐、五代民间百姓日常生活最为实用的指导原则，不啻是当代的"生活智慧秘籍"。

这些智慧语言的来源，根据作者序文说："讨论坟典，简择诗书，依经傍史，约礼时宜，为书一卷，助诱童儿，流传万代幸愿思之。"可知系就"诗书""坟典""经史"等，拣择嘉句警语，并采辑合乎"时宜"的格言谚语，增减变易，集为韵语而成编的。经由文本的实际检验，可知主要来自于记载我国孝道思想的宝典《孝经》，记述日常生活行为规矩的《礼记·曲礼》，以及记录儒家为人处事之方的《论语》等；此外，还有取材自《荀子》《老子》《庄子》《淮南子》《韩诗外传》《说苑》《抱朴子》《颜氏家训》《汉书》《晋书》《千字文》等书。其编撰的方法有：袭用原文，径自抄取的；有依据经典，增减改易字句的；有檃括文意，自行改写的。既迁就经史典籍的原文，又为方便学童记诵。因此，全篇主要采传统蒙书的四言韵语，间有五言、杂言。

特别值得注意的是，除了取材于传统的经史典籍外，《太公家教》还集录当时社会流行的谚语，且数量相当可观，实可视为唐以前民间谚语的结集。这种突破传统蒙书以诗文成篇的窠臼，将丰富繁杂的经典要义，加以把梳改写，成为琅琅上口的韵语短句，并广采耐人寻味的谚语，雅俗融合，展现"格言谚语体"的特殊体式，例如："勤是无价之宝，学是明月神珠；积财千万，不如明解一经；良田千顷，不如薄艺随躯。慎是护身之符，谦是百行之本。""香饵之下，必有悬鱼；重赏之下，必有勇夫。""近佞者谄，近偷者贼；近愚者痴，近贤者德；近圣者明，近淫者色"等等，今天读来仍然倍感亲切，仿佛家中长者的谆谆教诲，循循善诱。尤其极易于接受、便于口传、利于记忆，这种特色不但使它成为流传久远的处事箴言，且流传广远。

《太公家教》成书年代学者推测当在 7 世纪下半叶，8 世纪则广泛传播于全国各地。① 吐鲁番出土文书龙谷大学《大谷文书》中也见有《太公家教》残片多件②，法藏敦煌藏文文献 P.T987、P.T988 二件写本，其内容不少即译自汉文本《太公家教》，日本东京台东区立书道博物馆藏中村不折旧藏敦煌西域文献中的一件敦煌藏文写本《太公家教》显示汉文本《太公家教》一书③，在吐蕃占领敦煌期间就已在当地非常流行。

又今日遗存唐五代时期重要的民间窑口长沙窑瓷壶上题写诗歌、联语、格言、警句等诸多文句中，有不少《太公家教》的字句④，证明了《太公家教》的内容为当代社会民众普遍的接受，影响民俗文化的传播。时代较晚的一卷本《王梵志诗》也和《太公家教》同样在唐宋时普遍流行于广大民间，且为庶民训诫的通行教材，甚至被奉为一般民众立身修德的处世宝箴。

以下谨就一卷本《王梵志诗》与《太公家教》的内容，作一考察，不难发现它们之间有许多地方，不但旨趣相同，而且表现的词语亦多存在着极度相似之处，兹谨略举数例以窥其关系之一斑。如：

（一）《太公家教》云：

> 知恩报恩，风流儒雅；有恩不报，岂成人也。

---

① 朱凤玉：《〈太公家教〉研究》，《汉学研究》1986 年第 2 期；刘安志：《〈太公家教〉成书年代新探——以吐鲁番出土文书为中心》，《中国史研究》2009 年第 3 期。

② 郑阿财：《学日益斋敦煌学札记》，载《周一良先生八十生日纪念论文集》，中国社会科学出版社 1993 年版，第 193—196 页。

③ 陈践：《敦煌藏文文献〈太公家教〉译释》（上、下），《西藏民族大学学报》（哲学社会科学版）2017 年第 2 期；2017 年第 3 期；萨尔吉、萨仁高娃：《敦煌藏文儒家格言读物研究——以中村不折旧藏本〈古太公教〉为中心》，《中国藏学》2017 年第 1 期。

④ 参 ［日］黑田彰《屏风、酒壶に见る幼学：太公家教について》，《文学》2011 年第 6 号，第 43—58 页；张新朋：《长沙窑瓷器之〈太公家教〉题识考辨二则》，《寻根》2017 年第 1 期。

一卷本《王梵志诗》则有：

> 有恩须报上，得济莫孤恩。但看千里□，谁为重来寻。（217）
> 知恩须报恩，有恩莫不报。更在枯井中，谁能重来救。（218）

（二）《太公家教》云：

> 礼尚往来，乐尊高下。得人一牛，还人一马。

一卷本《王梵志诗》有云：

> 得他一束绢，还他一束罗。计时应大重，直为岁年多。（221）

（三）《太公家教》云：

> 他嫌莫道，他事莫知。他贫莫笑，他病莫讥。他财莫愿，他色莫思。他强莫触，他弱莫欺。贫不可欺，富不可恃。阴阳相催，周而复始。太公未达，钓鱼于水。相如未遇，卖卜于市。

一卷本《王梵志诗》有云：

> 他贫不得笑，他弱不得欺。太公未遇日，犹自独钓鱼。（208）

（四）《太公家教》云：

> 见人善事，必须赞之。见人恶事，必须掩之。
> 闻人善事，乍可称扬。知人有过，密掩深藏。是故罔谈彼短，靡恃己长。

一卷本《王梵志诗》则有：

见恶须藏掩，知贤唯赞扬。若能依此语，秘密立身方。（188）

（五）《太公家教》云：

对客之前，不得叱狗。对食之前，亦不得漱口。忆而莫忘，终身无咎。客无亲疏，来者当受。合食与食，合酒与酒。闭门不看，不如猪狗。拔贫作富，事须方寸。看客不贫，古今实语。

一卷本《王梵志诗》则有：

停客勿叱狗，对客莫颦眉。供给千余日，临歧请不饥。（193）
亲客无疏伴，唤即尽须唤。食了宁且休，只可待他散。（194）
贫人莫简弃，有食最须呼。但惠封疮药，何愁不奉珠。（211）

（六）《太公家教》云：

其父出行，子则从后。路逢尊者，齐脚敛手。尊人之前，不得唾地。尊者赐酒，必须拜受。尊者赐肉、骨不与狗。尊者赐果，怀核在手。勿得弃之，为礼大丑。

而一卷本《王梵志诗》则有：

尊人相逐出，子莫向前行。识事相逢见，情知乏礼生。（159）
尊人共客语，侧立在傍听。莫向前头闹，喧闹作鸱鸣。（160）
逢人须敛手，避道莫前荡。忽若相冲着，他强必自伤。（196）
尊人与酒吃，即把莫推辞，性少由方便，圆融莫遣知。（175）

（七）《太公家教》云：

　　勤是无价之宝，学是明月神球。积财千万，不如明解经书。良田一顷，不如薄艺随躯。

一卷本《王梵志诗》则有：

　　黄金未是宝，学问胜珠珍。丈夫无伎艺，虚霑一世人。（179）
　　养子莫徒使，先教勤读书。一朝乘驷马，还得似相如。（180）

　　除上举内容外，《太公家教》尚有教人谨言慎行、谦让柔忍、行善戒恶等为人处世，待人接物之道，以及立身处世之本，齐家教子之方等。多与王梵志诗相近，尤其与一卷本相通；无怪乎法儒戴密微会将《太公家教》与《王梵志诗》编在一起，合印刊行，不无道理。

五、结　语

　　《太公家教》作为童蒙教材成书于安史之乱前，约当在 7 世纪下半叶，而 8 世纪则流传于全国各地，远及西陲吐鲁番、敦煌等地，并为吐蕃所接受而有翻译。同时，8、9 世纪敦煌流行的通俗读物《新集文词九经抄》《文词教林》有大量的引用；当时流行的讲唱变文《父母恩重经讲经文》也援引讲说；长沙窑瓷壶也出现不少《太公家教》字句的题写，足见其影响之广泛。
　　一卷本《王梵志诗》的内容，以孝、悌、敬、慎等儒家教育要求、生活礼仪、处世格言，与《太公家教》性质相同，内容相近。其写作时代，当为《王梵志诗》各系中最晚，时间当在晚唐五代。《宋史·艺文志》"别集类"著录有"《王梵志诗集》一卷"①，将其排列次序安置在《廖凝诗集七卷》《廖

---

① 《宋史》卷208《艺文志七》，中华书局 2011 年版，第 5350 页。

邈师集二卷》《廖融诗集四卷》之后。按：廖凝（生卒不详），后周南康虔化（今江西宁都）人，后唐青泰二年（935）进士。廖融（约936年前后在世）为廖凝弟。廖邈，五代虔化人，三位均为五代时期的"廖氏文学集团"（廖匡图、廖正图、廖邈、廖融、廖凝）成员。是此《王梵志诗集一卷》当被视为五代时期的诗集，成编于10世纪初期，似可作为佐证。

项先生主张一卷本《王梵志诗》编写于晚唐时期，是在《太公家教》的基础上改写而成的，此一见解可说独到。衡以本文对一卷本《王梵志诗》写本原生态、内容特性，及其与《太公家教》关系等的考察，项先生的立论确实可信。同时我也觉得这些敦煌庶民通俗读物的不断产生，前后相续，且有增删改易。《太公家教》与一卷本《王梵志诗》的内容均以儒家生活伦理处世哲学为基调，而一卷本《王梵志诗》则随着寺院环境的需求，增益了后20首佛教为主的劝化诗，这正彰显了中国俗文化、俗文学所具有的传承性与变异性；同时也凸显了诗歌通俗化与口语化的特质。

敦煌蒙书《武王家教》中的仪表气质教育

——以"七奴"为中心*

金滢坤**

摘要：本文主要利用儒家经典、佛道典籍及相关传世文献对"七奴"不良行为举止的含义进行考释，对其文化渊源与社会价值观念进行了解析，并联系唐代相关蒙书，对其社会教化、家庭教育和童蒙教育的意图进行了分析。所谓"七奴"，指子弟在生活、起居和应对中常犯的诸如跣脚、漱口、上床、起立、坐起、洗浴、口面等有损个人形象、仪容、仪表和气质，容易被世人视作"奴"相的七种不良的行为举止。"七奴"背后所反映的是中国自古以来有关衣冠、饮食、仪容、应对、局席等行为举止的不良文化习惯与佛道禁忌，并以此来辩尊卑、贵贱、上下、荣辱、善恶，来教育子弟、教化社会。子弟违反"七奴"的行为，意味着缺乏教养，甘愿堕落，缺乏仪容、仪表，更无气质可言，自我贬低，难逃与奴婢等社会底层为伍的命运，故用"七奴"相来形容"卑贱"之"奴相"。

关键词：敦煌蒙书；《武王家教》；七奴；仪表气质；奴相

依据《武王家教》所云："[武王曰]：'何名为七奴?'太公曰：'跣脚下床为一奴，食不漱口为二奴，着鞋上床为三奴，起立着裈为四奴，坐起背

---

* 基金项目：2016 年度国家社会科学基金重大项目"中国童蒙文化史研究"（16ZDA121）。

** 作者简介：金滢坤，首都师范大学教授，博士生导师，主要研究方向为隋唐史、科举文化、童蒙文化、敦煌学。

人为五奴，露形洗浴为六奴，口面不净为七奴。'"所谓"七奴"包括跣脚下床、食不漱口、着鞋上床、起立着裈、坐起背人、露形洗浴、口面不净七种与世人的生活、起居方式格格不入、与时代价值观念相忤逆，且多为世人视作贱行、招人生厌的个人行为举止，可以说条条都是自我败坏、自降为奴的行为。正应了《武王家教》所言，世人治家的首要之"一错"即"养子不教"，"为人养奴"。

　　本条主旨是以子弟成长中生活、起居方面常见的七种不良、不当的叛逆行为例，试图帮助"勿以小恶而为之，勿以小善而不为"的道理，告诫子弟凡事务必从点点滴滴做起，即便是上床、起立、坐起、洗浴、口面等有关个人衣冠、仪容、举止的等小事，切勿随心所欲，自以为是，无视相关礼法制度。北齐刘昼就君子"慎独"发表看法："善者，行之总，不可斯须离；可离，非善也"；但人们常犯的毛病就是在人前修善，"在隐而为非"，就好比"清旦冠履，而昏夜倮跣"①，在别人看不见的时候，就放纵自己行为，看似无害，实则有害。此言极是，诸如上述"七奴"均为生活、起居中常见细微小事，但从君子"慎独"来看，积小恶成大恶，自污其身，故"慎乎隐微，枕善而居"②，好恶之事、之行，不能因别人有无视听，而为之与不为。按照刘昼说法，所谓"七奴"相皆为"暗昧之事""昏惑之行"，无论彰显隐幽，均不可为。"故身恒居善，则内无忧虑，外无畏惧"，若世人能戒此"七奴"之相，"德被幽明，庆祥臻矣"也不为过。③ 本文基于上述思考，着眼中古传统文化，兼及同一时期的佛道相关内容，对"七奴"相关文化内涵进行及解析，并解释其背后的唐代世人训诫子弟的教示意图。

一、"跣脚下床"考释与文化渊源解析

　　"跣脚下床"之所以被视为"七奴"相之首，与中古"跣脚"的文化含

---

① 傅亚庶撰：《刘子校释》卷2《慎独章十》，中华书局1998年版，第105页。
② 《刘子校释》卷2《慎独章十》，第106页。
③ 《刘子校释》卷2《慎独章十》，第106页。

义有着内在联系。"跣脚",或作"跣足",为裸脚、赤足,即没穿鞋之意,或曰"踝跣"。《后汉书·冯衍传》云:"饥者毛食,寒者踝跣。"[①]《说文·足部》云:"跣,足亲地也。"段玉裁注:"古者坐必脱履,燕坐必褪袜,皆谓之跣。"[②] 帮助跣,为脱袜赤足。"跣脚下床"形容光脚下床,赤脚行走之状,如果仅以此来解释,其为"七奴",难免夸大其词。因此,要解释"跣脚下床"的"奴"相由来,必须从其文化内涵来解析,兹从以下几点进行深入探讨。

(一)无行之相——身恒居善

与"跣脚下床"之奴相对应的就是穿鞋下床,即"出行蹑履",有违儒家士大夫应该遵守行为举止的生活常识和基本礼仪。"跣脚下床"属于在身处家中隐秘空间,放纵自我,虽然无关大雅,但有违中国古代个人即君子的修养和"身恒居善"的观念,是典型的行无常性。北齐刘昼在《刘子·慎独》中对有关士人修行"慎独"的体悟,为此处解释"跣脚下床"提供了思想文化的支持。刘昼的学说可以归纳为以下几点:首先,善行、善事不可须臾离,需要衡守、坚持恶事不可为的观念,正好可以回答"跣脚下床"为"奴"相的问题。其行虽为小恶,但不可为。其次,人首须冠、足之待履,若不首不加冠非人类也、行不蹑履是夷民,以此帮助首冠足履的礼法不能打破,一旦打破就是把自己归为另类、异物。正常情况下,士人习惯于身"处显而修善,在隐而为非,是清旦冠履,而昏夜保跣",故"跣脚下床"之行为,似乎不是惊世骇俗之事,无关大雅,但无形中把自己归入异类,在不知不觉中把自己侵染恶习,养成"奴"相。其三,以荃荪、石泉为喻,虽身处岩隐、涧幽,仍坚持本色。如果人在暗室即家中,无人监督的情况下,就放任自己,"隐翳而回操",不坚持基本礼法,岂不是"以戒慎目所不睹,恐惧耳所不闻"? 犹如掩耳盗铃,是明知故犯,正确的行为应是始终如一地、无论是居家,还是公众视野之下都应笃行礼法。其四,以篷瑗、颜回、勾践、

---

① (宋)范晔撰,(唐)李贤等注:《后汉书》卷28《冯衍传》,中华书局1970年版,第966页。

② (汉)许慎撰,(清)段玉裁注:《说文解字注》,上海古籍出版社1988年版,第333页。

冀缺等为例，帮助古代名臣、贤良不因以君昏而失节、夜浴改容、拘室违礼、耕野亏敬，始终如一，衡守"善者"，做到礼法道德在心，不会因外部环境改变，而稍有懈怠，而改变其情。其五，道义常在，暗昧之事、昏惑之行，不会因幽隐而不显不彰，只要做了恶事，即便鬼神不知，自己知道。诸如在家"跣脚下床"的不雅、不当、不善之举，若让人不知，那也是"盗钟掩耳之智"。最后，认为士人应该"东平居室，以善为乐。故身恒居善，则内无忧虑，外无畏惧；独立不惭于影，独寝不愧于衾；上可以接神明，下可以固人伦"，才能真正做到心底坦荡，慎独于世。①

刘会所言慎独可谓头头是道，非常合情合理，但士人恐怕很难做到。即便像唐代文宗白居易这样的贤良之士也会偶尔放纵一下。白居易《不出门》曰：

> 披衣腰不带，散发头不巾。袒跣北窗下，葛天之遗民。
> 一日亦自足，况得以终身。不知天壤内，目我为何人。②

显然，白居易描写了闲居在家时，随意披衣，腰不系带，发头散乱，赤脚走动的状态。这正应了刘会所言"首不加冠"，"行不躞履"，放纵自我，全无士人之约束，盖"跣脚下床"不过如此。

（二）狼狈之相——跣脚下车

形容士人难免会在惊慌之时出现"跣足"下床、下地、下车等狼狈之

---

① 《刘子校释》卷 2《慎独章十》，第 106 页；（宋）张君房编，李永晟点校：《云笈七签》卷 90《七部语要部·连珠》略同，中华书局 2003 年版，第 1984 页；马骕《绎史》引《冲波传》曰："子路、颜回浴于洙水，见五色鸟，颜回问，子路曰：'荧荧之鸟。'后日，颜回与子路又浴于泗水，更见前鸟，复问由：'识此鸟否？'子路曰：'同同之鸟。'颜回曰：'何一鸟而二名？'子路曰：'譬如丝绡，煮之则为帛，染之则为皂。一鸟二名，不亦宜乎？'"（清）马骕撰，王利器整理：《绎史》卷 95《孔门诸子言行三》，中华书局 2002 年版，第 2403—2404 页。

② （唐）白居易著，顾学颉校点：《白居易集》卷 36《不出门》，中华书局 1979 年版，第 825 页。

状。据《南齐书·谢超宗传》载："司徒褚渊送湘州刺史王僧虔，阁道坏，坠水；仆射王俭尝牛惊，跣下车。超宗抚掌笑戏曰：'落水三公，堕车仆射。'前后言诮，稍布朝野。"①萧齐谢超宗笑戏仆射王俭因牛受惊吓，跣脚下车的狼狈之状，其实体现了时人以"跣脚下床"为不雅的观念。又南朝宋刘义庆《世说新语·排调》载："谢遏夏月尝仰卧，谢公清晨卒来，不暇着衣，跣出屋外，方蹑履问讯。公曰：'汝可谓"前倨而后恭"。'"②东晋尚书仆射谢安清早去看谢遏，谢遏"不暇着衣，跣出屋外"，可谓慌张之极。谢安虽对其行为甚为不满，尤以"前倨而后恭"来为其解围。显然，谢遏虽对谢安极为恭敬，但跣脚相迎，慌忙失礼，是不言而喻的。

（三）不祥之相——跣立殿下

既然像仆射等高官惊慌之中跣脚下车都会被人笑戏，那么若是皇帝跣脚下床则更是惊骇。据《晋书·五行志》云：晋"哀帝隆和初，童谣曰：'升平不满斗，隆和那得久！桓公入石头，陛下徒跣走。'朝廷闻而恶之，改年曰兴宁。人复歌曰：'虽复改兴宁，亦复无聊生。'哀旁寻崩。"③东晋哀帝在位时，桓温专权，数次北伐，国祚不稳，于是出现"桓公入石头，陛下徒跣走"的童谣。这事的内因应该是由门阀士族斗争造成的，其实与天意无太大的关系。哀帝虽然为此改元兴宁以验谶谣，但是最终还是没有逃出中毒身亡的厄运。又明代余永麟《北窗琐语》载：

> 谚云："荧惑入南斗，君王下殿走。"梁武帝时，得此天象，帝甚疑之，跣脚下殿以厌其变，而不知魏孝武为高欢所逐，遂走入关。武帝闻之曰："彼国亦应天象如此。"④

① （南朝梁）萧子显撰：《南齐书》卷36《谢超宗传》，中华书局1972年版，第636页。
② （南朝宋）刘义庆撰，徐震堮著：《世说新语校笺》卷下《排调第二十五》，中华书局1984年版，第438页。按：谢遏，名朗，遏为小名，由三叔谢安养大。
③ （唐）房玄龄等撰：《晋书》卷28《五行志中》，中华书局1974年版，第846—847页。
④ （明）余永麟：《北窗琐语》，收入王云五主编《丛书集成初编》，中华书局1985年版，第32—33页。

　　梁武帝因为听信谣言"荧惑入南斗，君王下殿走"，即依据当时的天象知识认为会有兵祸①，竟然为此迎合谚语，"跣脚下殿以厌其变"。后人嘲笑梁武帝不知道北魏孝武帝因被高欢追逐逃入关中之事，而应"君王下殿走"者应该是魏孝武帝。尽管如此，中国古代皇帝遇见灾疫和不祥预兆之时，往往还是会"跣脚下殿"，以祈求禳灾。

（四）贫苦、落魄之相——跣足而行

　　其实，"跣脚下床"为奴相的最直接的原因，就是担心将来跟社会底层的穷困人口一样，无鞋可穿。跣足而行，实际上代表了贫苦、落魄之相，脚跣也是众人嘲笑的对象。《云笈七签》记载："蓝采和，不知何许人也。常衣破蓝衫，六銙黑木腰带阔三寸余，一脚着靴，一脚跣行……老少皆随看之，机捷谐谑，人问应声答之，笑皆绝倒。"②鲜活地记载了一个贫困潦倒者的形象，一脚着靴，一脚跣行，常招老少围观与嘲弄。敦煌蒙书《语对·贫贱》云："双穿：东郭先生待诏东门，居贫，唯有一木履，有上无下，行于雪中，足尽践地。"③这位东郭先生与蓝采和的形象都是以光脚来写照其贫贱之相。晚唐李商隐总结唐人"失本体"的劣行就有"仆子着鞋袜衣服宽长，失仆子体"④，言外之意就是仆人不应该穿鞋袜，有失体统，也就是说跣脚即光脚，为仆人之相，故为贱相。跣脚而行者在某种程度上代表了贫苦劳动者，故士人将"免冠徒跣"用来形容被罢官为民的人。又晚唐诗人杜荀鹤《雪》云："巢穴几多相似处，路岐兼得一般平。拥袍公子休言冷，中有樵夫跣足行。"⑤可以想见樵夫跣足行走山路上的艰辛场面，而"跣脚垢面"则成了最为穷困潦倒之人的写照。如清邵长蘅《城根妇》描写，有城中故乡女伴，因丈夫被得罪，沦为奴婢，感慨道："今日跣脚垢面城根妇，当年侍女

---

① 《后汉书》卷 102《天文志下》："熹平元年十月，荧惑入南斗中。占曰：'荧惑所守为兵乱。'"（第 3258 页）

② 《云笈七签》卷 113 下《纪传部·传十二·蓝采和》，第 2482 页。

③ 王三庆：《敦煌类书》，丽文文化出版社 1993 年版，第 374 页。

④ （唐）李义山撰：《杂纂》卷上《失本体》，收入王云五主编《丛书集成初编》，中华书局1985 年版，第 2 页。

⑤ （清）彭定求等编：《全唐诗》卷 692 杜荀鹤《雪》，中华书局 1960 年版，第 7951 页。

如花红。"① 虽时代不同,但词义未变。"穷贫裸跣"亦用来形容逃难落魄之相。又《后汉书》记,西汉末江革在天下大乱时负母逃难,备经阻险,"转客下邳,穷贫裸跣,行佣以供母"②。

当然,也有佛教高僧被髪徒跣,行走天下,苦修成道。如萧梁陆倕《志法师墓志铭》记载:有法师原名朱保志,在齐宋之交,"被发徒跣,负杖挟镜,或征索酒肴,或数日不食,豫言未兆",天监十三年(514)坐化于华林园之佛堂。③ 唐末天佑三年(906),韩偓《赠吴颠尊师》曰:"道若千钧重,身如一羽轻。毫厘分象纬,袒跣揖公卿。"④ 亦是描写了僧侣跣足超脱,行走于公卿之间的实例。

(五)行丧之礼——徒跣扱袵

按照《礼记》的说法,送葬亲人时也需要徒跣。《礼记·丧大记》载:"凡主人之出也。徒跣扱袵拊心,降自西阶。"⑤《礼记·问丧》云:"亲始死,鸡斯徒跣,扱上袵,交手哭。"⑥ 中国古代在各基层的葬俗中基本上保持了"徒跣"行丧葬之礼。据《唐会要·服纪下·夺情》载:"武德二年正月四日,尚书左丞崔善奏曰:'欲求忠臣,必于孝子。比为时多金革,颇遵墨缞之义。丁忧之士,例从起复,无识之辈,不复戚容,如不纠劾,恐伤风俗。'至九月,制曰:'文官遭父母丧,听去职。'"⑦ 即按照唐代官员服丧的相关条制,一方面要求按照"丧礼"准予丁忧服丧礼,另一方面要命官员"起复"即复官之后,"不复戚容",不再需要表露伤心之状。但调露二年(680),中书舍人欧阳通,"起复本官,每入朝,必徒跣至城门外,然后着靴鞴而朝。

---

① (清)沈德潜编:《清诗别裁集》卷 15 邵长蘅《城根妇》,中华书局 1975 年版,第 259 页。
② 《后汉书》卷 39《江革传》,第 1302 页。
③ (唐)欧阳询撰,汪绍楹校:《艺文类聚》卷 77《内典下·寺碑》,中华书局 1956 年版,第 1322 页。
④ 《全唐诗》卷 680 韩偓《赠吴颠尊师》,第 7797 页。
⑤ (清)孙希旦撰,沈啸寰、王星贤点校:《礼记集解》卷 43《丧大记第二十二之一》,中华书局 1989 年版,第 1138 页。
⑥ 《礼记集解》卷 54《问丧第三十五》,第 1349 页。
⑦ (宋)王溥撰:《唐会要》卷 38《服纪下·夺情》,中华书局 1960 年版,第 688—689 页。

直宿在剩蔬则席地籍槀，非公事不言，亦未尝启齿。归必衣衰绖，号恸无常"①。大概是欧阳通丁忧时限未到，就复官，所以出现了入朝"着靴韈"，出朝则"必徒跣至"的情况。

　　唐代有士人外地做官，死后归葬的文化传统，而归葬之时，至孝者往往选择"跣脚随车"。如工部尚书刘审礼"丁父忧去职，及葬，跣足随车，流血洒地，行路称之"②。古人守墓亦有甚者，庐于墓侧，跣足批发。有汴州孝女李氏，父母双亡之后，"庐于墓侧，蓬头跣足，负土成坟，手植松柏数百株"③。

（六）谢罪之相——徒跣求进

　　古代两军、两国交战，败者跣足求和，以示臣服和诚意。东汉初杜笃劝谏光武帝不宜改营洛邑，上奏《论都赋》，追述了汉武帝功勋，"于是同穴裘褐之域，共川鼻饮之国，莫不祖跣稽颡，失气虏伏。非夫大汉之世盛，世借雍土之饶，得御外理内之术，孰能致功若斯"④。其中"祖跣稽颡"一语，用来表示臣服的诚意。但也不乏胜者一方，跣足迎接投降一方者的情况。如后赵石虎将军攻上邦，前秦符洪请降，石虎"跣出迎之"，拜冠军将军、监六夷诸军事、泾阳伯⑤，以示诚意。

　　中国古代获罪朝臣以跣脚方式，主动向当朝皇帝请罪，从而获得宽恕机会。如汉成帝丞相匡衡因儿子匡昌酒醉杀人，被系诏狱，很快又被下属和亲弟且合谋救出，此事惊动了汉成帝。匡衡不得已"免冠徒跣待罪"，以示悔过、甘愿受罚。其行为感动了成帝，成帝竟然专门派人令其"冠履"，竟然渡过此难。⑥ 又东晋徐兖二州刺史庾希起兵讨伐大司马桓温，兵败被杀，在其弟庾玉台将要被处决之际，弟媳因为桓温弟桓豁之女的缘故，"徒跣求

①　《唐会要》卷38《服纪下·夺情》，第689页。
②　（宋）李昉等编：《太平御览》卷375《人事部一六·血》，中华书局1960年版，第1732页。
③　《旧唐书》卷185《薛季昶传》，中华书局1975年版，第4804页。
④　《后汉书》卷80《文苑传·杜笃传》，第2600页。
⑤　《太平御览》卷121《偏霸部五·前秦符洪》，第585页。
⑥　《汉书》卷81《匡衡传》，中华书局1962年版，第3345页。

进", 桓温感其言而赦免玉台一门。① 虽然政治斗争险恶, 此罪非 "徒跣"
下地、求进本身所能化解, 但此事获得皇恩、弄臣宽恕的必要条件无疑是
"徒跣求进" 的态度, 足以帮助 "徒跣" 意味着极度卑微、屈辱与诚恳, 毫
无尊严以及极大诚意。唐代江夏王道宗因统帅失误, 战败失城, 不得不 "跣
行请罪", 太宗感其诚意, 借口其杀敌英勇, 赦免其罪, 改太常卿。② 当然,
其中更深层次原因应该是李道宗为李唐宗室, 太宗念其郡王身份, 才给予赦
免。故颜之推以眼见: "梁世被系劾者, 子孙弟侄, 皆诣阙三日, 露跣陈谢;
子孙有官, 自陈解职。子则草屩粗衣, 蓬头垢面, 周章道路, 要候执事, 叩
头流血, 申诉冤枉。"③ 来警示子弟莫要触犯玩法, 自丧尊严。

(七) 求谒之相——提屦跣走

战国列子有提屦跣足拜见伯昏瞀人的故事。《庄子·杂篇·列御寇
三十二》载:

> 伯昏瞀人曰: "善哉观乎! 女处己, 人将保女矣!" 无几何而往, 则
> 户外之屦满矣。伯昏瞀人北面而立, 敦杖蹙之乎颐, 立有间, 不言而
> 出。宾者以告列子, 列子提屦, 跣而走, 暨乎门, 曰: "先生既来, 曾
> 不发药乎?"④

列子因后到, 而 "提屦, 跣而走", 感动了伯昏瞀人, 便高兴地出门来应,
其背后的文化内涵, 就是列子提屦跣脚, 放低身段, 以示低姿态, 表示对伯
昏瞀人的尊重。

---

① 《世说新语校笺》卷下《贤媛第十九》, 第 376 页。
② 《新唐书》卷 78《宗室传·江夏王道传》, 中华书局 1975 年版, 第 3516 页。
③ (北齐) 颜之推撰, 王利器集解:《颜氏家训集解》卷 2《风操第六》, 中华书局 2016 年版,
第 144 页。
④ (清) 郭庆藩撰, 王孝鱼点校:《庄子集释》卷 10 上《列御寇三十二》, 中华书局 1961 年
版, 第 1039 页。

（八）失序之相——徒跣而垂旒

徒跣而垂旒，尊卑失序。东汉《申鉴·政体第一》云："天下国家一体也，君为元首，臣为股肱，民为手足……下有寒民，则上不具眼。徒跣而垂旒，非礼也。故足寒伤心，民寒伤国。"[1]可见古代君王若治国，"徒跣而垂旒"，不重衣冠制度，就好比股肱、手足错位，必然会导致国无定制，尊卑失序，朝政败坏。只有君臣各在其位，各尽其责，遵守规章制度，才能有效治国安邦。又如《太平广记·神仙》记载唐神龙元年（705），富人阴隐客，"各长五尺余，童颜如玉，衣服轻细，如白雾绿烟，绛唇皓齿，须发如青丝，首冠金冠而跣足"[2]。所谓"金冠跣足"是虽然突出神仙的非人色彩，但此举与"徒跣而垂旒"的行为颇为类似，并非善事。正因为中国古代冠冕足履发挥了齐典制、正人伦的作用，所以无事徒跣，自然是不成体统的，必招破败。史载南朝宋废帝刘昱，"五六岁能缘漆帐竿，去地丈余，如此者半食久乃下。渐长，喜怒乖节，左右失旨者手加扑打，徒跣蹲踞"[3]，可见宋废帝从小生性无德，"徒跣蹲踞"，罔顾宫廷礼法，属于自贱身份，养成了无视朝堂礼法制度、纲纪恶习，自然无法胜任君主的重任，最终成了亡国之君，成为世人从小"徒跣蹲踞"造成将来恶果的典型实例。

（九）宴会之相——跣足入席

中国古代正式宴席，宾客须脱履跣脚，而上座，即坐在席上。《说文·足部》云："跣，足亲地也。"段玉裁注："古者坐必脱履，燕坐必褫袜，皆谓之跣。"[4]唐初欧阳询《艺文类聚·燕会》载："韩诗曰：不脱履而即度（席），谓之礼，下跣而止（上），谓之燕。"[5]又跣而上坐《初学记·飨燕》载："《周礼》曰：飨宴之礼，所以亲四方之宾客。《韩诗外传》曰：不脱

---

① （汉）荀悦撰，（明）黄省曾注，孙启治校补：《申鉴注校补·政体第一》，中华书局2012年版，第37页。

② （宋）李昉等编：《太平广记》卷20《神仙二十·阴隐客》，中华书局1961年版，第134页。

③ 《南史》卷9《宋废帝纪》，中华书局1975年版，第88页。

④ 《说文解字注》，第84页。

⑤ 《艺文类聚》卷39《礼部中·燕会》，第712—713页。

屦而即席，谓之礼；跣而上坐，谓之宴。"①《初学记·酒器》再引《韩诗》此句云："夫饮之礼，不脱屦而即序者谓之礼，跣而上坐者谓之宴。"② 可见古代世人飨宴，是要脱履，不脱袜。《笑林》记载了一个宴席脱鞋的笑话：

> 汉司徒崔烈辟上党鲍坚为掾，将谒见，自虑不过问先到者。仪适有答曰："随典仪口喝。"既谒，赞曰："可拜"，坚亦曰："可拜"；赞者曰："就位"，坚亦曰："就位"。因复着履上座，将离席，不知履所在，赞者曰："履着脚"，坚亦曰："履着脚也。"③

鲍坚之所以出现这样的笑话，是因为按照飨宴礼法，大家都应"跣脚"即脱鞋，但席间鲍坚，不知礼节穿履就席，等客人离席，因此在局席司仪让大家穿履的时候，鲍坚浑然不觉，反而曰"履着脚"，成了笑林故事。

（十）华戎异俗——被髪徒跣

中华民族自古以来形成了以汉族为主题的多元文化的民族，但"华戎"异俗贯穿了古代中国。正如前揭文《刘子·慎独》载："人之须善，犹首之须冠，足之待履；首不加冠，是越类也。行不蹑履，是夷民也。"④ 明确将"行不蹑履"视作夷民的标识。《刘子·随时》载："时有淳、浇，俗有华、戎，不可以一道治，不得以一体齐也……货章甫者，不造闽、越；衒赤舄者。不入跣夷，知俗不宜也。"⑤ 再次以"跣夷"称相对落后的光脚异族。个别是中古时期编撰的正史，常将"跣行""跣足"作为落后民族的标识，加以记载。如《旧唐书·党项羌》载："俗尚武，无法令赋役……若仇人未得，必蓬头垢面跣足蔬食，要斩仇人而后复常。"⑥

---

① （唐）徐坚撰：《初学记》卷14《礼部下·籍田第一·飨燕第五·叙事》，中华书局2004年版，第348页。
② 《初学记》卷26《器物部·酒第十一·叙事》，第633页。
③ 《太平御览》卷499《人事部一百四十·真愚》，第2281页。
④ 《刘子校释》卷2《慎独章十》，第105页。
⑤ 《刘子校释》卷9《随时章四十五》，第433页。
⑥ 《旧唐书》卷198《西戎传·党项羌》，第5291页。

综上所述，"跣脚下床"成为"七奴"相之首，与"跣脚"即赤脚行走，包含了一些负面的含义有关，也是君子立身、修身中常犯之不当行为，与"身恒居善"的观念相违，须加削除。"徒跣"作为负面影响，首先来自丧葬文化，"徒跣扱衽"虽然是丧葬礼仪，本无可厚非，但容易让人联想到死亡等负面事务。再者，"跣脚垢面"往往是穷苦人民的写照，"裸跣涂炭"可以形容最惨人生，故有鞋不穿，"跣脚下床"，实在让人联想过度。即便是君王"徒跣而垂旒"，不重典章制度，不辨尊卑，也会必有灾殃。还有匡衡"免冠徒跣待罪"、王导"徒跣下地"等"徒跣"请罪，代表的是屈辱和罪过，均不可取。此外，"跣足履地"，光脚走路，还有个现实的问题，容易导致湿疹，口舌生疮①，也不利于养成良好的习惯。但人在居家等隐秘环境中容易放纵自我，不拘诸如"跣足下床"的小节，形成恶习。这就需要个人无论在重任瞩目之下，还是私密空间，都坚持基本礼法，避免掩耳盗铃、明知故犯，而是始终如一，衡守"善者"，做到礼法道德在心，不会因外部环境改变，而稍有懈怠，而改变其情，要身恒居善，才能做到心底坦荡，慎独于世。

二、"食不漱口"考释与文化渊源解析

"食不漱口"与中国古代食后漱口的习惯相悖，是一种不雅、不文明的生活习惯。漱口，就是用水荡口。《集韵·宥韵》曰："漱，《说文》：'荡口也。'或从口。"②《礼记·内则》曰："子事父母，鸡初鸣，咸盥漱。"唐陆德明释文："[盥]，洗手；漱，漱口也。"③《管子·弟子职》曰："少者之事，夜寐蚤作。既拚盥漱，执事有恪。"尹知章注："扫席前曰拚。盥，洁手；漱，涤口。"④可

---

① （明）朱泛：《普济方》卷 300《上部疮门》，第 6 页，出自《文渊阁四库全书》第 756 册，台湾商务印书馆 2003 年版，第 80 页。

② （宋）丁度等编：《集韵》，上海古籍出版社 1985 年版，第 614 页。

③ 《礼记集解》卷 27《内则第十二》，第 725 页。

④ 黎翔凤撰，梁运华等校：《管子校注》卷 19《弟子职第五十九》，中华书局 2004 年版，第 1145 页。

见"食不漱口"的文字含义，就是吃饭不漱口，犹如现在的不刷牙。特别是在参加局席等与人交往的社交场合，"食不漱口"会显得缺乏教养，被视为低贱之人的生活习惯，故被列为"七奴"相之二。如此看似很小的不良、不当行为举止，却能招致更多、更大不当、不良恶习，最终难以在社会立身，以致败家，陷入贫困，距离落为人奴的时间就不短了，故此举被视为"奴"相。

（一）吃饭前后漱口文化考察

中国古代传统文化中讲究饭前洗手饭后漱口，但具体情况比较复杂，史料分散①，很难做细致研究，只能做大致梳理。《礼记·内则》载：

> 子事父母，鸡初鸣，咸盥漱，栉縰笄，拂髦总，拂髦冠緌缨，端韠绅……妇事舅姑，如事父母。鸡初鸣，咸盥漱，栉縰笄……以适父母舅姑之所……男女未冠笄者，鸡初鸣，咸盥漱……凡内外，鸡初鸣，咸盥漱……孺子蚤寝晏起，唯所欲，食无时。②

按照《礼记》记载，中国人早起第一件事就是洗浴、漱口，其中就包含了早饭前漱口。此制贯穿了整个中国古代，清人李毓秀《弟子规》云："朝起早，夜眠迟，老易至，惜此时。晨必盥，兼漱口，便溺回，辄净手。"③ 比照早餐饭前漱口的情况来看，中餐和晚餐饭前，在正式场合和士大夫家也应该存在。唐代大诗人王维《胡居士卧病遗米因赠》云：

> 居士素通达，随宜善抖擞。床上无毡卧，镉中有粥否。
> 斋时不乞食，定应空漱口。聊持数斗米，且救浮生取。④

---

① 《魏书》卷102《西域·悦般国传》："悦般国……俗剪发齐眉，以醍醐涂之，昱昱然光泽，日三澡漱，然后饮食。"（中华书局1974年版，第2268页）
② 《礼记集解》卷27《内则第十二》，第725—731页。
③ 李牧华注解：《弟子规》，甘肃人民出版社1994年版，第8页。
④ （唐）王维撰，陈铁民校注：《王维集校注》卷6《胡居士卧病遗米因赠》，中华书局1997年版，第528页。

从王维担心好友胡居士卧病在床，镉中无粥，"斋时不乞食，定应空漱口"，也怕漱口之后没饭吃。中晚唐士人姚合《寄灵一律师》云："梵书钞律千余纸，净院焚香独受持。童子病来烟火绝，清泉漱口过斋时。"① 姚合感慨"清泉漱口过斋时"，意在戏笑童子喝了清泉水平备吃饭，结果错过了斋饭的时间，也反映了唐人饭前漱口的习惯。

饭后漱口也是古人用餐习惯。《太平广记》记载：三国道士葛玄"与客对食，食毕漱口，口中饭尽成大蜂数百头，飞行作声。良久张口，群蜂还飞入口中，玄嚼之，故是饭也"②。五代张希崇素朴厚，"事母至谨，每食必侍立，俟盥漱毕方退，物议高之"③。

中国古代漱口很讲究，官宦之家食后漱口，更是讲究，我们可从曹雪芹的《红楼梦》中描写贾府饭后漱口细节：贾府主人贾琏漱口，由通房大丫头平儿手捧盆盥，漱口之后才可以说话。④ 按照道家《导引经》的说法："清旦未起，啄齿二七，闭目握固，漱满唾，三咽气。寻闭而不息，自极，极乃徐徐出气，满三止。"⑤ 就是早起要把唾液漱满，之后分三次吞咽到腹中。如唐代紫阳真人姓周义山，"常以平旦之后，日出之前，正东向立，漱口咽液，服气百数，向日再拜"⑥。

关于中国古人如何漱口，具体步骤，道家《内解》中有详细记载，可窥其中一斑："以水漱口，又更以盐末揩齿，即含取微酢清浆半小合许，熟漱。取盐汤吐洗两目，讫，以冷水洗面，不得遣冷水入眼中。此法齿得坚净，目明无泪，永无齲齿。平旦洗面时漱口讫，咽一两咽冷水，令人心明净，去胸臆中热。"⑦

道教养生，忌讳淋漓之时洗澡漱口。玉珉山人《养生方论》云："入春

① 《全唐诗》卷 497 姚合《寄灵一律师》，第 5636 页。

② 《太平广记》卷 71《道术一·葛玄》，第 442 页。

③ 《旧五代史》卷 88《晋书·张希崇传》，中华书局 1976 年版，第 1149 页。

④ （清）曹雪芹着，（清）脂砚斋批评，王丽文校点：《脂砚斋批评本红楼梦》，岳麓书社 2012 年版，第 151 页。

⑤ 《云笈七签》卷 32《杂修摄部一·导引按摩》，第 728 页。

⑥ 《云笈七签》卷 106《纪传部·传四紫阳真人周君内传》，第 2294 页。

⑦ 《云笈七签》卷 32《杂修摄部一·导引按摩》，第 730 页。

不宜晚脱绵衣，令人伤寒霍乱，饮食不消，头痛。冲热汗出，不宜洗身漱口，令人五藏干，少津液。"①

（二）漱口与局席文化

关于漱口的问题，与中国古代招待客人和赴宴的局席文化有很大关系。特别是请人吃饭，或者参加酒席时，不得唾地、不得漱口，甚至不能叱狗，避免别人尴尬，或者多心。唐代童蒙教育重视用餐教育，其中就包含了漱口等礼节和行为举止问题。P.2564《太公家教》曰："对客之前，不得叱狗；对食之前，不得唾地，不得漱口。"关于这个问题，不同卷号的敦煌文献有所不同，此处不再赘述。

由于古人吃饭后有漱口的习惯，因此，与人吃饭，切勿先漱口，漱口表示已经吃饱了。若是与人吃饭，自己先漱口，无疑是非常不礼貌的。如《百行章·饬行章第三十七》云："人前莫涕唾，同食勿先漱口。"

与人吃饭，要谦让、先人后己。唐初杜正伦《百行章·义行章第十六》云："为人之法者，贵存德义。居家理治，每事无私；兄弟同居，善言和气。好衣先让，美食后之。"可见"好衣先让，美食后之"是一种美德，其背后是"为人之法"，"贵存德义"价值观念的支持。又《太公家教》云："与人共食，慎莫先尝；与人同饮，莫先执尝（筯）……食必先让，劳必自当。"

对食不贪，礼让他人。《百行章·廉行章第十七》云："临财不争，则无耻辱之患；对食不贪，盖是脩身之本……齐之三将，以味亡躯。单醪投河，三军皆庆。"杜正伦把对食不贪上升到"修身之本"，强调在饭桌上如果只是顾自、毫不谦让，就容易养成自私自利习惯，导致人们在为人处事时过于看中眼前利益，难以把控个人所需。杜正伦以"单醪投河，三军皆庆"的典故，来讲学会与人分享，才可得人心，才可成就大业的道理。②

局席场合谦让并不是简单的先让人吃，而是要求人们懂得应对礼仪，能尊重他人。《太公家教》曰："尊者赐酒，必须拜受；尊者赐肉，骨不与狗；

---

① 《云笈七签》卷 35《杂修摄部四·禁忌篇》，第 785 页。
② （唐）李义山纂：《杂纂》卷上《不达时宜》，收入王云五主编《丛书集成初编》，中华书局 1985 年版，第 7 页。

尊者赐果，怀核在手；勿得弃之，违礼大丑……忆而莫忘，终身无咎。"其实这段内容是告诫童蒙，要学会珍惜尊者赐予的酒食，尊重尊者、尊师重道，懂得尊卑礼制。一卷本《王梵志诗》云："尊人与酒吃，即把莫推辞。性少由方便，圆融莫遣知。"（一·二四）也是在讲参加局席，有尊人赐就食，莫要推辞，听命就是对尊者和主人的尊重，其关键是"性少由方便，圆融莫遣知"。

与"食不漱口"等不当、不良行为举止直接相关的，还有一些人们在参加局席时，在应对方面容易出现的失礼、无节行为。最有代表性的就是《杂抄》记载的"十无去就"。所谓的"十无去就"即十种无礼、不知应对、缺乏礼节的行为举止。其中，第一、二种，为客人进门之后，没来得及脱帽更衣，就跟宾客逐个寒暄，而且也言语不当，多为不上层次的"猥谈"；第三、四、五，是讲客人进门不知敲门，未经主人请入，就随便占据主厅、上座的不礼貌行为；第六，客人在局席中不小心，鼻涕唾沫乱溅；第七、八，讲客人不知谦让，不等主人相劝，就随便夹菜，有失礼仪。[①] 第九，局席是应对场所，要懂得同进退，只顾自己吃饱，不管别人，卸下竹筷，让他人难看；第十，客人吃饱之后，当着众人直面，当桌漱口，为非常不礼貌的行为。就是本篇所论"食不漱口"，与当桌"漱口"，虽然有所不同，不是缺乏礼节行为，而是体现了一种懒惰之极、生活散漫的行为。

三、"着鞋上床"考释与文化渊源解析

将"着鞋上床"作为"七奴"之三，多少有点费解，仅从字面意义来看，穿鞋上床的确让人不齿。儿童偶尔为之，加以教之，并没有什么不好的后果。但若是放任不管，就会养成不良习惯。此类行为自然与士家大族的起居住行教养格格不入，属于不珍惜好的生活习惯、自我放纵，自贬身价，故被视为奴仆之相。

---

① 《杂纂》卷上《不祥》："未食椀中先插匙箸。"（收入王云五主编《丛书集成初编》，第9页）

"着鞋上床"不仅仅是个人生活懒散的习惯问题，也是对人极为不礼貌、不尊重的表现。所以"着鞋上床"，轻则遭人憎恨，极端者甚至会招来杀身之祸。如《吕氏春秋》讲了齐王疾瘠，而生烹名医文挚的故事：宋国名医文挚明知要治好齐闵王的病，非激其大怒不可。为此，文挚冒着被杀危险，好心好意，两次失约，第三次到的时候，故意径直着履登床。此举果然气得齐闵王大怒，"叱而起"，其病虽然就此好了，但并未领文挚的良苦用心，反而生烹文挚。① 从这件血淋淋的历史教训来看，"不解履登床"是对君主的极大冒犯，即便是救其性命也难抵死罪。又晋代杨泉《物理论》也记载类似故事：扁鹊明知若是激怒赵简子性命将不保，仍冒死前去，在赵简子频召不入的情况下，"入而着履登床"，彻底激怒了赵简子。赵简子也是气得执戟追杀，也因此气血通畅，被医治好了。② 这两则故事的主角主要为诸侯王、卿大夫，虽有救命之恩，对"着履登床"的恩人也毫不手软，足见"着履登床"行为的恶劣。这两则故事，应该是中国古代忌讳"着鞋上床"的文化渊源之一，直到清代，仍被世人所忌讳。

中国古代对"着鞋上床"的忌讳，还来源一些道教禁忌。道教《禁忌篇》云："凡上床先脱左足履，或远行乘车马，不用回顾，顾则神去人。"③ 既然对上床先脱左右履都有禁忌，那么帮助古人对脱履也就有禁忌和讲究。又《杂戒忌禳灾祈善》载："凡人旦起常言善事，天与之福。凡言奈何歌啸，名曰请祸。慎勿上床卧歌，凶。始卧伏卧床，凶。饮食伏床，凶。"④ 可见古人在床上不当的行为很有忌讳，像"穿鞋上床"之类违反常理的行为当也在禁忌之列。

通常情况下古人上床不仅要脱鞋，还要脱袜洗脚。宋代道谦《大慧普觉禅师宗门武库》载："云居不会禅，洗脚上床眠。冬瓜直儱侗，瓠子曲弯弯。"⑤

---

① 许维遹撰，梁运华整理：《吕氏春秋集释》卷 11《仲冬纪第十一·至忠》，中华书局 2009 年版，第 245 页；《太平御览》卷 738《疾病部一》，第 3275 页。

② 《太平御览》卷 738《疾病部一》，第 3275 页。

③ 《云笈七签》卷 35《杂修摄部四》，第 789 页。

④ 《云笈七签》卷 32《杂修摄部一》，第 724 页。

⑤ （宋）释道谦编：《大慧普觉禅师宗门武库》，《大正新修大藏经》第 47 册，第 954 页。

又宋普济《五灯会元·龙翔士珪禅师》："上堂曰：'万年一念，一念万年。和衣泥里辊，洗脚上床眠。'"① 显然，古人洗脚上床是常态，着鞋上床，自然是不会洗脚的。明清笔记小说描写百姓居家生活场景较多，保留了一些记载世人上床的细节。如《金瓶梅》云："西门庆吃了，然后春梅脱靴解带，打发上床。妇人在灯下摘去首饰，换了睡鞋上床。"② 看来官宦之家，脱鞋解带之事，由丫鬟帮忙，换睡鞋上床。《醒世恒言》记载："忽见阑干上又放着一床大红纻丝的锦被。轻轻地取下。盖在美娘身上。把银灯挑得亮亮的，取了这壶热茶，脱鞋上床，捱在美娘身边。"③ 考虑文化习惯有一定的惯性，后世的有关上床脱鞋习惯，有助于我们理解"着鞋上床"为奴相的原因。

基于"着鞋上床"作为一种不良、不当的行为举止，受到世人的不屑，将其视为"奴相"，应该与中国古代文挚"不解履登床"、扁鹊"着履登床"的鲜活历史教训有着密切关系，而且受到道教有关床上禁忌影响。唐李商隐《杂纂·恶模样》列举诸种不良模样，其中就包括了"搋夺人话柄、着鞋卧床、未语先笑"，将"着鞋卧人床"当作诸如搋夺人话柄、未语先笑等招人嫌弃、不识时务的"恶模样"，其将来前景不言而喻，只能逐渐沦为奴婢之社会末流。

四、"起立着裈"考释与文化渊源解析

本条"起立着裈"是谈行为举止与衣冠关系。《周易·系辞》曰："黄帝、尧、舜垂衣裳而天下治。"正义云："衣裳辨贵贱，乾坤则上下殊体。"④ 显然，中国自古以来，就重视衣冠章服制，以"衣裳"辨尊卑、贵贱、上

---

① （宋）释普济着，苏渊雷点校：《五灯会元》卷 20，中华书局 1984 年版，第 1309 页。

② （明）兰陵笑笑生著，白维国、卜键校注：《金瓶梅词话校注》第 72 回《潘金莲抠打如意儿，王三官义拜西门庆》，岳麓书社 1995 年版，第 2120 页。

③ （明）冯梦龙编：《醒世恒言》卷 3《卖油郎独占花魁》，上海古籍出版社 2012 年版，第 45 页。

④ （魏）王弼注，（唐）孔颖达疏：《周易正义》卷 8《系辞下》，《十三经注疏》整理委员会整理：《十三经注疏》，北京大学出版社 2000 年版，第 354 页。

下，代表不同地位与品阶，以宣教化，维护社会等级秩序，达到治国理政的目的。据《申鉴·杂言》载："裳，服者不昧于尘涂，爱也。衣裳爱焉，而不爱其容止，外矣；容止爱焉，而不爱其言行，未矣；言行爱焉，而不爱其明，浅矣……人之所以立德者三：一曰贞，二曰达，三曰志。贞以为质，达以行之，志以成之，君子哉。必不得已也，守一于兹，贞其主也。"①可见"起立"就是君子行，"衣裳"在一定程度上代表君子的"容止"即"贞""志"，是君子之德的外在表现，诠释了"起立着裈"为奴相的文化渊源。"着裈"在唐代已经变为庶人之服，乃至奴仆、劳作和军人之服，从而代表了一种低俗的穿着。少年学子穿青襟②，举子服纨裤，是世代之正朔，若子弟应对、交友多"着裈"，则为人所不齿。正如明代程登吉《幼学琼林·衣服》所言：

> 冠称元服，衣曰身章……尊卑失序，如冠履倒置；富贵不归，如锦衣夜行……簪缨缙绅，仕宦之称；章甫缝掖，儒者之服……布衣即白丁之谓，青衿乃生员之称。葛屦履霜，诮俭啬之过甚；绿衣黄里，讥贵贱之失伦……襁褓乃小儿之衣，弁髦亦小儿之饰。③

明人程登吉可以说把言行与章服的关系论述得非常深刻，衣冠文物实际上代表尊卑秩序、身份的象征，不可颠倒，簪缨、章甫、布衣、青衿、襁褓、弁髦以别身份，若青衿之士着奴婢、武人之裈（裤），起立应对，贻笑大方。

为何"起立着裈"看似很平常，却被《武王家教》列为"七奴"相之一？其实与古代服制"垂衣裳而天下治"的观念有很大关系。设服制的意义就在于"贵贵尊贤，而明别上下之伦，使教前行，使化易成，为治为之也。

---

① 《申鉴注校补》卷5《杂言下第五》，第182页。

② 《魏书》卷66《李崇传》："养黄发以询格言，育青襟而敷典式。"（第1470页）唐张说《四门助教尹先生墓志》："诜诜青襟，有所仰矣。"（唐）张说撰，熊飞校注：《张说集校注》卷23，中华书局2013年版，第1081页。唐刘长卿《寄万州崔使君令钦》诗："丘门多白首，蜀郡满青襟。"（唐）刘长卿著，储仲君笺注：《刘长卿诗编年笺注》卷148，中华书局1996年版，第178页。

③ 张慧楠译注：《幼学琼林》卷2《衣服》，中华书局2013年版，第255—258页。

若去其度制，使人人从其欲，快其意，以逐无穷，是大乱人伦，而靡斯财用也"①，而"起立着裈"，就是明显违反服制，以乱尊卑、人伦之治。探究"起立着裈"的文化原因，须得梳理一下唐人起立应对观念，与好着裈的社会风气，及服制之辨。

"起立着裈"主要是针对子弟在应对中起立之间、接人待物时，要重视衣冠、整肃仪容，莫要跟之前的"食不漱口"一样，遭人嫌弃。就"起立"而言，不是专指本义起身、动身之义，而是指居家、交友等人际应对活动。兹择其一二事例加以解释。其一，拜谒起立。如东汉王充《论衡·乱龙》载：休屠王之太子金翁叔，与父俱来降汉，拜为骑者尉，其母死后，汉武帝"图其母于甘泉殿上，署曰'休屠王焉提'。翁叔从上上甘泉，拜谒起立，向之泣涕沾襟，久乃去。"② 拜谒起立指整个拜谒活动中的行为举止，金翁叔以此表达孝悌之情。其二，见尊者、贵者需要起立。先径山和尚道钦赴京师，唐肃宗来礼师，"师见帝来，遂起立"③，以示对肃宗皇帝敬意。其三，起立拱手。宋罗大经《鹤林玉露·乙编》载："至如司马公则加以学力，尤不可及。如更新法，傅钦之、苏子瞻劝其防后患，公起立拱手，仰视厉声曰：'天若祚宋，必无此事。'此惟有大力量，方能为此言。"④ 其四，起立应对。《楞严经》载："阿难言：'如来，现今征心所在……我将为心。'佛言：'咄！阿难！此非汝心'阿难矍然避座，合掌起立，白佛：'此非我心，当名何等？'"⑤ 其五，起立礼拜。唐代释慧能《六祖坛经》载："志诚奉使……见惠能和尚礼拜，即听，不言来处。志诚闻法，言下便悟，即启本心。起立，即礼拜，白言：'……和尚慈悲，愿当教示。'"⑥ 显然，士人在居家、交友和求学中的很

① （清）苏舆撰，锺哲点校：《春秋繁露义证》卷8《度制》，中华书局1992年版，第232页。

② 黄晖撰：《论衡校释》卷16《乱龙篇第四十七》，中华书局1990年版，第701页。

③ （南唐）释静、释筠编撰，孙昌武、［日］衣川贤次、［日］西口芳男点校：《祖堂集》卷3《先径山和尚》，中华书局2007年版，第143页。

④ （宋）罗大经撰，田松青点校：《鹤林玉露·乙编》卷一，上海古籍出版社2012年版，第79页。

⑤ （唐）般剌蜜帝译：《首楞严经》卷1，《大正新修大藏经》第19册，第108页。

⑥ （唐）法海集：《南宗顿教最上大乘摩诃般若波罗蜜经六祖惠能大师于韶州大梵寺施法坛经》，《大正新修大藏经》第48册，第342页。

多情况下都需要起立应对，可以说举手投足之间尽显礼法和家教，故须明言劝诫。

　　中国古代服装、服制较为复杂，很多衣服之间的细微差别很难区分。南北朝时期，官服尚不能着裈。北朝东魏仍依北魏迁洛之制，"百司悉依旧章，从容雅服，不得以裤衫从事"①。如梁尚书左丞谢几卿，以熟悉典章著称，但因饮酒未来得及换官服，"以在省署夜着犊鼻裈，与门生登阁道饮酒酣呼，为有司纠奏，坐免官。"②隋朝尚有刑部侍郎辛亶"尝衣绯裈，俗云利官，上以为厌蛊，将斩之。"③唐代深受胡风尚裤的影响，士庶喜穿裤、袴即长裤的风气很常见，无论男女都喜欢袍内穿着长裤。其中"袴褶"原为武将服装，在隋开始，逐渐成为了朝服。唐肃宗宝应元年（762），膳部郎中归崇敬以百官朔望朝服袴褶，非古礼。上疏云："案三代典礼，两汉史籍并无袴褶之制，亦未详所起之繇，隋代以来始有服者。"④

　　唐代裈、袴虽有区别，但史籍两字混用，以致后人常将两者混淆。裤的典型特点为分桶状，两脚贯之，腰间系带。东汉刘熙《释名·释衣服》云："裈，贯也，贯两脚，上系腰中也。"⑤五代马缟《中华古今注》云："袴，盖古之裳也。周武王以布为之，名曰褶。敬王以缯为之，名曰袴，但不缝口而已，庶人衣服也。到汉章帝，以绫为之，加下缘，名曰口。"⑥可见袴是庶人即平民的衣服，其特点适宜下开口。《搜神记》曰："晋中兴，作袴者直幅为口，无煞，不大夫裁也。"⑦如南朝宋刘穆之曾为了乔装，"坏布裳为绔（袴）"⑧。可见"布裳"中间撕裂，分别缝住，就可变为袴。又梁永元中，崔

---

① （宋）王钦若等编：《册府元龟》卷191《闰位部·法制》，中华书局1960年版，第2313页。
② 《梁书》卷50《文学下谢几卿传》，中华书局1973年版，第708—709页。
③ 《北史》卷77《赵绰传》，中华书局1974年版，第2626页。
④ 《册府元龟》卷590《奏议》，第7050页。
⑤ （汉）刘熙撰，（清）毕沅疏证：《释名疏证》卷5，收入王云五主编《丛书集成初编》，中华书局1985年版，第159页。
⑥ （五代）马缟集：《中华古今注》卷中，中华书局2012年版，第108页。
⑦ 《太平御览》卷695《服章部十二·袴》，第3103页。
⑧ （南朝梁）沈约撰：《宋书》卷42《刘穆之传》，中华书局1974年版，第1303页。

惠景围城，"人间无薪，点悉伐园树以赡亲党"，"裂裙衣为袴，往赴其军"①，裙与襦相似，盖亦从中间撕裂而改之。大概在汉代以前，"袴皆无裆"，女人用袴有裆，起自汉昭帝时，上官皇后。

袴，有裆者曰裤，短者为犊鼻裈。宋代戴侗《六书故·工事七》曰：袴，苦故切，着两跨之服也。《记》曰：衣不帛襦袴。裈，公浑切。袴有当曰裤，司马相如着犊鼻裈，裈之短者也。② 从宋代戴侗的描述来看，古人对袴与裤概念是很明确的，两者主要区别就是否有裆，犊鼻裈的区别在于长短，即现在的短裤。

古人穿袴，多穿在襦之下，故云复袴。《晋书·韩伯传》云：韩伯"家贫窭，伯年数岁，至大寒，母方为作襦，令伯捉熨斗，而谓之曰：'且着襦，寻当作复裈。'伯曰：'不复须。'母问其故。对曰：'火在斗中，而柄尚热，今既着襦，下亦当暖。'母甚异之。"③

大概是袴穿在襦下的缘故，所以天气冷的时候才穿。孟尝君食客三千人，却有"冯援经冬无袴，面有饥色"④。谢承《后汉书》曰："秦护清廉，不授礼赂，家贫，衣服单露。乡人歌之曰：'冬无袴，有秦护。'"⑤ 唐代薛鱼思《河东记·韦丹》云："是时天正寒，韦衫袄袴，无可当者，乃以所乘劣卫易之。"⑥ 袴也可用来防寒。因此，有慈悲心者，多在冬天给穷人送袴救助。如孙略"冬日见贫士，脱袴遗之"⑦。

袴多用布做，若用绢制袴，则称为纨绔。在古代，只有贵人家子弟穿的细绢做成的裤子，纨绔还泛指有钱人家子弟的华美衣着，也用以借指富贵人家的子弟。《汉书·叙传》云："出与王、许子弟为群，在于绮襦纨绔之间，非其好也。"⑧ 可见汉代富人多着"襦袴"。杜甫《奉赠韦左丞丈二十二韵》

① 《太平御览》卷 695《服章部十二·袴》，第 3103 页。

② （宋）戴侗撰：《六书故》卷 31《工事七》，上海社会科学院出版社 2006 年版，第 7444 页。

③ 《晋书》卷 75《韩伯传》，第 1992—1993 页。

④ 《太平御览》卷 695《服章部十二·袴》，第 3102 页。

⑤ 《太平御览》卷 695《服章部十二·袴》，第 3103 页。

⑥ 《太平广记》卷 118《报应十七·韦丹》，第 827 页。

⑦ 《太平御览》卷 695《服章部十二·袴》，第 3103 页。

⑧ 《汉书》卷 100《叙传》，第 4198 页。

云："纨袴不饿死，儒冠多误身。丈人试静听，贱子请具陈。"① 唐代亦是如此，富家子弟多着纨袴，襦袴之间无贫人。如独孤及《故太保赠太师韩国苗公谥议》云："太师禀天纯懿……惠和以懋其事，明哲以保其身。昔尝悬衡九流，剖竹四郡，刀尺之下无滞用，襦袴之间无贫人。"② 唐代常少年学子穿青襟③，举子多服纨袴，纨绔又可指代举子。独孤及《送弟恤之京序》云："苍龙居元枵之岁，与尔吹埙篪于长安灵台之下。当时尔方青襟，余适纨袴，各志小学，相期大来。其后尔以经术荐，遂观光于上国。"④

汉魏以来，穷人之家多穿袴。《魏略》曰："贾逵居贫无袴，过其妻兄柳孚家宿，其明无何，着孚袴去，时人谓为通达。"⑤ 贾逵贫寒之时，借妻兄的袴子穿，帮助穷人多穿袴。《魏略》曰：赵跛避难至北海，"着布袴絮巾，在市中卖饼"⑥，用穿布袴形容穷酸相。晚唐寒山《诗三百三首》云："眼看消磨尽，当头各自活。纸袴瓦作裈，到头冻饿杀。"⑦ 寒山以"个个总无裈""纸袴瓦作裈"描写底层士人的生活，说明袴、裤代表了社会底层的生活写照。

唐代奴仆多着裈。如唐戴孚《广异记》记载一则鬼神故事，其中奴婢多着裈。如天宝中，陇西李陶在睡梦中忽觉有人摇他，惊起之后，"见一婢袍裈，容色甚美"⑧，实为鬼也。

中国古代世人贱袴。如《史记·司马相如列传》记载：司马相如因贫穷，"买一酒舍酤酒，而令文君当炉。相如身自着犊鼻裈，与保庸杂作，涤器于市中。卓王孙闻而耻之，为杜门不出。昆弟诸公更谓王孙曰：'有一男

---

① （唐）杜甫著，（清）仇兆鳌鳌注：《杜诗详注》卷1《奉赠韦左丞丈二十二韵》，中华书局1979年版，第74页。

② （清）董诰等编：《全唐文》卷386独孤及《故太保赠太师韩国苗公谥议》，中华书局1983年版，第3924页。

③ 《魏书·李崇传》："养黄发以询格言，育青襟而敷典式。"（第1470页）（唐）张说《四门助教尹先生墓志》云："诜诜青襟，有所仰矣。"（唐）刘长卿著，储仲君笺注：《刘长卿诗编年笺注》，中华书局1996年版，第178页。

④ 《全唐文》卷388《送开府李少府勉自江南还赴京序》，第3945页。

⑤ 《太平御览》卷695《服章部十二·袴》，第3102页。

⑥ 《太平御览》卷695《服章部十二·袴》，第3103页。

⑦ （唐）寒山著，项楚注：《寒山诗注》，中华书局2000年版，第154页。

⑧ （唐）戴孚撰：《广异记·李陶》，中华书局1992年版，第84页。

两女，所不足者非财也。今文君已失身于司马长卿，长卿故倦游，虽贫，其人材足依也，且又令客，独奈何相辱如此！'"① 卓王孙对司马相如着犊鼻裈，与保庸杂作这件事深以为耻，为其鸣不平。又敦煌蒙书《语对·贫贱》云："当炉：司马相如居贫，壁立。既［为］卓王孙女文君所奔，为夫［妻］，乃［之］临邛市酤酒，文君当炉，相如着犊鼻挥洒扫。"这也反映了汉唐社会底层劳动者多穿犊鼻裈，为卑贱的符号和象征。晚唐方干虽进士及第，但"貌陋唇缺，味嗜鱼鲊，性多讥戏"，曾在参加宴席之间嘲笑，杭州吴杰怒怼其曰："一盏酒，一脔鲊，止见半臂着鳞，何处口唇开裤？"在座者无不为之绝倒，而方干因此得了个外号"方开裤"②。此诗的立意，是以贫苦人家常穿的"裤"戏弄方干，讥笑其贫贱、卑微。正如五代马缟《中华古今注》所云："敬王以缯为之，名曰裤，但不缝口而已，庶人衣服也。"

在分别探讨了"起立"和"着裤"的基础上，以下再对家训和童蒙教育中的"起立着裤"所包含相关应对文化和礼仪教育的内容进行深度分析。基于中国古代圣人"垂衣裳而天下治"的理想观念，唐代童蒙教育对子弟进行衣冠服制方面的教育是十分重视。仁义、谦恭都与"起立"应对有很大关系，故要想取得功业辅佐明君，必须从"立身"整容做起。故《百行章·恭行章第九》就做了详细规定：

> 入公门敛手而行；在公庭鞠躬而立；对尊者卑辞而言。二亲在堂，不得当门而伫□；国有明君，不得当街而蹈。纵居私室，恒须整容；至于妻子之间，每加严恪。终日畏天惧地怕君者，是谓恭行。

杜正伦枚举了各种场合，如何"起立"应对，通过言行，行为举止，保持恭行，强调"纵居私室，恒须整容"，无论何时何地谨守起立之道、整容之心。又《太公家教》云："舍父事师，必闻（望）功效。先慎口言，却

---

① （汉）司马迁撰：《史记》卷 117《司马相如列传》，中华书局 1959 年版，第 3000—3001 页。

② （宋）王谠撰，周勋初校证：《唐语林校证》卷 7《补遗·起武宗至昭宗》，中华书局 2008 年版，第 678 页。

整容貌。"亦与《百行章》的主旨一致。

综上所论，自汉代以来，袴与裙裳相比有诸如方便、保暖很多优点，逐渐成为士庶常见的服装，虽然是隋唐以后袴中的"袴褶"，竟然成了文武朝服，袴在唐代备受士人喜爱。但袴终究因源自胡人，相对于裳而言，尽显寒酸，多为士卒、穷人、奴婢等所谓"庶人"和社会底层的服装，总体不为士大夫所齿。故子弟服袴行为，多被看作贫贱和下里巴人之相，缺乏教养，即便贵为太子亦被世人所不齿。如梁世祖愍怀太子"昵狎群小，好着微服，常入朝，公服中着碧丝布袴抠衣"①，微服出行的打扮，正好反映了民众服制的分野，正说明袴属于平民阶层的日常服装。又梁朝废帝刘昱在东宫，"年五六岁时，始就书学，而惰业好嬉戏，主师不能禁……常着小袴褶，未尝服衣冠。"②后来，刘昱亡国，成为废帝，史书专记此事，盖为警示子弟起立、仪容教育非常重要，与子弟言行和品行息息相关。

五、"坐起背人"考释与文化渊源解析

"坐起背人"是指个人起立等应对场合，罔顾别人感受，背对他人，有失恭敬、笃敬之心，失礼失信于人。此行若不加以教示，将来必然缺乏教养，为士大夫所不容，沦为社会底层，称此类行为"奴"相，也可以理解。这条教化背后也有深厚的思想文化渊源，按照《礼记·儒行》的规定："儒有居处齐难，其坐起恭敬，言必先信，行必中正。"③显然，"坐起背人"是对"坐起恭敬"的悖逆，与社会主流价值相背离。

中国古代坐起礼仪是在《周礼》确定的尊卑秩序下进行的。《礼记·祭统》云："夫祭有十伦焉：见事鬼神之道焉，见君臣之义焉，见父子之伦焉……见长幼之序焉，见上下之际焉。"④可见长幼、上下、尊卑是中国古代

① 《太平御览》卷 695《服章部十二·袴》，第 3013 页。
② 《宋书》卷 9《后废本纪》，第 188 页。
③ 《礼记集解》卷 57《儒行第四十一》，第 1400 页。
④ 《礼记集解》卷 47《祭统第二十五》，第 1243 页。

在祭祀、局席、政事诸多场合的各种礼仪的基础。据《六韬》记载武王伐殷，商纣王败的原因："非殷国之大妖也……殷君喜射人……喜为酒池糟丘，牛饮者三千，饮人为辈，坐起之以金鼓；无长幼之序，贵贱之礼……此殷国之大妖者，其余不可胜数，臣言不能尽。"① 其中分析殷纣王丧国的一个重要原因，就是纣王治国无道，"坐起之以金鼓；无长幼之序，贵贱之礼"，乱尊卑、长幼之序，坏贵贱之礼，可见坐起之序、之礼的重要性。

随着中国官僚制度进一步完善，特别是班秩、阶序制度日渐完善②，官僚士大夫在朝堂、公堂朝拜、聚会，升降坐起，逐渐确立了以阶序、班秩及爵位等第相兼的先后座次原则。如《宋书·蔡廓传》载：南朝刘宋侍中蔡廓就百官朝堂坐起班次问题，与负责朝廷仪典的刘宋中书令傅亮进行了书信辩论。傅亮认为：扬州刺史庐陵王义真因为是皇子，坐起班次，应在朝堂诸官上，不应依官次坐下。蔡廓主张："朝廷以位相次，不以本封，复无明文云皇子加殊礼。"故庐陵王刘义真的座次应该按刺史阶序来排，蔡廓还坚持"皇子出任则有位，有位则依朝，复示之班序。"③ 从两人争论来看，在南朝崇重皇权、限制王权、加强持节都督等朝官权力背景下，按照朝官班次、阶序来序起坐位次，就成了时代潮流。因此可以说，官场起坐拜伏是必不可少的基本应对。唐代柳宗元《螯屋县新食堂记》云："贞元十八年五月某日，新作食堂于县内之右，始会食也……乃合群吏于兹新堂，升降坐起，以班先后，始正位秩之叙；礼仪笑语，讲议往复，始会政事之要；筵席肃庄，樽俎静嘉。"④ 从唐代贞元十八年（802）螯屋县官员食堂吃饭的座次，以"升降坐起，以班先后，始正位秩之叙"，其实也是朝堂起坐次序的延续，反映了唐代官场起坐文化。

自秦汉以后，"坐起恭敬"成为品评人物的重要标准。秦汉时期卜筮者，

---

① 《太平御览》卷83《皇王部八·帝纣》，第394页。

② 参阅阎步克《品位与职位：秦汉魏晋南北朝官阶制度研究》，中华书局2009年版，第29—50页。

③ 《宋书》卷57《蔡廓传》，第1570—1572页。

④ （唐）柳宗元：《柳河东集》卷26《记官署·螯屋县新食堂记》，上海古籍出版社2008年版，第437—438页。

通过观察贤大夫"起居行步，坐起自动，誓正其衣冠而当乡人也，有君子之风"①，"坐起端方"之人，自然行事端正，为人正直，品行端正。如《宋书·王敬弘传》记载：王敬弘"形状短小，而坐起端方，桓玄谓之'弹棋八势'。所居舍亭山，林涧环周，备登临之美，时人谓之王东山"②。若起坐不正、无形，则后果严重。汉代淮南王刘安反叛被杀，死后传说因生前修道而升天，但《吴记》记载说他"未得上天，遇诸仙伯，安少习尊贵，稀为卑下之礼，坐起不恭，语声高亮，或误称'寡人'"③。又《晋书·五行志》云："魏尚书邓飏扬行步驰纵，筋不束体，坐起倾倚，若无手足，此貌之不恭也。管辂谓之鬼躁。鬼躁者，凶终之征，后卒诛也。"④因此，士人起坐、举手投足之间，很大程度上可以反映其修养、气质和品行。宋刘元城（世安）云："人坐久必倾侧，久坐而不倾侧，必贵人也。故观人之坐起，可以知人之贵贱。"⑤所以，"坐起背人"，其品行和教养暴露无遗，贵贱已知，有失"立身之方"。

唐代童蒙、家庭教育犹重视起坐应对教育。《太公家教》就明确规定："行不当路，坐不背堂；路逢尊者，侧立路旁；有问善对，语必审详。"行路不挡他人道，与人方便；坐的时候不能背着正房、主桌、主人，要注意尊卑长幼秩序；路上遇到尊者，要懂得侧立相让；若是有人相问，要尽量以善言善语相对，这其实也是对"坐立端正"的具体阐释。一卷本《王梵志诗》云："坐见人来起，尊亲尽远迎。无论贫与富，一概总须平。"（一·二七）是讲坐起相迎礼仪，尊亲需要远道相迎，不能以贫富而论，一概相同。一卷本《王梵志诗》又云："忍辱坐端正，多嗔作毒蛇。若人不儳恶，必得上三车。"（一·八四）实在告诫子弟，在公众场合需要"忍辱坐端正"，注意尊卑长幼秩序，不无事生嗔，将来才会得到社会好评，修身立德，成就

① 《史记》卷 127《日者列传》，第 3221 页。

② 《宋书》卷 66《王敬弘传》，第 1732 页。

③ 《太平广记》卷 8《神仙八·刘安》，第 53 页。

④ 《晋书》卷 27《五行志上》，第 820 页。

⑤ （宋）黎靖德编，王星贤点校：《朱子语类》卷 68《易四·干上》，中华书局 1986 年版，第 1703 页。

功德。

官场上的"坐起班次"文化延伸到童蒙和社会大众教化中，就更多地变成了对参加各种聚会、局席场合中的应对教育。前揭文《杂抄》"十无去就者"中的"主人未揖，先上厅，四；坐他床椅，交尸脚"，就是缺乏礼节、不懂"起坐班次"的道理，乱上座次，令主人不快，宾客生嗔。

有关"起坐班次"等酒场、局席应对道理，一卷本《王梵志诗》分类加以对世人进行教导，避免被人嫌弃，被人嗔。兹将相关条目摘引如下：

> 亲还同席坐，知卑莫上头。忽然人怪责，可不众中羞。（一·二一）
> 尊人立莫坐，赐坐莫背人。蹲坐无方便，席上被人嗔。（一·二二）
> 尊人对客饮，卓立莫东西。使唤须依命，躬身莫不齐。（一·二三）

前两首诗就是针对本篇"起坐背人"的行为，劝诫世人在局席中，尊者、长者上座，懂得尊卑次序，坐的时候要保持正坐，不能背对于人，否则就会招人责怪、被人嗔、遭人嫌弃。

与此相关的还有，参加聚会时如与主人一起到达局席地点，应该礼让主人先入门。一卷本《王梵志诗》云："主人相屈至，客莫先入门。若是尊人处，临时自打门。"（一·一九）与人局席，举箸莫为先，主人动筷子，客人方可举筯。同书又云："亲家会宾客，在席有尊卑。诸人未下箸，不得在前椅。"（一·二〇）

总之，"起坐背人"是指个人应对场合，背对他人，罔顾别人感受，有失恭敬、笃敬之心的不良举止。其在文化上有违《礼记》"坐起恭敬，言必诚信，行必笃敬"的观念，也有悖于官场"坐起班次""以位相次"的原则，"坐起端方"就成了士人的行为准则。"坐起背人"就成为了士人行为举止的反面形象，若"坐起倾倚"，轻则被世人诟病，甚至死后上不了天堂。因此，《王梵志诗》教示士人"坐莫背人"，要"忍辱坐端正"，福报自来。

六、"露形洗浴"考释与文化渊源解析

作为"七奴"之六的"露形洗浴"与"六不祥"之四的"夜起露形"有所不同。"六不祥"强调"夜起",盖与"不祥"禁忌较为密切,"七奴"强调"洗浴",盖与个人名誉形象较为密切。本条着眼于"奴"相,讨论"露形洗浴"与卑贱和落魄的关系。

"露形洗浴"应与中国古代传统文化中认为裸露是淫荡、放浪之举有很大关系。如北齐文宣帝高洋虽然在东西魏相争中率占先机,威震戎夏,但肆行淫暴,"或袒露形体,涂傅粉黛,散发胡服,杂衣锦彩"①,最后因饮酒过度、放浪形骸而亡,就是最深刻的例证。又《南齐书·焦度传》载:沈攸之"大众至夏口,将直下都,留偏兵守郢城而已。度于城楼上肆言骂辱攸之,至自发露形体秽辱之,故攸之怒,改计攻城。"②敌军用"自发露形体"等各种语言辱骂,激怒沈攸之,可见"露形体"为极其侮辱性和耻辱的言语。

"露形洗浴"还与道教禁忌也有关系。据《老君说一百八十戒》第五十五戒:"不得裸形露浴。"第一百二十一戒:"不得妄轻入江河中浴。"③一个是盖为在家不得裸形露浴,一个是不许在江河中露浴,名为禁忌,盖在居家和公众场合裸形洗浴,有污观瞻。此外,道家《说十戒》第六戒:"不得污漫静坛,单衣裸露。"第八戒:"不得裸露三光,厌弃老病。"④虽然,这三戒内容与洗浴无关,其实也是对"裸露"形体变相劝止,属于同类问题。又前揭文《杂戒忌禳灾祈善》中"六不祥"之首为"夜起裸形"⑤,《养身经》中"六不祥"之"夜起裸行无衣"⑥。又《太玄都中宫女青律戒》曰:"凡上

---

① 《北齐书》卷4《文宣帝纪》,中华书局1972年版,第68页。

② 《南齐书》卷30《焦度传》,第560页。

③ 《云笈七签》卷39《说戒部二》,第852、858页。

④ 《云笈七签》卷38《说戒部一》,第826页。

⑤ 《云笈七签》卷32《杂修摄部一》,第723页。

⑥ [日]丹波康赖编,高文柱校注:《医心方》卷27《杂禁第十一》,华夏出版社2011年版,第578页。

学之士……宜卧息，不得露头，不着巾帽，及脱衣露形，毁慢身神，耻辱真文。"① 显然，"露形洗澡"与道教戒律存在明显的关联。

佛教戒律也严禁僧尼"裸形洗浴"。后秦弗若多罗译《十诵律·九十波逸提之十》载："时诸比丘尼亦入河中裸形洗浴。诸居士妇见已心不喜。呵责言……女人裸形丑恶。"② 可见比丘尼在河中裸形洗浴，会被世俗妇女儿童嫌弃，当作丑恶行为。比丘尼裸形洗澡，不仅被世俗之人围观调笑，以及长老比丘的苛责，还触犯了"波逸提"罪。③ 犯者经忏悔可灭罪，否则据称死后要堕地狱。又萧梁建初寺沙门释明徽集《五分比丘尼戒本》云："若比丘尼裸形洗浴，波逸提。"④ 萧齐伽跋陀罗译《善见律毗婆沙》云："舍卫国佛听雨浴衣者……若有雨浴衣不用，裸形洗浴，突吉罗罪。"⑤ 可见裸形洗浴，还犯突吉罗罪。⑥

综上所论，"裸形洗浴"无论佛道戒律，还是儒家礼法传统都无法接受，属于伤风败俗，轻则放浪形骸，重则染上浊滥荒淫，败身破家，为人奴就不远了。因此，中国古代童蒙教育中对子弟衣冠正容的教育很重视，对童蒙裸体行为加以严格禁止。如《周书·张元传》云：张元六岁的时候，其祖"以夏中热甚，欲将元就井浴"，张元就是不肯，坚持"不能裒露其体于白日之下"⑦，帮助"露形洗浴"的禁忌在当时已是妇孺皆知的常识。唐代敦煌蒙书中也保留了不少相关资料。如《百行章·饬行章第卅七》："衣服巾带恒须整，门户屋舍净洁，自是寻常。小儿亦不听赤体露形，在于街巷。"对小孩从小进行约束，不得赤体露形行走街巷。尽管如此，儿童天真无邪地在乡村

---

① 《云笈七签》卷40《说戒部三》，第881页。

② （后秦）释弗若多罗、鸠摩罗什译：《十诵律》卷18《九十波逸提之十》，《大正新修大藏经》第23册，第128页。

③ 波逸提，梵文 Prayascitta 的音译，亦译"波夷提""波夜提""贝逸提"，意译为"堕"。此罪较轻，犯者经忏悔可灭罪，否则据称死后堕地狱等。

④ （梁）释明徽集：《五分比丘尼戒本》卷1，《大正新修大藏经》第22册，第210页。

⑤ （齐）伽跋陀罗译：《善见律毗婆沙》卷15，《大正新修大藏经》第24册，第778页。

⑥ 突吉罗罪，（梵 dus! kr! ta，巴 dukkat! a，藏 n~es—byas）戒律中某一类犯戒行为的总称。

⑦ （唐）令狐德棻等撰：《周书》卷46《张元传》，中华书局1971年版，第832页。

裸奔的情况还是很常见。如唐李约《城南访裴氏昆季》曰："野老无拜揖，村童多裸形。相呼看车马，颜色喜相惊。"①看似农村儿童裸形嘻嘻，相互看车马的情况很生动，全然无拘束。裸形对儿童而言，虽然眼前无大碍，但长此以往，养成放浪形骸的习惯，危害甚多。因此，晚唐杨夔《溺赋》云："曲蘖是惑，沉湎无时。混淆先后，颠倒矩规。惟诞是习，莫礼是持。散发裸体，以遨以嬉。泪亲疏，兀尊卑。情所至则至，意所为则为……正平不拘于席上，祸乃自贻。"②《武王家教》的编撰目的，非为教化村童，而是对子弟多有期许，其反面实例就是"村童"，故将"裸形洗澡"作为"奴"相，令其远之。

七、"口面不净"考释与文化渊源解析

中国古代十分重视洗面漱口，如前揭文《礼记》所言，世人早起所做的第一件事就是"咸盥漱"，遇到重要祭奠、斋戒活动，更是需要沐浴。如《墨子·天志中》云："天子为善，天能赏之。天子为暴，天能罚之。天子有疾病祸祟，必斋戒沐浴，浴为酒醴粢盛，以祭祀天贵，则天能除去之。"③因此，"口面不洁"之行为，定然是明知非是而为之的叛逆之事，自我作践，故为"奴"相。当然，仅从口面不洁的角度考虑，未免肤浅，还应从口出污言秽语、罔顾颜面的不良、不当行为举止着眼，才能解释其背后的原因和文化渊源。

中国古代无论僧俗都对洗脸漱口颇为讲究。《沐书》曰："子日沐，令人爱之。卯日沐，令人白头。"东汉王充论曰："且沐者，去首垢也。洗去足垢，盥去手垢，浴去身垢，皆去一形之垢，其实等也。洗、盥、浴不择日，而沐独有日。如以首为最尊，尊则浴亦治面，面亦首也。"④显然，古人对

---

① 《全唐诗》卷 309 李约《城南访裴氏昆季》，第 3495 页。
② 《全唐文》卷 866 杨夔《溺赋》，第 9071 页。
③ 吴毓江撰，孙启治校点：《墨子校注》卷 7《天志中》，中华书局 1993 年版，第 303 页。
④ 《论衡校释》卷 24《讥日篇第七十》，第 993 页。

洗、盥、浴和沐有严格区别，对"沐"各位讲究，需要择日而沐。关于中国古代洗面的细节，道家《内解》中有详细记载：用水漱口要加盐才能干净，洗面切忌冷水，特意强调漱口后吞咽一两口冷水，"令人心明净"一句①，应该是讲漱口、洗面主要目的是让人精神焕发。另外，早起洗面还会使人思想敏锐。如五代静、筠二禅僧《祖堂集·茗溪和尚》记载：

> 问："如何是正修行路？"师云："涅槃后有。"僧云："如何是涅槃后有？"师云："无洗面。"僧云："学人不会。"师云："无面可洗。"②

从道行阐释和僧人对话可知，道行用"无洗面"来比喻僧不悟"涅槃"之意，十分形象，也很准确。人的悟性就好比脸上薄薄尘埃，洗面之后，精神焕发，方可见庐山真面目。《法苑珠林》记载了隋开皇初，有扬州僧诵通涅槃，不讲究卫生，忽然一日暴毙，死后在阎王殿才知道，原来是"所诵涅槃，威仪不整，身口不净，于今验"的缘故。③

中国古代典籍中"整容""正容"主要指洗漱和正衣冠。如东汉樊娴都性婉顺，"自为童女，不正容服不出于房，宗族敬焉"④。又唐代唐临"性旁通，专务掩人过。见妻子，必正衣冠。"⑤ 这样的行为似乎有点迂腐，但与"口面不净"的行为形成了鲜明对比。

子弟"口面"自净不足以显其行，还需衣服、家庭清洁有闻于人。《百行章·饬行章第卅七》云：

> 衣服巾带恒须整，门户屋舍净洁，自是寻常。小儿亦不听赤体路刑，在于街巷。从小训之，莫令纵逸。必使言音典政，陈话美辞。不得碎滥之言，轻示忤上。人前莫听涕唾，同食勿先漱口。

---

① 《云笈七签》卷32《杂修摄部一》，第730页。
② 《祖堂集》卷14《茗溪和尚》，第629页。
③ 《太平广记》卷111《东山沙弥》，第766页。
④ 《后汉书》卷14《刘兴传》，第555页。
⑤ 《新唐书》卷113《唐临传》，第4184页。

杜正伦所言对解释为何"口面不净"为"奴"相非常有益，且讲述得十分全面。口面不净不仅指在于个人脸面不干净、衣服不整洁、家里卫生不洁净，而且包含了讲话碎滥、轻示忤上、污言秽语、人前涕唾等等诸种不当、不良的有污清洁之身之行的习气和举止。《太公家教》云："舍父事师，必闻（望）功劲。先慎口言，却整容貌。"此条言简意赅，也包含了洁面整容和慎口美言两个层面，与《百行章》之说一致。

教育童蒙脸面须日洗，善事须日做。如《辩才家教·积行章第五》曰：

> 终日行善，善犹不足；一日行恶，恶 [即] 有余。《老子》云："一朝不洗面尘生，一日念善诸恶超。时人只 [解] 水洗面，不解用善 [净] 其心。"

辩才大师藉名老子所言"一朝不洗面尘生，一日念善诸恶超"，实际上也是讲了每日洗脸虽然事小，但不可不为，行善之事不可一日不为，方可洁面净心，积善获福。

如同洗面尚需明镜，人之知过，须有良友。《文词教林》摘引了诸多相关格言警局，兹择取一二如下：

> 其一：《韩子》曰："目短于自见，故以镜观面；身短于自知，故以道正己。面失镜，则无以正鬓眉；人失道，则无以知迷惑。"
>
> 其二：《真言要决》云："镜以照面，智以照心；镜明则尘垢不能止，智明则恶欲不 [能] 生。"

从摘引前两条资料可知，明镜照面可以净尘垢，但人失道、失志危害更大，故须亲近师友明道、明智，已达到修身达志的目的。

综上所论，"口面不净"，意味着自我甘愿堕落，因此，必须戒之、避之。一卷本《王梵志诗》曰："见泥须避道，莫入污却鞋。若知己有罪，莫破戒持斋。"（一·七九）劝诫子弟若要勿染，避之。若甘愿"口面不净"，如人落粪坑，沦为"奴"相。一卷本《王梵志诗》云："饮酒是痴报，如人落粪坑。情知有不净，岂合岸头行。"（一·七七）而《太公家教》云："夫骂一言，反应十句。损辱兄弟，连累父母；本不是人，状同猪狗。含血损人，先污其口。"是其中的典型"口"不净，言语污浊，自污其口，连累父母，起去欺辱，自为"奴"相。因此，《文词教林》云："人皆取先，己独取后；人皆竞清，己独招垢；自是非彼，人则贱之；彼此俱非，人则重之。""口面不净"，就好比"人皆竞清，己独招垢；自是非彼，人则贱之"，自以为是，自我作践，其必为奴。纵然不能同流合污，也要"洁身自好"①。

此外，"口面不净"也不利于个人卫生习惯，对身体健康也有不良影响。《普济方》云："且百物养生莫先口齿。不漱不洗损蠹之媒。是不惟患生宿腐。"②

八、小　结

所谓"七奴"即子弟在起居、生活和应对中有关个人形象、仪容、仪表和气，容易被世人视作"奴"相的七种不良的行为举止。《武王家教》择取了唐代流行有关俗语、谚语，试图以此帮助凡事务必从点点滴滴做起，切勿自以为是，告诫子弟"勿以小恶而为之，勿以小善而不为"的道理。针对人们常犯的毛病对策应是在人前修善，注意不要"在隐而为非"。上述"七奴"均为生活、起居中常见细微小事，但从君子"慎独"的要求来看，积小恶会成大恶，导致自污其身。故"慎乎隐微，枕善而居"，好恶之事、之行，不能因别人有无视听，而有为之，或有不为。

"七奴"背后所反映的是中国自古以来"垂裳而治"的理念，即以衣冠章服来辨尊卑、贵贱、上下，并用以教化社会。孔子劝诫其子孔鲤曰："君子不可以不学，其容不可以不饰。不饰无类，无类失亲，失亲不忠，不忠失

---

① 《孟子·万章》云："圣人之行不同也，或远或近，或去或不去，归洁其身而已矣。"（清）焦循撰，沈文倬点校：《孟子正义》卷19《万章上》，中华书局1987年版，第655页。
② 《普济方》卷65《牙齿门》，第453页。

礼，失礼不立。夫远而有光者，饰也；近而愈明者，学也。"[1]孔子阐明了学习与饰貌同等重要，人不饰则衣冠不整，就是对人不敬，而人与人初次相交，容貌十分重要。在中国古代人与人交往中，往往是遵循"远者以貌，近者以情"的原则[2]，因此，个人的容貌、衣冠、仪表的行为举止，直接影响到他人对其看法和评价。有基于此，以下对"七奴"之奴相进行逐条总结："跣脚下床"成为"七奴"相之首，与"跣脚"即赤脚行走，与古代"徒跣扱衽"的丧葬礼仪、"跣脚垢面"的穷苦写照、"徒跣待罪"等不祥、贫苦、丑陋的负面因素往往相关。若不拘诸如"跣足下床"的小节，侵染恶习，定为"奴相"。"食不漱口"，是与中国古代食后漱口的习惯相对，是一种不雅的生活习惯。特别是在参加局席等与人交往的社交场合，若"食不漱口"，就会显得失礼、无节行为，甚至给人低贱的感觉，体现了一种懒惰之极，生活散漫、无教养的行为，被列为"七奴"之二。"着鞋上床"，不仅仅是个人生活懒散、不文明的习惯问题，也是对他人极不礼貌、不尊重之事，受到世人的不屑。将其视为"奴相"，应该与中国古代文挚"不解履登床"、扁鹊"着履登床"的鲜活历史教训有着密切关系，而且受到道教有关床上禁忌影响。"起立着裤"主要是针对子弟在应对中起立之间、接人待物时，要重视衣冠、整容，不能在正式场合随意身着社会底层百姓穿的"裤"，不正式，不雅观，自降身份，自辱颜面，遭人嫌弃。"坐起背人"是指个人应对场合，背对他人，罔顾别人感受，有失恭敬、笃敬之心的不良举止。其在文化上有违《礼记》之"坐起恭敬，言必诚信，行必笃敬"的观念，也有悖于官场"坐起班次""以位相次"的原则，有违士人"坐起端方"的行为准则。"裸形洗浴"无论佛道戒律，还是儒家礼法传统都无法接受，属于伤风败俗，轻则放浪形骸，重则染上浊滥荒淫，败身破家，为人奴就不远了。"口面不净"，表面含义是指个人懒于漱口、洗面，颜面不洁，自甘堕落，深层含义是指言语污浊，口恶不断，无事生非，行为不检点，不能自清，与恶人同

---

① （三国魏）王肃注，[日] 太宰纯增注，宋立林校点：《孔子家语》卷 2《致思第八》，上海古籍出版社 2019 年版，第 56 页。

② （清）王聘珍撰，王文锦点校：《大戴礼记解诂》卷 4《曾子立事第四十九》，中华书局 1983 年版，第 78 页。

会，自污其身的不良、不当行为。

显然，所谓"七奴"诸条皆为"暗昧之事""昏惑之行"，无论彰显隐幽，均不可为，"故身恒居善，则内无忧虑，外无畏惧"，与儒家君子饰容护行价值观念相悖。若世人能戒此"七奴"之相，则能"德被幽明，庆祥臻矣"也不为过。有鉴于此，"七奴"在生活、起居中无处不在，但如果人们在生活中能够做到莫作招人厌、让人贱之事，莫为自污之事、之行，莫以隐幽而做小恶，莫以众显而为大善，谨记"勿以小恶而为之，勿以小善而不为"的劝世哲言，则可远离"七奴"。以上就中国传统文化，兼及佛道相关内容，对"七奴"诸种丑态进行了阐释，并解释其背后训诫子弟的教示意图，以期对现实教育有所借鉴。"七奴"背后所反映的是中国自古以来有关衣冠、饮食、仪容、应对、局席等行为举止的文化传统与佛道禁忌，并以此来辩尊卑、贵贱、上下、荣辱、善恶，来教育子弟、教化社会。子弟违反"七奴"的行为，意味着缺乏教养，甘愿堕落，缺乏仪容、仪表，更无气质可言，自我贬低，难逃与奴婢等社会底层为伍的命运，故用"七奴"相来形容"卑贱"之"奴相"。在唐代士族社会向官僚社会转变过程中，士族之家在文化上仍占据优势，难免有高高在上的心里，自然对奴婢等社会底层有关衣着、形象和举止持有偏见，视为贱行，将其贫贱之状态形容成"奴"相也是时代特征所致。

《新集严父教》与唐代家教解析

——以"父教"为中心

赵宏勃*

摘要：《新集严父教》是敦煌蒙书中最早明确谈及"父教"的一件文书，以严父教子为其编撰主题，反映了唐代家教的发展与蒙书编撰之间的紧密关系。本文结合史籍中"父教"的事例，讨论《新集严父教》所反映的唐代家教特色。《新集严父教》包括重视伦理教育、行为规范养成、谋生与处世之道等方面的内容，伦理教育简要易行，以日常孝亲行为为主，行为规范强调谨言慎行，均体现了儒家文化对童蒙教育的深刻影响，也是唐代士庶社会重视礼法门风传承、科举制发展等因素的反映。

关键词：《新集严父教》；唐代家教；父教

在敦煌蒙书中，有《太公家教》《武王家教》《辩才家教》这类以"家教"为名的道德教育蒙书，另有两部作品，从命名来看，直接点明了教育者的身份——《崔氏夫人训女文》是母亲对临嫁前的女儿的训诫，《新集严父教》则以"严父"口吻训导。敦煌蒙书传播的广泛程度、影响力大小各有不同，既有地方性的特征，又与唐代社会的发展变化息息相通，以"家教"为名的蒙书既体现着唐代家庭教育的发展程度，也反映着唐代社会的变化。本

---

* 作者简介：赵宏勃，历史学博士，北京师范大学汉语文化学院副教授，主要研究方向为对外汉语教学、中国童蒙文化研究。

文试探析《新集严父教》所指"父教"，从"父教"所涵盖的几个方面展开讨论，以考察社会背景、时代特征等对蒙书编撰内容的影响。

一、突出"严父"教子的重要性

如其书名，《新集严父教》聚焦于严父如何教子，主张"家中所生男，常依严父教"①，意在明确在家庭教育中父亲的教育责任，并归纳应该包含的内容。

首先，从《新集严父教》的立意和内容来看，一方面强调儿子须听从父亲的教诲，如前所引"常依严父教"；另一方面，也对"教子"内容从几个方面进行了说明，如"养子切须教，逢人先作笑"②。郑阿财先生指出，《新集严父教》"显然是乡里塾师假严父的口吻"，用作童蒙教育的通俗教材。从性质来看，是诫子书、家诫一类作品的"支流余裔"③。蒙书以严父口吻创作，并强调对"父教"的服从，一定程度上说明这一时期在家教观念中"父教"的突出地位。

其次，从家教类蒙书的创作时间和命名特征的角度来考察，相对于其他以"家教"命名的蒙书，《新集严父教》创作时间较晚，金滢坤分析了这类蒙书的命名缘由，"随着士族的衰落，中晚唐家训出现了新的形式，不再面向一个具体家族而是天下。如《太公家教》《武王家教》等家教，借先贤之名，汇集前代名言警训、劝世经典，编撰家训，以劝诫天下子弟"④。《新集严父教》用语偏于口语化，其受众显然是知识素养水平并不太高的平民，也说明原本由知识阶层独享的教育理念，逐渐扩散到民间，也是迎合百姓家

---

① P.3797，上海古籍出版社、法国国家图书馆编：《法国国家图书馆藏敦煌西域文献》第 28 册，上海古籍出版社 2001 年版，第 81 页。本文所论及几本蒙书，录文多引自郑阿财、朱凤玉所著《敦煌蒙书研究》，甘肃教育出版社 2002 年版。

② 郑阿财、朱凤玉：《敦煌蒙书研究》，甘肃教育出版社 2002 年版，第 405 页。

③ 郑阿财、朱凤玉：《敦煌蒙书研究》，第 406 页。

④ 金滢坤：《唐代家训、家法家风与童蒙教育考察》，《浙江师范大学学报》（社会科学版）2020 年第 1 期。

庭对"日常生活中待人处世、应对进退的细节"之需要。①

《新集严父教》的题目突出"父亲"身份，在内容中也明确肯定"严父"的教育权威②，在几本家训作品中，独树一帜。本文结合《新集严父教》所涉教育方式、教子内容、背后的价值观念等，聚焦于唐代的"父教"进行讨论。

家庭是进行教育的第一场所，家庭教育的重要性也不言而喻。孔子提出重视家庭教育的观点，"少成若性，习贯之为常"③，认为少年时所养成的爱好习惯，对一个人的影响是巨大的。习性之养成重在时机的把握，颜之推也从这个角度出发，强调教育须从幼年时期就开始，错过了教育时机，就很难起效，"人生小幼，精神专利，长成已后，思虑散逸，固须早教，勿失机也"④。这些论说角度不同，都说明家庭教育的重要性。

"父教"即指父亲对儿子所进行的修身立业方面的教育，"教子"的形式、内容既是历史传承的一部分，又体现时代的特点。《说文》释"父"："父，矩也，家长，率教者，从又举杖。"⑤《说苑》则称："一室之中，必有主道焉，父母之谓也。"⑥《白虎通义》这样解释父子关系："父子者，何谓也？父者，矩也，以法度教子也。子者，孳孳无已也。"⑦ 这些文献的释义都强调父亲在家庭中的地位，及所负养育、教育、管理之责。"父教"在家庭教育中尤为突出，从唐人常用的典故来看，王勃在《滕王阁诗序》中有"他日趋庭，叨陪鲤对"一句⑧，即出自《论语·季氏》，孔鲤趋而过庭，孔子两次问

---

① 郑阿财、朱凤玉：《敦煌蒙书研究》，第 407 页。

② 《新集严父教》共 9 章，每章都提及"严父教"，共 9 次。

③ （汉）戴德撰：《大戴礼记》卷 3《保傅第四十八》，收入朱维铮主编《中国经学史基本丛书》第 1 册，上海书店出版社 2012 年版，第 212 页。

④ （北齐）颜之推撰，王利器集解：《颜氏家训》卷 3《勉学第八》，上海古籍出版社 1980 年版，第 165 页。

⑤ （汉）许慎撰，（宋）徐铉等校：《说文解字》，上海古籍出版社 2007 年版，第 138 页。

⑥ （汉）刘向撰，王天海、杨秀岚译注：《说苑》卷 17《杂言》，中华书局 2019 年版，第 925 页。

⑦ （汉）班固：《白虎通义》卷 7《论三纲六纪》，收入朱维铮主编《中国经学史基本丛书》第 1 册，第 316 页。

⑧ 《王子安集》卷 5，上海古籍出版社 1992 年版，第 35 页。

他是否学诗，是否学礼。"趋庭""鲤庭"均为接受父亲教导的代称，父亲的教诲则被称为"庭训"①。

关于家庭教子之方，以《礼记·内则》所论最为完备。"子能食食，教以右手。能言，男'唯'女'俞'。男鞶革，女鞶丝。六年，教之数与方名。七年，男女不同席，不共食。八年，出入门户及即席饮食，必后长者，始教之让。九年，教之数日。"②男女最初都在家庭里受到教育，随着年龄增长，分阶段完成了初步的礼仪教育、接受一些基本知识。《礼记》所论，是贵族士大夫之家的情形，说明了家庭教育所涉及的内容。

结合史书中关于教子的事例，我们可以了解一些家庭教育中父亲所承担的角色及施教的内容。东汉邓禹有子十三人，诸子"各使守一艺"③，这一教子之法为后世称道；西晋时刘殷有七个儿子，五个各授一经，另有两子，分别授《史记》《汉书》，一家之中经史兼具，是家庭学术传承的美谈事例，显然属于成功的"父教"。在唐代由父亲传授学业的例子也有很多。刘知几回顾自己的学习经历，"幼奉庭训，早游文学。年在纨绮，便受《古文尚书》。……尝闻家君为诸兄讲《春秋左氏传》，每废书而听。"④他所接受的文史教育，均来自父教。另有姚思廉"少受汉史于其父"⑤。唐代有很多或以史学，或以儒学、文学见称的家族，体现的正是父教的重要性、家学传承的成果。

除了这些见诸史籍的教育成功的例子，父教的重要性还从《诫子书》《家诫》这类著述的出现、流传体现出来。"家诫"或"家训"撰述者的出发点，是以儒家经典的精髓教导子孙，与经学家们的古奥考据不同，采用易晓易知的语言，并结合人物事例来增加说服力，形成了这类著述特殊的体例。⑥魏晋南北朝隋唐时期是这类家教作品创作活跃的时期，从帝王到士大

---

① 《抱朴子外篇》自叙云："年十有三，而慈父见背，夙失庭训，饥寒困瘁，躬执耕稿。"（杨明照：《抱朴子外篇校笺》，中华书局1997年版，第644页）

② 陈戍国点校：《礼记校注》，岳麓书社2014年版，第209页。

③ 《后汉书》卷16《邓禹传》，中华书局1965年版，第605页。

④ （唐）刘知几撰，白云译注：《史通》上册，中华书局2014年版，第485页。

⑤ 《旧唐书》卷73《姚思廉传》，中华书局1975年版，第2592页。

⑥ 参见马玉山《"家训""家诫"的盛行与儒学的普及与传播》，《孔子研究》1993年第4期。他认为《诫子书》等，是作为专门的著述流传的。

夫都对自家子弟进行训诫，包含如何修身养德、勉励子弟读书、立志以及传授处世、仕宦之道等方面的内容。① 这些家训作品的作者地位不同，但以同样的身份，多从父亲的角度谈论如何教育，随着各种家训著作的流行，"教子"及具体要求受到不同社会阶层的关注，"父教"以丰富的内涵进入人们的视野。如唐中宗时县令李恕鉴于所见家训的局限性，"崔氏《女仪》戒不及男，《颜氏家训》训遗于女"，著《戒子拾遗》十八篇，兼教男女，令新妇子孙人写一通，用以鉴戒云"②。

从内容来看，唐代父教深受科举制度发展的影响，士大夫们在训诫子弟时除了以儒家思想为指导之外，勉励子弟勤学苦学、以科举入仕为目标的特征更为突出。如孙逖家族重视培养子弟读书，一门多人科举及第，成为引人注目的"科举家族"③。韩愈作《符读书城南》，劝勉儿子勤于读书，"人之能为人，由腹有诗书；诗书勤乃有，不勤腹空虚"。他还强调读书对人的巨大影响，诗书可以改变人生基调，尽管出生时年龄相仿智力差不多，经过多年努力之后，学与不学差别巨大，"三十骨骼成，乃一龙一猪"④。

同时，"父教"的突出还与这一时期重视家法门风的潮流紧密关联。一些士族家庭为了保持门第，预防子弟骄纵，撰写"家族内部成系统、有影响的家法、家令、家训"⑤，影响较大的如韩休家法、穆宁家令、《柳氏家训》等。家法家令不仅要求严格，其顺利施行必然伴随着严父的以身作则与严格要求，家法约束下士族家庭表现出整肃的门风，穆宁家法以"清严"著称，其子赞、质等"兄弟奉指使，笞责如僮仆，赞最孝谨"⑥。在艳羡的同时，人们也对"严父"执行家法、教育子弟的形象印象深刻。

家训和教子诗的传播、家法家令的扩散一方面促进了唐代家庭教育的发展，其中蕴涵的教育观念的推广还使重视"父教"的社会氛围得以形成。

---

① 参见闫续瑞《汉唐之际帝王、士大夫家训研究》，南京师范大学博士学位论文，2004年。

② （宋）刘清之：《戒子通录》卷3，收入文渊阁《四库全书》第703册，第37页。

③ 参见徐友根《唐代孙逖科举家族成因初探》，《唐都学刊》2016年第4期。

④ 韩愈：《韩昌黎诗系年集释》，钱仲联集释，上海古籍出版社1984年版，第1011页。

⑤ 徐少锦、陈延斌：《中国家训史》，陕西人民出版社2003年版，第352页。

⑥ 《旧唐书》卷155《穆宁传》，第4116页。

在墓志书写里，就有很多遵从父亲教诲的描写，父亲教诲儿子学习的事例在墓志中是对志主大加褒美的内容，韦埙幼年好学"奉严训"，"陋时文字，尚古经典。"十九岁即以明经擢第；韦埙长男、次子也"绍休前训"，明经及第。① 不仅两代科举成功值得书写，父子相承的问学道路也是赞赏的重点。

随着科举考试影响力的扩大，对家庭教育成功的判断标准也发生变化，子弟科举成功越来越成为体现教育成果的标志。《旧唐书·薛播传》载，薛播伯父薛元暖妻林氏，为丹阳太守林洋之妹，"有母仪令德，博涉《五经》，善属文，所为篇章，时人多讽咏之。元暖卒后，其子彦辅、彦国、彦伟、彦云及播兄据、摁并早孤幼，悉为林氏所训导，以至成立，咸致文学之名。"据说"开元、天宝中二十年间，彦辅、据等七人并举进士，连中科名，衣冠荣之"②。

在人们所追溯的科举成功因由中，家庭内部传授的经史文学知识颇为突出，家庭提供的教育资源是取得科举功名重要的条件③，良好的家庭教育无疑为科举成功赢得了先机，其中自然也有严厉父教的因素。严父对学业要求严格的事例有很多，如潘好礼有家学，明经及第，亲授其子。开元时，潘好礼为豫州刺史，"其子请归乡预明经举。好礼谓曰：'国法须平，汝若经业未精，则不可妄求也。'乃自试其子。经义未通，好礼大怒，集州僚笞而枷之，立于州门以徇于众。"④ 潘好礼对儿子的学习表现不满时，就进行了严厉的惩罚。刘知几十二岁时从其父藏器学习《古文尚书》，"业不进，父怒，楚督之"，亦为严父督促学业的事例。⑤

中宗时宰相苏瑰对子弟"训厉至严"，其子苏颋天资聪颖，"日诵数千言"，苏瑰仍加以严厉管教，常命苏颋"衣青布襦伏于床下，出其胫受榎楚"⑥，在

---

① 周绍良主编：《唐代墓志汇编》会昌008《唐故朝议郎使持节明州诸军事守明州刺史上柱国赐绯鱼袋韦府君墓志铭并序》，上海古籍出版社1992年版，第2216页。

② 《旧唐书》卷146《薛播传》，第3955—3956页。

③ 梳理文献可知，起到教育作用的不仅限于父母，还包括祖父、外祖父、伯、叔、舅父等，身份很复杂。参见宋社洪《唐代士子教育资源研究》，华东师范大学博士学位论文，2009年。

④ 《旧唐书》卷185《潘好礼传》，第4818页。

⑤ 《新唐书》卷132《刘知几传》，中华书局1975年版，第4519页。

⑥ （唐）郑处诲撰，田廷柱点校：《明皇杂录》卷上，中华书局1994年版，第12页。

这种严格的教育督促之下，苏颋不仅进士及第，后位至宰相，不负父望。

史籍记录中不仅有严父，也有严母，如文宗时期的浙西观察使李景让之母郑氏，以治家严厉著称，"身训勤诸子"，尽管李景让已身居高位，"虽老犹加棰敕"，显示出母仪的威严。在严母管教下，李景让以"家行修治，闺门唯谨"受到称道。① 可知唐代主流观念对维护礼法的重视，为此也对家长为教育而惩戒子女持肯定的态度。

在法律层面，唐律亦充分保障父母的惩戒权，父母甚至对子女拥有生杀予夺之权。法律对家长擅杀子孙的规定如下："若子孙违犯教令而祖父母、父母殴杀者，徒一年半，以刀刃杀者徒二年，故杀者，各加一等。"② 家长杀死子孙属于触犯刑律，但处罚较轻。

在现实中，也存在重视管教权甚于子女的生命权的观念。唐初名臣李勣重病临终前向弟弟李弼托付后事，"我自量必死，欲与汝一别耳。恐汝悲哭，诳言似差可，未须啼泣，听我约束。"因为担心子弟品行不端而破家，将管教儿子的生杀之权交给了弟弟：

> 我有如许豚犬，将以付汝，汝可防察，有操行不伦、交游非类，急即打杀，然后奏知。③

在唐人的教育观念中，对父母的严厉管教持肯定的态度，这也是敦煌蒙书中"严父教"出现的重要社会背景。

颜之推就说明了溺爱子女而产生的危害，"吾见世间，无教而有爱，每不能然；饮食运为，恣其所欲，宜诫翻奖，应诃反笑，至有识知，谓法当尔。骄慢已习，方复制之，捶挞至死而无威，忿怒日隆而增怨，逮于成长，终为败德。"④ 如果不重视品德养成，不认真教育子女，一味溺爱，最终当不良习性养成之后，严厉管束就已经失效了。他还将教子无方归咎于父母出于

---

① 《新唐书》卷 177《李景让传》，第 5290 页。

② 刘俊文：《唐律疏议笺解》卷 22《斗讼》，中华书局 1996 年版，第 1561 页。

③ 《新唐书》卷 17《李勣传》，第 2489 页。

④ （北齐）颜之推撰，王利器集解：《颜氏家训》卷 1《教子第二》，第 23 页。

情感因素，不能"诃怒伤其颜色，不忍楚挞惨其肌肤耳"①。颜之推从批评溺爱子女的不当教育方式入手，强调在慈爱的基础上当有威严，子女应有畏惧之心，肯定了对子女严加管教的必要性。

为了维持礼法，仕宦家庭对女儿的严厉管教也很突出。宰相李晟重视礼教，"理家以严称"，"尝正岁，崔氏女归省，未及阶，晟却之曰：'尔有家，况姑在堂，妇当奉酒醴供馈，以待宾客。'遂不视而遣还家，其达礼敦教如此"②。李晟拒绝出嫁的女儿在节日期间回母家，虽不近人情，显得严厉，却坚决维护了伦理妇道，是对家庭礼法教育的坚持。

士大夫阶层看重道德养成、科举成功或门风的维持，无形中在家庭教育与礼法自矜之间建立了一定的关联，家庭成员的文化、修养都成为重要的教育资源，不论是父教还是母教，或严或慈，或严慈相济，目标都是为了使子女行为得体、举止符合礼法。对唐代的士族女性，要求尤为严格，女性不仅要遵守妇道，也要有教育子女的能力，"妇道、母仪毕具"③。这类常见的表述说明，唐代家庭教育中对父母教子的内容是较为明确的。

受这种风气的影响，庶民阶层也越来越看重家庭教育，意识到教育子弟的迫切性，对家训产生了需求，蒙书的家训类教材就多方提及父亲的教育之责、教育方法与教子内容等。如《太公家教》认为"养子不教，费人衣食……养男不教，为人养奴；养女不教，不如养猪。"④《武王家教》则以严厉批评的方式，提醒人们重视教育子女："武王曰：何名为一错？太公曰：'养子不教为一错。'"《武王家教》也提出了具体的教子要求："武王曰：欲教子孙如何？太公答曰：'为子慈孝，为父母威严。'"⑤ 这些强调教育责任的说法正反映出社会对严父教子的一致性看法。

---

① （北齐）颜之推撰，王利器集解：《颜氏家训》卷 1《教子第二》，第 28 页。

② 《旧唐书》卷 133《李晟传》，第 3674 页。

③ 周绍良主编：《唐代墓志汇编·开元 391 唐河东上党郡大都督府屯留县故彭君墓志之铭并序》，第 1427—1428 页。

④ P.2564 号，《法国国家图书馆藏敦煌西域文献》第 16 册，第 15 页。

⑤ S.479 号，中国社会科学院历史研究所、中国敦煌吐鲁番学会敦煌古文献编辑委员会、英国国家图书馆、伦敦大学亚非学院合编：《英藏敦煌西域文献》第 1 册，四川人民出版社 1994 年版，第 211 页。

从教育方式来看，《新集严父教》强调儿子应该按照父亲的教导行事，反复提及"常依严父教""但依严父教""记取严父教"①。从教育方法来看，就是先举出生活中的事例，再反复灌输应在处理方法、原则方面听从父亲的教诲，与笔记小说或史籍中对严厉管教子女的肯定态度一致，《新集严父教》明确了父亲的管教权威，强调须严格服从父亲管教。

《新集严父教》通篇的口吻都是以训诫儿童为出发点，强调听从父亲教诲的必要性，但整体语气较为缓和，文中多次出现"寻思也大好"这一劝导式语句，肯定所述教育方式、内容。

敦煌家训类蒙书在内容上都有一定的综合性，如《太公家教》全面指导进德修身，如何治家，如何立身，也多用警句、经典，涉及主题相对广泛。不过不同的蒙书作品在伦理道德教育、日常行为规范、人际交往原则等方面各有侧重。《新集严父教》的教育内容相对集中，以家庭内的行为规范为主，涉及的人际交往规范也基本围绕着日常生活、谋生展开，倾向于简单易行的具体做法，如孝道就要求日常行孝孝顺奉亲。

语言表达形式方面，《新集严父教》也有自己的特色，不同于《太公家教》的四言韵语，《武王家教》的问答体，《崔氏夫人训女文》的七言通俗韵文，《新集严父教》全篇为五言韵文，且多用生活中常用的口语。②

二、伦理教育内容偏重日常行孝

道德品质培养是家训作品中的核心内容。《新集严父教》整体内容相对其他几本家训作品简略，在伦理教育中主要突出孝道教育，尤其是具体的"孝"亲行为，即行孝的做法，指出孝的首要原则是亲身侍奉：

> 家中学侍奉，孝顺伯亲老。③

---

① 郑阿财、朱凤玉：《敦煌蒙书研究》，第 405 页。
② 参见郑阿财、朱凤玉《敦煌蒙书研究》，第 360、382、414、405 页。
③ 郑阿财、朱凤玉：《敦煌蒙书研究》，第 405 页。

　　《孝经》所要求的善事父母包括五个方面的内容，即日常的赡养、照料，生病以后表达忧思，丧礼上致哀，祭礼时严格遵守礼仪要求。《新集严父教》强调日常生活中的侍奉照料，从严父教子的角度，强化孝的教育。

　　其次，行孝还须服从父母之命：

> 处分莫相违，但依严父教。
> 枷杖免及身，寻思也大好。①

在日常相处中，不能违背父母的意志，惟父教是从，如事事处处不违父命，则人生不会误入歧途，免于刑责之苦。

　　与唐代社会对孝的推崇一致，孝道教育是蒙书中不可或缺的内容。S.3491《百行章》以"孝者，百行之本，德义之基"开篇②，强调孝道的重要。《辩才家教》称："立身须行孝，家务亦殷勤。出门求诸事，先须启二亲。……侍奉莫辞苦，礼业莫辞辛。"③将家视为实践孝道的场所，行孝则为立身的根本。《太公家教》列举"五逆"："不孝父母为一逆；不爱师父为二逆，事官不勤为三逆，违上命教为四逆，乡党不相辱齿为五逆。"④将不孝排在五逆的第一位，可见对父母尽"孝"的重视。具体的孝亲行为方面，《王梵志诗》提到不要在外惹事，引得父母担忧，"立身行孝道，省事莫为愆。但使长无过，耶娘高枕眠。"⑤日常行孝的方式，是在日常生活中应无微不至地对待父母。"你若是好儿，孝心看父母。五更床前立，即问安稳不。天明汝好心，钱财横入户。王祥敬母恩，冬竹抽笋与。孝是韩伯瑜，董永孤养母。你孝我亦孝，不绝孝门户。"⑥《太公家教》说到具体的做法，"孝子事亲，晨省暮参；知饥知渴，知暖知寒，忧其同戚，乐其同欢。父母有疾，甘美不

---

① 郑阿财、朱凤玉：《敦煌蒙书研究》，第 405 页。

② 郑阿财、朱凤玉：《敦煌蒙书研究》，第 326 页。

③ P.2515，《法国国家图书馆藏敦煌西域文献》第 15 册，第 50 页。

④ 郑阿财、朱凤玉：《敦煌蒙书研究》，第 381 页。

⑤ （唐）王梵志著，项楚校注：《王梵志诗校注》（修订本）卷 4，上海古籍出版社 2019 年版，第 365 页。

⑥ （唐）王梵志著，项楚校注：《王梵志诗校注》（修订本）卷 2，第 134 页。

餐；食无求饱，居无求安，闻乐不乐，闻喜不看，不修身体，不整衣冠，父母疾愈，整亦不难。"① 至于如何教育子女行孝，《王梵志诗》推崇严厉的棍棒教育："欲得儿孙孝，无过教及身。一朝千度打，有罪更须嗔。"②"养儿从小打，莫道怜不笞。长大欺父母，后悔定无疑。"③

在唐代，孝作为一种处理家庭关系的道德规范，已成为社会共识。几本家训作品均宣扬孝道，在对孝道、行孝进行通俗化的解读时，采用的形式、择选的内容则有些不同。有的引经据典传播嘉言粹语，《太公家教》的作者在编撰时，对《礼记》《论语》《孝经》中的经典进行改写，用通俗的语言，以更容易被人理解的方式传达《孝经》中的要求，如指出"孝是百行之本，故云其大者乎"④；《王梵志诗》举出史传中的人物事迹进行说服教育。

就行孝的具体做法，其他蒙书说得更全面，如《百行章·孝行章第一》，"必须躬耕力作，以养二亲；旦夕谘承，知其安否；冬温夏清，委其冷热；言和色悦，复勿犯颜；必非有理，雍容缓谏；昼则不舍房室，夜则侍省寻常。纵父母身亡，犹须追远，以时祭祀，每思念之。"⑤ 指出孝行除了日常照料，还包括在祭礼上的礼仪要求，传达了更丰富的《孝经》内涵。与之相比《新集严父教》的孝道教育，最为通俗简明。

六朝时期，世家大族在"长期的发展过程中形成了富有家族特点的家学门风"⑥，门第的维持，离不开德行修养，所谓"闺门雍睦，子弟循谨"⑦。儒家思想本为圣人之学，晦涩难懂的内容通过各种家训作品，以利于子弟理解的方式进行宣扬传播。唐末柳玭对自家的家法进行了系统的总结，在道德品质培养方面以儒家思想为核心，重视立身行道，讲求仁孝等，"夫行道之人，德行文学为根株，正直刚毅为柯叶……至于孝慈、友悌、忠信、笃行，

---

① 郑阿财、朱凤玉：《敦煌蒙书研究》，第 350 页。
② （唐）王梵志著，项楚校注：《王梵志诗校注》（修订本）卷 4，第 384 页。
③ （唐）王梵志著，项楚校注：《王梵志诗校注》（修订本）卷 4，第 385 页。
④ 郑阿财、朱凤玉：《敦煌蒙书研究》，第 354 页。
⑤ 郑阿财、朱凤玉：《敦煌蒙书研究》，第 326 页。
⑥ 王永平：《略论谢安之家教》，《南京理工大学学报》（社会科学版）2008 年第 2 期。
⑦ 钱穆：《国史大纲》，商务印书馆 1996 年版，第 311 页。

乃食之醯酱，可一日无哉？"① 为了教育子弟，家训作品对儒家思想的核心内容进行通晓明白的说明，在不断扩大影响的过程中，最终达到家喻户晓的程度，发挥其教化功能。在这个通俗化的过程中，儒家的孝道思想等内容完成了向民间的普及，《新集严父教》也是其中的一环。

《新集严父教》的表述朴实简单，口语化特征明显，并无说理，也未引经据典，而是从便于理解、实践的角度出发，列举事例，直接说明在家庭生活中如何实践孝道，将"孝"简单归结为侍奉家中长辈、顺从父母意志，构成平民家庭父教中最基本的内容。

中唐以后，科举取士造成的竞争，使世族感受到维持门第的压力，姚崇在诫子孙的遗令中，就表达了深刻的忧虑，"比见诸达官身亡以后，子孙既失覆荫，多至贫寒，斗尺之间，参商是竞。岂唯自玷，仍更辱先，无论曲直，俱受嗤毁。"② 出于紧迫感，士族家庭对子弟教育极为重视，在这种潮流影响下，家教乃至父教都越来越受到关注，这也是理解《新集严父教》这一作品的重要历史背景。

三、忍让守礼的日常行为规范教育

除了培育以"孝道"实践为核心的家庭内部人伦道德，《新集严父教》还以此为基础，从生活现实出发，围绕家庭生活和待人接物的行为规范展开，教育子弟遵守社会人际交往中的一些基本原则。

敦煌蒙书中的行为规范说教主要表现在立身行事、待人接物、日常礼节等方面，《新集严父教》首先强调忍让、遵守礼仪：

> 家中所生男，常依严父教。养子切须教，逢人先作笑。礼则大须学，寻思也大好。

① 《新唐书》卷 163《柳公绰传附柳玭传》，第 5026—5027 页。
② 《旧唐书》卷 96《姚崇传》，第 3206—3207 页。

遗子避醉客，但依严父教。路上逢醉人，抽身以下道。过从即来归，寻思也大好。

忽逢斗打处，但依严父教。饶取自然休，叉手却陪笑。忍取最为精，寻思也大好。

不用争人我，但依严父教，能得几时活，不久相看老。骂詈佯不闻，寻思也大好。①

对于普通子弟来说，对于日常生活中的"危机"，如遇到喝醉的人，遇到冲突场面，这时应该怎么处理，《新集严父教》的建议是"忍让"以避开冲突。以"忍"为原则，在路遇醉者时连忙躲开，遇到打斗场面，也以周全的礼节、谦和的态度避免矛盾激化。这也是儒家的传统道德要求，注重自身的修养、自我约束。

敦煌蒙书对"忍让"的处世原则多所强调，如一卷本《王梵志诗》中有"教诲诗"："忍辱生端正，多嗔作毒蛇。若人不仵恶，必得上三车。"所举事例也有类似的处理方式："逢人须敛手，避道莫前汤，忽若相冲著，他强必自伤。"②

P.2721《杂抄》则有"论忍事""论不忍事"，指出忍让的重要性。"天子忍之成其大，诸侯忍之国无害，官吏人忍之名不废，兄弟忍之则欢泰，夫妻忍之终其代，身躬忍之无患害。""天子不忍群臣疏，诸侯不忍国空虚，吏人不忍刑罚诛，兄弟不忍别异居；朋友不忍情义疏，夫妻不忍令子孤，小人不忍（丧）其躯"。③ 在不同蒙书中，忍让慎行都是日常生活里最为重要的处世原则。

《新集严父教》所强调"礼则大须学"④，指的是礼仪的教育。在士族的门风家法中，对"礼"的继承是家法家风中重要的内容，在门风家法中，

---

① 郑阿财、朱凤玉：《敦煌蒙书研究》，第 405 页。
② 郑阿财、朱凤玉：《敦煌蒙书研究》，第 433 页。
③ 郑阿财、朱凤玉：《敦煌蒙书研究》，第 173 页。
④ 郑阿财、朱凤玉：《敦煌蒙书研究》，第 405 页。

"礼"又是复杂的，包括礼法、辞令、礼容等。① 由于对士族风采的仰慕，士族们所崇尚的"礼"，也被社会各阶层的人们模仿，典型的如《崔氏夫人训女文》以教女为目标，亦假托"崔氏夫人"的士族身份来增加说服力。

士人们尤为讲究行礼，原本作为士族自矜门第的各种礼节，在这个礼法下移的阶段，自然也引起重视、效仿。敦煌变文《父母恩重经讲经文》这样描述礼仪教授与学习的重要性："经道婴孩童子，乃至盛年，奖教礼仪。人家男女，从小至大，须交（教）礼仪。"② 《新集严父教》也把基本礼仪教育作为重要的内容，进行礼仪教育，教导行礼的场合。

其次，强调谨言慎行。谨言慎行是敦煌蒙书中常见的教诲内容，《百行章·慎行章》称："立身终始，慎之为大"③，即以谨慎为重要的行为原则；《太公家教》指出，"慎是护身之符，谦是百行之本"④。《新集严父教》也围绕这一原则，结合日常生活，对子弟的各种行为加以约束。

　　　　欲拟出门前，但依严父教。无事莫夜深，免交人说道。日在即来归，寻思也大好。⑤

谨言慎行在不同时期的家训中都有所体现，然而对具体内容进行对比可知，士大夫阶层的谨慎多出于政治方面的考虑，虑及政局变化，子弟交友不慎可能带来灾祸。《新集严父教》涉及的内容侧重于在日常生活中的行为举止方面。唐时长安及全国较大城镇有夜禁制度，如果犯夜，不论官民都要受到惩罚。⑥ 在对子弟进行教育时，《新集严父教》强调不得迟归，避免无端生事，以确保人身平安，这是平民弟子日常慎重行事的重要方面。

此外，《新集严父教》还特别强调不要饮酒过量。

---

① 参见张国刚《从礼容到礼教：中国中古士族家法的社会变迁》，《河北学刊》2011 年第 3 期。

② 周绍良主编：《全唐文新编》第 5 册，吉林文史出版社 2000 年版，第 11972 页。

③ 郑阿财、朱凤玉：《敦煌蒙书研究》，第 330 页。

④ 郑阿财、朱凤玉：《敦煌蒙书研究》，第 354 页。

⑤ 郑阿财、朱凤玉：《敦煌蒙书研究》，第 405 页。

⑥ 杨鸿年：《隋唐两京考》，武汉大学出版社 2005 年版，第 206 页。

酒后触忤人，不知有亲老。过后却来归，好个煞之奥。记取严父教，寻思也大好。①

唐代的酒文化颇有特色，敦煌地区也是饮酒风气盛行，不论官方还是民间，在婚丧嫁娶和迎来送往的场合，日常娱乐中都少不了酒。从对饮酒的态度来看，《太公家教》持彻底反对的意见，"酒能败身，必须戒之"；"男年长大，莫听好酒"②。《新集严父教》则考虑到在人际交往中往往有推辞不过的情况，如《王梵志诗》所云："尊人与酒吃，即把莫推辞。性少由方便，圆融莫遣知。"③长辈在餐间赐酒，推辞则不礼貌，所以需要酌量饮酒避免长辈因此而不快。

饮酒活动频繁，应尽量避免饮酒失态。《新集严父教》采用了相对温和的态度，列出酒后忤逆长辈的后果，劝导子弟避免酒后失言，冒犯长辈，并没有提出完全不得饮酒。

《新集严父教》中的父教，集中于日常行为规范教育，以及处世原则熏陶。如遇到酒醉的人时，要谦和赔笑，尽量避免冲突。要处处忍让，以合适得体的礼节应对周旋，以在危机时刻化险为夷。贯彻谨慎行事，外出不要晚归，饮酒不要过量。总之，《新集严父教》以慎重行事为原则，以处理人际关系为出发点，为日常行为确立了一套行为准则，并没有冗长复杂的说理，而是把教育融入了日常生活的细节之中，针对人际交往中的问题给出了解决的方案。

四、关切谋生与处世之道

《新集严父教》篇幅简短，从内容来看集中于家庭生活，在篇幅受限的情况下，其对教育内容的取舍、呈现都有一定的特色。家训类蒙书一般以德

---

① 郑阿财、朱凤玉：《敦煌蒙书研究》，第 405 页。

② 郑阿财、朱凤玉：《敦煌蒙书研究》，第 351 页。

③ （唐）王梵志著，项楚校注：《王梵志诗校注》卷 4，第 379 页。

行教育为核心，较少涉及谋生之道。《新集严父教》的教育内容则有所扩展，论及生计，涉及从事商业活动的原则，内容如下：

> 市头学经纪，但依严父教。斗秤莫崎岖，二人相交道。买卖事须平，寻思也大好。①

一般而言，唐以前的家庭教育主要受"重义轻利"价值取向的影响，较少涉及与经济利益相关的内容。《颜氏家训·勉学第八》云："士大夫子弟，数岁已上，莫不被教，多者或至《礼》《传》，少者不失《诗》《论》……人生在世，会当有业：农民则计量耕稼，商贾则讨论货贿……多见士大夫耻涉农商，羞务工伎，射则不能穿札，笔则才记姓名，饱食醉酒，忽忽无事，以此销日，以此终年。"②颜之推在批评士大夫子弟不肯勤学虚掷时光时，也反映出传统观念里，农事商业活动是士大夫不屑从事的。在传统的重农抑商观念中，商人被视为"贱类""杂类"，人们对从事商业的人家采取一定的隔离态度。

敦煌蒙书中，对从事商业者依旧普遍表现出轻视的看法，《太公家教》告诫："商贩之家，慎莫为婚；市道接利，莫与为邻。"③结合文意，《太公家教》从不同社会阶层地位不同的角度，指出商人家庭地位卑贱，教诲子弟不要与之通婚，减少社会交往。

从社会现实来看，唐中期以后，商业日益繁荣，唐的商业政策也有一定的调整，商贾的活动得到优待。由于商人凭借大量财富改变自身生存状态的现象，商业活动活跃的现实渐渐对人们的价值观产生一定的影响。在社会对经商态度有所改变的情况下，在蒙书的观念中，依旧保持着对商贩逐利的鄙视态度，主要因为唐代社会整体的教育导向，是以"立身之本，义让为先"为基础④，商贩的活动追逐利益，与立身原则中的"义让"有着冲突。

---

① 郑阿财、朱凤玉：《敦煌蒙书研究》，第 405 页。
② （北齐）颜之推撰，王利器集解：《颜氏家训》卷 3《勉学第八》，第 141 页。
③ 郑阿财、朱凤玉：《敦煌蒙书研究》，第 351 页。
④ 郑阿财、朱凤玉：《敦煌蒙书研究》，第 351 页。

随着商品流通的活跃，不仅城市里出现了夜市，中小城市、乡村市集也得到了一定的发展。庶民子弟不考科举、不务农之外，也可以选择以经商为生计，与谋生理财相关的内容，对商业往来的态度等也进入了蒙书。

《王梵志诗》提到在商业经营中应持的态度："经纪须平直，心中莫侧斜，些些微取利，可可苦他家。"① 强调做生意时的公平合理，不过分追逐利益，损害他人。②

敦煌地区商业繁荣发达，竞争激烈，基于商业行为活跃的现实，《新集严父教》就引导子弟建立公平交易的观念，不因逐利害人，在其中寄予的仍是"君子喻于义"③，认为获利行为要以"义"为基础，若一味逐利，则沦为"小人"，殊不可取。

《新集严父教》推崇的经商之道，强调不贪图利益、买卖公平，对应的是与商业发展伴随而生的一些不良现象。在利益的驱使下，经商者有弄虚作假的行为。缺斤短两受到惩罚，成为了冥报故事的主题④，说明这在生活中是较为常见的现象。

敦煌识字蒙书《开蒙要训》也涉及商业借贷中的信誉问题，"举质券契，保证赊获。违限不偿，抵捍拒格。"⑤

不论是公平交易时的欺瞒还是商业借贷中的超期，均涉及"公平""诚信"。唐代的胡商以贩运宝物而闻名，笔记小说中有很多胡商诚信不欺的例子。柳宗元所作《宋清传》，赞赏的是商人宋清讲诚信的品质。⑥ 而商业活

---

① （唐）王梵志著，项楚校注：《王梵志诗校注》卷4，第438页。

② 也有观点认为此句所指为人与人之间的关系，追求平等之意。参见张锡厚校辑《王梵志诗校辑》，中华书局1983年版，第359页。

③ 《论语·里仁篇第四》，杨伯峻译注《论语译注》，中华书局2017年版，第55页。

④ 《道教灵验记》记载："秦万者，庐州巢县人也。家富，开米面彩帛之肆，常用长尺大斗以买，短尺小斗以卖，虽良友劝之，终不改悔。元和四年五月身死，冥司考责了，罚为大蛇。身长丈余无目，在山林中被诸小虫日夜嘬食，疼痛苦楚，无休歇时……鳞甲血流，异常腥秽。"后托梦给妻子为修黄箓道场，便生天上，"自此子孙不得轻秤小斗短尺狭度欺于平人……"（宋）张君房编，李永晟点校：《云笈七签》第5册，中华书局2003年版，第2679页。

⑤ 郑阿财、朱凤玉：《敦煌蒙书研究》，第65页。

⑥ 《柳河东集》卷17，上海古籍出版社2008年版，第304—305页。

动中不诚信的行为，如缺斤短两、借钱不还等，则受到强烈的批评，这些不良行为会遭到种种神异力量的惩罚。

对追逐"重利"而损害他人利益的商业行为，以各种形式进行批评，人们所倡导、期待的依旧是公平、诚信等道德层面的寄托。因此《新集严父教》所论虽为商业行为中的基本规则，从教育的角度而言，也是处世之道的教诲，事关个人修养的提高，提示子弟追求公平公正，不贪小利而失去道德。鉴于现实生活中商业活动的活跃，《新集严父教》的这些内容也表现出敦煌蒙书的生命力所在，以富有生活气息的事例，因势利导，积极教诲子弟形成正确观念。

总体而言，《新集严父教》汲取了当时社会主流价值观念中的内容，又结合庶民的实际加以说明，这部作品是童蒙教育中所进行观念、行为教育的一个样本。

与《崔氏夫人训女文》所表达的"女教""母教"的特质相比，"严父教"也有自身的特征。整体而言，女教不出家庭的范围，要求女子在家庭内部处理好各种人际关系，保持谦卑，安守"妇礼"，以维持和谐的家庭；要求在婚后遵礼，成为母亲后有教育子女的基本素养。所谓"严父教"，则对父亲的严厉管教持肯定的态度，将教育儿子的责任明确下来。从"严父教"的内容来看，首先强调在家庭内部实践孝行，日常照料父母及长辈的起居，这与"女教"的要求是一致的。同时，相对于女教，教育的内容更丰富，拓展到社会交往、谋生理财方面，要求男子在处理各种人际关系时遵守礼仪、秉持忍让谨慎的原则，能谦慎自抑，不贪利益，为人处世谨慎守礼，能正确应对、处理各种社会交往活动，"与'男主外'的传统伦理完全契合"[1]。除了框定"父教"内容，表现在教育方式方面，要求儿子对父亲的各种教导绝对服从，其教育的主旨，仍处在儒家伦理规范的框架之下，体现父亲天然具有的权威。

在《颜氏家训》中，颜之推曾列举一正一反两个事例来说明严教不可废弛。"王大司马魏夫人，性甚严正。王在湓城时，为三千人将，年逾四十，

---

① 朱凤玉：《敦煌典籍中的庶民家教》，《中国社会科学报》2017 年 10 月 20 日。

少不如意，犹捶挞之，故能成其勋业。"在这个例子中，由于母亲的严厉管教，儿子最终成就了一番事业，而作为鲜明的对比，父教宽纵引来灭身之祸，"梁元帝时，有一学士，聪敏有才，为父所宠，失于教义；一言之是，遍于行路，终年誉之；一行之非，掩藏文饰，冀其自改。年登婚宦，暴慢日滋，竟以言语不择，为周逖抽肠衅鼓云。"①

通过这个一味宠爱儿子而造成的悲剧例子，颜之推表达了对严厉教子的推崇，并佐证了自己的观点，颜之推所赞赏的教子态度是父母保持威严且有慈。至唐末，《新集严父教》的内容则对"父教"之严持肯定态度。宋代开始流传的《三字经》，逐渐普及了"养不教、父之过"的说法。② 在《新集严父教》的编撰、命名、内容取舍中，既包含明确示意父教，又突出管教之"严"，反映着父教观念的历史流痕。

---

① （北齐）颜之推撰，王利器集解：《颜氏家训》卷1《教子第二》，第29页。

② （宋）王应麟著，陈戍国、喻清点校：《三字经》，岳麓书社2002年版，第5页。

敦煌写本《辩才家教》内容辨析*

李 殷**

摘要：《辩才家教》以"家教"命名，直接承袭了中原士族之家对家族绵延发展的追求与对礼法传家的推崇。《辩才家教》写卷内容大致由孝道德行、修身处事、家庭伦理、劝学教育、女德教育五个方面组成，儒家传统文化构成其核心。

因其问答体的编纂形式并配合佛教的宣传色彩，既迎合了民众的信仰要求，又实现了对庶民阶层行为规范的引导。

关键词：《辩才家教》；儒家伦理精神；传播手段

据今所知，《辩才家教》存 S.4329 与 P.2515 两件写本，分别藏于英国伦敦不列颠图书馆和法国巴黎国家图书馆。该写卷内容由十二个具体章节组成，劝教内容关涉家庭伦理关系的营造、社会道德与人际交往准则、女子教育等多个层面。郑阿财在《敦煌写本家教别裁〈辩才家教〉校释与综论》一文详细分析了《辩才家教》的编撰旨趣与功能，指出其内容大体上与中国古代传统蒙书的基本教育内容相同，旨在强调孝道、家庭伦理及生活规范。因此，相当大的部分跟《太公家教》等敦煌道德教育类蒙书的旨趣相同，内容主要出自儒家传统典籍《论语》《孝经》及《礼记》。[①] 作为重要的敦煌家教

---

* 基金项目：2016 年度国家社会科学基金重大项目"中国童蒙文化史研究"（16ZDA121）。

** 作者简介：李殷，历史学博士，上海师范大学人文学院讲师，从事隋唐史、中国童蒙文化研究。

① 郑阿财：《敦煌写本家教别裁〈辩才家教〉校释与综论》，收入金滢坤主编《童蒙文化研究》第 4 卷，人民出版社 2019 年版，第 85—111 页。

类童蒙书，《辩才家教》凭借通俗的问答体编纂形式，传播了儒家伦理道德精神与浅近的佛教知识。深入挖掘《辩才家教》的写卷内涵，有助于揭示该写本的撰写目的与时代特点，向世人展示中古时代敦煌蒙书的编纂特色与敦煌地区的教育风貌。

一、孝道德行

《辩才家教》为敦煌家教类童蒙书，儒家文化是其宣传主旨，写本中对"孝道德行"行为的指引格外醒目。《礼记·内则》记："子事父母，鸡初鸣，咸盥漱……妇事舅姑，如事父母。鸡初鸣，咸盥漱……以适父母舅姑之所。"① 孝道自古就是儒家推重之德行。唐皮日休言："有天地来，言乎孝者，大曰舜，小曰参。舜承顺父母之道，无不为也。虽俾食于褒器，寝于于窦，犹将顺之，况夫修糜浚井哉？"② 白居易的《十二时行孝文》以时间顺序为纲，提出了对孝子的实际要求："平旦寅，早起堂前参二亲，处分家中送疏水，莫教父母唤频声；日出卯，立身之本须行孝，甘纸盘中莫使空，时时奉上知饥饱。"③ 即可略探中原汉地士族阶层对践行孝道的重视。

《辩才家教》内容侧重的一个核心方面是对双亲的"孝道"。如《六亲章第四》："立身须行孝，家务亦殷勤。出门求诸事，先须启二亲。"将"孝"置于立身之根本。《孝经·开宗明义章第一》载："身体发肤，受之父母，不敢毁伤，孝之始也；立身行道，扬名于后世，以镂父母，孝之终也。夫孝，始予事亲，巾于事器，终于立身。"④ "孝"与立身之道的结合始于《孝经》。《辩才家教》吸纳其思想的同时，充分考虑敦煌民众对"孝"的接受程度，

---

① （东汉）郑玄注，（唐）孔颖达疏：《礼记正义》卷27《内则》，收入（清）阮元校刻《十三经注疏》，北京大学出版社 2000 年版，第 966 页。

② （清）董诰：《全唐文》卷798，皮日休《鄙孝义上篇》，中华书局 1983 年版，第 8370 页。

③ （唐）白居易撰，谢思炜校注：《白居易诗集校注》外集卷下《十二时行孝文》，中华书局 2006 年版，第 2955 页。

④ （唐）李隆基注：《孝经注疏》卷1《开宗明义章第一》，收入（清）阮元校刻《十三经注疏》，北京大学出版社 2000 年版，第 3 页。

尝试在社会生活的范畴中对广大敦煌庶民阶层进行行为引导与规范。《本利章第八》：“孝养堂前父母，出入惣须安委。夜间即须脱服，旦朝还须早起。待来参却大人，便须庭前扫地。”所关注的便是日常生活中对父母的孝道行为。又《十劝章第六》：“劝君五：侍奉不可辞［辛］苦。十月怀躯起坐难，报取三年亲乳哺。不论男女一般怜，惣随恩爱无他苦。既若不听辩才言，请问慈鸟来返哺。”此文句与《佛说孝子经》有所共通。《佛说孝子经》开篇即言：“佛问诸沙门：‘亲生之子，怀之十月，身为重病，临生之日，母危父怖，其言难情……朝奉而暮终者，恩重于亲乳哺之养，无量之慧。”①《辩才家教》吸纳了儒家经典与佛经的“孝道”思想，将二者有机地融合到了文本内容的构建中。

此外，《辩才家教》中对“孝行”的推崇与中古时代政治文化的发展尤其是唐朝对“孝”的发扬直接相关。《唐六典·考功员外郎》：“其明经各试所习业，文、注精熟，辨明义理，然后为通。正经有九：《礼记》、《左传》为大经，《毛诗》、《周礼》、《仪礼》为中经，《周易》、《尚书》、《公羊》、《谷梁》为小经。通二经者，一大一小，若两中经；通三经者，大、小、中各一；通五经者，大经并通。其孝经、论语并须兼习。”②《唐六典》是唐朝建立以来尤其是贞观以后法令制度的总结③，将《孝经》与九经并称，并将其作为科举考试的固定科目。在唐代出现打骂父母的不孝行为，将受到法律的严厉制裁。《唐律疏议·斗讼律》云：“诸詈祖父母、父母者，绞；殴者，斩；过失杀者，流三千里：伤者，徒三年。”④不仅如此，在唐代，殴打、杀害父母、祖父母被列为十恶不赦之罪。《唐律疏议·名例》又云：“谓殴及谋杀祖父母、父母，杀伯叔父母、姑、兄姊、外祖父母、夫、夫之祖父母父母。”疏议曰：“父母之恩，昊天罔极。嗣续妣祖，承奉不轻。枭镜其心，爱敬同尽，五服

---

① ［日］高楠顺次郎编：《大正新修大藏经》第 16 册，（台湾）新文丰出版公司 1996 年版，第 780 页。

② （唐）李林甫撰，陈仲夫点校：《唐六典》卷 2《尚书吏部》，中华书局 1992 年版，第 45 页。

③ 刘后滨：《〈唐六典〉的性质与制度描述方式》，《中国社会科学报》2020 年 4 月 14 日。

④ 刘俊文：《唐律疏议笺解》卷 22《斗讼》，中华书局 1996 年版，第 1561 页。

至亲，自相屠戮，穷恶尽逆，绝弃人理，故曰'恶逆'。"① 唐人将杀害父母、家族成员列为十恶不赦之罪，即使是遇到大赦之时，此种完全有违"孝道"的行径依然不被赦免。

唐玄宗两次为《孝经》作注，使"孝道"成为官方意识形态，有效充当了指导民众与社会行为的思想利器。玄宗亲自为《孝经》撰写序文道："朕闻上古其风朴略，虽因心之孝已萌，而资敬之礼犹简。及乎仁义既有，亲誉益着，圣人知孝之可以教人也，故因严以教敬，因亲以教爱，于是以顺移忠之道昭矣，立身扬名之义彰矣。子曰：'吾志在春秋，行在孝经。'是知孝者德之本欤！"② 可见唐廷推行"孝道"文化不仅可以使"孝"发展成为"百行之本"，达到规范人伦秩序与稳定社会结构的目的，更可以将"孝"的精神进一步升华至"移孝就忠"，为唐廷塑造"忠孝"型政治文化国家。天宝三载（744）十二月，敕："自今以后，宜令天下家藏孝经一本，精勤教习；学校之中，倍加传教，州县长官，明申劝课焉。"③ 通过加大研习《孝经》，潜移默化地向天下士人渗透"忠孝"精神，为稳固政权扩大统治基础。如张九龄所作《让两弟起复授官状并御批》集原附御批："卿移孝于忠，自家刑国，诚有必尽，义实可嘉。"④ 即表明了唐廷对移孝于忠行为的大力赞赏。又白居易《祭卢虔文》："秉大节而事君，始终一致；陈义方而训子，忠孝两全。甲族推华，士林增美。"⑤ 刘禹锡在《名子说》中有："夫忠孝之于人，如食与衣，不可斯须离也，岂俟余勖哉。"⑥ 可见唐代的士人阶层已经注意到忠孝并举，既说明自玄宗时代官方对"孝道"文化的推行切实地在士人群体得到积极响应，又在他们的发扬阐释下进一步向"移孝就忠"发展，构成了唐代独特的"忠孝"型政治文化。

---

① 《唐律疏议笺解》卷1《名例》，第58页。

② （唐）李隆基注：《孝经注疏·序》，收入（清）阮元校刻：《十三经注疏》，第1页。

③ （宋）王溥撰：《唐会要》卷35《经籍》，中华书局1960年版，第645页。

④ （唐）张九龄撰，熊飞校注：《张九龄集校注》卷15《让两弟起复授官状并御批》，中华书局2008年版，第827页。

⑤ （唐）白居易撰，谢思炜校注：《白居易文集校注》卷19《祭卢虔文》，第1012页。

⑥ （唐）刘禹锡著，瞿蜕园笺证：《刘禹锡集笺证》卷20《名子说》，上海古籍出版社2014年版，第542页。

　　除《辩才家教》外，其他敦煌写本也有对"孝"文化的阐发与推崇。P.2581《孔子备问书》一卷："何名父之道？昏定，晨省，和颜悦色，恭敬孝顺。小心翼翼，欲报父母之恩，昊天网（四）极。何谓事君之道？格勤尽忠，务于肃静，献可谏否。"① 将"孝行"与"事君"进行联结，正所谓"孝子不隐情于父，忠臣不隐情于君"，用对待尊亲的"孝"来敬事国君，对国君尽忠、尽责，劝谏国君，免于不义。② 又 S.5961《新合六字千文一卷》也有"忠孝"情节的表达："若论资父事君，无过曰严与敬。董永孝当竭力，纪信忠则尽命，忠臣临深履薄，孝子夙兴温清。"③ 敦煌写本类书《励忠节钞》无论从书名还是内容均强调了忠孝气节的重要性。④ 此外，敦煌传习的佛经写卷也彰显了"孝"文化。如 P.2418《佛说报父母恩重经》载："由是至孝，诸天下药涂创，闪子还活，父母眼开，明观日月。不慈不孝，天不感应。闪子更生，父母开目。"⑤ 以细腻笔法再现了闪子复生的孝道故事，广为世人传颂。"孝"不仅成为家庭伦理关系与德行培养的内核，更是规范社会与国家秩序的重要体现。《辩才家教》中关于孝道德行的内容，既继承了中原汉地的儒家传统，又充分结合了佛典的孝道故事，为其在敦煌地域社会的流传奠定了基础。

　　综上，在敦煌流行的童蒙读物中，"孝道"成为极力宣扬的主旨。但由于其主要受众范围是敦煌的庶民孩童群体，写卷并没有刻意将"孝"的精神上升至"忠"的层面。《辩才家教》融合了儒家推崇的"孝行"思想，更偏重为敬养双亲，导向的范围仍旧在家庭内部。这一特点又与佛教中对"孝道"的宣扬并轨，《家教》藉助佛教"功德福报"的思想，使普通民众通过

① 中国社会科学院历史研究所、中国敦煌吐鲁番学会敦煌古文献编辑委员会、英国国家图书馆、伦敦大学亚非学院合编：《英藏敦煌文献》第 9 卷，四川人民出版社 1990 年版，第 248 页。

② 金滢坤：《唐五代敦煌蒙书编撰与孝道启蒙教育》，《首都师范大学学报》（社会科学版）2019 年第 5 期。

③ 上海古籍出版社、法国国家图书馆编：《法藏敦煌西域文献》第 16 册，上海古籍出版社 2001 年版，第 104 页。

④ 屈直敏：《敦煌写本类书〈励忠节钞〉》，民族出版社 2007 年版。

⑤ 《法藏敦煌西域文献》第 13 册，第 301 页。

孝亲父母获取福佑，以亲身行动践行孝道德行。既利用了佛教的业报方式，又整合了儒家的"孝道"德行，扩大《家教》在敦煌地域社会的影响力，使得写本的推广具备了传播基础与精神内核。

二、修身处事

《辩才家教》同时注重对适龄孩童"修身处事"的培养，以利于形成良好的人际关系与稳定的社会结构。如《贞清门第一》即言："人欲相雠，以怨报而不绝，则行是人之本也。欲立其身，先立他人。危人自安，死门何还。既要立身，须得良友……结交先须离己，负心必见怨雠。"欲立其身，先立他人，即强调修身之本在于与他人为善，并以佛教因果报应方式劝说世人。"结交先须离己，负心必见怨雠"，如果一旦偏离了本心，便会向相反的"怨雠"方向发展。同书《积行章》也表达了类似的内容："积善之家，必有余庆；积恶之家，必有余殃。终日行善，善犹不足；一日行恶，恶及（即）有余。"这与敦煌写本《太公家教》的内容有很大程度的相似性："家中有恶，人必知闻。身有德行，人必称传。恶不可作，善必可亲……不患人之不知己，但患己之不知人也。己欲求立，先立于人。己欲求达，先达于人。"[①]《辩才家教》中"欲立其身，先立他人"的观点与对"恶"的态度，基本沿袭《太公家教》，前者是后者的重新改写。二者内容的关联性很强，两件敦煌家教类蒙书都旨向推己及人的道德素养的教化，利于塑造和睦的人际关系。

在修身处事的各类品性中，《辩才家教》展现出对"财富"等身外之物的朴素态度。《省事门》篇突出对"品德操守"的培养，具体体现在对"钱财"等身外之物淡然处之的精神："但行正直，莫行谄曲。大道如行，免登山谷。莫轻他人不被辱，知理识分，得人□录。酒莫多吃，必无犯触；财莫多贪，免遭枷狱。官法明明，恪令如烛。"另《善门章》："磨刀恨不利，刀

---

① 《法藏敦煌西域文献》第 16 册，第 15—16 页。

利伤人指；求财恨不多，财多害人己。不往（枉）法，不得财；若往（枉）法，祸必来。君子爱财，取之有道；贞夫爱色，纳之以礼。莫将有限之身，求无限之宝。"只有合乎道德与法律谋求的财富才是正当的，任何有背此道的牟利方式均会引发灾祸。这一方面与当时社会所倡导的淡泊名利的价值观相一致。白居易作《闲坐看书贻诸少年》："多取终厚亡，疾驱必先堕。劝君少干名，名为锢身锁。劝君少求利，利是焚身火。我心知已久，吾道无不可。"①《太公家教》："小人为财相杀，君子以德义相知。"②王梵志诗也流露出不慕名利感慨："他家笑吾贫，吾贫极快乐。无牛亦无马，不愁贼抄掠。你富户役高，差科并用却。吾无呼唤处，饱吃长展脚。你富披锦袍，寻常被缠缚。穷苦无烦恼，草衣随体着。"③另一方面，《辩才家教》兼具通俗佛典性质，佛教对身外之物又持非善非恶的姿态，颇具特色的是此家教劝说的方式依旧是以"因果报应"作为主导，"财莫多贪，免遭枷狱。官法明明，恪令如烛。"一旦越过了欲望的边界，便会因"贪财"向相反的方向发展，受到律法的惩处。可以说，《辩才家教》运用佛教因果报应的观念，采用一正一反两种叙事手法，向孩童灌输了淡泊财富的立场。

此外，《家教》也重视对人际交往中各种德行的养成。第一，待人诚恳，虚心求教。如《十劝章第六》言："约束莫交行诈伪，即此无灾身大吉。"以诙谐的笔触直抒胸臆，只要莫行诈伪之事，便可万事大吉。又同章："一行若也有参差，百行之中将惣失……修德人身莫取此。亲近智人学风流，交伊远近传君子。合有人情须精尽，若没人情狗相似。即徒迤逦劝成人，不是辩才夸文字。"说明了物以类聚、人以群分的重要性。《太公家教》："人无良友，不知行之得失，是以结朋交友，须择良贤。寄儿托孤，意重则密；荣则同荣，辱则同辱；难则相救，危则相扶。"④同书亦载："近朱者赤，近墨者黑，

---

① （唐）白居易撰，谢思炜校注：《白居易诗集校注》卷36《闲坐看书贻诸少年》，第2735页。
② 《法藏敦煌西域文献》第16册，第15—16页。
③ （唐）王梵志撰，项楚校注：《王梵志诗校注》卷1《他家笑吾贫》，中华书局2019年版，第24页。
④ 《法藏敦煌西域文献》第16册，第15—16页。

蓬生麻中，不扶自直；近佞者谄，近偷者贼；近愚者痴，近圣者明；近贤者德，近淫者色。"① 可见，流传于敦煌地区的家教类蒙书均教导儿童对待朋友要以诚相待，荣辱与共，并且彼此尊重，互相汲取养分。

第二，在人际交往中，重视对"礼"的培养，强调谨言慎行。《四字教章》："朋友之言，而有信的。人行善愿，必逢知识。人行恶愿，祸必来积。再劝殷勤，自须努力。"以及《六亲章第四》："出行须让道，言语莫伤人。伤他还自伤，更交断说人……言多有何益，少语省精神。好赌莫为有，好杀莫［为］朋。"在日常的人际交往中，《家教》所希望传递给世人的信息不仅是朋友之间的言而有信，更奉劝世人"惜言如金"，防止祸从口出。《五字教章》即言："劝君须觉悟，凡是审思量。口飧尝百味，智慧实能强。出语能方便，胜烧百和香。少言胜多语，柔耎必胜刚。肚里无惭愧，何劳远送香。出语如刀切，发意似剑枪。一朝危厄至，悔不早思量。"此外 P.2633《崔氏夫人训女文》："欲语三思然后出，第一少语莫多言。路上遇人须敛手，尊卑回避莫问前。"②《百行章·慎行章》也说："立身终始，慎之为大。若居高位，即须慎言。朋友交游，便须慎杯；养身之道。便须慎食，就医疗疾，乃可慎医。"③ 慎言慎行成为敦煌蒙书中普遍推崇的行为规范，也充分吸收了儒家"慎独"的精神传统。

《辩才家教》写卷对"修身"内容的劝导内涵较为丰富。与其他敦煌蒙书类似，强调修身之本在于与他人为善，强调推己及人的道德素养。《家教》的特色在于是以佛教因果报应的方式劝说世人。此外，《家教》也重视对人际交往中各种德行的养成。注重待人诚恳、虚心求教与谨言慎行。希冀从孩童时代便努力塑造合乎道德与秩序的良性人际关系。

---

① 《法藏敦煌西域文献》第 16 册，第 15—16 页。
② 《法藏敦煌西域文献》第 17 册，第 17 页。
③ 《英藏敦煌文献》第 9 卷，第 177—181 页。

三、家庭伦理

《辩才家教》同样为良性家庭伦理的建构提供思想支持与行为指引,《十劝章》与《善恶章》均有集中讨论。良好家庭伦理关系的形成既依赖于家庭成员之间的彼此和睦,又在于如何培养与经营家族内部的家庭关系。《论语·学而第一》有言:"礼之用,和为贵。"① 三国时期巴蜀太守向朗的《遗言戒子》即重视家族之和睦。其言:"天地合则万物生;君臣和则国家平;九族和则动得所求,静得所安……今但贫尔,贫非人患,惟和为贵,汝其勉之!"② 《颜氏家训·兄弟篇》中颜之推认为夫妇、父子、兄弟关系对于家庭伦理关系之形成之深远影响:"夫有人民而后有夫妇,有夫妇而后有父子,有父子而后有兄弟。一家之亲,此三而已矣。自兹以往,至于九族,皆本于三亲焉,故于人伦为重者也,不可不笃。"③ 无论是君臣之间,还是天下万家,"和"是中古时代家训理想追求,这种精神在家庭伦理中的塑造表现得最为明显。

《通典》卷六八《礼典·天子诸侯大夫士之子事亲仪·妇事舅姑附》中便有一段专门讲述家庭理论关系的内容:

> 妇事舅姑,如事父母,鸡初鸣,咸盥漱,栉,縰,笄,总,衣绅,左佩纷帨,刀,砺,小觿,金燧,右佩箴,管,线,纩,施縏袠,大觿,木燧,衿缨,綦屦,以适父母舅姑之所。及所,下气怡声,问衣燠寒,疾痛苛痒,而敬抑搔之。出入则或先或后,而敬扶持之。进盥,

---

① (三国魏)何晏注,(宋)邢昺疏:《论语注疏》卷1《学而第一》,北京大学出版社2000年版,第11页。

② (晋)陈寿撰,(南朝宋)裴松之注:《三国志》卷41《向朗传》,中华书局1982年版,第1010页。

③ (北齐)颜之推撰,王利器整理:《颜氏家训》卷1《兄弟第三》,中华书局1993年版,第23页。

> 少者奉盘，长者奉水，请沃盥，盥卒，授巾。问所欲而敬进之，柔色
> 以温之。①

在唐代，官方已经把家庭伦理关系的培养吸纳到国家政典之中。作为最高统治者的皇帝，李世民在《帝范·建亲章》这样说道："且敦穆九族，放勋流美于前；克谐烝乂，重华垂誉于后。无以奸破义，无以疏间亲。察之以德则邦家俱泰。骨肉无虞良为美矣。"②该篇强调了家庭伦理道德的养成与睦亲的重要性，与汉魏六朝的帝训普遍推崇治国与读书的培养形成了鲜明对比，这种导向也逐渐向社会各个阶层流动。唐代的家训诗便出现了以家庭关系为主体的题名。如杜牧写给侄子的《冬至日寄小侄阿宜》，白居易写给侄子们的《狂言示诸侄》，李白写给外甥的《送外甥郑灌从军三首》等等。又敦煌所出《唐开元户部格残卷》录证圣元年（695）四月九日敕文称："敕：孝义之家，事须旌表……其义必须累代同居，一门邕穆，尊卑有序，财食无私，远近钦永，州阊推伏。"③因唐代家庭以聚族而居，累世同堂为特点，对家族内部伦理道德的培养，利于促成良好的家庭关系与成员间稳定的等级秩序，是保持家族长久发展的内在要求。

《辩才家教》对家庭伦理关系的刻画集中表现在《十劝章第六》中："劝君二。莫令小女知家事。八十老人学种田，由自不得天心至。劝君作小用尊言，禀受虔心须用耳。保爱六亲行善缘，此是男儿在终始。然可梳头洗面，处分厨中妯娌。出语切莫高声，少长□在分义。叔母抱柴着火，伯母则即就水。一个拣择菜蔬，一个便须淘米。妯娌切须和颜，各各须知次第。大人若有指撝，切莫强来说理。男女恩爱莫偏，递互莫令有二。孝顺和颜姑嫜，切莫说他兄弟。内外惣得传名，亲族必应欢喜。若乃依此［而］行，便是孝名妇礼。"家教在六亲关系中，呈现了各有次第、角色明确、和谐美好的理想

---

① （唐）杜佑撰：《通典》卷68《礼典二八·天子诸侯大夫士之子事亲仪》，中华书局1988年版，第1886页。

② （唐）李世民撰，吴云、冀宇校注：《唐太宗文集校注》文告编《帝范》，天津古籍出版社2004年版，第598页。

③ 《英藏敦煌文献》第2卷，第269页。

的家庭伦理关系。最后的《善恶章》则集中讨论了兄弟姒娌良好关系的维系对于家族发展与经营的意义，其核心的思想便是家庭秩序的和谐与成员间角色分工的明确。

唐五代时期敦煌地区流行的蒙书中，也不乏对儒家正统家庭理论道德的引导。P.4066《千字文》言："盖此身发。四大五常。恭惟鞠养，岂敢毁伤……资父事君，曰严与敬。孝当竭力，忠则尽命……上和下睦，夫唱妇随；外受傅训，入奉母仪。诸姑伯叔，犹子比儿。孔怀怀兄弟，同气连枝。"①《千字文》中对家庭伦理关系的养成强调的是家族成员间的等级与次第。P.2718《王梵志诗》："兄弟须和顺，对侄莫轻欺。财物同箱柜。房中莫私蓄。夜眠须在后，起则每须先。家中勤检校，衣食莫令偏。兄弟相怜爱。同生莫异居。"②《百行章》中有："居家理治，每事无私。兄弟同居，善言和气。好衣先让，美食骏之。富贵存身，须加赈恤。饥寒顷弊，啜味相存。"③它们都属于治家方面的教诫。在父子、夫妻、兄弟的亲属关系中，成员间的等级秩序与和睦的人际关系是敦煌蒙书塑造理想家庭关系的重要组成部分。

此外，敦煌家教类写卷也有对于家庭伦理关系的详细记录。《太公家教》："与人共食，慎莫先尝；与人同饮，莫先举觞。行不当路，坐不当堂；路逢尊者，侧立其旁；有问善对，必须审详。子从外来，先须就堂，未见尊者，莫入私房；若得饮食，慎莫先尝，飨其宗祖，始到爷娘，次沾兄弟，后及儿郎。食必先让，劳必先当；知过必改，得能莫忘。"④《太公家教》注意到家族成员之间的长幼尊卑有序。《崔氏夫人训女文》有"早朝堂上起居了，诸房伯叔并通传。姒娥相看如鱼水，男女彼此共恩怜。上下和睦同钦敬，何得翁婆不爱怜"⑤，则强调了姒娥、房伯的良好关系，对于维系家族和睦发展的重要性。这又与《辩才家教》中使用大量篇幅讨论兄弟姒娌关系的叙述手法近似一致。

---

① 《法藏敦煌西域文献》第 31 册，第 70 页。
② 《法藏敦煌西域文献》第 17 册，第 349 页。
③ 《英藏敦煌文献》第 9 卷，第 177—181 页。
④ 《法藏敦煌西域文献》第 16 册，第 15—16 页。
⑤ 《法藏敦煌西域文献》第 17 册，第 17 页。

成员间的尊卑秩序与和睦的人际关系是唐五代敦煌蒙书对理想家庭关系的折射。《辩才家教》写本即从父子、夫妻、兄弟、妯娌等多种维度塑造了古代社会理想的家庭伦理关系。每个家族成员都有属于自己的家庭与社会角色，彼此礼让又互不干涉。可见，儒家伦理道德在古代社会影响之深远，传至敦煌的《辩才家教》又对儒家精神的传承起到了桥梁作用。

四、劝学教育

作为敦煌蒙书中颇具特性的一种，《辩才家教》对"教育"的重视自是题中之义，开篇便强调了读书问学的重要性。"勤读诗书，自然知足。学时维难，用［时］还易。鱼潜［江］海，须愧其水，鹤寄千林，高枝即贵。奉劝时人，须于此义。不可轻学，辩才之美。"《十劝章第六》则言："劝君三。虽然成长未更谙。见他人笑学他笑，述意愚痴末所堪。使交出去遣人愁，父母恩言苦再三。即可送入于学门，莫交夫子就门参。"向世人表明教育应从幼童抓起的理念。《四字教章第十》中："勤学之人，必居官职。耕田不种，损人功力。有子不教，费人衣食。"特别指出学业在于后天的培养，既取决于孩童的主观能动性，务必勤勉、上进，又与家庭的培养直接相关，进一步将教育与仕途做了具体的勾连，这又与唐代科举制的发展相互关联。①

将视野进一步移至唐代士族群体对教育问题的关注。唐人柳玭在追叙先祖柳公绰时层言："先公以礼律身，居家无事，亦端坐拱手，出内斋未尝不束带。三为大镇，厩无良马，衣不蕉香。公退必读书，手不释卷。"② 他在《戒子孙文》谈道："所以承世胄者。修已不得不恳。为学不得不坚。"③ 韩愈的《符读书城南》："木之就规矩，在梓匠轮舆。人之能为人，由腹有诗书。

---

① 金滢坤：《唐五代科举制度对童蒙教育的影响》，《浙江师范大学学报》（社会科学版）2012年第 1 期。

② 柳玭：《柳氏叙训》，收入楼含松主编《中国历代家训集成》，浙江古籍出版社 2018 年版，第 93—98 页。

③ 《旧唐书》卷 165《柳玭传》，第 4308 页。

诗书勤乃有，不勤腹空虚。欲知学之力，贤愚同一切。"① 唐代的士族阶层皆以勤读诗书为美，这种社会风气的传播也使得唐代敦煌地区的劝学色彩日益浓厚起来。

再考察其他敦煌典籍中对于孩童学习与教育的记载。北京中国国家图书馆藏玉字九一（八三一七）号《七阶礼佛名经》背抄的学郎诗：高门出贵子，存（好）木出良在（才），丈夫不学闻（问），观（官）从何处来。诗的后面有"巳年六月十二日沙弥索惠惠书已"一行题记。可见当时学郎除了俗家弟子外，还有出家的沙弥。该诗所呈现的内容正是学郎们"学而优则仕"的共同志向。② 敦煌变文《父母恩重经讲经文》："婴孩童子，乃至盛年，讲教礼仪。婚姻宦学。"③ 王梵志也曾作《养子莫徒使》劝学诗，以教诫晚辈及众人要勤奋努力："养子莫徒使，先教勤读书。一朝乘驷马，还得似相如。"④ 两份性质完全不同的敦煌写卷，佛经指向求学的目的是仕宦，通俗的王梵志诗则认为读书有助于培养孩童性情，符合人伦礼仪，虽旨趣不同，但教育的重要内涵却受到不同信仰体系与不同阶层群体同样的重视。又同光二年（924）薛彦俊创作的一首《凡人》诗："童儿学业切殷勤，累习诚望德（得）人钦。但似如今常寻诵，意智逸出盈金银。不乐利闻（润）愿咸道，君子烦道不忧贫。数年读诵何得晓，孝养师父求立身。"⑤ 揭示出学业有成是德望的重要体现，为学之人可以安贫乐道，在思想层面进一步升华了教育对于塑造儒家精神文化的重要推动。

此外，敦煌蒙书中也不乏各类劝学箴言。如 P.3108《千字文》："学优登仕，摄职从政。"⑥ 即格外注重勤学与功名之间的关系。S.3491《百行章》亦云："人虽有貌，不学无以成人。但是百行之源，凭学而立，禄亦在其中矣。

---

① （唐）韩愈著，（清）方世举编年笺注，郝润华、丁俊丽整理：《韩昌黎诗集编年笺注》卷九《符读书城南》，中华书局 2012 年版，第 506 页。

② 郑阿财、朱凤玉：《开蒙养正：敦煌的学校教育》，甘肃教育出版社 2007 年版，第 136 页。

③ 项楚：《敦煌变文选注》下编《父母恩重经讲经文》，中华书局 2019 年版，第 1116 页。

④ 《王梵志诗校注》卷 4《养子莫徒使》，第 383 页。

⑤ 徐俊纂辑：《敦煌诗集残卷辑考》，中华书局 2000 年版，第 899 页。

⑥ 《法藏敦煌西域文献》第 21 册，第 321 页。

温故知新，可以师矣。若不广学，安能知也？未游边远，宁知四海之宽？"①
《学行章第三十四》："良田美业，因施力而收；苗好地不耕，终是荒芜之秽。
人虽有貌，不学无以成人。但是百行之源，凭学而立，禄亦在其中矣！"② 通
过比喻的手法呈现后天学习与教育的重要性。再看 P.2825《太公家教》："近
鲍者臭，近兰者香；近愚者暗，近智者良；明珠不莹，焉发其光；人生不学，
言不成章。小儿学者，如日出之光；长而学者，如日中之光；老而学者，如
日暮之光；老而不学，冥冥如夜行。"③ 即强调了终身学习的重要性，又直接
说明"不学"之危害。敦煌蒙书中对教育与学习的重视，说明中原正统的儒
家文化在敦煌地区得到有序推进，并深刻地影响了蒙书内容的编纂。

《辩才家教》与其他敦煌写卷对学业与教育内容的记叙有相当程度的因
袭性。这也说明向学精神已经不再仅仅被士族阶层所独占，地处偏僻的敦煌
地区对于孩童"开蒙养正"的教育理念同样被有效地传播起来。但由于敦
煌社会受众群体的广泛性，以《辩才家教》为代表的家教蒙书，教育首先
倡导以规范孩童的日常行为与人伦关系为基准。《太公家教》更进一步，直
接指出教育与仕途的直接关联性，这是唐代科举制发展在敦煌地域社会的
体现。

五、女德教育

与传世典籍记载官宦之家对女子的培养侧重文化修养相比，《家教》对
敦煌社会平民阶层的女子教化更关注于他们的日常行为规范与家庭内部的伦
理道德。

《礼记·内则》是儒家经典中最早记载对女性各项行为准则的规范。《礼
记·内则疏》说："名曰内则者，以其记男女居室事父母舅姑之法，闺门之

---

① 《英藏敦煌文献》第9卷，第177—181页。
② 《英藏敦煌文献》第9卷，第177—181页。
③ 《法藏敦煌西域文献》第16册，第104页。

内，轨仪可则，故曰内则。"① 即略窥先秦时代儒家礼教所构建的社会性别秩序中女子的从属地位便已经奠定。班昭《女诫》规定妇行有四，分别为妇德、妇言、妇容、妇功。《颜氏家训》在《治家》篇中则详细指出女性在家庭中的职责："妇主中馈，惟事酒食衣服之礼耳，国不可使预政，家不可使干蛊；如有聪明才智，识达古今，正当辅佐君子，助其不足，必无牝鸡晨鸣，以至祸也。"② 妇主中馈，是中古时代对女子社会角色的定位，既继承了《礼记·内则》对女子家庭职责的内向化指向，又体现了魏晋南北朝时期士人阶层对妇德的要求，旨在辅佐君子，助其不足。

唐代的女训作品较有代表性的是《女孝经》与《女论语》。首先关注《进女孝经表》："此书为陈邈妻郑氏为了要教育侄女永王妃而写咸之专书，她认为仁义礼智信者，是谓五常。五常之教，其来久远；其主体实在孝。而孝者，感鬼神、动天地，精神至实，无所不达，上至皇后，下至庶人，不行孝而成名者，未之闻，故托曹大家之名著此书。"③ 该书托曹大家之口，成书结构仿照《孝经》，作者认为孝道是各类德行之本，也是五常之教的主体。此书的受众主体是一般仕宦家族之女，通过对其处事行为的规范与引导，塑造中古时代贞顺、和柔的女子形象，进而符合中古礼教对女子妇德的规范。"《女孝经》的编撰本身似乎就证明，至少在唐代已经有人注意到《孝经》所推崇的孝道大概只限于男性，因而觉得有必要特别为女性撰写一部《女孝经》。"④《辩才家教·本利章》有详细记录已嫁妇女的家庭责任与义务："叔母抱柴着火，伯母则即救水。一个拣择菜蔬，一个便须淘米。妯娌切须和颜，各各须知次第。大人若有指撝，切莫强来说理。男女恩爱莫偏，递互莫令有二。孝顺和颜姑嫜，切莫说他兄弟。内外惣得传名，亲族必应欢喜。若

---

① （汉）郑玄注，（唐）孔颖达疏：《礼记正义》卷27《内则》，收入（清）阮元校刻《十三经注疏》，北京大学出版社2000年版，第965页。

② （北齐）颜之推撰，王利器集解：《颜氏家训集解》卷1《治家》，中华书局1993年版，第48页。

③ （清）董诰：《全唐文》卷945《进女孝经表》，第9816页。

④ 劳悦强：《〈孝经〉中似有还无的女性——兼论唐以前孝女罕见的现象》，载台湾《中国文哲研究集刊》第24期，2004年，第301、326—327页。

乃依此［而］行，便是孝名妇礼。"① 家教延续儒家传统重视女性孝养父母、敬顺舅姑、敬贞丈夫，最终还是落实到"孝明妇礼"上。一方面既说明了《孝经》在唐代的推广之深，边陲的敦煌蒙书仍旧将女子之"孝"看作最重要的德行。另一方面，与传世典籍记载官宦之家对女子的培养侧重文化修养相比，《家教》对敦煌社会平民阶层的女子教化更关注于她们的日常行为规范与家庭内部的伦理道德。

再考察唐代后期直指平民阶层的女教书《女论语》与《辩才家教》的关系。《新唐书·艺文志》："尚宫宋氏《女论语》十篇。"② 其体例类似于《论语》的问答体。章目依次共分立身、学作、学礼、早起、事父母、事舅姑、事夫，训男女、营家、待客、和柔、守节，共十二章③。如《立身章》开篇曰："凡为女子，先学立身。立身之法，惟务清贞。清则身洁，贞则身荣。"《守节章》又言："夫妻结发，义重千金，若有不幸，中路先倾，三年重服，守志坚心，保持家业，整顿坟茔，殷勤训后，存没光荣。"④ "立身之法，惟务清贞"，《女论语》将女子的"贞操"提升至女子行为规范的第一位，这又与唐代社会后期儒学复兴直接相关。⑤ 对女性的褒奖与赞美逐步指向女子的治内之才，将"贞操""贞节"的重视推向新的高度。如《唐故棣州司马姚府君墓志铭并序》："夫人康氏，皇朝大宁郡屈产府折冲宾之女。四德自容，温柔克礼，出言和雅，举动成规。□崇是用，以善为务，孝行□业，长育孤遗，不坠风猷，贞洁从志。"⑥ 又《大唐故宣州宣城县尉李府君夫人贾氏墓志

---

① 《法藏敦煌西域文献》第 15 册，第 3 页。

② 《新唐书》卷 58《艺文志》，中华书局 1975 年版，第 1487 页。

③ 据李志生先生研究："关于现今流传的《女论语》为十二章，而与两《唐书》记载不符的问题。今传《女论语》十二章，均为宋若昭所作，前十章为若昭申释若莘《女论语》'十篇'之文字，后两章则为若昭对自己全部申释之文的总结，故提纲挈领，多义理，少实践。初行时，此两章应未纳入"十篇"中。在此需注意，两《唐书》对《女论语》的篇幅均记为'十篇'，而非'十章'。由此也可推测，在流传的过程中，'十篇'被代为'十章'，而'十篇'后的总结之文，也被分别冠以了十一章和十二章。"收入氏著《中国古代妇女史研究入门》，北京大学出版社 2014 年版，第 108 页。

④ 陶宗仪：《说郛三种》卷 76《女论语》，上海古籍出版社 1988 年版，第 3291 页。

⑤ 相关研究可参看陈弱水《唐代文士与中国思想的转型》，广西师大出版社 2009 年版。

⑥ 周绍良、赵超主编：《唐代墓志汇编》建中 005 号《唐故棣州司马姚府君墓志铭并序》，上海古籍出版社 1992 年版，第 1824 页。

铭并序》："岂图昊天不吊，歼我良人。夫人感恭姜之遂孤，痛颜子之不幸，至哀而哭不在夜，居丧而动必合礼。遂贞其节，洁其名，守其鳌矣。"① 其他关于学作、学礼等对个人才学的培养与教育仅仅是女德养成的附庸。《辩才家教·贞女章第九》：

> 学士问辩才曰："贞女之门如何？"辩才答曰："贞女聘与贤良，谨节侍奉姑嫜。严母出贞女，严父出 [贤] 良。侍奉殷勤莫亏失，免令损辱阿耶娘。身体发肤须保爱，父母千金莫毁伤。劝君审思量，莫护短，必寿长。内得外，莫称扬。行善巧，必无殃。积行恶，招不祥。依律吕，合宫商。但取弱，莫诤强。勤节省，必余粮。无失错，大吉昌。"

《辩才家教·贞女章第九》在敦煌写卷的女子教育中颇具代表性，可从内容侧重与编纂方式方面进行考查。首先陈述贞女的职责是事夫、事舅姑。对于女子教化的终极目的便是培养"贞女"，即"严母出贞女，严父出 [贤] 良"。这又与《女论语》"立身篇"主旨的设立不谋而合。再如《太公家教》亦云："男教学问，拟待明君；女教针缝，不犯七出。"② 《孔子备问书》中出现数字冠名的事类如："何谓妇人七出？一无子，二淫妷，三不事舅姑，四口舌，五窃，六妒，七恶疾。但犯一条即合弃之。若无七出，口弃之徒一等。"③ "七出"即是《唐律疏议》所规定的妻犯七项事由之一便可为夫所离之法律制度，它的礼法精神来自《大戴礼记》。④ "七出"的概念与内容在敦煌蒙书中被沿袭摘录，又经抄写传播，同可在敦煌社会形成对女子的行为规束。又 P.2721《杂抄》："何名四德？一、妇德，贞顺；二、妇言，辞命；三、

---

① 《唐代墓志汇编》建中 006 号《大唐故宣州宣城县尉李府君夫人贾氏墓志铭并序》，第 1825 页。
② 《法藏敦煌西域文献》第 16 册，第 15—16 页。
③ 《法藏敦煌西域文献》第 16 册，第 106 页。
④ 相关研究可参看金眉《试析唐代"七出三不去"法律制度》，《南京大学学报》2001 年第 6 期。

妇容，婉悦；四、妇功丝麻。何名三从？妇女在家从父，出嫁从夫，夫亡从子。"① 敦煌曲子词有："儿家本是，累代簪缨……幼年生于闺阁，洞房深。训习礼仪足，三从四德，针指分明。"②《杂抄》与《辩才家教》《太公家教》等敦煌写卷一致则将女子的贞节教育放置到最重要的位置。将女子塑造成贞女与孝妇的美好形象，《辩才家教》对女子的引导符合中国古代传统社会礼教约束下的女教书书写模式。

唐代中后期以后，社会将女子的"贞节"提升到了一个新的高度。唐玄宗规定："若孝子顺孙、义夫节妇志行闻于乡间者，州县申省奏闻，而表其门闾，同籍悉免课役。"③ 玄宗对"贞妇"的推重已与太宗时代鼓励寡妇再嫁形成鲜明对比。④ 唐代两部编纂的女教书也进一步宣传了这一观点。郑氏在《女孝经》虽然没有明确地提出贞节观念，但却用了整整一章的篇幅，突出宣扬"从一而终"的思想。《广守信章》中对侄女说，尽管"妇地夫天，废一不可，然则丈夫百行，妇人一志；男有重婚之义，女无再醮之文。"⑤《女论语·守节夢》还强调："夫妻结发，义重千金，若有不阜，巾路先倾，三年重服，守志坚心，保家持业，整顿坟茔，殷勤训后，存殃光荣。"⑥《辩才家教·贞女章》："贞女聘与贤良，谨节侍奉姑嫜。严母出贞女，严父出贤良。"既说明了唐代社会对女子"贞节"观的推崇深入人心，传世文献争先吸纳其思想的同时，成书于庶民之手的《辩才家教》接受并认同了这一观点，并借助写本创作向广大敦煌民众传播。

此外，从编纂形式考查，《辩才家教》自"劝君审思量，莫护短，必寿

---

① 《法藏敦煌西域文献》第 17 册，第 358 页。

② 曾昭岷、曹济平、王兆鹏、刘尊明编撰：《全唐五代词》正编卷 4 敦煌词《云谣集杂曲子·凤归云》，中华书局 1999 年版，第 802 页。

③ （唐）李林甫等撰，陈仲夫点校：《唐六典》卷 3《尚书户部·郎中员外郎》，中华书局 1992 年版，第 78 页。

④ 太宗贞观元年（627）更明确要求："妻丧达制之后，孀居服纪已除，并须申以婚媾，令其好合。"《唐大诏令集》卷 110《令有司劝勉庶人婚聘及时诏》，中华书局 2008 年版，第 569 页。

⑤ 《女孝经·广守信章》，第 472 页。

⑥ 《女论语·守节章》，第 3293 页。

长"至该篇结束，写本充斥着佛教的因果报应和业力轮回色彩。这种引入佛教因缘业报思想在《女论语·事夫》中也有应用："前生缘分，今世婚姻。"又《营家篇》："大富由命，小富由勤。"① 如果不能按照写卷的规劝行为行事的话，事态便会向相反的方向发展。虽然运用佛教劝世的方式《辩才家教》全篇都有，但是《贞女章》采取了较为集中的使用手法，反过来也更加证明《辩才家教》的编纂者对于女教的重视。《辩才家教》的最后一个部分《善恶章》又以"兄弟姒娌"为核心反复进行劝导，拥有"妇德"的女子是维护家庭秩序的重要因素。尤其唐代家庭又以聚族而居为特点，那么能够良好维系家庭伦理关系与等级秩序的女子便是家族稳定与繁荣的支撑。

敦煌写卷中最为系统独立讨论"女教"问题的是《崔氏训女文》。该写本是一篇专为女子临嫁教育的训女类作品，也是现今所知见最早、最通俗的女子教育篇章。② 该写卷假托中古时代"五姓七家"之"崔氏"，全篇细致规范临嫁之女的种种行为规范了。如在言谈举止方面要"欲语三思然后出，第一少语莫多言"，对待亲属关系要"姒娌相看若鱼水，男女彼此共恩怜。上和下睦同钦敬，莫作二意有庸偏"；事夫方面则要"夫婿醉来含笑问，迎前扶侍送安眠。莫向人前相辱骂，醒后定是不和颜。"最终该写本希冀实现的是"若能一一依吾语，何得翁婆不爱怜"。在叙述女性应具备"和顺""贤淑"等德行外，与《家教》对"贞洁"的侧重不同，《崔氏训女文》的主旨是培养一个令夫家满意的妻子与媳妇，使女性的社会角色日趋内向化。③ 再如《太公家教》也有详细的对女子行为规范的要求："新妇事君，敬同于父；音声莫听，形影不睹；夫之父兄，不得对语。孝养翁家，敬事夫主；亲爱尊卑，教示男女。行则缓步，言必细语；勤事女功，莫学歌舞；少为人子，长为人母；出则敛容，动则庠序；谨慎口言，终身无苦。希见今时，贫家养女；不解丝麻，不闲针缕；贪食不作，好喜游走。女年长大，聘为人妇；不敬翁家，不畏夫主；大人使命，说辛道苦；夫骂一言，反应十句。损辱兄弟，连

---

① 《女论语·守节章》，第 3293 页。

② 朱凤玉：《敦煌家训类蒙书所见唐代女子生活教育》，收入金滢坤主编《童蒙文化研究》第 4 卷，人民出版社 2019 年版，第 112—128 页。

③ 《英藏敦煌文献》第 32 卷，第 258 页。

累父母；本不是人，状同猪狗。"① 将女性待字闺中、出嫁人妇与长为人母不同阶段应该达到的德行做了标准，四字韵语，郎朗上口，最后一句"本不是人，状同猪狗"更是与《家教》一致，以浅近通俗的语言向广大的敦煌庶民渗透日常礼仪与教化。

《辩才家教》与敦煌其他写卷对女性要在事夫与对待公婆、父母、妯娌等一系列亲属关系上应和顺、贤淑外，《辩才家教》在篇章结构中独自开篇"贞女门"一章，其中的"本利章"也有大部分篇幅与"女教"直接相关。说明唐代社会对女子"贞节"观的推重深入人心，传世文献争先吸纳其思想的同时，成书于庶民之手的《辩才家教》也接受并认同了这一观点，并借助写卷的编纂与流行向广大敦煌民众传播，女性的社会角色日趋内向化。

以上详细分析了《辩才家教》写卷的内容特色。从孝道德行、修身处事、家庭伦理再到劝学教育、女德教育，基本还是儒家传统内核组成。而如何实现这些行为素养，《家教》的特色在于通过佛家的因果报应与轮回色彩进行规劝，既迎合了敦煌民众的信仰要求，又实现了对庶民阶层行为规范的引导。不仅如此，《家教》的内容还涵盖了日常生活生产的各个方面，如《家教》序言有言："自须添知，会其八节，知 [其] 四季，酌量时候，禀其年岁。时丰即贱，凶年即贵。栽树防热，筑堤防水，积行防衰，积谷防饥。"又如《四字教章》："冬委闲牛，春耕得力。春养初苗，秋成必稷。勤耕之人，必丰衣食。"它超越了传统儒家典籍性质的家训类蒙书，使得《辩才家教》的受众可以指向天下万家，尤其是广大的社会中下层的普通民众，从《辩才家教》的内容侧重便可以一窥敦煌地域社会文化发展之特色。

六、结 语

《辩才家教》以"家教"命名，直接承袭了中原士族之家对家族绵延发展的追求与对礼法传家的推崇。《辩才家教》写卷的内容由孝道德行、修身

---

① 《法藏敦煌西域文献》第 16 册，第 15—16 页。

处事、家庭伦理再到劝学教育、女德教育五个方面组成，儒家传统文化构成其核心。《辩才家教》中关于孝道德行的内容，既继承了中原汉地的儒家传统，又充分结合了佛典的孝道故事，为其在敦煌地域社会的流传奠定了基础。《家教》也重视对人际交往中各种德行的养成，注重待人诚恳、虚心求教与谨言慎行。希冀从孩童时代便努力塑造合乎道德与秩序的良性人际关系。就劝学内容而言，《辩才家教》与其他敦煌写卷对学业与教育内容的记叙有相当程度的因袭性。教育首先倡导以规范孩童的日常行为与人伦关系为基准。《辩才家教》在篇章结构中独自开篇"贞女门"一章，其中的"本利章"也有大部分篇幅与"女教"直接相关。劝导女性要在事夫与对待公婆、父母、妯娌等一系列亲属关系上应和顺、贤淑，格外推重女子的"贞节"操守。与一般传统家教类文献关注家族内部，着眼于士族的经营与发展不同，《辩才家教》的内容设计、理念传达与传统儒家经典有所偏差，其问答体的编纂形式说教方式并配合佛教的宣传色彩，显然更加倾向庶民阶层，这又最大可能地促使了《辩才家教》在敦煌地域社会的流行与推广。

唐代问答体蒙书发展源流考

——以《孔子备问书》为中心*

焦天然**

摘要：问答体的源流釐定为文学、解经与对策三途。作为问答体蒙书的代表，《孔子备问书》以孔子、周公设问作答，内容涉及广博，天文数术、时令物候、山川地理、道德伦常、典章职官、信仰民俗诸多方面。唐代问答体蒙书种类繁多，如知识类蒙书《杂抄》、俗赋类蒙书《孔子项橐相问书》、家教类蒙书《武王家教》等，与这些蒙书相比，《孔子备问书》特点为假托古人，一问一答，问题排列逻辑不甚严密，回答内容较为简略，适合于识字之后，读经属文之前的初学教育。《孔子备问书》的编写年代在开元之前，稍早于其他问答体蒙书，其内容体例对唐代问答体蒙书有着一定影响。

关键词：唐代；问答体；蒙书；《孔子备问书》

敦煌文书中保存有 45 种蒙书，共 543 件写卷，为唐代蒙书研究提供了丰富宝贵的资料。① 郑阿财、朱凤玉《敦煌蒙书研究》一书对敦煌蒙书进行了系统详细的分类梳理与专题研究，将蒙书按内容分为识字类、知识类、德

---

* 基金项目：2016 年度国家社会科学基金重大项目"中国童蒙文化史研究"（16ZDA121）。

** 作者简介：焦天然，历史学博士，中国艺术研究院中国文化研究所助理研究员，主要研究方向为秦汉史、出土文献。

① 统计数据来源于金滢坤《论敦煌蒙书的教育与学术价值》，《浙江师范大学学报》（社会科学版）2021 年第 3 期。

行类三种，将《孔子备问书》定义为综合知识类蒙书。① 金滢坤则根据蒙书编撰体例提出"问答体蒙书"概念。② 笔者注意到，《孔子备问书》同为问答体，成书略早于其他问答体蒙书，本文将以《孔子备问书》为考察对象，以期对唐代问答体蒙书发展源流进行探讨分析。③

一、问答体的三途：文学、解经与对策

《孔子备问书》以一问一答的编撰体例，对天文数术、时令物候、山川地理、道德伦常、典章职官、信仰民俗等日常生活各方面内容展开 168 组问答。郑阿财认为其体制来源"虽肇自《天问》，然与佛教之律抄疏论尤为密切"④。

问答体也被称为"问对体"或"对问体"，是战国秦汉时期常见的文体，李乃龙指出：

> 问对作为人际语言交际的基本形式，由来已久；卜辞是人神问对，旨在决疑；《尚书》是君臣问对，旨在择贤；《论语》是师徒问对，旨在问道；《孟子》是君士问对，旨在问难；《庄子》是人物、物物问对，旨在说理。对问体在以专论为特色的第三阶段诸子散文消失，转移到以《战国策》为代表的史传散文中，《战国策》也是君士问对，旨在问计。⑤

① 郑阿财、朱凤玉：《敦煌蒙书研究》，甘肃教育出版社 2002 年版。其后相关论著中，郑阿财又在此基础上补充了文学类与术算类。

② 金滢坤：《问答体蒙书编撰考察——以〈武王家教〉为中心》，《厦门大学学报》（哲学社会科学版）2020 年第 4 期。

③ 对《孔子备问书》的考察，缘于笔者所承担古籍出版重点项目"敦煌蒙书校释与研究"之"孔子备问书卷"，其中卜乐凡师弟做了许多文献整理工作，亦为本文所沿用，谨致谢忱，惟文责概由笔者自负。

④ 郑阿财、朱凤玉：《敦煌蒙书研究》，第 226 页。

⑤ 李乃龙：《论〈文选〉"对问"体——兼论先秦问对体式的发展历程》，《广西师范大学学报》（哲学社会科学版）2005 年第 4 期。

仔细考察问答体形成与发展的内在逻辑，本文将问答体的源流釐定为文学、解经与对策三途。

屈原《天问》采用韵文形式，对天文、地理、历史、哲学等方面提出了 173 个问题，四言为主，四句一节，每节一韵，瑰丽奇绝，后世多有仿作，称为"天问体"，如晋代傅玄《拟天问》、梁朝江淹《遂古篇》，唐代杨炯《浑天问》、柳宗元《天对》等，《孔子备问书》中天文知识占了相当大的篇幅，或许与《天问》的影响不无关系。南宋洪迈《容斋随笔》谈及《天问》对后世影响：

> 自屈原词赋假为渔父、日者问答之后，后人作者悉相规仿。司马相如《子虚》《上林赋》以子虚、乌有先生、亡是公，扬子云《长杨赋》以翰林主人、子墨客卿，班孟坚《两都赋》以西都宾、东都宾、东都主人；张平子《两都赋》以凭虚公子、安处先生，左太冲《三都赋》以西蜀公子、东吴王孙、魏国先生，皆改名换字，蹈袭一律，无复超然新意稍出于法度规矩者。①

唐代俗文学作品也广泛使用问答体，如《晏子赋》《燕子赋》《茶酒论》等俗赋均以问答展开。这些俗赋广被传抄，经常作为童蒙习字抄写的材料使用，可见其受欢迎程度。

除文学外，郭店楚简《鲁穆公问子思》以及睡虎地秦简《法律答问》也为问答体。后者以问答形式解释词语六十九条，研究者认为《法律答问》"不会是私人对法律的任意解释，在当时应具有法律效力"②。《法律答问》以"何谓""何如"发问，以"者……也"作答，这样的问答形式被汉代用来解经，如《公羊传》开篇：

> 元年，春，王，正月。元年者何？君之始年也。春者何？岁之始

---

① （南宋）洪迈：《容斋随笔·五笔》卷 7 "东坡不随人后"条，中华书局 2005 年版，第 912 页。

② 《睡虎地秦墓竹简》整理小组编：《睡虎地秦墓竹简》，文物出版社 1990 年版，第 93 页。

也。王者孰谓？谓文王也。曷为先言王而后言正月？王正月也。何言乎王正月？大一统也。①

《穀梁传》亦与《公羊》相似，以问答解经，可以看作对教学场景的模仿，葛洪《抱朴子》也以自设问答来实现说理阐释。魏晋南北朝时期，问答体被用于训诂和疏证的情况愈发常见，《梁书·武帝纪》载梁武帝："造《制旨孝经义》、《周易讲疏》，及六十四卦、二《系》、《文言》、《序卦》等义，《乐记义》《毛诗答问》《春秋答问》《尚书大义》《中庸讲疏》《孔子正言》《老子讲疏》，凡二百余卷，并正先儒之谜，开古圣之旨，王侯朝臣皆奉表质疑，高祖皆为解释。"②值得注意的是，佛教的"讲经"和"论疏"可以看作以问答解经的变体。随着唐代佛教在民间影响力扩大，寺院也成为了讲授经文和传播知识的场所。佛经习用问答体书写，教徒亦以问答形式讲经。这样用设问、作答的方法解经与讲经，一直是传授知识的有效途径。

刘勰在《文心雕龙·杂文》中提出"对问体"概念，并将其起源追溯至宋玉《对楚王问》。③《对楚王问》是宋玉面对他人攻讦，对楚王的提问所作的自我辩解。"对问"本身，自先秦起就带有君臣奏对的政治传统的烙印。唐代问答体又与科举考试的试策文体相似，杜嗣先在《兔园策府》序文中写道：

自周征造士，汉辟贤良；擢高第以登庸，悬甲科而入仕。刘君诏问，吐河洛之词；仲舒抗答，引阴阳之义。孙弘则约文而切理，杜钦则指事以陈谋；鲁丕以雅素申规，马融以儒宗献可。斯乃对问之大体，询考之良图。求之者期于济时，言之者期于适务。使文不滞理，理必会文；削诐论以正辞，剪浮言而体要。非夫宏才博古，达政通机；无以登入室之科，徒用践高门之地。

---

① （汉）何休解诂，（唐）徐彦疏，刁小龙整理：《春秋公羊传注疏》，上海古籍出版社 2014 年版，第 6—12 页。

② （唐）姚思廉撰：《梁书》卷 3《武帝纪》，中华书局 1974 年版，第 96 页。

③ 周振甫注：《文心雕龙今译·文体论·杂文》，中华书局 2013 年版，第 124 页。

试策是科举进士科与明经科至关重要的考试内容，对策和问对就成了学郎学习的重中之重，由此问答体的实用性被增强了。

综上所述，先秦时期问答体已广泛存在于诸子著述与文学作品中，其文学体裁为汉赋、唐代俗赋继承，其问答形式又在汉以来被用于训诂与疏证。问答体模拟、复原了日常交流中的问答过程，有利于更真实、生动地传达文化知识，与同样以向学郎传达知识为目的的蒙书无疑是非常切合的，而唐代科举对策与佛教讲经也为《孔子备问书》等问答体蒙书提供了存在与传播土壤。

二、《孔子备问书》中"孔子""周公"的问与答

《孔子备问书》现存抄本主要有三，即伯二五八一号、伯二五七九号＋伯三七五六号、伯二五九四号背。学界以往对《孔子备问书》的研究，以郑阿财为首，王金娥博士论文亦有校释，但总体关注仍显不足。①

作为问答体蒙书的代表，《孔子备问书》开篇为"孔子周公曰"，内容均以"问曰""答曰"的一问一答形式进行，类似于《武王家教》以"武王问太公曰"为开篇，其后皆以"武王曰""太公曰"展开问答。但由于现存的《孔子备问书》抄本中，卷首完整的伯二五八一号与伯二五九四号背均脱"问"字，所以不宜直接将《孔子备问书》的问答主体推定为"孔子问周公曰"。

《孔子备问书》之"备问"一词有"以待询问"以及"详细询问"之意。前者如《后汉书·樊准传》："朝者进而思政，罢者退而备问。"②《旧唐

---

① 郑阿财《敦煌写本孔子备问书初探》首先对《孔子备问书》进行整理、辑校与研究（收入《1990 敦煌石窟研究国际讨论会文集》，第 434—472 页）。郑阿财、朱凤玉合著《敦煌蒙书研究》将《孔子备问书》归入敦煌写本知识类蒙书一章，定性为综合知识类蒙书（第 194—227 页）。其后王金娥博士学位论文《敦煌蒙书及蒙学研究》对《孔子备问书》进行了重录与校释（兰州大学博士学位论文，2014 年）。

② 《后汉书》卷 32《樊准传》，中华书局 1965 年版，第 1125—1126 页。

书·顺宗本纪》："正衙待制官，本置此官以备问。"① 后者如《后汉书·应奉传》："太守备问之，（应）奉口说罪系姓名，坐状轻重，无所遗脱，时人奇之。"②《魏书·高允传》："臣向备问，皆云（崔）浩作。"③ 由以上语例可见，"孔子备问"作"以待询问"时，孔子为回答者，作"详细询问"时，孔子为发问者。"备问"用于书名则见于《隋书·经籍志》所载《太乐备问钟铎律奏舞歌》四卷与《新唐书·艺文志》所载《文宗朝备问》一卷。④ 其中《文宗朝备问》已亡佚，韩愈《送穷文》注文与宋人叶某《爱日斋丛抄》皆作《文宗备问》⑤，所见残文亦为问答之语。又有宋初王曙撰《唐书备问》三卷，《宋史》本传著录⑥，约北宋末佚。由此二书名看来，"备问"作"以待询问"有些说不通，作"详细询问"之意则更为适合，即孔子作为发问者的可能性更大。

那么孔子与周公如何产生问答关系呢？《论语·述而》："子曰：甚矣吾衰也，久矣吾不复梦见周公。"孔安国注："孔子衰老，不复梦见周公，明盛时梦见周公，欲行其道也。"⑦ 这是文献记载孔子与周公最早的联系。在汉代，今文经学尊孔子，古文经学法周公，孔子与周公的形象实质代表了两种政治文化的对立，是故在古文经最盛的王莽时期扬雄《法言·学行》

---

① 《旧唐书》卷 14《顺宗本纪上》，中华书局 1975 年版，第 417 页。

② 《后汉书》卷 48《应奉传》，第 1607 页。

③ 《魏书》卷 48《高允传》，中华书局 1974 年版，第 1070 页。

④ 《隋书》卷 35《经籍四》，中华书局 1973 年版，第 1085 页。

⑤ （唐）韩愈撰、马其昶校注、马茂元整理《韩昌黎文集校注》："予尝见《文宗备问》云：'颛顼高辛时，宫中生一子，不着完衣，宫中号为"穷子"。其后正月晦死，宫中葬之，相谓曰："今日送却穷子。"自尔相承送之。'"（上海古籍出版社 1986 年版，第 570 页）《文渊阁四库全书》第 854 册《爱日斋丛抄》："予观洪庆善《杜诗辨证》载《文宗备问》云：'南齐废帝东昏侯好鬼神之术，剪纸为钱，以代束帛，至唐盛行其事，云有益幽冥。'"（上海古籍出版社 2003 年版，第 690 页）

⑥ 《宋史》卷 286《王曙传》："（王曙）有集四十卷，《周书音训》十二卷，《唐书备问》三卷，《庄子旨归》三篇，《列子旨归》一篇，《戴斗奉使录》二卷，集《两汉诏议》四十卷。"（中华书局 1977 年版，第 9633 页）

⑦ （三国魏）何晏注，（宋）邢昺疏，朱汉民整理，张岂之审定：《论语注疏》，北京大学出版社 2000 年版，第 94 页。

言："孔子习周公者也，颜渊习孔子者也。"① 而《世说新语·政事》陈元方曰："周公、孔子异世而出，周旋动静，万里如一。周公不师孔子，孔子亦不师周公。"② 唐代以科举取士，明经、进士二科尤重，崇儒之风大兴，孔子作为世人眼中《诗》《书》《礼》《易》《春秋》的编订者，其政治地位日益加强。唐高祖七年（624）释奠于太学，"以周公为先圣，孔子配"。太宗贞观二年（628），"停祭周公，升夫子为先圣，以颜回配享。"③ 高宗永徽中，"以周公配武王，而孔子为先圣。"④ 孔子地位的上扬姿态在武周时受到阻碍，武则天的践祚需借周公制造声势，以崇周薄孔来尊武抑李，天授元年（670）"封周公为褒德王，孔子为隆道公。改唐太庙为享德庙，以武氏七庙为太庙。"⑤ 于是同样出于政治目的，玄宗朝不祀周公，《旧唐书·礼仪志》记载开元二十七年（739）诏令："夫子既称先圣，可追谥为文宣王……昔缘周公南面，夫子西坐，今位既有殊，坐岂如旧，宜补其坠典，永作成式。自今已后，两京国子监，夫子皆南面而坐，十哲等东西列侍。天下诸州亦准此。"⑥《孔子备问书》中"洛州"的称法、"七出三不去"的内容等都表明其应当成书于周公地位高于孔子的武周时期，笔者已有论著讨论，此处不再赘述。⑦ 而在开元二十七年之后，作为"先圣先师"的孔子显然不适合以向周公求教的发问者形象出现了，《孔子备问书》的失传或许也与此相关。

① 汪荣宝撰，陈仲夫点校：《法言义疏》，中华书局 1987 年版，第 13 页。

② （南朝宋）刘义庆著，（南朝梁）刘孝标注，余嘉锡笺疏，周祖谟等整理：《世说新语笺疏》，中华书局 1983 年版，第 195 页。

③ （宋）王钦若等编纂：《册府元龟》，中华书局 1960 年版，第 7245 页；又见（唐）王溥《唐会要》，中华书局 1955 年版，第 635 页。

④ 《册府元龟》，第 7245 页；《唐会要》，第 636—637 页。

⑤ 《新唐书》卷 4《则天顺圣武皇后本纪》，中华书局 1975 年版，第 91 页。

⑥ 《旧唐书》卷 24《礼仪四》，第 920 页。

⑦ 参见焦天然《汉唐间孔子与周公地位之嬗变——以敦煌蒙书〈孔子备问书〉"孔子问周公"为缘起》，《浙江师范大学学报》（社会科学版）2021 年第 3 期；并参卜乐凡《敦煌蒙书〈孔子备问书〉研究》，首都师范大学硕士论文，2021 年。

三、《孔子备问书》与唐代问答体蒙书的发展

对于敦煌文书中的问答体蒙书，金滢坤将之分为四类：其一为使用一问一答的简单问答体，如《杂抄》；其二为以作者冠名的实名问答体，如《辩才家教》；其三为假托先贤之名的借名问答体，如《孔子项橐相问书》；其四为与科举相关的对策问答体，如《兔园册府》。《孔子备问书》属于第二种。①下面将选取与《孔子备问书》内容或体裁近似的《杂抄》《孔子项橐相问书》《武王家教》为例，探讨唐代问答体蒙书的发展。

（一）《孔子备问书》与《杂抄》

敦煌蒙书中《孔子备问书》与《杂抄》内容、体例上最为近似，这一点郑阿财、朱凤玉《敦煌蒙书研究》一书中即已注意到，将二者并列为综合知识类蒙书。

《杂抄》版本留存众多，其中完整写本有 P.2721、残缺写本有 P.3649、P.3671、S.5755、P.3155、P.3769、P.3683 背、P.2816、P.3662、S.9491 共 9 件，S.5658+P.3906、P.3393+S.4663 计 2 件可缀合。《杂抄》的写作时代推定为显庆之后、开元以前②，与《孔子备问书》写作时代也较为相近。

《杂抄》序文中就阐明了其主要内容与编写目的：

> 盖闻：天地开辟已来，日月星辰，人民种类，阴阳寒暑，四时八节，三皇五帝，宫商角征羽，金木水火土，九州岛八音，山川道径，奇形之物，贵贱贤愚，帝代相承，生死不及，周而复始。天地之玄，宗祖之源，人事之矣，并皆幽玄，莫能昭察。余因暇日，披览经书，

---

① 金滢坤：《唐代问答体蒙书编撰考察——以〈武王家教〉为中心》，《厦门大学学报》（哲学社会科学版）2020 年第 4 期。

② 郑阿财、朱凤玉：《敦煌蒙书研究》，第 177—180 页。

略述数言，以传后代云耳。①

中国古代的童蒙教育，首先是识字，汉代字书有《急就》《苍颉》，南北朝以来《千字文》蔚为流行，现存敦煌蒙书中，识字类也是数量最多的。识字之后，便要教授知识，即所谓"天地之玄，宗祖之源，人事之矣"，分别对应自然知识、人文知识以及生活常识，这也是《孔子备问书》与《杂抄》的主要内容。这类蒙书的编撰目的是为了知识传承，即"以传后代"。

序文之后，《杂抄》主体内容从"论三皇五帝"始，至"言有八顽者"终，采用一问一答的问对形式，与《孔子备问书》不同，《杂抄》没有"问曰""答曰"发语，将提问者与回答者完全隐匿，直接设问作答，自然也不必为问答者设计假托身份。《杂抄》内容丰富，天文地理、时序节气、经史人事、伦理道德皆有涵盖，可以称为"百科全书式"的蒙学教材。王三庆在《敦煌类书》一书中，将《杂抄》视为类书。②

《孔子备问书》与《杂抄》重合条目有：三皇、五帝、五岳、九州岛、六国、六艺、五果、五道（五德）、五姓、三老、三农、六畜、四时、八节、三公、九卿，共计16条。从内容上看，所重合条目涉猎颇广，所处位置排布却不甚相同，这些内容分散在《孔子备问书》篇章各处，而基本在集中《杂抄》前一千字，由此可见二书编排逻辑框架所有不同，《杂抄》的框架更为清晰，《孔子备问书》由于经过增补，编排稍显杂乱。

《孔子备问书》对日月星辰以及与之相配的阴阳五行进行了详细的阐释，这些天文知识所占全书比例之重，于敦煌蒙书中前所未见。《杂抄》则详于日常生活，其中历史典故、生活常识、民间习俗占了很大部分。《杂抄》的问答没有主语，《孔子备问书》则托名孔子与周公，藉由古贤来增强自身的权威性。

虽然内容侧重有所不同，《孔子备问书》与《杂抄》作为问答体知识类蒙书的性质是相同的，从教育结构层面考虑，二者皆为学郎在识字后的进阶

---

① 郑阿财、朱凤玉：《敦煌蒙书研究》，第169—170页。

② 王三庆：《敦煌类书》，（高雄）丽文文化公司1993年版。

教材，帮助学郎建立最基本的知识框架，了解各方面基本知识和生活常识，其所涉及排比对偶、先贤人物与历史掌故、将儒家经典简易化用，也为学郎之后的读经、属文、学习专业知识打造了良好的前置基础，此类蒙书内容广博、语义浅显，一问一答简洁明了，没有复杂的逻辑思辨，正符合初学教育的特征。

（二）《孔子备问书》与问对体俗赋及俗赋类蒙书

敦煌写卷中《晏子赋》《燕子赋》《茶酒论》《孔子项橐相问书》等俗赋均以问答体写成。

《晏子赋》以"梁王问曰"和"晏子对（王）曰"往返展开八组问答。《茶酒论》以"茶乃出来言""酒乃出来言"为引，"茶为酒曰""酒为茶曰"为展开，进行了四组辩诘问答。《孔子项橐相问书》通过孔子与项橐相互问答，形成一个完整的故事。《燕子赋》存甲乙两种，甲本为四六言赋体，乙本为五言赋体，均为韵文，一般认为甲本作者为落魄文人，乙本作者为说唱艺人。①

俗赋丰富生动的情节使之在传统研究视野中不易被当作蒙书，如郑阿财、朱凤玉《敦煌蒙书研究》一书就没有收录俗赋。金滢坤在《论蒙书的起源及其与家训、类书的关系——以敦煌蒙书为中心》一文中，进一步辨析"蒙书"的概念，指出蒙书有广义与狭义之分："狭义蒙书，主要指中国古代专门为儿童启蒙教育而编撰的教材和读物。广义蒙书，指古代公私之学用于启蒙或开蒙教育的书，以'童蒙教育'为中心，也包含对青少年、少数成人的开蒙教育所使用的教材和读物。"② 本部分所列举《晏子赋》《燕子赋》《茶酒论》《孔子项橐相问书》等俗赋往往与《孝经》《千字文》《王梵志诗》《崔氏夫人训女文》等同抄一处，可见它们当是学士郎们学习抄写的常用书，即使不是授课教材，也当为课外读物，而像包含大量知识的《孔子项橐相问书》显然当被纳入蒙书之中。

---

① 简涛：《敦煌本〈燕子赋〉考论》，《敦煌研究》1986 年第 3 期。

② 金滢坤：《论蒙书的起源及其与家训、类书的关系——以敦煌蒙书为中心》，《人文杂志》2020 年第 12 期。

俗赋类蒙书保留着对楚辞与汉赋问对形式的继承，而又文义浅显、语言俗白、朗朗上口，或将动物拟人，或假托先贤故事，以此来讲述道理；又采用辩难方式反复问答，富于思辨与启发性，有助于学郎理解记忆，所以传抄甚广，传世抄本较多，可见在当时深受欢迎。

将《孔子备问书》与《孔子项橐相问书》进行对比，二者都是问答体蒙书，也同样以孔子为假托，前者虚拟了孔子和周公的对话情境，后者则对孔子与项橐故事进行了演绎，体现唐代孔子地位抬升，孔子的事迹成为民间学郎耳熟能详的故事。在内容上，《孔子项橐相问书》也涉及到天文地理、风雨物候、鸟兽虫草、纲常伦理、社会生活等，与《孔子备问书》同样是基础知识与生活常识的罗列与汇纂。不同之处在于，《孔子项橐相问书》有着生动的情节叙事，《孔子备问书》则完全看不到故事性叙述，仅有纯粹的对话铺陈，而且《孔子备问书》为一问一答，即所谓"简单问答"，这与《孔子项橐相问书》中来言去语的相互论难是截然不同的。

（三）《孔子备问书》与家教类蒙书

盖因传统教育以家庭为核心，家教类蒙书在敦煌蒙书中并不少见，郑阿财、朱凤玉：《敦煌蒙书研究》专列"家训类蒙书"一节，唐代"家教"以《武王家教》《太公家教》《辩才家教》《新集严父教》四部最为著名，其中《武王家教》《辩才家教》两部为问答体。

《武王家教》有十二件残件，以"武王问太公曰"开篇，之后以"武王曰""太公曰"进行问答。与《孔子备问书》中"孔子（问）周公曰"的独创不同，"武王问太公曰"可溯源至《六韬》，中古时期亦流行，西汉刘向《说苑》就有多条"武王问太公曰"的内容，唐代《初学记》《新集文词九经抄》等类书也有所摘录。《武王家教》回答了十恶、一错、九愚、十狂等十三类问题，为问答体家教类蒙书的典范。金滢坤指出："《武王家教》问答体远受《六韬》之'十盗'相关句式影响，近习《辩才家教》《杂抄》问答体"[①]。

---

① 金滢坤：《问答体蒙书编撰考察——以〈武王家教〉为中心》，《厦门大学学报》（哲学社会科学版）2020 年第 4 期。

　　《辩才家教》成书于大历中，为能觉大师辩才和尚所作，是以"学士问辩才""辩才答曰"为主要形式的问答体蒙书，共十二章，前有序，后有跋，内容简明易懂，旨在强调伦理道德，其答句多加引颂偈，盖因其为僧侣所作，被学者认为是"一本带有浓厚佛教劝世色彩的家教类蒙书"，"俨然成为一部佛教劝世文"①。

　　《太公家教》《辩才家教》等家教类蒙书多用韵文，存在大量对偶与排比句，《武王家教》也有部分用韵，家教类蒙书多偏重伦理道德的劝诫，而重视道德教养是古代教育"以蒙养正"特点的体现，可以想象这些家教类蒙书应该是需要记诵的，对偶与韵文的应用正有助于学郎记忆与背诵。《孔子备问书》《杂抄》则不用韵，可能因为其"百科全书式"的内容除教授知识外，也适于案头备查之用。

　　家教类蒙书成书多在中晚唐，金滢坤在对《武王家教》的研究中，留意了"数字冠名"问题，这种"数字冠名"在《孔子备问书》中就已存在，《杂抄》中更普遍使用，从内容上看《武王家教》与《杂抄》更为近似，或许可以推测，《孔子备问书》的成书要稍早于《杂抄》，作为成书较早的问答体蒙书，《孔子备问书》的体裁及内容对后来蒙书的编撰有着难以忽视的影响作用。

四、结　语

　　综上可知，问答体作为一种古老的文体其呈现形式是多样且富于变化的，问答体源流可釐定为文学、解经与对策三途。作为问答体蒙书代表的《孔子备问书》最显著特点是以孔子周公设问作答，冠以"孔子备问"之名，问题排列逻辑不甚严密，这可能与经过多次编撰增补有关，问答内容较为简略，既不用韵，也较少有深刻的思辨，符合识字之后、读经属文之前的初学

---

① 郑阿财、朱凤玉：《敦煌蒙书研究》，第 397 页。对于《辩才家教》的相关讨论，又参郑阿财《敦煌写本家教别裁〈辩才家教〉校释及综论》，收入《童蒙文化研究》第 4 卷，第 85—111 页。

教育所用教材读本。《孔子备问书》内容涉及广博，天文地理、五行数术、时令物候、典章制度、道德伦常、民俗生活等无所不包，可谓"百科全书式"的知识类蒙书。

从蒙书的编撰年代来看，《孔子备问书》与《杂抄》编撰年代接近，内容亦有近似，早于大历年间辩才和尚所作的《辩才家教》，更早于流行于晚唐的《武王家教》与《太公家教》，可以认为《孔子备问书》对其后问答体蒙书有着一定影响。唐代问答体蒙书本身十分丰富，涵盖有知识类蒙书、俗赋类蒙书、家教类蒙书等题材种类，这也是问答体本身多元发展的体现，研究问答体蒙书有助于深入了解当时的社会生活与家庭教育。

《俗务要名林·杂畜部》所见
唐五代家畜的饲养与役使*

周尚兵**

摘要：童蒙用书《俗务要名林·杂畜部》反映了唐五代时期百姓家畜饲养及役使的基本情形。敦煌籍帐文书的相关记录显示出敦煌有专门从事去势业务的"骟匠"。通过去势术，可以合理控制种畜的数量和改善肉质。刷、骟、厮脊等词条反映出百姓在马匹养护、役使等方面的系统认识，"鞍瓦""鞒瓦"等唐代词汇证实了唐人在马匹乘用技术上的创新及其在敦煌地区的广泛应用。《俗务要名林·杂畜部》为蒙童踏入社会提供了"牧畜攻教"方面的基础知识。

关键词：唐代 《俗务要名林》 家畜饲养 去势

关于唐五代敦煌的畜牧业的研究，目前主要集中于牧群品种、牧区分布、牧场管理、畜牧业后向衍生产业等宏观经济层面[①]，于百姓家畜养饲等

* 基金项目：2020 年度国家社会科学基金后期资助项目"日常生活视野下唐代的技术进步与社会变化研究"（20FZSB060）。

** 作者简介：周尚兵，历史学博士，山东师范大学历史文化学院教授，主要研究方向为敦煌学、隋唐史、山东地方史的教学与研究。

① 郑炳林：《唐五代敦煌畜牧区域研究》，《敦煌学辑刊》1996 年第 2 期；乜小红：《试论唐五代宋初敦煌畜牧区域的分布》，《敦煌研究》2002 年第 2 期；《唐五代宋初敦煌畜牧业研究》，西北师范大学硕士学位论文，2001 年；苏金花：《唐五代敦煌绿洲农业研究》，中国社会科学院研究生院博士学位论文，2002 年；张亚萍、郑炳林：《晚唐五代敦煌畜牧业研究》，载郑炳林主编《敦煌归义军史专题研究三编》，甘肃文化出版社 2005 年版，第414—457 页。

日常生活层面上的微观研究涉及无多。然则“牧畜攻教”①，虽是生活中微事，实为百姓役使与衣食之基，童蒙用书《俗务要名林·杂畜部》诸词条所载正是“牧畜攻教”之属，恰是日常生活层面上的家畜养饲及役使相关事宜，可弥补目前敦煌家畜养饲研究上的不足。兹先列《杂畜部》词条如下：

《杂畜部》

马。牛。骡。驴。馲駞。䯄骖。駏驉。羊。睹。苟（狗）。猫儿。马驹。犊子。马有鬃。尾。毛色骝赤骝、紫骝。骢。赭白。连钱骢马也。骠。骍。骓。驳。骗。骆。騧。騣。驐。草草马。锼锼马耳。印蕃印。辔马辔也。衔辔铁也。排沫。缰鞚。鞍鞯。鞦。镫。靼悬镫皮。亦逆靼。韉连鞍皮。鞭。鞘鞭皮也。鞍鞘也。屧（屟）脊。 头。绊。刷。鞁鞁马也。卸马去鞍。骗跃上马也。騀马騀也。槽枥。槃。铵（餧）马食票（粟）多。騡马多恶。驴毛色有青、黄、乌、白、驔。䮚（散）。格驮物具。纣鞍后绳。牛有特。犊。犍。㸬。牯水牛也。犓牛毛色。犁亦牛色。觠牛角甚曲。觰以（犄）角上广。牤牛无角。㸦牛鼻中［曲木］。桊㸦之别名也。纼牛绳也。䩦收绳于头也。抵觟。齝中（牛）吐食。羊有羔羊子。羯羝。羖䍽。羺羊息羔。羥里（黑）羊。膻羊臭（臭）。睹有豮大睹也。豭亦大睹也。獚。猔。豵小睹。豘睹子也。栏圈圈睹所。豲睹牙曲也。豖睹椐（掘）地。潲睹食也。泔米泔也。滓。淀。籸麻油籸也。以上普睹食。苟胆（聸）苟（狗）耳大垂也。聑耳小垂也。聏耳小垂着头。劇以刀去苟（狗）势也。亦是劇牛字也。趂苟（狗）走疾也。忌犬吐食。獖走迟也。

一、“六畜”与敦煌的家畜饲养

《杂畜部》共具列马、牛、骡、驴、馲駞、羊、猪、狗、猫九种家畜。《后晋天福十年（945）寿昌县地境一本》记寿昌县大泽“水草滋茂，牧放

① （唐）李石等著，邹介正等校注：《司牧安骥集校注》，中国农业出版社2001年版，第2页。

六畜，并在其中"①。只是中原地区以"马、牛、羊、鸡、犬、豕"为六畜②，并不包括馲驼，驼是草原和沙漠绿洲地带的重要家畜，为"草原五畜"之一，"驼"应该是《俗务要名林》在西北地区传抄的过程中由西北人添加的家畜品种。驼在西北地区，"不仅可以用来骑载驮运，而且也可以驾车，因为在沙漠上它比其它牲畜更具长途耐力。同时，骆驼在敦煌还像牛马一样从事农耕。"③

不同的家畜品种，养饲方式上大有差异。羊需要牧放，一般百姓家中羊的数量不多，"单独放牧既浪费人力又无必要，因此便形成了多家合群在羊司主管下的雇人放牧制。"这是因为敦煌的草场资源是有限的，不能无序牧放，百姓的家畜牧放"虽属私有，放牧却由官府统一分配草场，雇人集中牧放"④。

猪通常于院中庑舍圈养。张小艳详搜敦煌文献中"庑舍"的记录，论定"敦煌文献中'庑舍'多指结构简易的棚屋，常用来关养牲畜"⑤。黄正建据 S.5812 等文书，认为"庑舍大约是一种下等房，用作仆人等住处，或者与堆杂物、养牲口有关"⑥。庑舍有圈养牲畜的用途殆无疑议，晚唐第 85 窟院落壁画可见庑舍的基本结构，则《杂畜部》"栏圈圈腊所"应属庑舍的一部分。高启安统计了敦煌文献中以"猪""狗"为名的人数⑦，虽是出于取贱名易养的习俗，在某种程度上也能反映出敦煌民间养猪、狗的情状。S.3836V《杂集时用要字》中有"猪肉""猪蹄"，足以说明敦煌百姓家中养猪。养猪的饲料易得，成本比较低廉，《俗务要名林》列具了五种养猪饲料："潲腊食也。泔米泔也。滓。淀。粔麻油粔也。以上普腊食。"潲即潲水，指食后残余及洗

① 唐耕耦，陆宏基编：《敦煌社会经济文献真迹释录》第 1 辑，书目文献出版社 1986 年版，第 52 页。
② （西汉）史游撰，（唐）颜师古注：《急就篇》卷 3，中华书局 1985 年版，第 248 页。
③ 马德主编：《敦煌石窟全集·交通画卷》，上海人民出版社 2001 年版，第 125 页。
④ 张亚萍、郑炳林：《晚唐五代敦煌畜牧业研究》，载郑炳林主编《敦煌归义军史专题研究三编》，甘肃文化出版社 2005 年版，第 425、427 页。
⑤ 张小艳：《敦煌社会经济文献词语考论》，上海人民出版社 2013 年版，第 518 页。
⑥ 黄正建：《敦煌文书所见唐宋之际敦煌民众住房面积考略》，载季羡林主编《敦煌吐鲁番研究》第 3 卷，北京大学出版社 1998 年版，第 219 页。
⑦ 高启安：《信仰与生活——唐宋间敦煌社会诸相探颐》，甘肃教育出版社 2014 年版，第 26—27 页。

涮锅碗等产生的混合汁水。泔即泔水，是淘洗米粟时产生的含有少量淀粉的水。滓，指各种粮食脱壳加工过程中产生的糠屑、碎米。淀，指各种根茎类食物加工过程中产生的淀粉沉积物，如 P.3810《神仙粥》中的"山药""芡实"等加工过程中就会产生淀粉水，敦煌柰粆、杏煎等果粆制作过程中会产生很多淀粉水。籸，本是指特意加工成的粗米粉，《俗务要名林》义注为"麻油籸"，专指压榨麻油过程中产生的渣粉，S.372+S.378《丁亥年（927）正月某寺诸色入破历祘会稿》："二石麻滓""二石麻渣"。P.3644《学童习字》中有"麻滓"。这些是敦煌百姓日常生活中必然产生的副产品，是喂猪的常见饲料。

《俗务要名林》将六畜中的"鸡"归入了《鸟部》。P.3644《学童习字》中有"呼唤"一词，即喂鸡时的唤鸡声。S.3836V《杂集时用要字》有"家鸡""野鸡"。家鸡的"呼唤"声声，为我们揭示出敦煌百姓养鸡的生动场景。相对于其它家畜而言，养鸡的成本低，收益最高，应该是百姓常养之禽。虽然缺乏敦煌人食用鸡肉的文献记录，但可以推测敦煌人是食用鸡肉的，"杀鸡为黍"自先秦以来一直都是普通百姓待客和自食的理想饭食。从敦煌壁画及相关记载，鸡在敦煌还作为白喜事的吉祥物使用，"棺上立鸡是中国传统习俗与佛教净土信仰相结合的产物。"①

牛也可以自由牧放，自由牧放时须将牛绳盘系于牛角，以免牛蹄踩踏牛绳弄伤牛鼻、牛桊，这一牧放细节的专用术语词："鞻收绳于头也"。

二、畜　印

S.5820+S.5826《未年（803）尼僧明相卖牛契》："黑拧牛一头三岁，并无印记。"在敦煌，官私畜产例皆有印记，"私家牲畜若无印记似乎特属例外，从中也反映出私畜打印在当时是约定俗成、相当普遍的。"②《杂畜部》

---

① 谭蝉雪：《敦煌民俗——丝路明珠风情》，甘肃教育出版社 2006 年版，第 350 页。

② 张亚萍、郑炳林：《晚唐五代敦煌畜牧业研究》，载郑炳林主编《敦煌归义军史专题研究三编》，甘肃文化出版社版 2005 年版，第 444 页。

列出了两种打畜印的方法："镂镂马耳。印蕃印。"

用事先铸好的印烙印或用烙铁现场烙印是最常见的畜印方法，前揭张亚萍等人论著已为详述，于"镂马耳"之法未曾提及。"镂"本是木匠透雕镂活用的工具，在这里指用剪刀或镂锯在马耳上剪割作各种各样的穿孔图形，成为永久的马印标记。镂印之法大概以镂马耳最为常见，故此《俗务要名林》将其义注为"镂马耳"，其实驴、骡、猪、牛等也可以镂耳。

两种马印的内涵各有侧重，翻印、烙印为畜产所属的标记；镂耳则主要是标识畜群中的𪎌特数量。

三、草畜、去势与种群繁衍

《杂畜部》"草"释为"草马"，P.2880《杂集时用要字》列有"草马"，即牝马、母马，唐人又称为"课马"，其得名之由，清人赵翼考辨云："俗以牝马为骒马，非骒字也。《辍耕录》谓：'课马'之误。《唐六典》：凡牝四游五课，羊则当年而课之。课者，岁课驹犊也。是'骒马'应作'课马'也。按颜师古《匡谬正俗》：俗呼牝马为草马，以牝少用，常放草中，不饲以刍豆，故云。然则唐以前本呼牝马为草马，及牧监设课后，遂呼为课马，后人又易以马旁而为骒马耳。"① 其实所有牝畜，民间俗呼都称为"草"。如S.3836V《杂集时用要字》中的"草马、草驴"。所有牝畜，负责繁育幼崽，《杂畜部》列有常见家畜幼崽的名称："马驹；犊子；𡟬羊息羔；羊有羔羊子；㹠（豣）；㹠小豚；豘豚子也。"

《杂畜部》"馺"无义注，P.2880《杂集时用要字》有"馺马"，又作"父马"，即牡马、公马。所有牡畜，民间俗呼都称为"父"。如S.3836V《杂集时用要字》中的"父马、父驴"；P.2862V+P.2626V《唐天宝年代敦煌郡会计牒》记阶亭坊："合同前月日见在驼总壹拾贰头：伍头父、柒头草。"

《杂畜部》"𪎌"无义注，《字林》曰："去畜势。"即阉割。所有父畜，

① （清）赵翼：《陔余丛考》卷34，商务印书馆1957年版，第976页。

都要视需要在其幼小之时及时去势。P.2862V+P.2626V《唐天宝年代敦煌郡会计牒》记阶亭坊："合同前月日见在供使函马，惣壹伯贰拾叁疋：肆拾疋敦、陆拾伍疋父。"引文中"敦"为"驐"的同音借字，由此知阶亭坊所属驿马中，有肆拾匹已经去势，有陆拾伍匹未被阉割，余者为牝马。

《杂畜部》记去势用字还有劇、犍等，"劇"有义注："劇以刀去苟（狗）势也。亦是劇牛字也。"劇牛另有专用字"犍"，本来专指去牛势，后来泛指所有家畜的去势，《齐民要术》"养猪"条云："其子三日便掐尾，六十日后犍。三日掐尾，则不畏风。凡犍猪死者，皆尾风所致耳。犍不截尾，则前大后小。犍者，骨细肉多；不犍者，骨麤肉少。如犍牛法者，无风死之患。"①韩鄂强调"去势"必须趁早："小小犍者，骨细而易养。"②《杂畜部》记"牛有特、犙、犍、牸"的区别，特、犙指未阉的公牛，犍为阉牛，牸为母牛。敦煌百姓及时对牛去势，P.2862V+P.2626V《唐天宝年代敦煌郡会计牒》记阶亭坊："合同前月日见牛惣壹伯肆拾头：壹拾头特，壹伯三拾头犍。合同前月日见在孳生牸犊子惣贰拾贰头：伍头特，壹拾柒头牸。"据此知：天宝某年阶亭坊有公牛 140 头，其中 130 头已经去势，10 头未去势，用作种牛。经与母牛交配后，其年母牛共产犊子 22 头，其中 5 头公犊、17 头母犊。《杂畜部》"牯"释为"水牛"，是牛的品种之一。牛有黄牛、水牛、牦牛等品种，S.3836V《杂集时用要字》中有"黄牛、牦牛"。不论何色品种，都要视具体情形及时去势。

《杂畜部》"羯羝""羖𤗫"无义注，即今之绵羊与山羊。S.3836V《杂集时用要字》中羊有"羯羊、羝羊、羖羊、母羊"。S.2071《切韵》月韵"羯"释为"羯羊"、齐韵"羝"释为"羊"、锡韵"𤗫"释为"羖𤗫"。贾思勰曰："大率十口二羝。羝少则不孕，羝多则乱群。不孕者必瘦，瘦则非唯不蕃息，经冬或死。羝无角者更佳。有角者，喜相抵触，伤胎所由也。"③颜师古释"羯羊"云："谓之劇也。"④据聪喆的考订：羝羊指绵羊，羱羝是西部高原羌胡族

---

① （后魏）贾思勰著，缪启愉校释：《齐民要术校释》第 2 版，中国农业出版社 1998 年版，第 443 页。

② （唐）韩鄂撰，缪启愉校释：《四时纂要校释》，农业出版社 1981 年版，第 200 页。

③ （后魏）贾思勰著，缪启愉校释：《齐民要术校释》第 2 版，第 423 页。

④ （西汉）史游撰，（唐）颜师古注：《急就篇》卷 3，第 247 页。

的小尾绵羊；羖䍽为山羊①。准此，上列各种称谓间的关系就清晰了：羝羊是绵羊的总称，其品种有多样，按羊尾的形状分，既有小尾绵羊，又有敦煌文献所记"西国胡羊"之阔尾绵羊、大尾绵羊。羝羊又可专指公绵羊。羯羊的含义有二重：既可作为已去势公羊的统称，又可作为绵羊的概称。羖䍽为山羊，公山羊称为"羖""羖羊"，又俗写作"羳""羳羊"，上列"羯羖羊"为已去势的山羊，又称为"羯羖"或"羖羯"。P.2880《杂集时用要字》有"白羊、羯羊"，白羊为绵羊的别称之一，贾思勰曰："白羊留母二三日，即母子俱放"，"羖羊但留母一日。"②S.4116《庚子年（940）十月报恩寺分付康富盈见行羊籍祂会凭》："已前白羊、羖羊一一诣实，后算为凭。"

准上述，敦煌羊籍所记诸色羊目就一目了然，如 S.542V《丑年（809或821）十二月二十一日灵修寺寺卿薛惟谦祂见在羊牒》："丑年十二月廿一日，就报恩寺暖堂算见在羊：大白羯肆口，白羯羔壹口，大白母壹口，羖羯三口，羖羯羔壹口，大羯母拾贰口，羖母叱般贰口，羖母羔伍口。卖肉腔令陪羯羊三口，无印陪羖羊壹口，限寅年算羊时陪。"上件中：大白羯为去势的大绵羊；白羯羔为去势的绵羊羔；大白母、大羯母为母绵羊；羖羯为去势的成年山羊；羖羯羔为去势的小山羊羔；羖母为母山羊；羖母羔为小母羊羔。

按上引贾思勰所述，畜群中的种畜须有数量限制，不尔乱群，因此需要对畜群进行骟、特数量的统计。为方便识别、统计，已去势的公畜就须要做好标记，前述的"锼耳"即为标识方法之一。

给牲畜去势是一项专业技术性较强的工作，民间称其从业者为"劁匠""骟匠"。以敦煌籍帐文献反映出来的杂畜批量去势业务，说明敦煌地区存在着"骟匠"。

---

① 聪喆：《"羱羝"考略》，《青海社会科学》1983 年第 1 期。
② （后魏）贾思勰著，缪启愉校释：《齐民要术校释》第 2 版，第 427 页。

四、马的骑乘、载运、役使

牛、马在古代农耕社会中的重要意义不言而喻。《唐律疏议》云："马牛军国所用，故与余畜不同。若盗而杀者，徒两年半。"①

牛是重要的农业资源，在役使之前必须经过系统的调训，调训的第一步是给牛鼻子装上桊和绹绳，《杂畜部》列其词条："牶牛鼻中 [曲木]。桊牶之别名也。绹牛绳也。"调驯过的牛，性情温顺，三尺童子可牵绳牧放。

马在古代是军民两用的战备物资。毛色成为区分不同马匹的天然标志，百姓常以毛色称名马匹，《杂畜部》列具了当时马匹常见的 11 种毛色：毛色骝_{赤骝、紫骝}；骢；赭白；连钱_{骢马也}；骠；骍；雅；驳；骟；骆；骊。

与牛一样，马在役使乘用前须系调驯。只是马的调驯比牛要复杂得多，因此需要专业的调马师。敦煌有调马博士，P.4906《年代不明 [10 世纪] 某寺诸色破用历》第 20 行："粟壹硕贰㪷，沽酒，调马骑，看阿郎用。"《杂畜部》"鞁头"无义注，P.2880《杂集时用要字》作"鞥头"，即以皮革制成的不带衔镳的络头，又名"羁"，颜师古注云："羁，络头也，谓勒之无衔者也。"② 鞥头是调马师调马骑的必用工具。

《杂畜部》列举了马骑的系列用具："辔马辔也。衔辔铁也。排沫。缰鞚。鞍鞯。秋。镫。鞝悬镫皮。亦逆鞝。鞴连鞍皮。鞭。鞘鞭皮也。鞍鞘也。厣脊。鞁头。绊。"络头加上辔、衔就构成了完整的控马之具，颜师古云："在首曰辔，亦谓之勒；在颈曰鞅；在掖曰靽；在足曰绊。"③ 衔为"辔铁"，又名"镳"，颜师古云："镳，即马辔之衔也，亦谓之钀。镳之言苞也，所以包敛马口者也。或曰：镳者，衔两傍之铁，今之排沫是也。"④ 又有木制的衔，其名为"棥"。整套控马之具，《杂畜部》名为"缰鞚"，即带有嚼子缰绳的马

---

① （唐）长孙无忌等撰，刘俊文点校：《唐律疏议》卷 19，中华书局 1983 年版，第 356 页。

② （西汉）史游撰，（唐）颜师古注：《急就篇》卷 3，第 226 页。

③ （西汉）史游撰，（唐）颜师古注：《急就篇》卷 3，第 226 页。

④ （西汉）史游撰，（唐）颜师古注：《急就篇》卷 3，第 227 页。

笼头。辔头还可以加上装饰，即 S.3227V+S.6208《杂集时用要字·鞍辔部》中的"杏叶"，唐人在"马额前、鼻端及两颊上部各装一枚杏叶"①。装上了缰辔的马，骑术高明之人就可以直接骑乘了。为了更方便骑乘和安全，还要装上鞍鞯。

《杂畜部》中的"鞍䩞"，即"鞍鞯"，是马骑安全座具的总称，颜师古云："鞍，所以被马，取其安也。"② 为了保护马匹，先要在马背上铺上柔软的厚毡或毛皮，以免木质的马鞍研磨马脊，此即为"鞯"，僧慧琳释"鞯"云："鞍下毡替也。"③ 即 P.3644《学童习字》中的"鞍褥"，唐人又称为"屜脊"，颜师古《匡谬正俗》云俗间又写作"替脊"④。鞯上施鞍，鞍用肚带等带扣的皮索固定，P.3644《学童习字》有"肚带、革带"。孙机解释说："为了固定鞍鞯，要向马胸、尻、腹部引出带子加以系结。自马鞍底下约住马腹的带子可称为腹带，即所谓鞅。自马鞍向前绕过马胸的带子叫攀胸，亦即白居易诗'银收钩臆带，金卸络头羁'句中之'钩臆带'。至于自鞍后绕过马尻的带子则叫鞧。"⑤ 攀胸和鞧上用于挂装饰品的构件，称为"马钩"，P.2685《年代未详（828？）沙州善护遂恩兄弟分家契》中大郎分得"鞍两具、镫壹具、马钩壹"。镫是骑乘的重要配件，由"镫"和"靼"构成。靼为悬挂马镫的皮索，又称"鞡靼"，P.2880《杂集时用要字》有"鞡靼"。

P.3644《学童习字》有"鞍瓦、鞍桥"，此为唐人于骑乘上的创新之一。唐人将前代的"双桥垂直鞍"改进为"后桥倾斜鞍"⑥，后桥倾斜鞍的后桥，其形类瓦，故此唐人创构"鞍瓦"新词⑦，即 S.3227V+S.6208《杂集时用要字·鞍辔部》中的"鞴瓦"，其前桥则仍称"鞍桥"。P.2567V《癸酉年（793）二月沙州莲台寺诸家散施历状》："黑靴一两，鞍瓦七具。"

敦煌有职业鞍匠，P.2641《丁未年（947）六月都头知宴设使宋国清等

---

① 孙机：《唐代的马具与马饰》，《文物》1981 年第 10 期。

② （西汉）史游撰，（唐）颜师古注：《急就篇》卷 3，第 227 页。

③ 徐时仪：《一切经音义三种校本合刊》，上海古籍出版社 2008 年版，第 1599 页。

④ 详见高天霞的考证，《敦煌写本〈俗务要名林〉语言文字研究》，第 257—258 页。

⑤ 孙机：《唐代的马具与马饰》，《文物》1981 年第 10 期。

⑥ 孙机：《唐代的马具与马饰》，《文物》1981 年第 10 期。

⑦ 杜朝晖：《敦煌文献名物研究》，中华书局 2011 年版，第 102—103 页。

诸色破用历状并判凭四件》："鞍匠张儿儿等拾壹人，早上馎饦，午时各胡饼两枚，供两日。"S.2703V6《唐某年（八世纪中叶）敦煌县诸乡征革鞍历》记有各乡应征交"革鞍"和"褡"的人员名单。"褡"即马褡子，驮物具。"革鞍"即蒙有皮革的马鞍，马鞍皮通常用上好牛皮油染制成，比普通牛皮有光泽而且极为耐用。蒙马鞍皮时用鋣钉固定，《杂畜部》"鞲"释为"连鞍皮"，S.2071《切韵》支韵"鞲"释为"鞍鞘。一曰垂貌"。段玉裁解释说："鞲：綏也。迭韵。纟部曰：'綏，系冠缨也。'引伸凡垂者谓之綏。《广雅》：'鞲谓之鞘。'鞘音梢。《玉篇》云'睪边带'是也。"① 则知"鞲"是革鞍边缘钉固鞍皮时所用的装饰条带。

鞁、卸是一对概念。《杂畜部》"鞁"释为"鞁马也"，即将所有鞍辔装备上马以供骑乘御驾，今亦写作"备马"。骑乘御驾完毕，则须解下辔衔、鞍镫等以恢复马力，《杂畜部》"卸"释为"马去鞍"。

马驴骡于平坦之处可套车载物，于崎岖之处则须以身负载，其负载工具为"马褡子"和"挌"。S.2071《切韵》陌韵"挌"释为"鞍挌"，《杂畜部》释为"驮物具"。

马匹需要及时养护，养护以洗马最为常见。《杂畜部》"骧"释为"马骧也"，即马于泥土中打滚，马身沾满泥土致使毛发固结不振。马长途奔行或牧放中嬉戏，尘土和汗水浑结于身体，亦会使毛发不振起。凡此诸种情形，皆须及时洗马刷马，不尔则生"皮劳"，贾思勰曰："久汗不干则生皮劳。皮劳者，骧而不振。"② 洗马用的工具为"刷"，即刷子，S.5671《诸杂字》有"刷子"。《杂畜部》"刷"无义注，刷洗马匹等牲畜的刷子，当以猪鬃毛刷为佳，敦煌的马蔺刷子也合使用，Дx.2822《杂集时用要字·器用物部》有"马蔺"。

最后是马匹的喂饲问题。马在槽枥间的饲食大有讲究，贾思勰总结说："饮食之节：食有三刍，饮有三时。"③ 从食料投喂量来讲，给马喆既不得过多

---

① （汉）许慎撰，（清）段玉裁注，许贤雅整理：《说文解字注》，凤凰出版社 2007 年版，第 198 页。
② （后魏）贾思勰著，缪启愉校释：《齐民要术校释》第 2 版，第 405 页。
③ （后魏）贾思勰著，缪启愉校释：《齐民要术校释》第 2 版，第 405 页。

过精，亦不得欠少。《杂畜部》列出了应该尽量避免的两种情形："餕马食粟多。骢马多恶。"前者属投食过多过精的情形，后者为投食欠少。

贾思勰云："驴，大都类马，不复别起条端。"《杂畜部》只是介绍了驴的毛色有青黄乌白等色，不及其他，概因驴马骡的役使与养饲相类之故。

总结而言，《杂畜部》诸词条讨论了包括敦煌在内的西北地区的家畜品种及其役使和养护事宜。锼耳是标记畜群羯特数量的方法，家畜、畜群视实际情形要及时去势，家畜去势后肉质细腻、骨细肉多、性情温驯，敦煌籍帐文书证实了敦煌"骟匠"的存在。敦煌蒙书及籍帐文献中的"鞍瓦""鞯瓦"证实了唐人在马匹乘用技术上的创新及其在敦煌地区的广泛应用。通过蒙书《俗务要名林·杂畜部》诸词条的教学，蒙童于"牧畜攻教"的事务、事理了然于胸，为童蒙踏入社会提供了必需的家畜饲养的知识基础。

杏雨书屋藏敦煌类书羽 50 号杂考*

刘全波**

摘要： 杏雨书屋所藏敦煌写本"羽50号"是一卷类句类书，自刊布以来学界尚未有人对其进行过研究，笔者对此写本进行了全面的录文与校勘，并由此分析其体例与性质，此写本是典型的类句类书，类句类书是采撷没有经过修饰的句子、词语而成的类书，类句类书如《北堂书钞》《白氏六帖事类集》是有附注的，但是此写本却没有附注，这应该是为了方便使用，抄写人故意为之。笔者认为此写卷当是唐代作品，反映的也是唐人的世界观、知识观，其编纂年代的上限是武则天时期，因为文中出现了武则天时代诗人乔知之的诗句，而下限目前暂不可知。此写卷之内容涵盖"天""地""日""月""星""风""云""雨""雪""人""牛""马"等知识，是典型类书的典型模式，但是，此写本与传世类书迥然有别，传世类书皆是大而全，而此写本却是言简意赅、短小精悍，较为实用，这为我们认知中古时期尤其是唐代的类书编纂与流传提供了宝贵的资料。至于此写本的功用，一是博学之资，二是诗文之助，且博学之资的作用更加明显，故我们猜测此写卷是具有教材性质的，是敦煌本地教师、学郎自编、新编、抄合、节略而成的知识文本。最后，"羽50号"类书写本之编纂是不够严谨的，因为同一词语在前后文中有重出现象。

---

* 基金项目：2016 年度国家社会科学基金重大项目"中国童蒙文化史研究"（16ZDA121）。

** 作者简介：刘全波，历史学博士，兰州大学敦煌学研究所教授，主要研究方向为历史文献学、敦煌学。

关键词：杏雨书屋；敦煌；羽 50 号；类句类书

类书是古籍中辑录各种门类或某一门类的资料，并按照一定方法加以编排，以便于寻检、征引的一种知识性资料汇编。[①] 一千多年来，类书作为典籍之荟萃、知识之精华，对文献保存、知识传播和学术研究都产生了重要作用。敦煌类书是敦煌藏经洞出土类书文献的总称，是敦煌典籍中不容小觑的一脉，其数量达百余件，时间更是从魏晋南北朝延续至晚唐五代宋初。敦煌类书中有遗失已久的《修文殿御览》《类林》《新集文词九经抄》《新集文词教林》等知名类书，更有《兔园策府》《励忠节钞》《籯金》《语对》《文场秀句》《应机抄》等失传类书，它们的重现，对于我们了解中古时期的类书编纂史、发展史、流传史是至为重要的。

日本所藏敦煌文书向来秘不示人，而随着杏雨书屋所藏敦煌文书的刊布，学界终于见到了这批最后的宝藏，其"羽 50 号"即为一卷类书写本文献，《敦煌秘笈》对他的叙录亦比较详细。转录如下：

① 番号：五〇，题名：类书。② 原番号：五〇，原题名：类书（0239）。③ 首题：欠。④ 尾题：欠。⑤ 用纸：纵 27.9× 横 76.5cm，簾条数：5（cm 当り)），一纸长：纵 27.9× 横 41.8cm，纸数：2，纸质：麻纸，色：黄橡，染：有。⑥ 一纸行数：25—28，字诘め：20，界高：26.7cm，罫巾：0.6cm。⑦ 卷轴：有，卷轴长：28.8cm，径：1.5cm。⑧ 字体：楷书。⑨ 体裁：卷子本。⑩ 同定大正 No：·第卷·页·栏·行—，参考王重民·敦煌古籍叙录子部·上。⑪ 记事：1.印三颗"敦煌石室秘笈""李盛铎印""李滂"，2.内容首部八、"类书"卷头卜见ラレ、"仓（苍）者天""屈原""四寒之地得地千里""姬姓日也"等卜アリ。第一二。"天""地""日"アリシモ欠失カ。第二"月""星""风""云"以下、天文、人事、季节、数字二及ブ。[②]

---

① 刘全波：《类书考略》，《山东图书馆学刊》2013 年第 6 期。

② 《敦煌秘笈》（影片册 1），ほまや印刷株式会社 2009 年版，第 340—342 页。

　　其实，《敦煌秘笈》的编纂者对"羽50号"写卷的叙录是较为准确与详细的，但是，由于术业有专攻，编纂者对此写卷的性质、年代与内容却没有做过多介绍。笔者一直从事类书文献的整理与研究，也很关注日本杏雨书屋所藏的这一卷类书，而随着他的刊布，我们有必要对其进行一些研究与探讨，以加深对敦煌类书的整体认知。从图版来看，此卷类书相对完整，虽然首尾皆残，但是中间部分，内容相对清晰，结构也算完整，体例应是类句类书。① 当然，与传世诸经典类书相比，此类书还是较为简单甚至是简陋的，但是，此写卷之内容亦是丰富，所囊括的知识点亦是比较多，是我们了解中古时期尤其是唐代私修、私纂类书的样本，并且，通过如此丰富的资料，我们还可以借此了解中古时期尤其是唐代读书人的世界观，因为即使是如此简单的小类书，其编纂原则还是鲜明突出的，还是符合类书要囊括"天地人事物"之模式的。

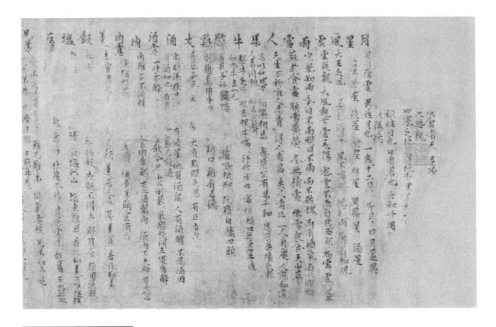

① 刘全波：《论敦煌类书的分类》，王三庆、郑阿财主编《2013敦煌、吐鲁番国际学术研讨会论文集》，成功大学中国文学系，2014年，第547—580页。对于类书的编纂体例，前辈学者亦是多有研究，针对中古时期的类书发展、编纂情况，笔者建议用类事类书、类文类书、类句类书、类语类书、赋体类书、组合体类书六种模式进行考察。当然，这种分类方法也有不尽完美之处，但是，在没有更好的分类方法提出之前，我们姑且暂用之。

[天]。_____彼仓（苍）者天，屈原_____天无亲

[地]。_____四塞之地，得地千里不如一□□

[日]。_____姬姓日也，日者君也，大如斗圆_____以阳德

月。月以阴灵，异姓月也，一岁十二月，卿月，日月盈昃。

星。文星，武星，使星，将星，狼星，周鼎星，酒星。

风。大王之风，君子之得风，风不鸣条，风得雨，巢居知风。

云。云从龙，大风起兮云飞扬，密云不雨自我西郊，卿云，云如疋布。

雨。穴鼠知雨，今日不雨明日不雨，雨不破块，雨有酒气，雨以润物。

雪。苏武食雪，映雪聚萤，冬无积雪，拂雪夜食天山草。

人。天生万物唯人为贵，得人者昌失人者亡，一人有庆，人能弘道。

马。马以代劳，伯乐相马，齐景公有马千驷，马有垂疆之报，人马同相，斑马之声。

牛。犁牛之子，邴吉视牛喘，污我牛口，宁作鸡口无为牛后，如九牛去一毛。

驴。王武子好驴鸣，孙子荆驴鸣相知，阮籍白驴四头。

鸡。割鸡焉用牛刀，宁作鸡口，鸡有五德。

犬。展草而死，犬马之劳，犬有点眼之恩，有巨者犬。

酒。禹时仪狄造酒，天有酒星，地有酒泉，人有酒醴，不为酒困，有
　　酒如池，雨有酒气，鸾巴□酒。

酒意。一斗亦醉一石亦醉，乐饮今夕，山公倒载，单醪投河三军告醉

肉。肉虽多不使胜食器，食肉者鄙，盉酒裔肉，酒肉下天神，有肉
　　如山。

肉意。染指于鼎，□□而大爵，烂煮羊头空有舌。

羹。未尝君之羹，□羹不致，羹居人左，忧羹侯，若作和羹。

饭。□□□□□□□，无杨饭，共饭不濯手，饭蔬食，颜回盗饭。

盐。煮□□□□□嵯，鱼盐似山，盐车谁耳，若作和羹尔唯盐梅。

在□。□□□□，□匙，象筋，秋薤冬精，葱系处末，承路盘。

兄弟。堂弟之花萼，□□□□，难兄难弟，同气连枝，兄弟如手足，
　　　兄友弟恭，兄瘦弟肥，三荆并茂

朋友。管鲍传礼，二人同心其义断金，花歆灌令事，士为知己者死。
　　　并粮而死。

信。千里命驾，冒雨覆期，信如尾生，信使可覆，人无信不立。

孝。高柴母没泣血三年，故弟父终绝浆七日，丁兰刻木为母，冬竹
　　抽笋，鱼跃水池。

春。春言日，春日迟迟，春秋不相借，立春，春盘。

夏。夏无余粮，都邑华夏，夏有榆柳之火，夏不操扇。

秋。睹一叶落而知天下秋，秋言夜，秋收冬藏，春秋不相借。

冬。冬无积雪，冬喂耕牛，冬竹抽笋，冬有白藏，秋收冬藏。

水。智者乐水，淑人君子其性如水，人流暮上水流暮下。

火。火曰炎上，槐位之火，火有其炎，夏有榆柳之火，草火如阵。

扇。夏不操扇，合欢扇，云茂扇，雉尾扇，王敦斩其扇者。

将军。二师将军，细柳将军，大树将军，□□将军，伏波将军。

酒名。日炙春，鹅儿黄，鸭头绿，素洛，竹叶青，松花酒，九蕴酒。

一。一人在朝，一人有庆，一人潘死，一则以喜，一则以惧，一画如

千里阵云，成头一女子，一言可以兴亡邦，一身可以事百君，一女事夫九族。

二。二人同心，二桃遂煞三事，夫子言无二，二师不并死，二师将军，一国无二主，二夫人割肉相噉，二斗难得，一席无二尊。

三。三人行处，三十而立，三百里麦，三微就襄，三星在户，三愚成一智，三千之徒，三者备矣，三谏不从。

四。四海之内，四渎，四游，四国顺之，四十而不惑，四百里穀，杨羹不均四马奔郭，四人各业，四聪八达。

五。五十而知天命，一马不出五马忧，五者备矣，五百里米，五帝，鸡有五德，远客□□五德。

六。六十而尔（耳）顺，□□，□□，六州，六律，平头双六。

一、时代考订

对于此写卷的具体编纂时间，乃至抄写时间，由于首尾残缺，且没有题记，故难以判断。经过对写卷内容的考察，我们找到了一些线索，只能大致对此写卷的上限做推测。"雪"条下有"拂雪夜食天山草"句，这句诗是武则天时代诗人乔知之的诗句。《旧唐书》卷 190 中《文苑中·乔知之传》载："乔知之，同州冯翊人也。父师望，尚高祖女庐陵公主，拜驸马都尉，官至同州刺史。知之与弟侃、备，并以文词知名。知之尤称俊才，所作篇咏，时人多讽诵之。则天时，累除右补阙，迁左司郎中。知之有侍婢曰窈娘，美丽善歌舞，为武承嗣所夺。知之怨惜，因作《绿珠篇》以寄情，密送与婢，婢感愤自杀。承嗣大怒，因讽酷吏罗织诛之。"[1]《全唐诗》卷 81《乔知之传》载："乔知之，同州冯翊人。与弟侃，备并以文词知名，知之尤称俊才。则天时累除右补阙，迁左司郎中，为武承嗣所害。诗一卷。"[2] 其《嬴

---

[1] 《旧唐书》卷 190 中《文苑中·乔知之传》，中华书局 1975 年版，第 5011—5012 页。

[2] （清）彭定求等编：《全唐诗》卷 81 乔知之《嬴骏篇》，中华书局 1960 年版，第 873 页。

骏篇》载："岁岁年年奔远道，朝朝暮暮催疲老。扣冰晨饮黄河源，拂雪夜食天山草。楚水澶溪征战事，吴塞乌江辛苦地。特来报主不辞劳，宿昔立功非重利。丹心素节本无求，长鸣向君君不留。祇应澶漫归田里，万里低昂任生死。君王倘若不见遗，白骨黄金犹可市。"① 总之，通过"拂雪夜食天山草"，以及乔知之的生平，我们大致可以知道，此类书"羽50号"的编纂、时间的上限必然是武则天时代。

二、体例分析

"羽50号"写卷是一个看似简单，而内容却十分丰富的类句类书写本。很多时候，我们所能见到的唐代类书只有《艺文类聚》《初学记》《白氏六帖事类集》等经典类书，它们的卷帙大而内容全，因此我们也将这些经典类书视为畏途，只觉卷帙庞大，不便使用，并认为中古时期尤其是唐代的类书多是如此，动辄几十上百卷。而通过对此"羽50号"写卷的研究，我们产生了新的认知，即流传下来的经典类书是最为经典的文本，是古人经过很长时间的整理而产生的定本，或者是较为固定的版本。而在民间，在私塾里面，尤其是在较为低层次的教育实践里面，这类的经典类书其实是不实用的，也是不经常用的，更是不易获得的，而哪样的类书才是童蒙的教材、士子的"兔园策"、平民百姓的"万宝全书"？是简抄本、节本类书，是"羽50号"这类看似简单又内容丰富的小类书。

总体来看，"羽50号"写卷应该是唐代的作品，并且是武则天时代之后的文本，具体下限目前暂不可知，但是，我们认为此写卷反映了唐人的世界观、知识观。唐代是类书发展的高潮期，虽然多数典籍没有流传下来，但是，唐代的类书编纂却是繁荣异常的。胡道静《中国古代的类书》言："唐代自开国到玄宗时代，除了中宗、睿宗两个很短的朝代外，历朝都用封建国家的力量编纂了一些大规模的类书。"② 贾晋华《隋唐五代类书与诗歌》言：

---

① （清）彭定求等编：《全唐诗》卷 81 乔知之《赢骏篇》，第 876—877 页。
② 胡道静：《中国古代的类书》，中华书局 2005 年版，第 102 页。

"笔者撰有《隋唐五代类书考》，检得隋唐五代公私所修类书共 69 部 8477 卷。如果考虑到遗佚未经著录者，实际数目可能还要大得多。"① 刘全波《唐代类书编纂研究》亦言："唐代类书在编纂体例方面有了大的飞跃与发展，这也奠定了唐代类书在中国类书发展史上的重要地位。"② "唐代的类书编纂是南北朝以来的整个类书编纂链条上的一环，是类书编纂高潮期的延续与发展。"③ 诚然，在官修类书的带动之下，如"羽 50 号"之类的小类书肯定是很多的，敦煌类书中的诸类书即是明证，而这些小类书后来必然毋庸置疑地全部散佚殆尽了，只有经典类书才可以在漫漫历史长河中幸存下来，而这些不"经典"的小类书在类书发展更替的过程中被淘汰，幸亏敦煌藏经洞给我们保存下了这些沧海遗珠，让我们越千年可以重新见到这些幸免于淘汰的小类书，并由此去窥探当时读书人的世界观、知识观。

　　遍观唐初编纂的大型类书如《文思博要》《三教珠英》等，皆是类事类书④，即使是《瑶山玉彩》《碧玉芳林》《玉藻琼林》，仍然是类事类书⑤，所以，我们认为唐初编纂的诸官修类书，主体模式是类事类书，当然，受《艺文类聚》《初学记》的影响，诸类书之类文部分开始占有更多的篇幅，甚至类文部分有独立的倾向与实践。而私人编纂类书其实更多用类句类书或类语类书，因为，相对来说，类事类书、类文类书太过冗杂，知识点、要点不集中，而类句类书、类语类书的体例更为精简适用，当然类句类书之代表作《北堂书钞》，类语类书之代表作《编珠》，在隋炀帝时代皆已成熟，到了唐代，主要是如何继续发展的问题。笔者认为，类句类书的特点是故事性强、内容丰富，每一个类句都是一个故事、格言、文献的浓缩，意味深远。例如，"大王之风""君子之得风""风不鸣条""风得雨""巢居知风""展草而死""犬马之劳""犬有点眼之恩""睹一叶落而知天下秋""秋言夜""秋收

① 贾晋华：《隋唐五代类书与诗歌》，《厦门大学学报》（哲学社会科学版）1991 年第 3 期。

② 刘全波：《唐代类书编纂研究》，花木兰文化事业有限公司 2018 年版，第 252 页。

③ 刘全波：《唐代类书编纂研究》，第 253 页。

④ 刘全波、何强林：《〈文思博要〉编纂考》，张福贵主编《华夏文化论坛》2017 年第 2 期，总第 18 辑，吉林文史出版社 2017 年版，第 97—111 页。

⑤ 刘全波：《〈瑶山玉彩〉编纂考》，刘敏主编《国学》总第 6 集，巴蜀书社 2018 年版，第119—129 页。

冬藏""春秋不相借"等等。类语类书的特点是整齐划一，特点突出，虽然"羽50号"的主体是类句类书，但是其间也夹杂了诸多类语，但是纯粹的类语类书，更加整齐，都是经过了人工加工的词语，有一些词语是人们后来常用的，另外一些虽然在口头表达中不常用，但在文学创作中却是常用的词汇，如"卿月""卿云"等等。

由此，这卷"羽50号"写卷的体例，无疑就是"类句类书"。当然，这卷"羽50号"与《北堂书钞》还是区别较大的，此写卷以"天地日月"开头，即与《北堂书钞》之以"帝王"开篇不同。类句类书的另一代表是《白氏六帖事类集》，而这卷"羽50号"写卷与《白氏六帖事类集》之部类排列略有神似，但是此写卷过于简单，实在无法与《白氏六帖事类集》做对比研究。具体到内容，"羽50号"写卷中的部分内容，在敦煌类书《语对》《文场秀句》中也同样有出现，例如，"高柴母没泣血三年""故弟父终绝浆七日""丁兰刻木为母""冬竹抽笋""鱼跃水池"等等，这些关于孝的知识，频繁出现在各类典籍中，尤其是蒙书、类书之中，更甚者，科举考试中，也有大量的关于孝的内容。唐高宗调露二年（680），考功员外郎刘思立奏："《老子》《孝经》，使兼通之。"[1] 武则天大足元年（701），策进士第二问就是对"孝"的考察："夫子述孝经、裁道德，辅天相地，树王之化，穆乎人伦……今欲登孝道为七艺，抑未前闻。足经名为十部，恐疑后进，思观义窟，用定儒门。"[2] 所以，"孝"是敦煌类书的重点内容，《语对》中与"孝"相关的是父母篇、孝养篇、丧孝篇、孝行篇、孝感篇、孝妇篇，《籯金》中也有仁孝篇、父母篇。正是因为《孝经》被列为必考内容，因此类书中关于"孝"的记载不可或缺。由此可见，诸如此类的知识，是当时人们经常学习、频繁使用的知识，据此可以了解在唐代学者乃至学郎的基本知识观、世界观中，"仁孝"观念的构建是必不可少的内容。

---

[1] （唐）杜佑：《通典》卷15《选举三·历代制下》，中华书局1988年版，第353页。

[2] （清）董诰：《全唐文》卷222张说《试洛州进士策问四道》，中华书局1983年版，第2520页。

三、博学之资与诗文之助

自古以来，士大夫对博学多识的追求与重视从来没有中断过，《诗经》里面就记载了不少反映各地风俗、物产乃至鸟兽鱼虫的内容，《论语·阳货》中载有孔子谈论《诗经》作用的句子，其特别提到《诗经》可以"多识于鸟兽草木之名"，自此以后，"博物""博学"就成为许多文人墨客终其一生的追求。西晋张华作《博物志》，其内容广收博采，内容弘博。范宁《博物志校正前言》言："《博物志》这本书的内容包罗很杂，有山川地理的知识，有历史人物的传说，有奇异的草木虫鱼以及飞禽走兽的描述，也有怪诞不经的神仙方技故事的记录，其中还保存了不少古代神话的材料，对于中国古代文学和历史的人是有参考价值的。"①《博物志》子目中有"地、山、水、人民、物产、外国、异人、异俗、异产、异兽、异鸟、异虫、异鱼、异草木、物性、物理、物类、药物、药论、食忌、艺术、戏术、方士、服食等。"《博物志序》载："余视《山海经》及《禹贡》《尔雅》《说文》、地志，虽曰悉备，各有所不载者，作略说。出所不见，粗言远方，陈山川位象，吉凶有征。诸国境界，犬牙相入。春秋之后，并相侵伐。其土地不可具详，其山川地泽，略而言之，正国十二。博物之士，览而鉴焉。"②总之，张华作《博物志》的目的有两个：一是补充《山海经》《禹贡》《尔雅》《说文》、地志所不载者，二是希望"博物之士，览而鉴焉"。

类书的发展、兴盛乃至出现高潮，离不开这种博学风气的带动。张涤华《类书流别》言："类书所以滥觞于魏世者，亦自有故。原夫由汉至魏，文体丕变，单行浸废，排偶大兴，文胜而质渐以漓。其时操觚之士，驰骋华辞，而用事采言，益趋精密。于是记问之学，缘以见重。其或强记不足，诵览未周者，则乞灵抄撮，效用诹闻，期以平时搜辑之勤，借祛临文翻检

---

① （晋）张华撰，范宁校正：《博物志校正》，中华书局 1980 年版，第 2 页。

② （晋）张华撰，范宁校正：《博物志校正》，第 7 页。

之剧；故网罗欲富，组织欲工，类书之体，循流遂作。是知一物之微，亦时代之所孳育，其来有自，非偶然也。"① 类句类书的特点就是知识点密集且丰富，对于水平中、上等的读书人来说，最为实用，既可以拓宽知识面，又可以快速浏览，故我们认为这卷"羽50号"即是博学之书，是丰富知识的集合。今天的我们读罢此写卷，都会受益良多。

类句类书的第二个作用则是"诗文之助"，在诗歌盛行的时代，基础知识的学习，最终还是要应用在诗歌的创作上，当我们拿着"羽50号"写卷中的一些词语去验证时，果然如此，即在唐人的诗句中，大量使用了"卿月""卿云"等辞藻，这就是类书与文学之间的相互浸润与浸染。

卿月，月亮的美称，亦借指百官。《尚书》卷12《洪范》载："王省惟岁，卿士惟月，师尹惟日。"孔传载："卿士各有所掌，如月之有别。"② 唐宋时代的诸多诗人，如杜甫、岑参、皎然、刘长卿、柳宗元、李商隐等等，在他们的作品中皆使用了"卿月"一词。

杜甫《暮春江陵送马大卿公恩命追赴阙下》载："卿月升金掌，王春度玉墀。"

岑参《送李卿赋得孤岛石》载："君心能不转，卿月岂相离。"

岑参《送张郎中赴陇右觐省卿公》载："还家卿月迥，度陇将星高。"

皎然《同诸公奉侍祭岳渎使大理卢幼平自会稽回经平望将赴于朝廷期过故林不至》载："攀桂留卿月，征文待使星。"

刘长卿《送许拾遗还京》载："文星出西掖，卿月在南徐。"

柳宗元《杨尚书寄郴笔知是小生本样令更商榷使尽其功辄献长句》载："桂阳卿月光辉遍，毫末应传顾兔灵。"

李商隐《今月二日不自量度辄以诗一首四十韵干渎尊严伏蒙仁恩俯赐披览奖踰其实情溢于辞顾惟疏芜曷用酬戴辄复五言四十韵诗献上亦诗人咏叹不足之义也》载："将星临迥夜，卿月丽层穹。"

范仲淹《寄秦州幕明化基寺丞》载："共居卿月下，独得将星邻。"

---

① 张涤华：《类书流别》（修订本），商务印书馆1985年版，第14—15页。

② （唐）孔颖达等正义：《尚书正义》卷12《洪范》，（清）阮元校刻《十三经注疏》，中华书局1980年版，第80页。

宋祁《光禄叶大卿哀词》载："丛兰秋寂寞，卿月夜苍茫。"

王拱辰《耆英会诗》载："衣冠占数盛文雅，台符卿月光离离。"

秦观《次韵王仲至侍郎》载："天近省闱卿月丽，春偏戚里将星闲。"

卿云，即庆云，一种彩云，古人视为祥瑞，又指歌曲名。《史记》卷 27《天官书第五》载："若烟非烟，若云非云，郁郁纷纷，萧索轮囷，是谓卿云。卿云，喜气也。"[1]《后汉书》卷 52《崔骃传》注引《尚书大传》曰："舜时百工相和为《卿云之歌》曰：'卿云烂兮，纠漫漫兮，日月光华，旦复旦兮。'"[2] 唐宋时代的诸多诗人，如李峤、皎然、崔立之、刘禹锡、晏殊、宋庠等等，在他们的作品中皆使用了"卿云"一词。

李峤《江》载："英灵已杰出，谁识卿云才。"

皎然《送德清卫明府赴选》载："凤门多士会，拥佩入卿云。"

崔立之《南至隔仗望含元殿香炉》载："圣日开如捧，卿云近欲浑。"

蒋防《望禁苑祥光》载："仙雾今同色，卿云未可章。"

李绅《庆云见》载："礼成中岳陈金册，祥报卿云冠玉峰。"

刘禹锡《平齐行二首·其二》载："妖氛扫尽河水清，日观杲杲卿云见。"

张耒《望禁苑祥光》载："山雾宁同色，卿云未可彰。"

李商隐《寓怀》载："彩鸾餐颢气，威凤入卿云。"

宋白《牡丹诗十首·其三》载："深染鲛绡笼玉槛，莫教飞去作卿云。"

赵炅《逍遥咏·其十二》载："贤圣人天常法则，卿云岭上白皑皑。"

晏殊《元日词·其二》载："彤庭玉殿炉烟起，霭霭卿云瑞日高。"

宋庠《从幸翠芳亭观橙》载："宫掌遥分露，卿云别护霜。"

由上可见，"卿月""卿云"是唐代诗人常用的辞藻，甚至宋人也经常使用这些辞藻，上文所举的例子其实只是冰山一角。由此可见，类书"羽50 号"之于文学的重要性。当然，对于此写卷"羽 50 号"的功用，我们认为博学之资是第一位的，诗文之助是第二位的，因为类语类书的诗文功能更

---

[1]　《史记》卷 27《天官书第五》，中华书局 1959 年版，第 1339 页。

[2]　《后汉书》卷 52《崔骃传》，中华书局 1965 年版，第 1720 页。

强大，但是类句类书只要再发展一步，就是类语类书。《文镜秘府论》南卷《论文意》载："凡作诗之人，皆自抄古人诗语精妙之处，名为随身卷子，以防苦思。作文兴若不来，即须看随身卷子，以发兴也。"①《文镜秘府论》这一段经典的论述，经常被引用，因为这就是古人作诗作文的真实写照，我们很容易被李白斗酒诗百篇的豪气所误导，总认为古人作文、作诗就如同倾泻而出的长江、黄河水，其实，这种情况是少数，在更多的创作实践中，往往是"两句三年得，一吟双泪流"。而如此情况之下，类书就是最合用的"随身卷子""兔园策"。

四、结　语

通过对"羽50号"文本的整体考察，我们认为此写卷之编纂是不甚严谨的，当然我们也不能苛求古人，只不过相关问题仍需说明。第一，文本中的重出现象，这或许是类书的通病。杜宝撰，辛德勇辑校《大业杂记辑校》载："梁朝学士取事，意各不同，至如'宝剑出自昆吾溪，照人如照水，切玉如切泥'，序剑者尽录为剑事，序溪者亦取为溪事，撰玉者亦编为玉事，以此重出，是以卷多。"②《大业杂记》所言是《华林遍略》，说其重出严重，至《长洲玉镜》编纂时，隋代的学者们对重出问题已经做了纠正。但类书的重出现象，其实是不可避免的。"羽50号"这样小规模的类书写卷，重出现象却还是很严重的，如"冬无积雪""二人同心""秋收冬藏""春秋不相借"等，由此可见，此类书"羽50号"写卷编纂的资料库还是比较小的。再者，"羽50号"写卷编纂时词条收录亦不严谨，如"夏"条中，"都邑华夏"虽然有"夏"字，但与"夏无余粮""夏有榆柳之火""夏不操扇"之"夏"并

---

① ［日］弘法大师原撰，王利器校注：《文镜秘府论校注》，中国社会科学出版社 1983 年版，第 290 页。王利器先生校注言："按《敦煌掇琐》七三：'《杂抄》一卷。一名《珠玉钞》，二名《益智文》，三名《随身宝》。'《杂抄》一名《随身宝》，即此意也。尔时，如《白氏六帖》《兔园册子》之类，亦此物也，所谓馈贫之粮是也。"

② （唐）杜宝撰，辛德勇辑校：《大业杂记辑校》，三秦出版社 2006 年版，第 23 页。

非同一意思。此外，按照我们对敦煌类书，乃至《北堂书钞》《白氏六帖事类集》等经典类句类书的了解，我们认为此写卷或许原来亦是有"附注"的，只是原来的"附注"必定是较为简单的，而为了更加方便使用，写卷的抄写人就将"附注"全部删除，只留下了"类句"部分，也就变成了我们见到的样子。

唐五代宋初敦煌习字蒙书《牛羊千口》探究*

任占鹏**

摘要：敦煌文献中迄今发现了15件《牛羊千口》写本。《牛羊千口》全文为"牛羊千口，舍宅不售，甲子乙丑，大王下首，之乎者也"，其中"牛羊""舍宅"代表财富，"舍宅不售"具有劝诫意义，"大王下首"具有鼓励学童入仕为官的意义，"甲子乙丑"代表"六甲"知识，"之乎者也"为常用语气助词。该书在文义上不求严密，而是选择了一些笔画简单、又具备童蒙教育价值的字词，以习字为主要目的。《牛羊千口》应该是学童习字用的蒙书，平均笔画和字数都多于另一习字蒙书《上大夫》，敦煌写本中该书都前接有《上大夫》，是知该书应该是学童练习完《上大夫》之后，为了进一步提升习字能力和扩充识字量所用的蒙书。

关键词：敦煌文献；《牛羊千口》；《上大夫》；习字蒙书；童蒙教育

《牛羊千口》早已亡佚，幸赖今人在敦煌文献中发现了15件写本，得以窥其在唐五代宋初时期的样貌、使用及流传情况。写本中均无记载作者的相关信息，可知的是该书起"牛羊千口"，终"之乎者也"，共5句、20字，笔画较为简单。而且15件写本中该书都紧随在习字蒙书《上大夫》之后，是知二者应该具有紧密联系，该书的性质或也是习字蒙书。张涌泉先生在校

---

*　基金项目：2016年国家社会科学基金重大项目"中国童蒙文化史研究"（16ZDA121）。

**　作者简介：任占鹏，哲学博士，日本广岛大学教育本部客员讲师，主要研究方向为童蒙文化、敦煌学。

录 P.3145V 之时提及该书应该是四字句，是与《上大夫》无关的另一则训蒙读物。① 日本学者海野洋平先生对该书进行了专门研究，整理出 13 件写本，对其内容进行了逐句考证，认为与佛祖事迹有关。② 笔者曾在探讨《上大夫》含义之时，亦对该书内容进行过简要的说明，认为该书具有劝学意义，内容与佛祖事迹无涉。③ 然而前文论述疏于简略，研究深度尚不足，部分观点还有商榷余地，资料亦不够丰富。本文将在前人基础上，对《牛羊千口》的内容和性质进行充分论证，并探讨其与《上大夫》及习字教育的关系，以期对这一蒙书有更加全面的认识。

一、《牛羊千口》的内容解析

敦煌本《牛羊千口》仅有 20 字，虽然简短，但是想要正确解读颇为不易。海野洋平先生《敦煌童蒙教材〈牛羊千口〉校释—蒙书〈上大人〉の姉妹篇—》一文认为《牛羊千口》的内容应该是"牛羊千口，舍宅不受，甲子乙丑，大王下首，之乎者也"，内容是介绍佛陀的主要人生轨迹。④ 以下是海野先生的解读："牛羊千口"一句表示在出家之前，佛陀为悉达太子时生活富裕、身份高贵；"舍宅不受"一句表示佛陀舍去了富足的世俗生活，出家了；"甲子乙丑"一句表示佛陀经历了 6 年时光终大悟成道；"大王下首"

---

① 张涌泉主编：《敦煌经部文献合集》第 8 册《训蒙书抄（一）》，中华书局 2008 年版，第 4131 页。

② ［日］海野洋平：《敦煌童蒙教材〈牛羊千口〉史料辑览》，《一关工业高等专门学校研究纪要》第 46 号，2011 年，第 7—30 页；［日］海野洋平：《敦煌童蒙教材〈牛羊千口〉校释—蒙书〈上大人〉の姉妹篇—》，《一关工业高等专门学校研究纪要》第 47 号，2012 年，第 7—22 页；［日］海野洋平：《敦煌童蒙教材〈牛羊千口〉再论—传本〈上大人〉·敦煌本〈上大夫〉の逐庭をめぐる一考察—》，《集刊东洋学》第 123 号，2020 年，第 63—83 页。

③ 任占鹏：《敦煌写本〈上大夫〉相关问题研究》，金滢坤主编《童蒙文化研究》第 2 卷，人民出版社 2017 年版，第 292—307 页。

④ ［日］海野洋平：《敦煌童蒙教材〈牛羊千口〉校释—蒙书〈上大人〉の姉妹篇—》，《一关工业高等专门学校研究纪要》第 47 号，2012 年，第 7—22 页。

一句则表示很多国王对佛陀下首，开始皈依佛门；最后的"之乎者也"一句是为提升汉字学习效果而活用了既存的成语。而且海野先生还提出《上大夫》是以儒门孔圣事迹为中心，《牛羊千口》是以佛门佛陀事迹为中心，敦煌写本中《上大夫》与《牛羊千口》总是前后相接出现，说明当时的童蒙教育是把儒门孔圣事迹和佛门佛陀事迹同时传授予学童。笔者以为海野先生的解读值得商榷，在《敦煌写本〈上大夫〉相关问题研究》一文中主张《牛羊千口》具有劝学意义，内容与佛陀故事无涉。① 以下在海野先生及笔者前文的基础上，尝试对《牛羊千口》的内容进行进一步探讨。

为了说明 15 件敦煌写本的综合情况及所载《牛羊千口》的内容，以下按照写本中《牛羊千口》的保存内容的多少排序，简要叙录如下：

P.3145V，《牛羊千口》2 行，共 20 字，内容为"牛羊万口，舍宅不售，甲子乙丑，大王下首，之乎者也"。本篇前接《上大夫》，后接《上士由山水》《黄金千万斤》、"职官名、人名、敦煌乡名"、《敦煌百家姓》。

S.5631V，《牛羊千口》3 行，共 20 字，内容为"牛羊千口，舍宅不售，大王下手，甲子乙丑，之夫者也"。本篇前接《天生淳善》《上大夫》，后接"数字习字"。

BD.10048V，《牛羊千口》2 行，共 20 字，内容为"牛羊千口，舍宅不受，甲子乙丑，大王下手，之夫者也"。本篇前接"善慈顺集一心春来修造大王郎君"、《上大夫》，后接《上士由山水》。

S.4106V，《牛羊千口》3 行，共 19 字，内容为"牛羊千口，舍宅不受，大〔王〕下于（手），申（甲）子乙丑，之夫者也"。本篇前接《门来善远》、"大写数字壹到拾"、《上士由山水》《上大夫》，后接"大写数字壹到拾""姓氏、姓名习字"。

P.3369V，《牛羊千口》1 行，横书，共 17 字，内容为"牛牛羊羊万万口口舍舍宅宅不不受受甲"。本篇前接《上大夫》。

BD.13069V，《牛羊千口》1 行，共 12 字，内容为"〔牛〕羊千口，舍

---

① 任占鹏：《敦煌写本〈上大夫〉相关问题研究》，金滢坤主编《童蒙文化研究》第 2 卷，第 292—307 页。

宅不，天下土，大王王"。本篇前接《上大夫》，后接"发愿文""社司转帖"。

P.2564V，《牛羊千口》2 行，共 10 字，内容为"牛羊千口，舍宅""之乎者也"。本篇夹在《百行章疏》中，前接《佛顶尊胜陀罗尼经略抄》《百行章疏》《上大夫》，后接《百行章疏》《千字文》《新合孝经皇帝感词一十一首》等。

S.1232V，《牛羊千口》2 行，共 8 字，内容为"牛羊千口，舍宅不受"。本篇前接《上大夫》。

P.3797V，《牛羊千口》1 行，共 6 字，内容为"牛羊千口，宅字"。本篇前接"《太公家孝（教）》一卷"、《上大夫》。

S.1472V，《牛羊千口》1 行，共 5 字，内容为"牛羊千口，舍"。本篇前接"当寺转帖""数字习字"、《上大夫》。

P.2738V，《牛羊千口》2 行，共 5 字，内容为"牛羊千口，舍"。本篇前接《千字文》《尚想黄绮帖》、"社司转帖"数篇、《沉沦祼浪波》《正月孟春犹寒》、"敦煌乡名、寺名、兰若名"、《学问当时苦》《送远还通达》《上大夫》，后接《尚想黄绮帖》。

Дx.6050V，《牛羊千口》1 行，共 4 字，内容为"牛羊千口"。本篇前接《上大夫》。

S.8668V，《牛羊千口》2 行，共 2 字，内容为"牛羊"。本篇前接《上大夫》。

P.3705V，《牛羊千口》1 行，共 2 字，内容为"牛羊"。本篇前接《上大夫》。

Pt.2219，《牛羊千口》1 行，共 1 字，内容为"牛"。本篇前接《上大夫》。

15 件敦煌写本中有 4 件（P.3145V、S.4106V、S.5631V、BD10048V）《牛羊千口》的内容是完整的，得知该书仅 20 字，结构正如张涌泉先生所言是四字句。然而各写本内容不尽相同，主要有以下 5 点区别：首先，有"牛羊千口"和"牛羊万口"之别；其次，有"舍宅不售"与"舍宅不受"之别；再次，有"大王下首"和"大王下手"之别；然后，有"之乎者也"与"之夫者也"之别；最后，第 3 句"甲子乙丑"和第 4 句"大王下首"的顺序有别。以下对《牛羊千口》进行逐句解读，并分析出现这些不同的原因。

"牛羊千口"一句中，牛羊都是家畜，牛羊成群是富裕的代表。《隋书·元景山传》载："从武帝平齐，每战有功，拜大将军，改封平原郡公，邑二千户，赐女乐一部，帛六千匹，奴婢二百五十口，牛羊数千。"① 同书《高颎传》载："时突厥屡为寇患，诏颎镇遏缘边。及还，赐马百余匹，牛羊千计。"② 可见"牛羊数千""牛羊千计"这样的说法较为常见，与"牛羊千口"类似，表示财富无疑。又《王梵志诗》曰："他家笑吾贫，吾贫极快乐。无牛亦无马，不愁贼抄掠。"③ 说明没有牛马等家畜，反而可能会成为贫穷的象征。可见"牛羊千口"形容的是当时士庶之家富足的样子。敦煌写本 P.3145V 和 P.3369V 中作"牛羊万口"，虽然表示的财富更多，但所表达的含义没有太大变化。不过作"牛羊千口"者多达 9 件④，说明"牛羊千口"的用法在当时更为普遍。

"舍宅不售"一句中的"舍宅"即宅舍，也是财富的代表之一。敦煌写本 S.6537V "分书样文"载："城外庄田、城内屋舍、家资什物及羊牛畜牧等，分为厶分为凭。"⑤ 此中的"舍宅"与庄田、家资什物、牛羊等都作为财产被分割。《王梵志诗》："富饶田舍儿，论情实好事。广种如屯田，宅舍青烟起。槽上饲肥马，仍更买奴婢。牛羊共成群，满圈养肫子。"⑥ 据此可知有大量农田，有宅舍、肥马、奴婢，牛羊猪成群，是当时富裕的标志。

"不售"，有不出售、不能实现的含义，前接"舍宅"二字，当表示不出售。如《北史·皇甫亮传》载："所居宅洿下，标牓卖之，将买者或问其故，亮每答云：'为宅中水淹不泄，雨即流入床下。'由此宅终不售。"⑦ 此中

---

① 《隋书》卷 39《元景山传》，中华书局 1973 年版，第 1152 页。
② 《隋书》卷 41《高颎传》，第 1180 页。
③ （唐）王梵志著，项楚校注：《王梵志诗校注》卷 1，上海古籍出版社 1991 年版，第 29 页。
④ 《牛羊千口》写本 P.2564V、P.3797V、S.1232V、S.1472V、S.4106V、S.5631V、BD10048V、BD13069V、Дx.6050V 这 9 件中首句作"牛羊千口"。
⑤ 沙知录校：《敦煌契约文书辑校》，江苏古籍出版社 1998 年版，第 458 页。
⑥ （唐）王梵志著，项楚校注：《王梵志诗校注》卷 5，第 645 页。
⑦ 《北史》卷 38《皇甫亮传》，中华书局 1974 年版，第 1395 页。

"不售"的用法盖与"舍宅不售"相同。那么"舍宅不售"便表示不出售舍宅。古时确有贫不卖宅的说法。唐人寒山诗曰："教汝数般事，思量知我贤。极贫忍卖屋，才富须买田。"寒山以下层民众的导师的姿态，告诫人们"极贫忍卖屋"，说明"卖屋"是不贤的行为。对于"极贫忍卖屋"一句，项楚注曰："《晋书·隗照传》：'临终，书版授其妻曰："吾亡后当大荒穷，虽尔，慎莫卖宅也。"按古人以"卖屋"为败家之事。《太上感应篇》卷一四'耗人货财'，传曰：'请更举一事，庶几为子弟者皆知所戒。王祖德绍兴己丑死于秦州。一日，其妻与其子暮坐堂中，恍见祖德从外归，责曰：吾闻家中已议卖宅，宅乃祖业，安可辄以（有脱文）。'"① 又白居易云："得丁丧亲，卖宅以奉葬，或责其无庙，云：'贫无以为礼。'"② 由此可见，古人视"卖宅"为不智、不孝的行为，持批判态度。所以《牛羊千口》中"舍宅不售"一句应当是告诫人们出售宅舍是不好的行为，应当避免。

敦煌写本 BD10048V、S.4106V、P.3145V、P.3369V、S.1232V 中《牛羊千口》中皆作"舍宅不受"，"不受"即不接受。《旧唐书·窦建德传》载："父卒，送葬者千余人，凡有所赠，皆让而不受。"③ 敦煌本《伍子胥变文》载："子胥见人不受，情中渐觉不安。"④ 这两条资料中的"不受"表示不接受。那么"舍宅不受"可以解读为不接受宅舍。又海野洋平对此句解读为佛陀舍弃宅舍。然而不论是不接受还是舍弃宅舍，都缺乏训诫意义，不如"舍宅不售"的立意显著。因此，笔者以为敦煌本《牛羊千口》中"受"字当为"售"字的同音误字。张涌泉先生早已指出敦煌写本中"售""受"二字通用。⑤ 比如 BD2496《目连变文》："喉咽别（则）细如针鼻，饮嚼滴水而不容；腹藏则宽于太山，盛售（受）三江而难满。"BD3024《八相变》："又感四天王掌钵来奉于前，并四钵纳一盂中，可售（受）四斗六升。"⑥ 综上所述，"舍

---

① （唐）寒山著，项楚注：《寒山诗注》，中华书局 2000 年版，第 385 页。

② （唐）白居易著，顾学颉校点：《白居易集》卷 67，中华书局 1979 年版，第 1411 页。

③ 《旧唐书》卷 54《窦建德传》，中华书局 1975 年版，第 2234 页。

④ 黄征、张涌泉校注：《敦煌变文校注》，中华书局 1997 年版，第 8 页。

⑤ 张涌泉主编：《敦煌经部文献合集》第 8 册《训蒙书抄（一）》，第 4131 页。

⑥ 黄征：《敦煌俗字典》，上海教育出版社 2005 年版，第 373 页。

宅不受"一句缺乏训诫意义,应该以具有告诫人们不可卖宅含义的"舍宅不售"一句为确。

"甲子乙丑"是六十甲子的首位和第 2 位,属于"六甲"知识。我国先民利用 10 天干和 12 地支依次相配,组成了 60 个基本单位,称为干支纪元法,60 年一循环,所以也叫"六十甲子",简称"六甲"。"六甲"知识是童蒙教育的重要内容。《汉书·食货志》载:"八岁入小学,学六甲五方书计之事。"① 《四民月令》载:"研冻释,命幼童入小学,学书《篇章》。"关于"《篇章》",崔寔自注云:"谓《六甲》《九九》《急就》《三苍》之属"。② 这两条资料说明了早在汉代,"六甲"就属于学童入小学后学习的童蒙知识,与《急就篇》《三苍》《九九乘法歌》等书计知识属于同一层次。又《南齐书·顾欢传》载:"欢年六七岁书甲子,有简三篇,欢析计,遂知六甲。"③ 诗人李白"五岁诵六甲"④。敦煌蒙书《孔子备问书》中记录了完整的六十甲子。⑤ 可见"六甲"知识一直到唐五代都属于基础的童蒙知识。"甲子乙丑" 4 字是"六甲"知识的篇首,又笔画简单,作为《牛羊千口》的一部分,既能让初学者习字,又能引入"六甲"知识,一举两得。

再来看"大王下首"一句。⑥ "大王"是古代对君主或者诸侯王的敬称。如《旧唐书·尉迟敬德传》:"敬德闻其谋,与长孙无忌遽启太宗曰:'大王若不速正之,则恐被其所害,社稷危矣。'"⑦ 此中"大王"指的是秦王李世民。"大王"在唐代也指王羲之。唐张怀瓘《书断》载:"阮研,字文几,陈留人,官至交州刺史。善书,其行草出于大王,甚精熟,若飞泉交注,奔

---

① 《汉书》卷 24 上《食货志上》,中华书局 1962 年版,第 1122 页。

② (汉)崔寔著,石汉声校注:《四民月令校注》,中华书局 1965 年版,第 9 页。

③ 《南齐书》卷 54《顾欢传》,中华书局 1972 年版,第 928 页。

④ (唐)李白著,(清)王琦注:《李太白全集》卷 26《上安州裴长史书》,中华书局 1977 年版,第 1243 页。

⑤ 郑阿财、朱凤玉:《敦煌蒙书研究》,甘肃教育出版社 2002 年版,第 203 页。

⑥ 笔者曾在《敦煌写本〈上大夫〉相关问题研究》一文中,认为"大王下首"中的"下首"和"下手"同,有指代位次较低的一边的含义,"大王"指代的是地位高的人,进而把此句解释为:社会地位高的人和社会地位低的人(载金滢坤主编《童蒙文化研究》第 2 卷,第 301—302 页)。

⑦ 《旧唐书》卷 68《尉迟敬德传》,第 2497 页。

竞不息。时称萧陶等各得右军一体，而此公筋力最优。"① 又唐李绰《尚书故实》载："太宗酷好法书，有大王真迹三千六百纸。"② 这两条资料中"大王"都指代王羲之。佛经和变文中也经常出现"大王"一词。比如《长阿含经》载："此城时名拘舍婆提，大王之都城，长四百八十里，广二百八十里。"③ 敦煌变文《太子成道经》载："是时净饭大王，为宫中无太子，忧闷寻常不乐。"④ 以上两条资料中的"大王"指的是古印度国王。海野洋平先生便主张"大王下首"中的"大王"应该指的是古印度国王。

　　"大王"也可以指曹氏归义军节度使。归义军节度使曹议金在后唐长兴二年（931）开始冒称"大王"⑤，而后曹议金的后人曹元忠、曹延禄也自称过"大王"。如今《牛羊千口》仅存于敦煌文献中，那么"大王下首"中的"大王"可能与曹氏归义军节度使有密切关系。15 件《牛羊千口》写本中，P.2738V 中有题记"咸通十年（869）己丑六月八日男文英，母因是"，是已知《牛羊千口》书写年代的最早者，不过该写本仅有"牛羊千口，舍"五字，由于不见"大王"二字，所以严格意义上说不能确定此时"大王下首"一句已成为《牛羊千口》的一部分。出现"大王"二字的写本共有 4 件，其中 P.3145V 的书写年代应该是北宋端拱元年（988）；S.5631V 的书写年代应该是北宋太平兴国五年（980）；BD10048V 中出现"大王郎君"一语，书写年代应该在后唐长兴二年以后的曹氏归义军时期；BD13069V 无纪年，海野洋平先生根据写本中七阶礼《礼忏文》主要是 10 世纪的写本，推测本篇的书写年代也应该在同一时期。⑥ 可以说敦煌写本中"大王下首"一句的出现

---

① （唐）张怀瓘：《书断》卷中，《影印文渊阁四库全书》第 812 册，台湾商务印书馆 1986 年版，第 64 页。

② （唐）李绰：《尚书故实》，王云五主编《丛书集成初编》，中华书局 1985 年版，第 13 页。

③ （后秦）佛陀耶舍、竺佛念译：《长阿含经》卷 3《游行经第二中》，《大正新修大藏经》第 1 册，第 1 号，大藏出版 1924—1934 年版，第 21 页 b。

④ 黄征、张涌泉校注：《敦煌变文校注》卷 4，第 435 页。

⑤ 荣新江：《归义军史研究——唐宋时代敦煌历史考索》，上海古籍出版社 2015 年版，第 103 页。

⑥ ［日］海野洋平：《敦煌童蒙教材〈牛羊千口〉再论—传本〈上大人〉·敦煌本〈上大夫〉の迳庭をめぐる—考察—》，《集刊东洋学》第 123 号，2020 年，第 67 页。

时间都集中于 10 世纪。因此，此句中"大王"一词指代曹氏归义军节度使的可能性很高。

"大王下首"中"下首"一词，从字面含义来看，可以理解为低头，海野洋平先生依据唐释慧琳《一切经音义》中对"俯"字和"稽首"的解释，认为"下首"与"稽首"通，"大王下首"表示佛陀说法传道之时古印度诸王稽首参问的情形。① 考"稽首"一词，是以头顿地的一种跪拜礼，以表尊敬、屈服。唐释道宣述《释门归敬仪·威容有仪篇第八》载："《白虎通》云：'稽者，至也；首者，头也，言下拜于前头至地。'即《说文》云：'谓下首者为稽也。'《三苍》云：稽首，顿首也，谓以头顿于地也。"② 由此可见，"稽"或"稽首"的动作，需要下首，下首的程度是"以头顿于地。"且"下首"亦有表示尊敬、屈服之意。《宋史·朱熹传》载："夫将者，三军之司命，而其选置之方乖剌如此，则彼智勇材略之人，孰肯抑心下首于宦官、宫妾之门。"③ 欧阳修《回丁判官书》云："幸至其所，则折身下首以事上官。"④ 可见在实际使用中，"下首"可以解读为地位较低的人对地位较高的人的屈服、遵从。现在返回到"大王下首"一句，如果当中"下首"是稽首或遵从，那么能让身居高位的大王稽首或遵从的对象，只能是其父母、最高统治者、圣人以及天地等，圣人者当如孔子以及海野先生所认为的佛陀。但是考虑到《牛羊千口》是蒙书，大王稽首的场面对于学童而言应该非常遥远，因此笔者以为如果把此中"下首"作"稽首"来理解的话，还值得进一步商榷。

"下首"一词还可以指代植物。《大戴礼记·曾子天圆》："曾子曰：'天之所生上首，地之所生下首。'"孔广森补注："上首谓动物，下首谓植物。"⑤ 又《南华真经》载："受命于天，唯 [尧] 舜独也正。"唐人成玄英疏曰："郭

---

① ［日］海野洋平：《敦煌童蒙教材〈牛羊千口〉校释—蒙书〈上大人〉の姉妹篇—》，《一关工业高等专门学校研究纪要》第 47 号，2012 年，第 13、16 页。

② （唐）释道宣述：《释门归敬仪》卷下《威容有仪篇第八》，《大正新修大藏经》第 45 册，第 1896 号，第 863 页 a。

③ 《宋史》卷 429《道学传三·朱熹传》，中华书局 1977 年版，第 12762 页。

④ （宋）欧阳修著，李逸安点校：《欧阳修全集》卷 68，中华书局 2001 年版，第 996 页。

⑤ （清）孔广森撰，王丰先点校：《大戴礼记补注》卷 5《曾子天圆第五十八》，中华书局 2013 年版，第 109 页。

注曰：'下首唯有松柏，上首唯有圣人'者，但人头在上，去上则死；木头在下，去下则死。是以呼（不）[人] 为上首，呼木为下首。故上首食傍首，傍首食下首。下首，草木也。傍首，虫兽也。"① 以上两条资料中，前人认为"上首"是人或动物，"下首"与"上首"相对，为草木一类。"下首"此义与"大王"明显不合，不易理解，应该可以排除。

另外，据《汉语大词典》的解释，"下首"，通"下手"，可以表示位次较低的一边，或者右边的位置。② 元释省悟编述《律苑事规·第二诸师》载："和尚答云：'汝既陈请，我当为汝作十戒和尚。'（下首侍者尺一下云）"③ 此中"下首侍者"应该是指位于右边的侍者。同书《专使请住持》载："上首知事去，下首知事行礼；头首去，上首知事行礼。"④ 此中"头首""上首""下首"应该是位置从高到低的 3 个人，"下首"的位次最低。如此一来，也能够解释为何 S.5631V、BD10048V 中作"大王下手"，因为"下手"亦可指位次较低的一边。又"手"通"首"。《左传·襄公二十五年》载："陈知其罪，授手于我，用敢献功。"阮元校勘曰："案《家语》作'授首于我。'惠栋云：手，古首字。"⑤ 据此可证"手"与"首"在古代有混用的现象。

现在结合前文中对"下首"含义的 3 种解读，笔者以为第 3 种含义应该与"大王"最为契合，所以"大王下首"一句可以解释为：位于大王的下首。古代位于大王下首者，应该是大王的左膀右臂，无疑是达官显贵，更加宽泛一点的话，下首者可以理解为各级官员。那么"大王下首"一句出现在蒙书中，应当是鼓励学习者"学而优则仕"，以成为归义军官僚为目标，具有一定的劝学意义。敦煌文献中的不少学郎诗，表达出学郎想要入仕为官、光宗耀祖的愿望。比如 P.2746《孝经》末题诗曰："读诵须懃苦，成就如似

---

① （晋）郭象注，（唐）成玄英疏，曹础基、黄兰发点校：《南华真经注疏》卷 2《内篇·德充符第五》，中华书局 1998 年版，第 114 页。

② 《汉语大词典》第 1 卷，上海辞书出版社 1986 年版，第 310、318 页。

③ （元）释省悟编述，（元）释嗣良参订：《律苑事规》卷 2，《卍续藏经》第 106 册，（台）新文丰出版公司 1994 年版，第 15 页。

④ （元）释省悟编述，（元）释嗣良参订：《律苑事规》卷 6，《卍续藏经》第 106 册，第 48 页。

⑤ （清）阮元校刻：《十三经注疏》，中华书局 1980 年影印，第 1987 页。

虎。不词（辞）杖捶体，愿赐荣驱路。"①BD4291V 有诗曰："高门出贵子，好木出良在（材）。丈夫不学闻（问），观（官）从何处来。"②BD8668《百行章》末题："学郎身姓 [□]，长大要人求。堆亏急学问，成人作都头。"③ 这些学郎诗所表达的愿景不正是通过学习可以有朝一日进入归义军政权吗？因此"大王下首"一句所包含的意义，与当时童蒙教育的目的非常契合的。加之前一句"甲子乙丑"可以表示时间，与"大王下首"结合起来理解的话，就是学童经过长时间的努力学习，才可能入仕为官。而且"大王下首"者也会拥有一定财富，与首句"牛羊千口"相呼应。

最后的"之乎者也"一句完全是由语气助词组成。宋代《虚堂和尚语录·婺州云黄山宝林禅寺语录》载："上堂：'一大藏教，不出个鸦鸣鹊噪。九经诸史，不出个之乎者也。'"④ 敦煌写本《五更转》云："一更初，自恨长养枉身躯，耶娘小来不教授，如今争识文与书。二更深，《孝经》一卷不曾寻，之乎者也都不识，如今嗟叹始悲吟。"⑤ 可以说"之乎者也"是学习入门之基，这几字都不认识的话，"九经诸史"读不得，只能"嗟叹始悲吟"。《千字文》末句的"谓语助者，焉哉乎也"，大概是周兴嗣为了凑足千字而加，同时达到了实用的效果。如此看来，《牛羊千口》以"之乎者也"收尾，明显是受到《千字文》的影响。至于 S.5631V、BD.10048V、S.4106V 中作"之夫者也"，与"之乎者也"相比，仅有一字之差，含义并无变化。"夫"亦可作语气词。《孟子·告子上》云："率天下之人而祸仁义者，必子之言夫！"赵岐注："夫，叹辞也。"⑥ 清人王引之《经传释词》载："夫，犹'乎'也，叹辞也。"⑦ 是以

---

① 徐俊纂辑：《敦煌诗集残卷辑考》（中华书局 2000 年版，第 783 页）中录作："读诵须懃苦，成就始似虎。不词（辞）技（仗）棰体，愿赐荣驱路。"

② 徐俊纂辑：《敦煌诗集残卷辑考》，第 916 页。

③ 徐俊纂辑：《敦煌诗集残卷辑考》（第 920 页）中录作："学郎身姓 [口]，长大要人求。堆亏急学得，成人作都头。"

④ （宋）释妙原编：《虚堂和尚语录》卷 2《婺州云黄山宝林禅寺语录》，《大正新修大藏经》第 47 册，第 2000 号，第 1003 页 a。

⑤ 任半塘编著：《敦煌歌辞总编》卷 5《杂曲·定格联章》，上海古籍出版社 1987 年版，第 1284 页。

⑥ （清）焦循撰，沈文倬点校：《孟子正义》卷 22，中华书局 2017 年版，第 788 页。

⑦ （清）王引之撰，李花蕾校点：《经传释词》卷 10，上海古籍出版社 2016 年版，第 234 页。

"之夫者也"亦是一说，只是在文献中较之"之乎者也"少见罢了。

　　综上所述，"牛羊千口"一句表示士庶之家富裕的样子；"舍宅不售"一句旨在告诫人们不可出售宅舍，因为售宅是不贤、不孝的行为；"甲子乙丑"一句属于六甲知识，为基础童蒙知识；"大王下首"一句旨在告诉学童当以入仕为官为目标；"之乎者也"一句为常用语气助词。《牛羊千口》似乎并未有一个完整的含义。在敦煌写本中，15件《牛羊千口》都紧接在习字蒙书《上大夫》之后，而《牛羊千口》本身也内容简短，笔画简单，写本的笔迹多比较稚嫩，还有 P.3369V 是反复习字，这些情况都说明《牛羊千口》应该是习字蒙书。因此该书在文义上不求严密，而是选择了一些笔画简单，又具备童蒙教育价值的字词，以习字为主要目的，兼及劝诫、劝学。另外，正因为该书是习字蒙书，在习字中往往不注重含义，又是处于写本时代，蒙书在流传、使用的过程中，个别字难免会出现变化，所以部分敦煌写本中出现了"牛羊万口""舍宅不受""大王下手""之夫者也"这样的写法，以及"甲子乙丑"和"大王下首"这两句话顺序颠倒的现象。

二、《牛羊千口》的性质探析

　　关于《牛羊千口》的性质，张涌泉先生认为是训蒙读物；① 海野洋平先生认为是童蒙教材。② 还有《国家图书馆藏敦煌遗书》中对 BD.13069V《牛羊千口》说明如下："从形态看，该《羊千口》与《上大人》一样，为初阶童蒙教材。"③ 因此可以肯定的是，该书是习字蒙书，同时也是学童识字的教材。在今所得见的 15 件敦煌写本《牛羊千口》中，与该书同写的内容有《上大夫》《上士由山水》《千字文》《敦煌百家姓》《百行章疏》《新合孝经皇

---

① 张涌泉主编：《敦煌经部文献合集》第 8 册《训蒙书抄（一）》，第 4131 页。
② ［日］海野洋平：《敦煌童蒙教材〈牛羊千口〉校释—蒙书〈上大人〉的姊妹篇—》，《一关工业高等专门学校研究纪要》第 47 号，2012 年，第 7—22 页。
③ 任继愈主编：《国家图书馆藏敦煌遗书》第 112 册"条记目录"，北京图书馆出版社 2011 年版，第 20 页。

帝感词一十一首》等蒙书，有数字、姓名、姓氏等基础知识，据此可知《牛羊千口》应该也属于蒙书的性质。

15件敦煌写本《牛羊千口》中，该书都前接习字蒙书《上大夫》，说明二者的性质具有相似性。海野洋平先生认为二者是姐妹篇。① 敦煌本《上大夫》的全文为"上大夫，丘乙己，化三千，七十士，尔小生，八九子"。《牛羊千口》的全文为"牛羊千口，舍宅不售，甲子乙丑，大王下首，之乎者也"。二者的确有明显的共通点，那就是内容简短，笔画简单。《上大夫》仅有18字，从基础的习字笔画竖和横入手，最简单的"乙"字仅为1划，最复杂的"丘""尔""生"三字仅为5划，最多的是"上""大""己"等3划字，整篇的平均笔画是三划，而且包括5个数字。《牛羊千口》仅有20字，以基础笔画撇入手，最简单也是"乙"字，笔画最多的是"售"字，整篇的平均笔画是5划。可见《牛羊千口》的整体难度是大于《上大夫》，这一点可能是敦煌写本中《牛羊千口》排在《上大夫》之后的重要原因之一。习字教育当讲求从易到难。唐人初习字，用《上大夫》开笔，老师教以"上""大""小"等易于理解的字以及"三""七""八""九""十"等基础数字，这些字可以称为"半字"或"纯体字"②。等学童掌握这些字之后，老师用《牛羊千口》教以"牛羊""舍宅""大王""下首"等常识，同时进入"六甲"知识和作文中常用的语气助词的学习。因此可以肯定的是，当时的习字教育已经遵循笔画从易到难，先讲易于理解的字，后讲复杂的字，在增加难度的同时，为学习之后的内容注入引子，奠定基础。

---

① ［日］海野洋平：《敦煌童蒙教材〈牛羊千口〉校释—蒙书〈上大人〉的姊妹篇—》，《一关工业高等专门学校研究纪要》第47号，2012年，第7—22页。

② "半字"之说，见于敦煌写本S.1313《大乘百法明门论开宗义记序释》（方广锠、［英］吴芳思主编《英国国家图书馆藏敦煌遗书》第20册，广西师范大学出版社2013年版，第309页）第7则，其载："言满半满于言派者。且如世小儿上学，初学《上大夫》等为半字，后聚多字成一字者，令尽识会为满字。"从此资料可知，唐人视《上大夫》为"半字"，"半字"即简单的字。与"半字"之说类似的还有"纯体字"。清人王筠《教童子法》云："蒙养之时，识字为先，不必遽读书。先取象形、指事之纯体教之。识'日''月'字，即以天上日、月告之；识'上''下'字，即以在上在下之物告之，乃为切实。纯体字既识，乃教以合体字。又须先易讲者，而后及难讲者。"（收入王云五主编《丛书集成初编》，中华书局1985年版，第1页）

敦煌写本 P.3145V、S.4106V、BD.10048V、P.t.2219 中同时出现了习字蒙书《上大夫》《牛羊千口》《上士由山水》①，这 3 本蒙书的基本性质相同，但在习字教育中的地位各不相同。据敦煌写本 S.1313《大乘百法明门论开宗义记序释》第 7 则的记载，得知唐代"世小儿上学，初学《上大夫》等为半字"，说明了当时学童习字普遍首用《上大夫》。敦煌写本中《牛羊千口》都出现在《上大夫》之后，说明二者有固定的使用顺序，而且《牛羊千口》的难度稍大于《上大夫》，那么《牛羊千口》的学习时间应该紧接在《上大夫》之后。《上士由山水》共 14 句 70 字，涉及知识更多，难度自然最大，因此它的学习时间应该在《牛羊千口》之后。从《上大夫》到《上士由山水》，依次从 3 字句、4 字句学习到 5 字句，尤其是后者已经是五言诗，不仅学习内容和涉及的知识逐渐增多，而且结构越来越复杂。这种递进式的学习方法在后世也有反映。明人叶盛《水东日记·描朱》：

> "上大人，丘乙己，化三千，七十士，尔小生，八九子，佳作仁，可知礼也。""尚仕由山水，中人坐竹林。王生自有性，平子本留心。""王子去求仙，丹成入九天。山中方七日，世上已千年。"已上数语，凡乡学小童，临仿字书，皆昉于此，谓之描朱。②

叶盛提及的用以"描朱"的《上大人》《尚仕由山水》《王子去求仙》这 3 篇蒙书③，排列顺序应该不是随意的，而是依照从易到难逐步递进。一位网名

---

① 敦煌写本《上士由山水》共计有 P.2896V、P.3145V、P.4093、P.t.2219V、S.4106V、BD 527V、BD10048V 这 7 件，全文为"上士由山水，中人坐竹林。王生自有性，平子本留心。立行方回也，文才比仲壬。去年出北地，今日入南阴。未申孔父志，且作丁公吟。户内去三史，门前出五音。若能求白玉，即此是黄金"。

② (明) 叶盛撰，魏中平点校：《水东日记》卷 10《描朱》，中华书局 1980 年版，第 105—106 页。

③ 宋代以后《上大人》全文为"上大人，丘乙己，化三千，七十士，尔小生，八九子，佳作仁，可知礼也"，共 25 字，它是由唐代的《上大夫》变化而来（详见任占鹏《论唐代敦煌蒙书〈上大夫〉与后世〈上大人〉的关系》，《浙江师范大学学报》（社会科学版）2021 年第 3 期）。

为"游走雪"的老先生在其博客文《私塾六年》中记录了他在民国时期进行启蒙学习的情况：

> 我七岁启蒙自十三岁失学共读私塾不到六年。任何开蒙学生能够第一本书都要先从《人之初》开篇。初学习字是用毛笔，先生写好一二三四五六七八九十字头，学生然后谋（摹）写，这叫学写扁担字。一次字头至少谋（摹）写一个月。二次字头是谋（摹）写"上士由山水，中人坐竹林"。三次就要谋（摹）写多一点壁（笔）画的"王子去求仙，丹人入九天"。①

从这位老先生的记载中，可知他初学习字，是从摹写数字开始的，一个月后进入《上士由山水》的摹写，之后进一步摹写笔画多一点的《王子去求仙》，习字过程亦是循序渐进的。再者，王利器在《敦煌写本〈上大夫〉残卷跋尾》一文中介绍过旧时四川的习字方法，其云：

> 旧时四川，幼童发蒙习字，塾师以土红笔写"一二三"等字，命学童依样描写，谓之"拉扁担"，拉伸了，然后摹格反复写"上下十卜丁，人干寸斗平"十字，久之，又换写"王子去求仙，丹成入九天。山中方七日，世上已千年"。②

从王利器先生的描述可知，旧时四川学童习字，也是从摹写数字开始，一定时间以后换写"上下十卜丁，人干寸斗平"十字，再过一段时间换写《王子去求仙》，显然也存在习字层次的递进。

据以上所举资料说明各个时期学童习字都讲究由易入难，习字最易者当属《上大人》和数字，隔一段时间后练习难度稍大的《上士由山水》和"上下十卜丁，人干寸斗平"等，再然后用难度更大的《王子去求仙》，大致

---

① http://blog.Sina.com.cn/S/blog_40ea0211010005r0.html. 发布时间：2006 年 9 月 19 日，访问时间：2017 年 6 月 5 日。

② 王利器：《敦煌写本〈上大夫〉残卷跋尾》，《社会科学战线》1990 年第 3 期。

可见三个递进层次。再回到敦煌写本中，《上大夫》《牛羊千口》《上士由山水》三篇蒙书亦构成了三个层次，习字难度逐渐增大，而且一些写本中与《上大夫》同抄的还有从一到十的数字，因此可以推测出唐五代宋初已经形成了较为科学的基础习字教育方法，再结合刚才所举三条资料，可知唐五代宋初的蒙书和习字教育方法一直影响到当代。

三、结　论

本文对敦煌写本《牛羊千口》的内容和性质做了详细考论。《牛羊千口》的编撰者在力求笔画简单的基础上，用"牛羊千口"一句描绘了士庶之家富裕的样子，在学童心中埋入了美好的图景；用"舍宅不售"一句告诉学童出售宅舍是不贤、不孝的行为；用"甲子乙丑"一句引入天地岁时知识；用"大王下首"一句告诉学童要以入仕为官为学习的目标；用"之乎者也"一句引入语气助词的学习。《牛羊千口》20个简单的字，包含了日常事务、天地岁时、阶级秩序、作文词语，还有一定的训诫、劝学意义，虽然在文义上不求严密，但是具有重要的童蒙教育意义。结合敦煌写本和前人研究成果来看，《牛羊千口》应该是一篇初学者所用的习字蒙书。在唐五代宋初的习字教育中，《牛羊千口》的学习时间应该在《上大夫》之后，《上士由山水》之前。18字的《上大夫》的内容与孔子教化三千弟子的典故有关，当时的老师普遍用之作为学童首用的习字教材，学童习之即代表入得孔子门下。《牛羊千口》的习字难度大于《上大夫》，内容亦更加丰富，应该是《上大夫》之后的重要习字教材。《上士由山水》的难度又大于《牛羊千口》，当是学童掌握《上大夫》《牛羊千口》之后学习的对象。可以说唐五代宋初已经出现了较为科学的基础习字教育方法。总之，敦煌写本《牛羊千口》的发现对了解唐五代宋初习字教育的内容、方法以及与童蒙教育的关系具有重要价值。

从识字教学的观点看敦煌蒙书的教育意义

黄薇静*

摘要：本文以现代识字教学的观点重新检视识字类的敦煌蒙书，考察其是否符合学童认知发展要求以及应如何判定其教育意义等是本文主要探讨的问题。因此，本文先从识字教学的角度，将识字类敦煌蒙书依据其编辑体式，结合汉字形音义的特性，分为押韵体式、四声体式、分类体式等三类，进而探讨三种体式的识字教学法。其次分别就敦煌蒙书识字量、字频、笔画与部首进行分析，并与现代学童学习字词数量进行对照，进一步探讨识字类敦煌蒙书的教育意义。研究结果发现，押韵体式蒙书着重于字形及字音，主要为集中识字法、韵语识字法；四声体式蒙书着重于字音，主要为注音识字法；分类体式蒙书着重于字义及字形，主要为字义分类识字法、部首（字形）识字法。此外，识字类敦煌蒙书的识字量，确能满足童蒙日常用字之需求2000多字；其用字有半数以上仍为常用字；其用字之笔画数，八成以上在15画以内；其用字之部首，多数为"水、口、木、人、心、手、艹、宀"等，大多为一般具体事物，贴近生活经验，亦符合儿童认知发展的基本要求，有丰富的教育意义。

关键词：敦煌蒙书；识字教学；识字量；字频；笔画；部首

---

* 作者简介：黄薇静，文学博士，铭传大学应用中国文学系兼助理教授，主要研究方向为童蒙教育及敦煌学。

一、前　言

六艺"礼、乐、射、御、书、数"之中，"书"有二说：一为识字、写字，一为文字学所说的六书。① 我国历代启蒙教育即以识字、写字为先，然后再进行阅读、写作教学，其识字教学法，主要是靠简单的背诵和记忆。② 现代学者则提出多种识字教学法，若以这些观点，重新检视千年前的敦煌蒙书，尤其着重于识字类蒙书，是否更能彰显其价值？六朝马仁寿《开蒙要训》的识字量，符合百姓日常生活需求的基本字量，能在童蒙教育的有限时间内完成语文教育的识字基础。内容切合日常生活的基本名物字词，所以在唐五代时期得以与《千字文》双轨并行，成为民间童蒙识字教育的主体。其字词在除去唐五代以来社会变迁、名物更替，以及现今无须或不切时代需求后，仍有大半见于现代常用字中③，不知《开蒙要训》以外之敦煌蒙书，是否亦有此现象呢？而这些文字之笔画与部首，是否符合学童认知发展基本要求？以上种种问题，皆有待进一步厘清。

所谓"识字"，柯华葳以为"包括字形辨认、字音辨读及字义搜寻"④；耿庆梅认为"辨析我国标准字体的形、认读它的音和了解其中的意"⑤；何三本以为"读准字音、认清字形、了解字义"⑥。因此，识字强调字形、字音、

---

① 吴展良：《历史上的两种游于艺》，（台北）《中国文哲研究通讯》第16卷第4期（2006年12月）。

② 参见戴汝潜主编《汉字教与学》，山东教育出版社1999年版，第111页；又见何三本《九年一贯语文教育理论与实务》，（台北）五南图书出版公司2004年版，第109—110页。

③ 郑阿财：《〈开蒙要训〉的语文教育与知识积累》，《浙江师范大学学报》（社会科学版）2020年第1期。

④ 柯华葳：《语文科的阅读教学》，李咏吟主编《学习辅导——学习心理学的应用》，（台北）心理出版社2001年版，第307—349页。

⑤ 耿庆梅：《识字与写字教学的理论与实务》，屏东师范学院语教系编《九年一贯课程本语文学习领域理念与实务的对话论文集》，屏东师范学院，2003年11月，第219页。

⑥ 何三本：《九年一贯语文教育理论与实务》，（台北）五南图书出版公司2004年版，第99—100页。

字义三者紧密联系，为阅读理解与写作文章的基础。"识字教学"即把文字的字形、读音及意义传授给学习者①，使其对于所认识的字可以理解并作广泛运用。因此，本文先从识字教学的角度，将识字类敦煌蒙书依据其编辑体式，结合汉字形音义的特性，分为押韵体式、四声体式、分类体式等三类，进而探讨三种体式相应的识字教学法：押韵体式之于字形及字音，四声体式之于字音，分类体式之于字义及字形，各有偏重。其次分别就敦煌蒙书识字量、字频、笔画与部首进行分析，并与小学学童常用字词调查报告书对照②，以彰显其对现代识字教育的意义与启发。

二、识字类敦煌蒙书之体式分类

敦煌蒙书是中国古代出土文献中发现的最大一批"蒙书"，其数量和种类都十分可观，具有极高的价值。关于敦煌蒙书的分类标准，见仁见智，但其内容跟识字或多或少脱离不了干系。识字类敦煌蒙书主要以教授童蒙识字为目的。对识字类敦煌蒙书诸家多有所研究或详加分类，分类整理如表1：

表1　识字类敦煌蒙书分类一览表

作者	分类项目	蒙书
周祖谟③	童蒙诵习书	《开蒙要训》《千字文》《新合六字千文》
	字样书	《字样》《正名要录》《时要字样》《新商略古今字样》
	物名分类字书	《俗务要名林》《杂集时用要字》
	俗字字书	主要有《字宝》
	杂字难字等杂抄	《诸杂字》《难字》《杂字》《诸杂难字一本》

① 周碧香：《识字教学》，王衍等合著《汉语文教学理论与应用》，（台北）洪叶文化事业有限公司2008年版，第149—180页。

② 《小学学童常用字词调查报告书》，台湾地区教育主管部门2002年版。

③ 周祖谟：《敦煌唐本字书叙录》，中国敦煌吐鲁番学会语言文学分会编纂《敦煌语言文学研究》，北京大学出版社1988年版，第40—55页。

续表

作者	分类项目	蒙书
汪泛舟①	文字多不相连的单纯识字课本	《字书》《新集时用要字一千三百言》《诸杂字一本》《难字》《字样》《正名要录》《新商略古今字样》《时要字样》
	语句连贯、押韵，并有意义的识字课本	《千字文》《开蒙要训》《蒙求》
	姓氏识字课本	《百家姓》《姓望书》《郡望姓氏书》《姓氏书》《姓氏录》
郑阿财 朱凤玉②	综合识字类	《千字文》《新合六字千文》《开蒙要训》《百家姓》
	杂字类	《俗务要名林》《杂集时用要字》
	俗字类	《碎金》《白家碎金》
	习字类	主要有《上大夫》
张涌泉③	小学类字书之属	《玉篇抄》《群书新定字样》《正名要录》《时要字样》《千字文》《新合六字千文》《百家姓》《敦煌百家姓》《开蒙要训》《训蒙书抄》《杂集时用要字》《诸杂字一本》《诸杂字》《杂字抄》《诸杂难字一本》《杂字一本》《杂字》《词句摘抄》《杂字类抄》《籝金难字》《韵书字义抄》《百行字》
金滢坤④	综合类	《千字文》《六合字千文》《千字文注》《开蒙要训》、《敦煌百家姓》
	俗字类	《碎金》《白家碎金》
	双语类	《汉藏千字文》
黄薇静⑤	押韵体式	《千字文》《新合六字千文》《开蒙要训》《百家姓》《上大夫》
	四声体式	《碎金》《白家碎金》
	分类体式	《俗务要名林》《杂集时用要字》

① 汪泛舟：《敦煌古代儿童课本简述．前言》，《敦煌古代儿童课本》，甘肃人民出版社 2000 年版，第 1—14 页。

② 郑阿财、朱凤玉：《敦煌蒙书研究》，甘肃教育出版社 2002 年版，第 2—8 页。

③ 张涌泉主编：《敦煌经部文献合集》，中华书局 2008 年版，共计 11 册，其中第 8 册为"小学类字书之属"。

④ 金滢坤：《论敦煌蒙书的教育与学术价值》，《浙江师范大学学报》（社会科学版）2021 年第 3 期。

⑤ 黄薇静：《敦煌识字类蒙书与小学汉语教科书生字之比较研究》，（台湾）铭传大学应用中国文学系 2021 年博士学位论文，第 79 页。

由上表得知，学者们将识字类敦煌蒙书细分为三类，或四类，甚至五类，有的则无详加分类。此外，识字类敦煌蒙书的归类标准不一致，所选蒙书也不尽相同。郑阿财先生、朱凤玉先生之分类依据较为明确，归类也较具周延性、系统性，故本文主要参考其说①，同时以识字教学的角度，依据识字类敦煌蒙书的编辑体式，结合汉字形音义的特性，将其分为押韵体式、四声体式、分类体式等三种：

第一，押韵体式：包括《千字文》《新合六字千文》《开蒙要训》《百家姓》《上大夫》等五种蒙书。它们的共同之处皆为韵语，三言韵语有《上大夫》；四言韵语有《千字文》《开蒙要训》《百家姓》；六言韵语则为《新合六字千文》，多为隔句押韵，对偶工整，文句优美，具有条理，读来易琅琅上口，利于背诵，虽以识字为目的，同时兼具许多知识，如气象、历史、姓氏、教育等方面。除《百家姓》以外，其他各本特别着墨于伦理道德，或孝亲，或事君，或待人处世，并提供值得世人效法的优良事迹，可说是敦煌蒙书中极具特色的一种。

第二，四声体式：包括《碎金》《白家碎金》等两种蒙书，其中《白家碎金》S.619v 是《碎金》的节略本。② 全书依照平、上、去、入之四声声调据以分类，收录"言常在口，字难得知"之口语俗字、冷僻文字。所收词语不在经典史籍之内，而闻于万人理论之言，其目的在于使语言与文字合为一体，虽为俚俗不登大雅的字书，书中文字并非作者杜撰，据其序文所言，是作者从《字统》《翰苑》《玉篇》及数家《切韵》等书辑录而得。其成书之旨相当明确，实为值得重视之生活口语字书。

第三，分类体式：包括《俗务要名林》《杂集时用要字》等两种蒙书。将日常生活中通俗常用的词语分门别类，汇聚成篇，便于翻检查用，如同类书的编纂形式。此类蒙书依词语名义分类立部，立有部类名，《俗务要名林》各词语下均有进行简单的释义或注音；《杂集时用要字》各词语下除特殊几例之外，几乎无释义或注音，故《杂集时用要字》可视为《俗务要名林》的

---

① 郑阿财、朱凤玉：《敦煌蒙书研究》，第2—8页。

② 郑阿财、朱凤玉：《敦煌蒙书研究》，第132—138页。

无注简本或条目表①，均可为检索用之民间通俗小字典。

以上三种体式，包括了九种蒙书，其中除周兴嗣《千字文》《百家姓》《上大夫》后世有流传外，其余各种均仅见存于敦煌文献，对研究唐五代蒙书无疑是一批无可替代的至宝。

三、识字类敦煌蒙书之识字教学

我国古代的识字教学法，除了习字（书写练习）以外，主要是靠学习者的背诵和记忆。② 现代学者依据汉字形音义的特性，提出多种识字教学法，其中戴汝潜在《汉字教与学》中将识字教学做详尽的探讨与整理，提出识字教学现状与科学化问题，为我国识字教学作全面性总论；③ 胡永崇则以学习障碍学生为对象，分析汉字识字教学法。④ 其中所提之方法，并非适用所有

---

① 张金泉、许建平：《敦煌音义汇考》，杭州大学出版社 1996 年版，第 745 页。

② 参见戴汝潜主编《汉字教与学》，山东教育出版社 1999 年版，第 111 页；又见何三本《九年一贯语文教育理论与实务》，五南图书出版公司 2004 年版，第 109—110 页。

③ 戴汝潜主编：《汉字教与学》，山东教育出版社 1999 年版，第 105—106 页。戴汝潜等人将汉字识字教学法分为五大类，其中又分为若干小类：一、针对文字特征的识字法：1. 字形方面：部件识字法、成群分级识字法、字根识字法；2. 字音方面：注音识字法、汉字标音识字法、双拼识字法；3. 字义方面：生活教育科学分类识字法；4. 字形和字义：字理识字法、奇特联想识字法、猜认识字法；5. 字音和字义：听读识字法；6. 形、音、义：集中识字法、分散识字法、字族文识字法、韵语识字法、诵诗识字法。二、针对学生的心理和学习需要的识字法：1. 心理类：快速循环识字法、字词扩散识字法、情趣类识字法（字谜识字法、趣味识字法）；2. 心理和生理：全身活动识字法。三、针对多媒体教具的识字法：1. 技术特征类：看图识字法、立体结构识字法；2. 电脑辅助识字法。四、针对语境的识字法：全语文识字法、生活经历识字法。五、综合各方面的识字法：综合高效识字法，总计 27 种。他强调各种教学法各有好处，也曾经过不同的试验。其实没有一种是最有效的，采用哪种方法，要根据课程目标、社会要求、学生需要，以及学校资源来决定。

④ 胡永崇：《学习障碍学生之识字教学》，《屏师特殊教育》（屏东）第 3 期，2002 年 5 月。胡永崇介绍主要的汉字识字教学法：1. 造字原理教学法；2. 部首教学法；3. 部件教学法；4. 笔顺识字教学法；5. 听觉辅助识字教学法；6. 朗读识字教学法；7. 心像识字教学法；8. 情境辅助识字教学法；9. 协助阅读识字教学法；10. 全语言识字教学法；11. 功能性文字识字教学法；12. 识读及理解为优先之教学法；13. 替代性书写教学法；14. 注音辅助识

学童，教学者在实际教学中，也需因应不同的对象及情境，适时作改变。识字类敦煌蒙书之识字教学，各体式皆有着重的项目：押韵体式偏重于字形及字音，四声体式偏重于字音，分类体式偏重于字义及字形。然而字形、字音、字义三者互有关系，而非各自独立，教学者之实际教学亦须综合应用适当之方法。以下针对识字类敦煌蒙书之编辑体式，论述其主要的识字教学法：

（一）押韵体式敦煌蒙书之识字教学

押韵体式敦煌蒙书之识字教学，主要为集中识字法。依照汉语语法，汉字的特点是其形态变化较少，名词、动词、形容词等不像其他语言，并没有特殊的形态变化，因此字的安排可以不受语法的限制。另一方面，汉字一小部分是独体字，绝大部分是合体字，且合体字中大多是形声字。[1] 偏旁部首、造字的规律，相当明显，运用比较类推的方法，几乎可能完全达到认字的目的。汉字字形的特点，使集中识字正好切合需要，张志公便将《三字经》《百家姓》《千字文》作为集中识字的主要教材。[2] 所谓"集中识字"，就是为识字而识字[3]，把字集中起来教学，让学童利用较短的时间，大量、快速地识字，尽早进入阅读世界。

集中识字以"基本字带字"为主要教学策略，此种运用汉字字形特性的教学方法，强调以形声字归类、比较异同、加法识字、部首识字等从事汉字教学[4]，如此不仅强调字形，也兼顾字音、字义的特征。举《开蒙要训》

字教学法；15. 查字典识字教学法；16. 文脉或词句识字教学法；17. 个别文字识字教学法；18. 前后文之字义推测教学法；19. 反复练习识字教学法；20. 组字规则教学法；21. 形声字教学法；22. 基本字带字教学法；23. 意义化教学法；24. 比较识字教学法；25. 归类识字教学；26. 分析口诀法；27. 儿歌教学法；28. 字谜识字教学法；29. 笑话及故事识字教学法；30. 游戏识字教学法，总计 30 种。他强调各种教学法仍具有若干共通之处，只是不同教学法，其强调之教学重点可能不同。

① 竺家宁：《声韵之旅》，（台北）五南图书出版公司 2019 年版，第 95 页。
② 张志公：《传统语文教育初探》，香港三联书店有限公司 1999 年版，第 4 页。
③ 罗秋昭：《小学语文科教材教法》，（台北）五南图书出版股份有限公司 2007 年版，第 122—123 页。
④ 谢锡金：《中国语文课程、教材与教法：面向有特殊学习需要的学童》，香港大学出版社 2008 年版，第 37—38 页。

为例，书中提及"箜篌筚篥，筑磬笛笙""髻鬈发鬓，须髯髭髯""饆饠饠餤，饿馎馈馓""芸薹荠蓼，葫荽芬芳""鮕鲤鳢鲫，鲸鲵鳟鲂"等类文句颇多，其教材内容安排将同部首字归类以识字，同时兼顾字形、字音与字义，如此颇能提高学童的识字效率。

其次，"韵语识字法"亦是押韵体式敦煌蒙书之主要教学法。由于汉字是单音节，容易构成整齐的词组和短句，亦容易合辙押韵，念来顺口，听来悦耳，合乎学童的兴趣，又便于记忆。因此，"韵语识字法"从汉字自身的语言规律出发，以诗词歌赋的优良传统，充分发挥汉字"同音""同韵"的特点和优势。事实上，自古已有以"韵语训蒙"概念，宋人项安世曾说：

> 古人教童子多用韵语，如今《蒙求》、《千字文》、《太公家教》、《三字训》之类，欲其易记也，《礼记》之《曲礼》，管子之《弟子职》，史游之《急就篇》，其文体皆可见。
>
> 古人垂训，多用韵语，亦欲其易记也，又文字整齐，听者易晓，如《大禹之训》及《洪范》等书可见。①

项氏认为自古训蒙多用韵语，取其整齐的形式，容易识记内容及背诵。以《新合六字千文》为例："闵骞恭惟鞠养，曾参岂敢毁伤。恭姜女慕贞洁，曹植男效才良。颜回知过必改，子夏得能莫忘。"作为识字类敦煌蒙书，此书更为通俗易懂，容纳许多历代圣贤故事，在识字习书中了解历史与文化，并对学童起规范行为、陶冶情操作用。总之，韵语识字教材不仅利于学童朗诵；内容或同类相比，或反义相衬，易使学童联想与记忆，更予人隽永优美之感。它们是从识字走向阅读的过渡，也是跨越白话、文言之间的一座桥梁②，所以现今小学语文教科书仍多有所运用。

2011 年最新颁行之《义务教育语文课程标准》明确指出："识字、写字是阅读和写作的基础，是第一学段的教学重点，也是贯串整个义务教育阶段

---

① 参见（宋）项安世《项氏家说》卷7，第6—7页，收入文澜阁本《四库全书》子部，杭州出版社 2006 年影印版。

② 张志公：《传统语文教育初探》，香港三联书店有限公司 1999 年版，第81—82 页。

的重要教学内容。"① 说明识字、写字的重要性。刘涛亦提及："古代的启蒙教育，识字与写字是并进的，其课本便兼有两种功能：一是传授文字知识，兼及生活和历史常识；二是提供汉字书写的范本，要求字形规范，书法美观。"② 早期童蒙教育主要在于识字，识字教材也每每成为习字对象，如《上大夫》主要为童蒙习字描红教材；《千字文》更由蒙书进而在习字、创作上，为世人留下书法艺术瑰宝，此二本皆为流传至今之习字教材。

指导学童写字不但有益识字，且可陶冶其情操、增进审美能力。至于写字的教学方法，需符合学童的学习发展——适当重复。反复练习是不可或缺的学习方法，可帮助记忆字体笔画，达到熟能生巧的效果，然而观察几件《千字文》《上大夫》敦煌习字写卷，发现学童将每字反复练习多遍，甚至多达 100 遍③，机械性的抄写动作，不仅效果不佳，习字的过程易使学童感到呆板无趣。其实学童习写生字，不必一次写一行以上，宜采用"分布练习"④，分天分次写，如此便于学童记忆，又能获得良好的熟练实效，十分理想。当然教学者配合学童书写进度批改书法作业为宜，这样可以避免学童草率书写，造成错一字整行皆错的现象。

（二）四声体式敦煌蒙书之识字教学

四声体式敦煌蒙书《碎金》《白家碎金》之识字教学，主要为"注音识字法"。全书以平、上、去、入四声分类编排，以反切、直音方式标示语音。根据其序文，所收主要是"言常在口，字难得知"之俗字，故书中重在录字注音，而字义、词义则偶尔注出。

异于现代以"注音符号""拼音符号"为汉字标音，反切、直音方式是古代用来给汉字注音的方式，无论是符号还是汉字，形式都体现为以字注

---

① 参见中华人民共和国教育部《义务教育语文课程标准》，北京师范大学出版社 2011 年版，第 7—18 页。

② 刘涛：《古代的识字书与书法》，《文史知识》1996 年第 5 期。

③ 《千字文》习字写卷如 S.2703、P.2647；《上大夫》如 P.4990（2）等写卷，详细内容见郑阿财、朱凤玉《开蒙养正——敦煌的学校教育》，甘肃教育出版社 2007 年版，第 14—15、118—121 页。

④ 详见江惜美《小学语文教学论丛》，台北市立师范学院实习辅导室 1995 年版，第 42 页。

字。直音是用一个同音字注音的标音法，在《碎金》《白家碎金》使用"音某""某音"的方式处理，其中较常使用"音某"，如"颗剁，音科落""镜奁，音廉""人妣敛，音比姿""人伎俩，音忌两""觊觎，音既逾"等；另一方式为"某音"，如："走趔趔，结音""声謋謋，逢音""头颣，须音""石悬缒，坠音"等；甚至省略"音"字，直接注出，如"心崎岖，欺驱""鼓声鼚鼚，腾腾""石磮臼，下舅""合卺，合谨""趄趔，雌蛆"等。此种"直接表音"方式，省去拼读的过程，较为便捷。然以字注字，读者得先认识被用来标音的字，如果所注的字跟原字一样艰深，便失去标音作用。[1] 因此，直音法虽然直接而简便，仍有其短处；反切法的出现，正好可以避免这一点。

反切就是用两字来注一字的音，前一字取其声母，后一字取其韵母和声调，两个音组合起来，就能拼读出所注字的字音。用此注音方式，所有字音都拼得出来。[2] 在《碎金》或可发现一个词语，前后使用两种不同的标音方式，有的是反切在前，直音在后："扺减，析斤反，音诜""草蓊萋，于焉反，下威""嗒啄，侧咸反，下卓""人謜噪，五甘反，下噪""黔赠，公罕反，赠"；有的是直音在前，反切在后，如"齿齙龀，音包，下五交反""马哐嗓，音仲，息朗反""酒沃酹，音屋，力外反""手掉揗，音铫，下虚聿反""人嚬呻，音频，即六反""揎捋，音宣，勒末反"等。此外，同一汉字，两本蒙书也许会使用不同的标音方式，如"石悬缒"于《碎金》以反切法呈现："石悬缒，直类反"；于《白家碎金》则以直音法呈现："石悬缒，坠音"。所以两本四声体式敦煌蒙书，皆有使用反切、直音等两种方式为汉字作音注。

前已提及四声体式敦煌蒙书重在录字注音，至于字义、词义则偶尔随之注出，如《碎金》："人俈照，乃高反，不解医狂人""人蒡泥，丑加反，足踏泥是也""语声謷，音西，破悲也""人渝滥，俞滥，不清净之貌"等，附有释义的词语虽不多，但确实如姜亮夫先生所言，不仅为"考唐音者最重

---

① 陈正治：《语文教材教法》，（台北）五南图书出版公司2008年版，第37—38页。

② 竺家宁：《古音之旅》，万卷楼图书公司2017年版，第79—80页。

要的材料"，也是"读唐以来俗文学者所必不可少的字典"①，其所录词语大抵以形容人的动作、容貌以及事物的情状为主，想必结合了学童当时的现实生活，如"人娟掠""人俟照""人讄嗓""手搊拽""手捫㩴""手垂𤲃""物坳窊""物蠆斜""物柔践"等，虽不另分类立目，但某些词语前，每冠一字以别义类，助于取义。然而虽知为人貌、手貌、物貌，只是知道较为笼统的概念，终究无法明白其具体含义，恐怕是造成此类书籍无法流传后世之因。② 同时，受到口语俗字、冷僻文字的时代隔阂，这样的字书也不能完全适用于现代学童的识字。

四声体式敦煌蒙书以平、上、去、入四声编排分类，将同一声调之难字编列在一起。现今小学语文教科书于声调练习部分，常直接将四声一起并列，具体呈现四声高低升降的变化，学童从中比较声调，念出直接拼读的四种声调，同时结合与学童生活经验贴近的词语或句子加以练习。需要指出，敦煌蒙书中的汉字发音会随时空而变，故现代人运用此类资料，要注意时代性，唐代的注音是用唐代语言发音。因此解读古代的注音，除了知道拼音方法，还必须带入音变的规则，此为"声韵学"范畴。③ 四声体式的敦煌蒙书和现代识字教科书都有贴近学童生活经验的词语，如《碎金》："人鼾睡、人羞、人瞌睡"，"睥睨、眨眼"，"鬼祟、倨傲、轻蔑"等；《白家碎金》另有"贪婪""蜻蜓""腐烂"等；现代语文教科书："音"乐、"银"行、"饮"料、"印"章等四声并列。这些词语除了能让学童针对现代声调与平上去入进行比较以外，也有助于现代学童的识字与生活文化的学习。

（三）分类体式敦煌蒙书之识字教学

分类体式敦煌蒙书乃针对民间日常生活常用之语汇，依照字义加以分类编排，并标明部类，便于检阅，以供学习之通俗字书，其体制与"类书"

---

① 姜亮夫：《敦煌——伟大的文化宝藏》《敦煌学概论》，《姜亮夫全集》第 12 册，云南人民出版社 2002 年版，第 195、292—293 页。
② 朱凤玉：《敦煌写本碎金研究》，文津出版社有限公司 1997 年版，第 84 页。
③ 竺家宁：《声韵之旅》，五南图书出版公司 2019 年版，第 96 页。

无异①，故主要为"字义分类识字法"，按生活教育科学分类，以类相聚的编排形式，进行识字教学。

《俗务要名林》《杂集时用要字》承继《开蒙要训》传统，强调以物质生活中具体名物为识字入门基础。从食、衣、住、行、育、乐，到身体部位、亲族称谓、官位名称，还有农、工、商等人类活动，以及与人类生活关系密切之动物、植物、自然环境、颜色等。这些名目依其字义，分门别类，方便童蒙识字认词，供日常生活"家用""急用"或记"日帐用"，使其下笔无困扰。

另一种为"部首识字法"，部首即是按字形所分的部类，运用同一部首偏旁作归类，例如《俗务要名林》之部类，有些便直接以部首命名："鸟部、虫部、木部、竹部、车部、火部、水部、手部"等，同一部类所录之字词，部首多相同，举"车部"为例："辕，车辕也，音袁。毂，居木反。輞，音冈。轴，音逐。辐，音福。釭，毂中铁也，音工。鐧，轴上铁，古晏反。辖，轴头铁，行八反。箱，车身也，音襄。轒，箱底横木也，亦作桄字，古皇反。"除"箱"字以外，其余皆为车部之用字。实践当中，部首识字法有利于学童记忆文字。

除了针对认识各式名物外，分类体式敦煌蒙书进一步将与名物相关之实用知识融入文中，方便童蒙知晓，以供日后应用，如《俗务要名林》量部："十勺为一合，十合为一升，十升为一斗，十斗为一斛"；秤部："廿四铢为一两，十六两为一斤，卅斤为一钧，四钧为一石"。以上部类之词语，详细记载容量、重量计量单位，并明确指出单位换算的标准，提供童蒙实用知识，以应用于真实生活如记账使用。

物质生活中除了要让童蒙认识各式具体名物外，还要让童蒙了解更多社会生活的内容，主要包括各种人际关系称谓，如通过认字了解血缘与姻亲、官场或各行各业。以血缘、姻亲为例，如《俗务要名林》亲族部："曾祖、高祖、伯叔姑姨、舅、嫂、新妇、外甥"等；又如 Дx.02822《杂集

---

① 王三庆曾为"类书"定义："凡属裁章节句，保其原文，标辞分隶或者分类隶录，勿论其是否成篇或用于科场文料，只要便于寻检，而无中心思想之分类写卷，尽属类书范畴。"详见王三庆《敦煌类书研究》，（高雄）丽文文化事业股份有限公司1993年版，第4页。

时用要字》亲戚长幼二十："爹爹、娘娘、父母、兄弟、长幼、夫妇、姊妹、妻男、士女"等。官场职称，如 Дх.02822《杂集时用要字》官位部第十七："皇帝、陛下、大臣、宰相、学士、秀才、文人、举子"等；司分部第十八："中书、御史、三司、教坊、翰林、刺史（史）"等。或各行各业，如 Дх.02822《杂集时用要字》诸匠部第七："银匠、鞍匠、花匠、甲匠、石匠、桶匠、木匠、塈匠、索匠、纸匠"等，以上皆为各种人际关系的称谓。

书中亦强调农业的重要性，且提及之农具、农事甚多，内容极其详尽，如《俗务要名林》田农部和杂畜部，其所收入词语各达 100 个左右，为所有部类数量之首。其杂畜部所收字词："马、牛、骡、驴、槽枥、栏圈、辔衔、鞍鞯"等，包括犬养牲畜名称、配备与设备等，亦皆与务农生活有关。值得注意的是，二蒙书之内容均少涉及读书人（士）相关活动，仅 P.3776《杂集时用要字》中丈夫立身部有："务学、广博、礼乐、射御、书数、词藻、文章"等词，着墨有限，相当特别。大概此类书籍编纂多以教授童蒙识字为主，但求能识字、写信、记账，无关举业大事。

然而分类并非绝对的界限，如"苜蓿"于《俗务要名林》列为菜蔬部；于 S.3836v《杂集时用要字》列为百草部。又如"蔓菁"于《俗务要名林》列为菜蔬部；于 Дх.02822《杂集时用要字》列为果子部。试将 Дх.02822 和 S.6208《杂集时用要字》及 S.617、P.2609《俗务要名林》等四者相比，均存有"果子部"。所收条目经对比后，发现四者"果子部"多为瓜果，然 Дх.02822 文书与其他三者不同处，在于增加"蔓菁、荆芥、茵陈、薄荷"等植物，据史金波先生《西夏社会》可知，这些词条均见于西夏社会饮食中。① 故此分类方式似因西夏党项民族固有的饮食习惯以肉和乳制品为主，再加之农业发展的局限性，蔬菜与水果较为少产，所以 Дх.02822 并无特别列蔬菜一部，而将蔬菜和水果并列于果子部。② Дх.02822 深受汉文化影响，

---

① 史金波：《西夏社会》，上海人民出版社 2007 年版，第 641 页。

② 参见王晶《俄藏敦煌文献 Дх.2822〈杂集时用要字〉果子部浅析》，《和田师范专科学校学报》2008 年第 1 期。

虽仿汉人文书体例所成，却又反映了西夏社会生活。① 因此，不同的归类方式，易受当时社会文化影响。

分类体式敦煌蒙书辑录当时日常生活用语，各类名物涉猎广博，其中《俗务要名林》加以注音、注释，不仅为唐代以事务为类而编辑之字典②，更具有百科全书性质；《杂集时用要字》各词语除特殊几例之外，几乎无释义或注音，但仍不失提供检索用之通俗字典功能性。它们二书基础的功能为识字用，但均体现当时生活的实际情况，反映唐五代社会生活的真实样貌，尤其为研究敦煌民间生活和文化，提供珍贵的第一手资料。总之，学童阅读此类蒙书，虽以识字入门，但已知晓日常生活所需知识，使学童能将所学运用于真实生活中。

四、识字类敦煌蒙书对现代识字教育的意义

识字教学须符合汉字的特性与学习语文的规律。汉字兼具形、音、义的特性，学习者必须逐字识记，且要有足够的识字量才能有效阅读，并达到运用文字表情达意的目的。此外，以常用字的字频为考虑，将现代小学学童常用字词调查报告书字频排序原则作为识字类敦煌蒙书单字的检视依据，借以观察古今学童的识字内容，统整有多少字数仍于现代延续使用。

就文字的难易度而言，包含笔画多少、结构繁简等，都是必须慎重考虑。就汉字结构分析，笔画是构成汉字的最小结构单位。③ 书写汉字过程中，一笔一画堆砌出字形的架构，再从众多的汉字形体架构，分析归纳出某些相同的笔画构形，归为类别，作为检索字的排序方法，此部首之说，是依东汉

---

① 关于俄藏 Дх.02822 号文书，原定名《蒙学字书》，现定名《杂集时要用字》。该文书可能出自莫高窟北区，时代为西夏。该写本中详细地分出 20 部常用词语，详见张涌泉主编《敦煌经部文献合集》第 8 册，中华书局 2008 年版，第 4218—4219 页。

② 姜亮夫：《敦煌——伟大的文化宝藏》《敦煌学概论》，《姜亮夫全集》第 12 册，第 196、293 页。

③ 马显慈：《语文释要》，（台北）万卷楼图书股份有限公司 2020 年版，第 27—30 页。

许慎《说文解字》"分别部居"原则而定立。因此，部首的作用是查阅字典，但对初学习汉字的儿童，选择构字率和构词率高的部首，作为基本字或部件来学习，便可利用它扩充识字的范围。① 以下就识字类敦煌蒙书之识字量、字频、笔画和部首分别试论，以彰显其对现代识字教育的意义与启发。

（一）识字量满足童蒙日常生活用字之需求

清代王筠《教童子法》中提到："蒙养之时，识字为先……能识二千字，乃可读书。"② 清人李新庵在《重订训学良规》也说道："子弟四五岁，先教字方，多则三千，少则二千。"③ 可知古代学童基础识字量大约在 2000 至 3000 字之间。再看现代最新颁布语文课程纲要之相关规定：2011 年《义务教育语文课程标准》，订定小学宜掌握基本识字量 3000 字、写字量 2500 字。④ 2018 年《十二年基本教育课程纲要》，订定小学宜掌握基本识字量 2700 字、写字量 2000 字。⑤ 不仅在教学过程中直接点出"多识少写"的教学目标，对于小学生的识字量与写字量亦有明确规定，其中识字量落在 2700 字，最多至 3000 字。因此，2000 多字是历代识字教育实际经验的总结，也应是古今人民日常生活识字量需求的基准点⑥，超乎此数目则过多，不足则太少。⑦ 认识了基本常用的 2000 多字，大致能满足一般人民日常生活运用的需求。

识字量是指所识得文字的数量总数，因此各蒙书总字数扣除重复用字后，所得之数量即为识字量。以《千字文》为例，包括蒙书名称、题记与内

① 谢锡金：《综合高效识字教学法：理论与实践》，香港大学出版社 2020 年版，第 32—33 页。

② （清）江标辑：《四库全书总目提要四部类叙》，《丛书集成新编》总类，（台北）新文丰出版公司 1985 年版，第 403 页。

③ （清）李新庵原著，（清）陈彝重订：《重订训学良规》，参阅浦卫忠《中国古代蒙学教育——历代小启蒙教育方法》，中国城市出版社 1996 年版，第 115 页。

④ 教育部：《义务教育语文课程标准》，北京师范大学出版社 2011 年版，第 7—18 页。

⑤ 《十二年基本教育课程纲要：中小学暨普通型高级中等学校语文领域——国语文》，台湾地区教育主管部门 2018 年版，第 8—9 页。

⑥ 郑阿财：《〈开蒙要训〉的语文教育与知识积累》，《浙江师范大学学报》（社会科学版）2020 年第 1 期。

⑦ 张志公：《传统语文教育初探》，香港三联书店有限公司 1999 年版，第 35 页。

文之总字数为1020字，扣除重复用字后所得1001字，此数量即为其识字量。识字类敦煌蒙书之识字量，经统计整理如下表2所示：

表 2　识字类敦煌蒙书之识字量统计表

分类	蒙书	总字数	识字量
押韵体式	千字文	1020	1001
	新合六字千文①	1069	823
	开蒙要训	1843	1603
	百家姓②	216	202
	上大夫	25	25
四声体式	碎金	3055	1454
	白家碎金③	1481	855
分类体式	俗务要名林	8979	2421
	杂集时用要字	6800	2499

其中《新合六字千文》后半部即开始脱落；《百家姓》字数占今日传世版本大约四成；《白家碎金》自去声开始即有脱落，更无入声之内容，此三本保存之内容缺漏较多，或许无法呈现当时代蒙书的原貌，故暂且不论。从表2可知，综合以上三种体式，大致可以达到2000多字的基本量，其识字量符合童蒙的识字教育，在当时颇能满足实际生活用字之需求。

至于若干蒙书之总字数与识字量相差悬殊，实因《碎金》之音注文字常出现"音""反"二字；《俗务要名林》除了重复的音注文字"音""反"外，释义之注文亦常出现重复的用字，如水部："波，风摇水也，补罗反。

---

① 　与《千字文》写本之内容相较，《新合六字千文》写本从第125句"韩起户封八县"起，每脱落一句，后面会接两句，但是至第196句"凌摩负天绛霄"之后就已经完全脱落了。

② 　三件《百家姓》写本 Д х .6066、P.4585以及P.4630均为残卷，内文止于"钟离宇文"，故收录姓氏190个，其中单姓计164个，复姓26个，据今日传世版本（清）王相笺注《百家姓考略》（中国书店1991年版），占数量大约四成。

③ 　敦煌本《白家碎金》S.619v体制与《碎金》一致，内容亦与《碎金》相似，只是较《碎金》略为简略，且《白家碎金》自去声第28个词"打诨人"后即开始脱落，更无入声之内容。

浪，水波也，郎向反。潮，海水潮也，直逼反。湾，水曲处，乌还反。潭，水停处，徒南反。"为解释水部的文字而反复出现"水"字；《杂集时用要字》注文之用字，往往与正文有所重复，举丈夫立身部为例："词藻，言词文藻。文章，文才。辩晤，辨识明晤。秀逸，英秀调逸。强干，强明干了"故其实际识字量与总字数落差较大。

作为《千字文》后起扩充本《新合六字千文》，每句增添两字，不只具体指出典故关系人物，利于理解历史事件，使《千字文》各句的意义更为显著，尤能补充识字量。值得注意的是，《百家姓》成书于北宋，因此，用《百家姓》配合《千字文》的使用可能性，到底用了多久，可能时间很短。其实在敦煌当地流行的是一种"张王李赵"起首的类似《百家姓》童蒙读物，其撰作时间比传本《百家姓》早了约一个世纪，不少姓氏带有西北地区特色，可能出自敦煌当地人之手。① 此类文书不仅极具敦煌地区的特色，还能扩充识字量。

（二）用字符合现代学童常用字词之字频表

2000 年台湾地区教育主管部门针对小学学童常用字词进行调查，以求小学生字词使用之标准，作为语文教育的参考。② 经整理统计后出版小学学童常用字词调查报告书，一共收录当时小学学童常用的字词，共计 5021 字、46666 词。其中依照单字出现的频次高低排列顺序，制成〈字频总表〉，序号愈前者，出现频次愈高，代表日常生活使用的机会较高，反之愈低。这份

---

① 计有 P.2331v、P.2995、P.3070v、P.3197v、S.4504v 等近 20 个卷号。这一系统的本子大多有"张王李赵。阴薛唐邓。令狐正等。安康石平。罗白米史"这样的成句，并且所抄姓氏相同者达 75% 左右，可见它们应有一个共同的来源。完整者百余姓，可谓名副其实的"百家"。这一系统的《百家姓》，柴剑虹先生拟题作"敦煌百家姓"，详见张涌泉主编《敦煌经部文献合集》第 8 册，中华书局 2008 年版，第 4006—4007 页。

② 此调查样本收录包含四层面，第一，学童读物：包含单本书、套书、报纸、杂志及各地博物馆、文化中心等社教机构之简介导览。第二，教学用品：包含教科书及坊间参考书。第三，工具书：包含字辞典及百科全书。第四，电子媒体：包含光盘软体（电子书）及网际网络内容。最后得样本总字数 120 多万字，经整理统计后所得单字数为 5201 字，词数为46666 词。详见台湾地区教育部门语文推行委员会编小学学童常用字词调查报告书，台湾地区教育主管部门 2002 年版，第 1—9 页。

调查报告书收录样本齐全，调查对象正是儿童，且至今仍旧被许多识字量研究当成测验评价的资料库来源，进而语文课程纲要有关识字量的订定也和此字表有关。借着比较小学学童常用字词调查报告书字频表的内容与识字类敦煌蒙书的用字，观察古今学童的识字内容，可知此份调查报告书和蒙书字的重叠性如何，有多少字数仍于现代延续使用。

　　现将识字类敦煌蒙书与小学学童常用字词调查报告书字频表进行分析，互相符合的字数及比例整理如下表 3 所示，其中括号内之数字为蒙书识字量：

表 3　识字类敦煌蒙书用字符合小学学童常用字词调查报告书统计表

| 蒙书 | 字数与比例 | 小学学童常用字词调查报告书 序号 1—5021 | | 备注 |
		字数	比例	
押韵体式	千字文（1001）	940	94%	
	新合六字千文（823）	783	95%	敦煌独存
	开蒙要训（1603）	1213	76%	敦煌独存
	百家姓（202）	186	92%	
	上大夫（25）	25	100%	
四声体式	碎金（1454）	944	65%	敦煌独存
	白家碎金（855）	621	73%	敦煌独存
分类体式	俗务要名林（2421）	1601	66%	敦煌独存
	杂集时用要字（2499）	1823	73%	敦煌独存

　　经过比较，我们发现：流传后世之蒙书《千字文》《百家姓》《上大夫》符合比例均占九成以上，后者百分之百符合，可知《上大夫》所选用字皆为古今常用字汇，极适合童蒙识字、习字用；独存于敦煌文献之蒙书《新合六字千文》，作为《千字文》后起扩充本，符合比例自然与《千字文》相当。

　　此外，独存于敦煌文献之蒙书《开蒙要训》《碎金》《白家碎金》《俗务要名林》与《杂集时用要字》，符合比例也达六七成以上。以上五种具有显著乡土色彩、地方方言特色之识字类敦煌蒙书，于唐五代时期在敦煌地区广为流传，然时过境迁、名物更替，仍有大半见于小学学童常用字词调查报告书。由此可见，小学学童常用字词调查报告书很好地继承了中国文字的历史，且与敦煌蒙书比对，很多字都有留存使用。

（三）笔画与部首切合儿童认知发展之要求①

儿童识字是一个复杂的认识过程。常用字的字音、字义，一般在儿童生活经验中已有基础，而字形在儿童是一个全新的因素，所以形与音、义之间的联系是识字教学的关键。② 就文字的难易度而言，笔画的多少、结构的繁简，为优先考虑的因素。艾伟曾以实验探讨笔画数与识字学习的关系③，结果发现笔画的多寡会影响识字的学习，笔画数在 10 画以下的字比较容易识记；笔画数介于 11 画至 15 画之间的字，笔画多者未必比笔画少者难于记识，需视其字形之组织而定；字形由横直线组织而成，笔画数不超过 15 画者，通常较容易辨识。④ 林于弘亦认为生字笔画数上限控制在 15 画以内，较符合儿童认知发展的基本要求。小学学童常用字词调查报告书曾经统计，小学学童常用字词以 11 画及 12 画的字最多，且有超过四分之三的字集中在 7 至 17 画之间。再看识字类敦煌蒙书用字，除去唐五代以来社会变迁、名物更替后，现今无须或不切时代需求的字词外，我们可以发现高达八成以上笔画数在 15 画以内，可知当时对于用字的安排，大多切合学童的能力与认知发展的要求。当然识字类敦煌蒙书也不排除有些笔画较多的难字或俗字，但就整体而言，比例偏少。

再者，就部首而言，识字类敦煌蒙书用字，除去前所提及现今无须或不切时需的字词外，我们可以发现这些单字部首多数为"水、口、木、人、心、手、艹、宀"等，举《开蒙要训》为例，"木"部数量高达 80 多个，

---

① 皮亚杰的认知发展论在教学上具有许多重要的意义，教导学前和小学阶段儿童必须尽量使用具体事例和实物，让学生主动在实物的情境中去试验而获得新知识并发现新讯息。详见林生传《教育心理学》，（台北）五南图书出版股份有限公司 2007 年版，第 20—26 页。

② 沈坚、李山川：《儿童教育心理学》，教育科学出版社 1988 年版，第 273 页。

③ 由于敦煌写本大部分是繁体字，故本文关于笔画的研究，以繁体字为主。

④ 艾伟：《阅读心理：汉字问题》，台湾编译馆 1965 年版。

"手"和"水"部数量亦分别达 70 多个，这些均与人体、植物与自然界密切相关；《碎金》出现与人体相关的部首颇多，其中"手"和"人"部分别高达 70 多个，"口"部亦达 50 多个；《杂集时用要字》数量最多是"木"部，高达 170 多个，其次是"水"部达 140 多个，再来是"艹"部达 120 多个，显示其于植物或农作物多有着墨。这些部首皆为日常接触之具体事物，贴近学童的生活经验，亦符合儿童认知发展的基本要求。它们绝大多数是单字，也是重要的部件，可透过"部首"了解字义，可根据"单字"构词，也可利用"部件"组字，可谓一举数得。因此，此类部首最具有优先学习的价值。① 从部首的分类中，学童不仅能习得文字基本结构，明白初步的字义，进而正确判断字义，以降低错别字出现的比率。

五、结　语

综上所述，识字类敦煌蒙书依其编辑体例，结合汉字形音义的特性，分作三种体式，包括了九种蒙书。古代的识字教学法，主要靠学习者的背诵和记忆。以现代识字教学观点看千年前之敦煌蒙书，应着重字形、字音与字义，三者互有关系，非相互独立，以下依其体式分别论之：

押韵体式敦煌蒙书之识字教学，其一为集中识字法，把字集中一起教学，让学童利用较短的时间，大量、快速地识字，其中又以"基本字带字"为主要教学策略，主要以识别字形为主，进行形、音、义的结合。其二为韵语识字法，自古已有"韵语训蒙"概念，发挥汉字"同音""同韵"的特点和优势，并取其整齐的形式，容易识记内容及背诵，更予人隽永优美之感，所以现今小学语文教科书仍多有所运用。

四声体式敦煌蒙书之识字教学，主要为注音识字法，全书以平、上、去、入四声分类编排，所录词语与学童当时生活有关，大抵形容人的动作、容貌以及事物的情状为主，以反切、直音方式标示语音，它们用来注音的符

---

① 黄沛荣：《汉字教学的理论与实践》，（台北）乐学书局 2001 年版，第 190 页。

号还是汉字，以字注字。在《碎金》或可发现一个词语，前后使用两种不同的标音方式；或者同一汉字，两本蒙书也许会使用不同的标音方式。四声体式敦煌蒙书有的词语虽受到口语俗字、冷僻文字的时代隔阂，但亦有贴近学童生活经验的词语。这些词语除了能让学童针对现代声调与平上去入进行比较以外，也有助于现代学童的识字与生活文化的学习。

分类体式敦煌蒙书之识字教学，主要为字义分类识字法，全书乃针对民间日常生活常用之语汇，按照字义加以分类编排，并标明部类，便于检阅。另一种为部首识字法，运用同一部首偏旁作归类，亦有利于学童记忆文字。《俗务要名林》进一步将与名物相关之实用知识融入文中，方便童蒙知晓，以供日后应用。然而分类并非绝对的界限，不同的归类方式，易受当时社会文化影响。学童阅读此类蒙书，虽以识字入门，但已知晓日常生活所需知识，如同现今教育所强调课程作"跨领域学习"，使学童能将所学运用于真实生活中。

根据统计，识字类敦煌蒙书识字量已能满足人民日常生活运用需求2000多字，其字词仍有半数以上符合小学学童常用字词调查报告书，亦即仍有大半见于现代常用字中。此外，这些文字之笔画数高达八成以上在15画以内，又部首多数为"水、口、木、人、心、手、艹、宀"等，大多为日常接触的具体事物，贴近学童的生活经验，符合儿童认知发展的基本要求。种种结果显示其对现代而言仍具珍贵的价值，仍具丰富的教育意义。

识字是影响阅读能力的关键因素，对学习、工作与生活而言，更是不可或缺的基本能力。为提高儿童的识字学习成效，各种生动、有效的识字教学法不断地蓬勃发展。识字类敦煌蒙书不仅具有珍贵的价值，其蕴含丰富的教育意义，虽有局部内容不免受到时代变迁、名物更替的影响，但仍能提供现代教学者多元的思考与启发，以提升学习者识字的成效。

《百家姓》新解

——附:《对于唐代沈氏郡望的探讨》*

周扬波**

摘要:《百家姓》作为家喻户晓的中国蒙书,其来历及内容,此前仅有南宋王明清和清代王相作有简要解释。笔者在二人基础上,发现《百家姓》第九至第十六位姓氏,皆能在唐宋之交找到对应的大族,时间集中在宋兴至吴越纳土归宋间,地域上集中在吴越、南唐、闽南等南方诸政权中,大体皆为由诸政权入宋之大族。由此得出结论,《百家姓》至少前十六位姓氏,是唐宋之交江南地区为主的社会势力之反映。

关键字:百家姓;蒙书;唐宋之交;大族

《百家姓》是中国家喻户晓的一部蒙学读物,因易诵上口而深入人心。但在耳熟能详"赵钱孙李,周吴郑王;冯陈褚卫,蒋沈韩杨"等言之余,大多数人也许都不会去深思这部书的来由。目前仅见宋人王明清、清人王相对该书姓氏排序作出一定解释,但均不完整。本文在二者基础上得出认识,认为《百家姓》至少前十六位姓氏,是唐宋之交江南地区为主的社会势力之反映。

对《百家姓》来历及内容作出最早,同时也是目前最完整解释的人,是南宋的王明清。他在所著《玉照新志》卷五中说:

---

* 基金项目:2016 年度国家社会科学基金重大项目资助"中国童蒙文化史研究"(16ZDA121)。

** 作者简介:周扬波,历史学博士,苏州科技大学历史系教授,主要研究方向为宋史。

《百家姓》明清尝详考之，似是两浙钱氏有国时小民所著。何则？其首云"赵钱孙李"，盖钱氏奉正朔，赵氏乃本朝国姓，所以钱次之。孙乃忠懿之正妃，又其次则江南李氏。次句云"周吴郑王"，皆武肃而下后妃，无可疑者。

王明清此段文字，与其考《太公家教》为"唐村落间老校书为之"之语相连，"小民""老校书"等谓，其实皆指该类蒙学读物之"浅陋鄙俚"。清人王相在题所著《百家姓考略》中则云：

《百家姓》出《兔园集》，乃宋初钱唐老儒所作。时钱俶据浙，故首赵次钱，孙乃俶妃，李谓南唐主也，次则国之大族。随口叶韵，挂漏实多，识者訾之。然传播至今，童蒙诵习，奉为典册，乃就其所载，粗为笺注。方诸古今《姓苑》、《氏族》诸书。其犹射者之嚆矢也夫！①

两相比较可见，王相基本沿袭了王明清的说法，区别是一言"小民"一言"老儒"，皆为据其粗陋而作推测之词；另外是王明清仅及"周吴郑王"，王相则言"次则国之大族"而语焉不详。笔者同意二者的看法，并在此基础上发现，《百家姓》第九至第十六位姓氏，皆能在唐宋之交找到对应的大族，时间集中在宋兴至吴越纳土归宋间（960—978），地域上集中在其时尚割据的吴越、南唐、闽南等南方诸政权中，大体皆为由诸政权入宋之大族，以下分论之。

(一) 冯

五代末南唐有广陵冯氏，代表人物有冯令頵、冯延巳、冯延鲁。

冯令頵：仕南唐李昪至吏部尚书。

冯延巳（903—960）：一名延嗣，字正中。令頵子，南唐李璟时仕至左仆射同平章事。五代著名词人，以文学得幸于李璟、李煜。

---

① 王相撰，黄曙辉点校：《百家姓考略》序，华东师范大学出版社 2010 年版，第 1 页。

冯延鲁：名或作谧，字叔文，延巳异母弟。与兄并以文学得幸，李煜时仕至户部尚书、常州观察使。子僎，韩熙载知贡举放及第，覆试被黜。后与其弟侃、仪、价、伉入宋，继取名第，南唐公卿家莫有及者。①

又，五代冯氏有冯道（882—954），瀛洲景城人，字可道，自号长乐老。后唐、后晋两朝宰相，又事契丹为太傅，后汉、后周时均为太师。道历事五朝为高官，是五代政坛著名的不倒翁。②《百家姓》虽首以江南大姓为主，但鉴于冯道在五代史上的影响，亦有可能将之作为冯姓的代表。

（二）陈

五代末泉州有仙游陈氏家族，代表人物陈洪进、陈文显、陈文颢、陈文顗、陈文顼。

陈洪进（914—985）：字济川。清源军节度使，名义上臣服于南唐。南唐亡后割据泉漳二州，宋命为平海军节度使。宋太平兴国三年（978）吴越钱俶纳土归宋后亦归附，为南方最后一个消亡的割据政权。入宋随宋太宗灭北汉，封岐国公，谥忠顺。

陈文显：字仲达，洪进长子。洪进割据时为宋命为平海节度副使，累加检校太保。入宋仕至都巡检使。

陈文颢：洪进次子。洪进割据时宋命为漳州刺史。入宋历知数州，以衡州刺史致仕。

陈文顗：洪进三子。洪进割据时为知漳州。入宋历知数州军。

陈文顼：本文显子，洪进为应相者"一门受禄，当至万石"之言，改文顼为己子。洪进割据时宋命领顺州刺史，入宋为通州刺史，改舒州卒。③

（三）褚

褚氏五代无名族。但《百家姓》"随口叶韵，挂漏实多"，本就非体系严

---

① 吴任臣撰，徐敏霞、周莹点校：《十国春秋》卷26《南唐十二·冯延巳延鲁传》，中华书局1983年版，第364—369页。

② 《新五代史》卷54《冯道传》，中华书局1974年版，第612—615页。

③ 《十国春秋》卷93《闽四·陈洪进附文显文颢文顗文顼传》，第1351—1354页。

谨之作。作者既为钱塘人，很可能在成书时随机联想一些较有印象之著姓，则钱塘中古著姓褚氏纳入便为自然之事。其代表人物有褚亮、褚遂良、褚无量等。

褚亮：字希明。南朝陈尚书殿中侍郎，入隋为太常博士，秦王府"十八学士"之一，入唐累迁散骑常侍，谥康。

褚遂良（596—659）：字登善，亮子。唐初名臣，太宗时仕至中书令，受遗诏辅政；高宗朝任尚书右仆射，因反对武则天立后，贬爱州刺史卒。与欧阳询、虞世南、薛稷并称唐初四大书法家。

褚无量（645—719）：字弘度。精礼学，玄宗太子时无量为侍读，及即位，迁国子祭酒，封舒国公，谥文。

褚亮与褚无量同源异支。亮先世为河南阳翟著姓，至其而迁钱塘。无量虽与河南同源，但其先自汉末褚盛即定居盐官，世为钱塘著姓。①

（四）卫

五代末北汉有青州卫氏，代表人物为卫融。

卫融（905—973）：字明远，青州博兴人。后晋天福初进士，仕北汉为中书侍郎同平章事，天会四年（957）为宋所擒。宋太祖责之，融曰"犬吠非其主"而不屈。太祖嘉其忠授太府卿，出知陈、舒、黄三州。子俪、侼，孙齐，并进士及第。②

（五）蒋

唐五代有义兴（今江苏宜兴市）蒋氏，自东汉婺州刺史蒋澄定居义兴以来，世为著族。唐五代代表人物为蒋防、蒋乂、蒋伸、蒋勋等。

蒋防（792—835）：字子征，一作子微，仕至知制诰。唐著名传奇作家，代表作有《霍小玉传》。

蒋乂（747—821）：字德源。少从外祖唐史学家吴兢学，官终秘书监。

---

① 林宝撰，岑仲勉校记，郁贤皓、陶敏整理，孙望审订：《元和姓纂（附四校记）》卷6"褚"条，中华书局1994年版，第868页。

② 《十国春秋》卷107《北汉四·卫融传》，第1524—1525页。

唐著名史学家，代表作有《大唐宰辅录》等。义与父将明曾并为学士，时论荣之。生五子，系、伸、偕皆为良史，仙、佶皆位至刺史。

蒋伸（799—881）：义次子，字大直。宣宗时为史馆修撰、知制诰；仕至同中书门下平章事。①

蒋勋：晋义兴人吴郡太守蒋枢之后。唐末避地婺州东阳，仕吴越为金紫光禄大夫、检校司空兼御史大夫。②

义兴蒋氏入宋亦为名族，代表人物有北宋文学家蒋堂、蒋之奇，南宋宰相蒋芾、状元蒋重珍、词人蒋捷等。另外，《十国春秋》立传的蒋氏闻人，尚有吴国杨行密婿、右威卫大将军蒋延徽，南唐尚书郎蒋廷翊等，但似皆未成名族。

（六）沈

五代吴兴沈氏有丞相 2 人，权知国务 1 人，高官多人，仍可称名族。篇幅所限，兹不赘述，具体参见拙著《从士族到绅族——唐以后吴兴沈氏宗族的变迁》。③

（七）韩

五代有北海韩氏，代表人物韩熙载。

韩熙载（902—970）：潍州北海人，字叔言。父光嗣为后唐平卢观察支使，坐事诛后熙载奔南唐，仕至中书侍郎，充光政殿学士承旨。熙载才气逸发，书画隽绝一时，为当时风流之冠。后主欲大用之，特蓄妓自污以避相。卒赠右仆射同平章事，谥文靖。子畹官奉礼郎，伉官校书郎。④

---

① 《新唐书》卷 132《蒋义附伸传》，中华书局 1975 年版，第 4531—4535 页。
② 《十国春秋》卷 85《吴越九·蒋勋传》，第 1241—1242 页。
③ 周扬波：《从士族到绅族——唐以后吴兴沈氏宗族的变迁》，浙江大学出版社 2019 年版，第 119—134 页。
④ 《十国春秋》卷 28《南唐十四·韩熙载传》，第 397—399 页。

（八）杨

五代有合肥杨氏，吴国王族。代表人物杨行密。

杨行密（852—905）：字化源，庐州合肥人。吴国创建者，在位四年。卒后长子渥、次子隆演、四子溥先后继位，937 年国亡。传位凡四主，共 35 年。

又有沙陀族杨氏，代表人物杨光远，杨承勋，杨承信。

杨光远（？—945）：沙陀部人，初名阿檀，避后唐明宗讳改光远。仕后唐为检校尚书右仆射，入后晋拜太师，封寿王。召契丹入寇，子承勋囚之归后晋，伏诛。

杨承勋（？—947）：光远长子。以父荫历光、濮州刺史，父叛，与弟囚之归晋，授郑州防御使，为契丹杀。①

杨承信（921—964）：契丹灭后晋，以承信继父职为平卢军节度使，仕后汉历安、鄜州刺史，入后周以功擢同平章事。宋初兼侍中，进封赵国公，弟承祚为后晋右骁卫将军，孙松为宋奉职郎。②

吴国王族杨氏 937 年亡国，被南唐软禁于泰州，之后男女自相通婚，境况凄凉，且于显德三年（961）族灭于南唐尹廷范。③ 而沙陀杨氏杨承信支入宋较显，《百家姓》杨指该族可能性较大。但《百家姓》并不严谨，亦可能兼指二族。

综上所述，《百家姓》第九至十六位的八个姓氏，均为唐五代的王族或相族，其中五代王族二姓（陈、杨），五代相族四姓（冯、卫、沈、韩，韩为赠相，被民间视为相族是自然之事），唐相族两姓（褚、蒋）。其中前六姓皆有人物活动于宋兴至吴越纳土的十八年间，除韩外五姓皆入宋并富贵而终。褚、蒋二姓的例外，表明《百家姓》并非严格意义上的姓书。但五代去唐未远，"钱塘小民"编著《百家姓》时受到前述《氏族志》等姓书的影响，大体按照其时各族社会地位排定姓氏，亦是自然之事。

---

① 《旧五代史》卷 97《杨光远附承勋传》，中华书局 1976 年版，第 1290—1293 页。

② 《宋史》卷 252《杨承信传》，中华书局 1977 年版，第 8857 页。

③ 《十国春秋》卷 3《吴三·睿帝本纪》，第 57—78 页。

附：对于唐代沈氏郡望的探讨

郡望是士族出产地的标记，但由于唐代推行科举等中央化政策，士族纷纷向两京及其周边地带迁徙，从而疏离了祖居地，宗族共同体逐渐溶解。郡望也逐渐演变成为泛化的姓望，而渐失门第之意，这一标志着士族衰落的过程，大体是在唐代完成的。① 因此，研究郡望以及姓望，可以深刻揭示士族的变迁历程。目前关于《百家姓》的各类论著，对于郡望留意甚少也用力不深，兹以沈氏为例，对其在唐代这一关键时期的郡望作一探讨。

（一）"吴兴沈氏"在唐为郡望而非姓望

郡望发展成姓望大体在唐代完成，但历史的演变并不那么整齐，具体到沈氏来说，吴兴郡在唐代一直是作为郡望使用，似尚未见到姓望之例。

吴兴郡始设于三国吴宝鼎元年（266），由吴末帝孙皓为镇山越以保护其父废太子孙和在此地之陵而设，为湖州郡治之始。大体在晋宋之际，吴兴已成为其地沈姚丘钮四大著姓的郡望，稍晚长城（今湖州市长兴县）钱氏亦称吴兴钱氏。

唐代吴兴未作沈氏姓望使用，主要是因为其族支较为单纯。《元和姓纂》载沈氏郡望仅二，首为吴兴武康，汉唐间沈氏闻人皆荟萃其间；二为邺郡内黄，仅沈佺期一支，但在其下又言"状云本吴兴人"。又沈佺期封吴兴县男②，"唐宋封爵必取本望"③，此似亦可为二者同源之证。《新唐书·宰相世系表》则仅列吴兴一支。郡望泛化成为姓望，主要原因是一姓多源，当原郡望所在士族普遍衰落之时，某一相对突出的郡望就会被同姓冒认，从而自门第

---

① 郭锋：《郡望向姓望转化与士族政治社会运动的终结——以清河张氏成为同姓共望为例》，《中国社会历史评论》第 3 卷，第 74—87 页。

② 董斯张：《吴兴备志》卷 27《瓛征第二十四之一》，1914 年吴兴丛书本，第 2a 页。

③ 顾炎武撰，黄汝成集释，秦克诚点校：《日知录集释》卷 31《昌黎》，岳麓书社 1994 年版，第 1104 页。

标志泛化成为无谓的标榜。"民间嫁娶,名帖偶一用之,言王必琅琊、言李必陇西……其所祖何人,迁徙何自,概置弗问"①,品牌式的郡望至此成为招牌式的姓望。清河郡在唐代演变成为天下张氏的共同姓望便是显例,但这并不适用于沈氏。

明代湖州人董斯张言:"沈自唐以前,吴兴而外无闻人"②,大体可以成立。自东汉沈戎定居乌程以来,汉魏六朝沈氏人物,皆荟萃于吴兴武康。吴兴沈氏宗族规模性外迁,始于隋初离散宗族,其时部分宗人被迁,如沈光流寓长安,但为数不多。唐代在科举导致的中央化与城市化下,沈氏宗人尤其精英分子大量外迁,但他们与故乡的关系基本可以觅见,故外迁者称"吴兴沈氏"是郡望之使用。前列墓志铭表中迁至两京数代者尚称"吴兴人",便属此例。唐代其他沈氏闻人而贯非吴兴者,也大体可以找到其与吴兴的联系。《唐才子传》7位沈姓人物,仅沈佺期及沈彬、沈廷瑞父子共3人贯非吴兴,沈佺期"状云本吴光人",沈彬父子与吴兴亦有关系。传云沈彬为筠州高安人,但《太平广记》引《稽神录》云:

> 吴兴沈彬,少而好道,及致仕归高安……初,彬恒诚其子云:"吾所居堂中,正是吉地,即葬之。"及卒,如其言。掘地得自然砖圹,制作甚精,砖上皆作"吴兴"字。③

《唐诗纪事》则云:

> 彬乾符中值驾起三峰,四方多事,南游岭表二十余年。回吴中,江南伪命吏部郎中致仕。④

---

① 钱大昕撰,杨勇军整理:《十驾斋养新录新注》卷12《郡望》,上海书店出版社2011年版,第227页。

② 《吴兴备志》卷8《人物征第五之一》,第7b页。

③ 《太平广记》卷1之第54《神仙·沈彬》,中华书局1961年版,第337页。

④ 计有功辑撰:《唐诗纪事》卷71"沈彬"条,上海古籍出版社2013年版,第1054页。

此处云"回吴中"，故周本淳先生于《唐才子传校正》中，疑沈彬本为吴兴人，后居高安。① 另外著名者尚有润州人沈颂、沈如筠，《嘉泰吴兴志》均将其收入，谈钥著志较为严谨，应亦有据。

（二）对两种敦煌残谱的辨析

中古谱牒留存至今数量很少，如《元和姓纂》之类姓书已为稀见，而敦煌文献中，存有《敦煌唐写姓氏录残卷》（藏国家图书馆，下简称国图藏谱）、《新集天下姓望氏族谱》（藏英国伦敦不列颠博物馆，下简称伦敦藏谱）两种唐代氏族谱残卷，弥足珍贵。虽为残卷，所幸均存有湖州郡姓，特引用于下：

> 吴兴郡七姓　胡州姚明丘钮闻施沈（《国图藏谱》）
> 湖州吴兴郡　出十六姓沈钱姚吴清丘放宣萌金银阴洗钮木明（《伦敦藏谱》）②

毛汉光先生认为二谱均为唐代士大夫私修氏族谱，《国图藏谱》约修于 742—758 年间，保留唐初高士廉《氏族志》初修本外壳而内容略变，可能为李林甫纂《天下郡望姓氏族谱》所抄袭之蓝本；《伦敦藏谱》约修于820—872 间，其承袭关系已难考证。并认为二卷由于流行于士大夫间，故可能比官修谱更可反映唐代社会实况，《国图藏谱》反映唐前半期，《北平藏谱》反映唐后半期。

目前研究敦煌残谱者如毛汉光、郭锋等先生，均认为残谱郡姓排名反映着当时各族的社会地位。若据此判断，沈氏在《国图藏谱》中于本郡七姓中排名最末，于《伦敦藏谱》中上升到本郡第一，反映出吴兴沈氏自唐前期

---

① 辛文房撰，周本淳校正：《唐才子传校正》卷10"沈彬"，江苏古籍出版社1987年版，第320页。

② 转引自王仲荦《隋唐五代史》（上册），上海人民出版社1988年版，第158页。《国图藏谱》相关内容，毛汉光《敦煌唐代氏族谱残卷之商榷》（上海书店出版社2002年版，第441页）一文中整理为"吴兴郡七姓（胡州）姚明丘钮闲施沈"，大误，王仲荦整理为是。

到后期社会地位有一个明显攀升的过程，这与沈氏在唐前后门第一直延续的史实相违背。上引二谱中，至少《国图藏谱》所示吴兴郡姓排名与实际情形大相径庭。汉唐间吴兴郡人物，无有如沈氏之盛者。即以唐前期而论，四支著房高官蝉联，尤其前有开国元勋沈叔安，后有宰臣沈君谅，贵盛皆为他姓不可比拟。列于沈姓之前的六姓的确均望出吴兴，其概况见下：

1. 姚：为吴兴旧族，自东汉初青州刺史姚恢迁乌程，于汉末孙吴之际起，此后长期衰微，重振于南北朝后期，入唐而宦位荣显。[①] 唐代姚氏显宦多为武康外迁者，主要为京兆万年支与陕州硖石支。万年支闻人有秦王府十八学士之一、太宗弘文馆学士姚思廉（557—637），武周同凤阁鸾台平章事姚璹（632—705，思廉孙），睿宗户部尚书姚珽（641—714，璹弟），硖石支闻人有武周同凤阁鸾台三品、玄宗名相紫微令姚崇（650—721），文宗朝给事中、名诗人姚合（775—854后，崇曾孙）等。[②]

2. 明：《百家姓考略》谓望"吴兴郡"[③]，不知何据。《古今姓氏书辨正》谓"望出平原"[④]。明氏闻人皆出平原鬲县，南渡后侨居江苏境内。家传经学，"南度虽晚，并有名位，自宋至梁为刺史者六人"[⑤]，著者有梁北兖州刺史明山宾等。唐代明氏闻人有山宾五世孙、高宗正谏大夫明崇俨（？—679）。[⑥]

3. 丘：亦为吴兴旧族。汉平帝时扶风丘俊持节安抚江淮，属王莽篡位，迁乌程，后为吴兴巨族。闻人有东汉大司马丘腾，刘宋吴兴太守、书法家丘道护，齐骁骑将军、文学家丘灵鞠，梁司徒从事中郎、文学家丘迟（灵鞠子），梁豫章内史丘仲孚（灵鞠从孙）等。吴兴丘氏入唐已渐凋零，《元和姓纂》卷五"丘"条仅列以下数人：

---

① 王永平：《中古吴兴武康姚氏之家风与家学——从一个侧面看文化因素在世族传承中的作用》，《扬州大学学报》2003 年第 2 期。

② 邓名世撰，王力平点校：《古今姓氏书辨正》卷 10 "姚"，江西人民出版社 2006 年版，第 149 页。

③ 《百家姓考略》，第 20 页。

④ 《古今姓氏书辨证》卷 16 "明"，第 230 页。

⑤ 《南史》卷 50 《明山宾传》，中华书局 1975 年版，第 1243 页。

⑥ 《旧唐书》卷 191 《明崇俨传》，中华书局 1975 年版，第 5097 页。

　　（丘迟）五代孙仲升，唐武临尉。宋，西卿侯。丘道让，亦俊后。
七代孙悦，岐王傅。昭，文学右常侍。邱为，吴郡人。弟丹，仓部员
外左司郎中。邱鸿渐，贝州人。生绛，兼中丞。

　　其中丘为、丘丹、丘绛以文名著，但官品不高；丘悦、丘昭较显，但与沈氏
相去其远。《元和姓纂》又列丘和一支，于唐最显。和军功起家，高祖时拜
稷州刺史；和八子皆贵，三子行恭为高宗朝大将军、冀陕二州刺史，行恭子
神绩为武周大将军。但此支望为河南，姓出北魏鲜卑，与吴兴异源。①

　　4. 钮：为中古吴兴唯一的一个土著大族。汉魏六朝簪组蝉联，著者有汉
关内侯钮馥、吴尚书令钮淑、晋孝廉钮滔，陈广德侯钮景明，吴景帝、陈武
帝二钮皇后。②钮氏唐无闻人，各姓书皆不著录。

　　5. 闻：《百家姓考略》称望"吴兴郡。系出闻人氏，改闻氏"③。唐之前
似未见闻姓者，而闻人氏较显，有汉太子舍人闻人通汉、汉太尉闻人袭、东
晋督护闻人奭、隋末吴郡太守闻人遂安等。④闻姓名人多在宋以后，唐代未
见显人，此谱正好提供了闻人改为闻氏约在唐初的信息。

　　6. 施：吴兴旧姓。主要显于汉晋间，有汉太尉施延，晋中蠲侯施彬、尚
书施平畿等。唐代著名者有由隋入唐的桃州刺史施世瑛，玄宗朝集贤修撰施
敬本，元和进士、隐士、诗人施肩吾等。⑤

　　唐代编订《氏族谱》是一件十分严肃的事情，士族须对谱"精加研
究"，以明"郡姓出处"，以"通婚媾"。即士族通婚必须在谱中所列诸族之
中选择，而不得擅自作主。而且这种规定由法律护航，"婚官混杂，或从贱
入良，营门杂户，慕容商贾之类，虽有谱，亦不通。如有犯者，剔除籍"⑥。
士人私修氏族谱，当亦出于同样目的，但由于个人谱学造诣有异，水平自然

---

① 《元和姓纂（附四校记）》卷5"丘"条，第707—709页。
② 《嘉泰吴兴志》卷16《贤贵事实上》。
③ 《百家姓考略》（单卷本），第42页。
④ 凌迪知：《万姓统谱》卷128"闻人"，上海古籍出版社、文渊阁四库全书1987年版，第
　957册，第742页。
⑤ 凌迪知：《万姓统谱》卷4"施"，第956册，第138—140页。
⑥ 《敦煌唐写姓氏录残卷》（藏国家图书馆）。

参差不齐。通过以上排比，可以见出《国图藏谱》郡姓排名有一定的随意性。钮氏唐无闻人，应属于日本汉学家池田温所言纪念碑意义的"空望"，却列于第四。施人物稍盛于闻人（而非闻），却置于第六。明氏人物皆称望出平原，此置于吴兴下，且排名第二。尤其严重的错误，是将"湖州"讹为"胡州"（类似错误不在少数，见王仲荦整理稿）。可见残卷作者文化水准实为有限，其对诸郡姓排名，尤其将沈氏列于最末之举，不可据信。

《伦敦藏谱》对于沈钱姚丘钮等旧姓排名大致可信，但清、放、宣、萌、银、阴、洸、木数姓人物均未见于今存湖州方志。这可以有两个解释，一是此数姓属于倏起而落的庶姓，仅在短时段内拥有影响；另一是王仲荦先生的读解或有讹误，正如毛汉光先生将《国图藏谱》中的"钮"误作"纽"，"闻"误作"闲"。上列数姓中，"木"姓与"水"姓形近，水氏郡望吴兴①，此"木"当为"水"之讹。"放"应为"施"之误，施氏概况已见前述。其余不明，待考。

---

① 《百家姓考略》，第9页。

概念史视阈下"蒙学"内涵的演进*

江露露**

摘要："蒙以养正"是中国传统文化中优秀的启蒙教育思想，是古代儿童启蒙教育的价值追求。本文从概念史视阈出发，从古典典籍的词意溯源、历代蒙学发展概貌，以及"千年未有之大变局"社会转型时期的教育改革分析了蒙学的历史建设与发展问题。通过比较研究鸦片战争前后、清末新政改革时期以及民国教育史叙评的蒙学内容，分析考察了蒙学概念内涵的演进。研究发现，历史中的"蒙学"在传授知识、教授对象、师资选聘、办学机构和学制建设方面均不断朝着制度化的方向发展。特别在近代教育改革进程中，蒙学建设呈现出"中体西用""善假于物""承古开新"的特点。

关键词：蒙学；概念史；比较研究

关于"蒙学"内涵的学术讨论，近四十年来诸多学者都有深入研究。郑阿财1990年以唐五代至宋初的敦煌文献史料为基础提出了"敦煌蒙书"的概念。郑先生认为，所谓蒙书是指蒙养阶段所使用的教材，盖取义于《周易》蒙卦的象辞"蒙以养正，圣功也"，所以也称为"蒙养书"；又因其教育

---

* 基金项目：2016年度国家社会科学基金重大项目"中国传统文化教育资源的开发利用研究"（16ZDA230）。

** 作者简介：江露露，北京师范大学教育学部中国教育史博士，西安文理学院讲师，主要研究方向为儿童启蒙教育、传统文化教育。

对象是正式入学前的小儿，因此也有称为"小儿书"的。① 同时，"蒙书施教的对象是学龄前的儿童，其次是失学的儿童，再次是一般成人实用的补习教育。"② 黄正建认为，有必要依据敦煌蒙书中作者写书意图区分"蒙书"和"童蒙书"，将为一般民众撰写的称为"通俗蒙书"，而"明确为儿童编纂的则属于童蒙书"③。二人围绕撰写书意图、施教对象、真实用书的学习者范围探讨了"蒙书"的命名问题，这些实际已经涉及到启蒙教育活动的基本三要素：施教者、学习者、教育内容。

朱凤玉结合唐代"蒙求"体例的书籍编撰历史指出：唐代"蒙求体"影响深远，"乃有统称童蒙用书为'蒙求'"的现象，后世将这类供蒙学教学之用、为启蒙教育而编的蒙养教材称为"蒙书"④。这是从学习者"求知若渴"的角度，谈到了蒙书编撰的启蒙价值。张新朋研究发现，诸如《急就篇》《千字文》《开蒙要训》《太公家教》《兔园策府》《三字经》等传统启蒙读物后流传到古代朝鲜、日本、越南等国后，成为了"汉字文化圈"中各国的"童蒙案头书"⑤。由此可知，中国古代的蒙书，不仅在本土历史中具有重要意义，在古代周边各国也颇具影响。

金滢坤通过史料考源指出，"蒙书"作为书名出现在宋代⑥，宋太宗时期便有文献记载种放"著《蒙书》十卷，人多传之"⑦。近代之后，"蒙书"开始以"课本"之名出现。1896 年，南洋公学外院自编一套《蒙学课本》用于儿童启蒙，适用于"十岁内外至十七八岁止聪颖幼童"⑧。夏晓红对此进行

---

① 郑阿财：《中国蒙书在汉字文化圈的流传与发展》，《首都师范大学学报》2018 年第 1 期。

② 郑阿财：《中国蒙书在汉字文化圈的流传与发展》，《首都师范大学学报》2018 年第 1 期。

③ 黄正建：《蒙书与童蒙书——敦煌写本蒙书研究刍议》，《敦煌研究》2020 年第 1 期。

④ 朱凤玉：《蒙书的界定与〈三字经〉作者问题》，《童蒙文化研究》第 5 卷，人民出版社 2020 年版，第 77—81 页。

⑤ 张新朋：《东亚视域下的童蒙读物比较研究》，《浙江社会科学》2015 年第 11 期。

⑥ 金滢坤：《论蒙书的起源及其与家训、类书的关系——以敦煌蒙书为中心》，《人文杂志》2020 年第 12 期。

⑦ 曾巩：《隆平集校证》卷 14《侍从·种放》，中华书局 2012 年版，第 284 页（转引自金滢坤一文）。

⑧ 何嗣焜：《呈"外院章程"文》，盛宣怀《南洋公学先设师范院折》，参见《交通大学校史》撰写组编《交通大学校史资料选编》第 1 卷，西安交通大学出版社 1986 年版，第 51 页。

研究后指出，晚清蒙学一般来说"所涵盖的年龄段很宽，知识水准也很不均衡。"① 整体上看，徐梓则认为："蒙学是一个特定层次的教育，是特指我国古代对儿童所进行的启蒙教育。"②

实际上，无论是"蒙书"还是"蒙学的课本"，只是说法不一。作为蒙学的"教材"，它承载和反映了古代、近代启蒙教育的教育内容。但如果仅研究"教材"，或许"教材"所能呈现出的蒙学样貌会稍显单薄。因此，诸多研究者开始拓展研究的角度和切入点，或是借助多种类"史料"或是引入新的研究视角来进一步开展研究。本文将借助"概念史"这个历史理论分析工具，拓展原有研究范式，对以"养""蒙"为主线的蒙学内涵进行历史考察。

一、概念史视阈与研究范式

人文学科与理科不同，一个名词的概念内涵通常会随时代变迁而有所变化。因此，概念内涵的历史变化和发展也逐渐成为研究者开展历史研究的纵向视阈。概念史作为西方现代历史研究的范式，最早来自 20 世纪 60、70 年代的德国史学家柯史莱克（Reinhart Kosel leck）和赖夏特（Rolf Reichardt）。二人以考察社会史变迁为出发点，提出语言概念对于时代变迁能够起到"标志器"的作用。③ 70 年代末，英国剑桥学派的斯金纳（Quentin Skinner）从政治思想史出发认为，可以通过言语行动的政治视角考察某一概念在不同的历史语境中的内涵变化，借助"概念分析"来理解语言行动背后的政治意义。④

---

① 夏晓红：《〈蒙学课本〉中的旧学新知》，《清华大学学报》（哲学社会科学版）2009 年第 4 期。

② 徐梓：《"蒙学热"透视》，《中国典籍与文化》1992 年第 3 期。

③ Historische Semantik und Begriffsge—schichte（《历史语义学和概念史》），1979；*The Practice of Conceptual History*（《概念史的实践》），Stanford University Press，2002. 转引自黄兴涛《概念史方法与中国近代史研究》，《史学月刊》2012 年第 9 期。

④ Quentin Skinner，The Foundations of Modern Political Thought（《现代政治思想的基础》）（Volume1：The Renaissance），Cambridge University Press，1978.

　　德、英学者将语言、言语背后的政治含义作为寻找历史线索的切入点，这使得概念史分析成为了"一种认知转型期整体历史的独特视角或方法。"① 通常，研究者围绕某一历史主题，想要去捕捉古代名词的基本概念内涵时，就需要回到其所使用的时代，结合时代语境和当时的现实状况来分析和理解其涵义。相同的名词概念在不同的历史时段里或许内涵的明朗程度并不相同。当研究者将历史时段中的名词内涵接连成串时，该历史主题才可以以较为有序的方式清晰地呈现在人们眼前。正如黄兴涛所言："'概念史'着眼的是'概念'，关注和究心的却是'历史'，它试图通过对历史上某些特色或重要概念的研究，来丰富和增进对于特定时期整体历史的认知。因此，也有人将其视为一种历史研究的范式。"② 本文将借鉴这一研究范式，以《易》中"蒙以养正"中的"蒙""养"为词源线索，进行典籍和历史进程的概念史爬梳，分析蒙学内涵的历史演进过程。

二、典籍溯源："蒙"与"养"概念内涵

　　作为古代启蒙教育的物质载体，"蒙养书"直接反映出了古代蒙学的教育内容，从而深层次地体现出传统蒙养思想。然而，若想进一步追溯传统中国的蒙养思想的内涵，则需要在儒家经学典籍中寻找答案。正如孙江所言："概念史研究关心文本，要追究词语如何演变为概念，有必要对涉及国家、政治、文化的重要文本进行研究。"③ 借助我国独特而强大的文字传承系统，在典籍文献的文本记录中，我们可以捕捉到"蒙"与"养"的基本词源内涵，并为之后蒙学思想的历史塑造奠定基础。在中国经典传世文献中，蒙养思想源于群经之首《易》中的蒙卦："蒙以养正，圣功也。"蒙卦虽没有直接指出"蒙"的内涵，但却指出了"蒙"的目的所在和意义价值："蒙"的目的关键在于"养正"，如果能做到这一点，那就是一项功德无量的

---

① 黄兴涛：《概念史方法与中国近代史研究》，《史学月刊》2012 年第 9 期。

② 黄兴涛：《概念史方法与中国近代史研究》，《史学月刊》2012 年第 9 期。

③ 孙江：《概念、概念史与中国语境》，《史学月刊》2012 年第 9 期。

事情。

（一）蒙

《说文解字》说："籀文作蒙。今人冒皆用蒙字为之。"① 汉代郑玄注：蒙，幼小之貌，齐人谓"萌"为"蒙"也。张舜徽先生对此加以解释：《说文》谓"萌，草生芽也。"② 即说，草芽生长需要养料。

孔子给《易》作传之后，蒙卦象辞有曰："蒙以养正，圣功也。"③《尚书大传》有曰："天下蒙化，皆贵贞悫。"④ 东汉太守应劭在讲述"五帝"一篇时，提到"言其承文，易之以质，使天下蒙化，皆贵贞悫。"⑤ 王利器先生在给《风俗通义》做校注时，引用《拾补》说："《御览》，'蒙'作'遵'。"⑥ 由此大体可知，五帝时期，天下"蒙化"或"遵化"的方向以"贞悫（坚贞诚信）"的品质为贵，当时的治世者已经注意到，文教能够塑造良好社会风尚，因此国家倡导文教开始成为治国理政的方针之一。

《周易·序卦传》有曰："蒙者，蒙也，物之稚也。"⑦ "物生必蒙，故受之以蒙。"⑧ 即认为任何事物生来就是必然处在等待开蒙的状态，推至幼童，亦是如此。到了唐代，《经典释文》说："蒙也，稚也。"⑨ "蒙"也被看作是处在稚嫩、未知的状态，蒙者的蒙昧状态正是将要获得发展之前的稚嫩阶段，因此应对其授之以开蒙之教，助力其发展。此处，将"物生必蒙""蒙也，稚也"与"天下蒙化"结合来看，不难推知古代民众教育、儿童教育与国家政治风貌塑造之间有着紧密的关系，即：应让民众（重视教育之后从童

---

① （东汉）许慎：《说文解字》，中州古籍出版社 2006 年版，第 46 页。

② 张舜徽：《张舜徽集·旧学集成广文字蒙求》，华中师范大学出版社 2008 年版。

③ （三国·魏）王弼注：《周易》，《十三经古注》第 1 册，中华书局 2014 年版，第 5 页。

④ （清）皮锡瑞，《尚书大传疏证》，光绪丙申师伏堂刊。

⑤ （东汉）应劭：《风俗通·皇霸·五帝》，出自王利器校注《风俗通义校注》，中华书局 1981 年版，第 10 页。

⑥ （东汉）应劭：《风俗通·皇霸·五帝》，出自王利器校注《风俗通义校注》，第 12 页。

⑦ （晋）韩康伯注：《周易·序卦传》，《十三经古注》第 1 册，中华书局 2014 年版，第 62 页。

⑧ （晋）韩康伯注：《周易·序卦传》，《十三经古注》第 1 册，第 62 页。

⑨ （唐）陆德明撰，黄焯汇校：《经典释文汇校》，中华书局 1983 年版。

蒙开始）去除蒙昧，受到开蒙教化，这样便能成就"养正之功"。南宋朱熹将此脉络集为大成，认为"童蒙，幼稚而蒙昧"①，因此尤要重视童蒙成长过程中的"端蒙"，朱熹眼中，将每个儿童培养为"圣贤坯模"，此方为启蒙教育之理想。正如他在一首训蒙诗中所写："孩自幼良知发，此亦心蒙尚未开。既壮蒙开超万欲，良心反丧亦哀哉。"②朱熹强调儿童启蒙教育应当发端纯良。由此，蒙、幼、童蒙，三个名词在典籍文献中逐渐得以关联。

（二）养

"养"与"蒙"在儒家经典中时常在句子中相连。如前所举例《周易·序卦传》中便有："蒙者，蒙也，物之稚也。物稚不可不养也。"③稚嫩之物，需要养分才可获得成长。随着《易》在古代政治、教化中不断得到重视，"养"的内涵除了指幼童成长所需的衣食之物外，还包含了幼童成长过程中的德行品性塑造。并且，随着儒学的发展，"养"在儒学的脉络里，逐渐被赋予了孟子"吾善养吾浩然之气"的人文内涵。④

> 孟子曰："我知言，我善养吾浩然之气。"公孙丑再追问："敢问何谓浩然之气？"孟子回答："其为气也，至大至刚，以直养而无害，则塞于天地之。"⑤

孟子所推崇和赞赏的"浩然之气"，是一种无害的至大至刚的正气；用正直的方式去培养它，它就会充满上下四方，无所不在。培养这样的浩然之气时，不可揠苗助长，而要时刻记住"养"的方向，不能违背其生长规律。以这样的方式"养"人，将来孩童长大了，就可以做一个有担当、有社会责

---

① （宋）朱熹：《童蒙须知》，收录在（清）张承燮辑《东听雨堂刊书·儒先训要十四种》，清光绪二十七年胶州听雨何时轩刻本。
② （宋）朱熹：《训蒙诗百首》，光绪七年津河广仁堂所刻书本。
③ （晋）韩康伯注：《周易·序卦传》，《十三经古注》第1册，第62页。
④ （战国）孟子：《孟子》，杨伯峻、杨逢彬注释，岳麓书社2000年版，第47页。
⑤ （战国）孟子：《孟子》，杨伯峻、杨逢彬注释，第47页。.

任感的大丈夫。这便是将孩童"养"为"大丈夫"的过程。

东汉许慎《说文解字》也有曰："育，养子始作善也。"这样的思想，发展到唐代，被看成是"至圣之功"。唐代孔颖达在解读《易·蒙》"蒙以养正"时，作疏曰："能以蒙昧隐默，自养正道，乃成至圣之功。"[1] 南宋朱熹在此后，更是认为童蒙应当"陶冶身心，涵养德性"[2]。到了清末，陈弘谋在辑《养正遗规》强调："弘谋辑养正规，特编此为开宗第一义，使为父兄者共明乎此，则教子弟得所向方。自孩提以来，就其所知爱亲敬长，告以此为人之始，即为学之基。切勿以世俗读书取科名之说，汩乱其良知，庶耳所习闻，儿时亦晓然所学为何事。"[3] 陈弘谋在《养正遗规》中强调了儿童在"学之基""人之始"时所应获得教育的方向，即"闲其放心，养其德性，为异日进修上达之阶"[4]。

蒙以养正，既包括饮食之需，也包括对人成长过程中德行品性养成。儒家所讲求的正气、正义、正道，就是通向圣贤的路径，这也是孟子讲善"言必称尧舜"的原因。"养"的概念内涵在历史塑造中不断被赋予儒学的人文内涵，日益注重一个人成长过程中的修身。

（三）养蒙之道

由于《易》在古典文献中的崇高地位，后世文献"养""蒙"常常连用。从古汉语的角度看，"养蒙""蒙养"的表述其实并无太大区别，都是两个词（古代汉语单音节为词）的并用。在古人看来，治世者只有学习典籍中所蕴含的政治生活道理，才能成为真正的圣人，而学习的起点在于通过具体事例进行养蒙。从汉代王弼《周易注》开始，儒者就强调："以蒙养正，以明夷莅众。"[5] 到了清朝，养蒙、蒙养被认为体现了《周易》的根本精神。例如，

---

① （唐）孔颖达疏：《周易正义》，出自（清）阮元《十三经注疏》清嘉庆刊本第 1 册，中华书局 2009 年版，第 36 页。

② （南宋）朱熹：《训学斋规》（又叫《童蒙须知》），收录于（清）张承燮辑《东听雨堂刊书·儒先训要十四种》，清光绪二十七年胶州听雨何时轩刻本。

③ 《养正遗规》，出自（清）陈弘谋辑《五种遗规》，清光绪二十年湖南益元书局刻本。

④ 《养正遗规》，出自（清）陈弘谋辑《五种遗规》。

⑤ （魏）王弼注：《周易卷四下经》，出自《十三经古注》第 1 册，第 27 页。

清代伊光坦上表雍正劝说其重振儒学时说："请崇圣学，《易》端蒙养。"①

具体而言，何为"养蒙之道"呢？隋代王通认为，注重通过儒家经典来进行"养蒙"是使治世者成为"圣人"的具体路径。②北宋张载用《正蒙》构建了一个宏观抽象的蒙学哲理体系，强调在唐代儒释道思想激烈碰撞的历史之后，国家社会对人的启蒙应该回归儒学正道。程颐认为："养蒙之道也，未发之谓蒙，以纯一未发之蒙而养其正，乃作圣之功也。发而后禁，则扞格而难胜，养正于蒙学之至善也。"③后来南宋朱熹将此前诸多理学大家对儒家典籍的新释意进行了集大成，在《训蒙诗》中对《易》的蒙卦及内涵进行了深刻的刻画，并在此基础之上在语录体的讲学过程中建构了一套培养"圣贤坯模"的儿童启蒙理论。明代，儒者则逐渐开始连用此二字，并使之上升为开展儿童教育为国家培养之才的"养蒙之道"理论。例如，明代李东阳"顾人才日盛，而籍额有定员，则养蒙蓄锐以待天下之用者，虽多不厌。"④

到了清代中后期，由于遭遇外国冲击较大，社会在变迁过程中涌现出儒士编纂的各类"遗规"和"金鉴"，以此来向世人讲述传统蒙养的理念和养蒙之道，希望能够在社会动荡之时传承优良的传统文化根基。比如此前所述清末陈弘谋将前人启蒙育人之道辑录为《养正遗规》，而林之望则著有《养蒙金鉴》一书⑤，给世人一一罗列古代"学有所成"的典范，强调蒙养之道的重要。《养蒙金鉴》汇集1岁至20岁的历史名人，以"岁"排序，在每个年龄段详细列举十几甚至是几十例证，作为世人养蒙儿童的参考借鉴。从《易》到《养蒙金鉴》，古代蒙学以塑造圣贤人格品性为目标，在不断注重养蒙之道的历史发展进程中，"养正气""养品性"逐渐成为传统儿童蒙养阶段的重要内容。

---

① 赵尔巽撰：《清史稿·列传二百五十九伊克坦》，中华书局1998年版。

② （隋）王通：《中说》卷九立命篇，台湾文渊阁《四库全书》第696册，台湾商务印书馆2003年版，第571页。

③ （宋）程颐：《伊川易传》，出自《文渊阁四库全书》第9册，台湾商务印书馆2003年版，第174页。

④ （明）李东阳：《重建首阳书院记》，出自《文渊阁四库全书》1250册集部别集类189卷《怀麓堂集》卷65，台湾商务印书馆2003年版，第678页。

⑤ （清）林之望：《养蒙金鉴》，北京师范大学古籍馆藏。

三、鸦片战争前后蒙学知识的比较分析

鸦片战争开始，近代中国进入了"千年未有之大变局"，但总体而言，鸦片战争之前，清代蒙学大体延承明代。明代吕坤认为，传统蒙学的学习内容"八岁以下者先读《三字经》，以广见闻，《百家姓》以便日用，《千字文》亦有义理。"[①] 后来明清各地方的启蒙教育多以"三百千"为主。不过，到了清中后期，"三百千"之外，还增加了《弟子规》。有研究者指出，清中后期《弟子规》在民间的流传度甚至超过了《三字经》："周保璋所著的《童蒙记诵编》所说，《弟子规》的盛行，甚至使从元初产生、明朝中后期开始逐渐被人认识、清初以来长期风行的《三字经》也几乎废弃。"[②]

鸦片战争时期的蒙学，则在此前蒙学基础上有了更多补充，特别是蒙书所涉及的范围已经有所扩充。根据清代县志史料记载，官方对童子发蒙所读之书其实有明确建议："各蒙童以本府所刊之《小儿语》《小学诗礼》《圣谕广训》为先，三书既熟，然后再读《小学》、'四书'、'五经'"，"盖贫民子弟不能望其个个成就，读至十四五岁即要学习农家事务，若能读次三种书记，心中即知孝、弟、忠、信、礼、义、廉、耻为人治家之道，终身受用不尽。"[③] 希望"蒙童共晓……移风易俗，渐知礼义而安耕凿。"又有其他学塾，在儿童发蒙阶段要求童子悉遵朱熹《童蒙须知》。除此之外，还要熟读《三字经》《感应篇》《阴骘文》《觉世经》《文昌孝经》《朱柏庐家训》《弟子规》，读毕再读四字书。[④] 此外，童蒙还可以读一些日记故事，例如《学堂日记》

---

① 按：实际还包括一些韵语韵书的学习，例如《声律启蒙》《笠翁对韵》等。

② 转引自徐梓《〈弟子规〉的意蕴与意义》，收录于金滢坤主编《童蒙文化研究》第 2 卷，人民出版社 2017 年版，第 134 页。

③ （清）周凯：《义学章程十条》，出自璩鑫圭、唐良炎主编《中国近代教育史资料汇编·鸦片战争时期教育》，上海教育出版社 2007 年版，第 354 页。

④ （清）周凯：《义学章程十条》，出自璩鑫圭、唐良炎主编《中国近代教育史资料汇编·鸦片战争时期教育》，第 354 页。

《学堂讲语》《弟子必读》《小学韵语》。① 由此可见，清代儿童启蒙教育在内容选择方面进行了多方探索，除了人们耳熟能详的"三百千"之外，内容有很大的弹性和灵活性。并且所读内容多由某个机构自己决定，儿童开蒙时对此并没有硬性要求。还有一些蒙馆，会让童蒙诵读家训格言、劝孝诗，例如《续千家诗》《弟子必读》等。同时，童蒙还需读一些辅助学习属对的韵书，这也是童蒙重要的学习内容，这类韵书以范例的模式呈现属对，押韵成篇，能够帮助孩童快速进入"对对子"的学习以铺垫将来科举考学。其中比较著名的是《声律发蒙》《笠翁对韵》等，上述提到的《小学韵语》也属于这个范畴。与此同时，对于更广泛的普通民众而言，让童蒙读书则开始"不再求取科举名第，而在文化普及及伦理教化"②。

以下摘录鸦片战争之后，蒙学知识的前后对比变化，以梳理社会变迁下的儿童启蒙教育内容变化。

表1　鸦片战争前后蒙学知识进阶表

时间	编书主体	读本	学习内容（知识）	备注
鸦片战争之前	历史流传读本（作者不可考）或塾师	《三字经》《千字文》《百家姓》《弟子规》《小学》《小儿语》《小学诗礼》《圣谕广训》等	生活常识、道德常识、历史知识、基本语文知识	传统蒙学强调认字、写字、背诵，同时获得普通道德规范，勉励童蒙勤奋向学
1891年	陈惟彦	《幼学分年课程》：《三字经》《小学韵语》《韵史》、《韵史补》《天文歌略》《地学歌略》《文字蒙求》《心算启蒙》	"古圣人之兢兢于幼学者，盖以此。又观泰西教幼学，若字训、图算、天地学浅理、古今杂事、数国言语、歌谣、音乐、体操诸法，其为教也易入，其学成也有用。"	强调蒙以养正。适当加入了新编蒙书和翻译读本

① （清）周凯：《义学章程十条》，第354页。
② 陈来：《蒙学与世俗儒家伦理》，北京大学中国传统文化研究中心《国学研究》第3卷，北京大学出版社1995年版，第8页。

续表

时间	编书主体	读本	学习内容（知识）	备注
1897 年	南洋公学	《蒙学课本》：将蒙养教育与西洋德智体三大纲紧密联系。融入西洋德智体教育目标：德育者，修身之事也。智育者，致之格物之事也。体育者，卫生之事也。蒙养之道，于斯为备	"物名实字三十课，物名但取通俗……便函十课，简短易学，无粉饰累赘之谈。""集泰西读本善法，窥窃余绪，损益成书，以备小学之一格而已"	公学师范生自编。融入西洋教育目标和泰西读本善法
1901 年	澄衷蒙学堂	《澄衷蒙学堂字课图说》	四卷（八册），共选三千二百九十一个汉字，并配有插图七百六十二幅，结合每个字的含义内容介绍了世界地理和历史、动植物等知识	民间自编课本。开蒙种德。1901 年此课本已经编好
1902 年	江苏无锡三等公学堂，后为文明书局	《蒙学读本》	前三编，就眼前浅理引起儿童读书之兴，间及地理、历史、物理各科之大端，附入启事便函，逐课配置图画。第四编，专重德育。第五编，专重智育。第六编，修辞达礼。第七编，兴会之文、名家论说	蒙以养正，民间自编课本
1897—1901 年	蒙学会	《蒙学报》，栏目包括：教育类、修身类、卫身类、文学类、智学类、算学类、史学类、舆地类、格致类、博物类等	圣哲画像、劝蒙歌或修身书以及《日本小学校章程》《社会教育法》以及动物、物理、矿物、化学、植物等西学内容	1897 开始创刊，1899 年停刊，1901 年续印。以"蒙养为天下人才之根柢"为办会宗旨

实际上，鸦片战争之后的洋务运动开启了持续约 30 年的同光中兴时期，但由于西方列强此后在中国的势力愈加强势，直至甲午一战败于日本后，儿

童启蒙教育的问题又引发了世人紧迫的危机意识。这一时期，国家除了频繁派员出国考察带回新知识之外，传统一派在面对紧张的局势时，仍然希望原来的"养蒙之道"能为这个时代培育出"圣贤坯模"，故而在儿童教育方面依据现实不断重新考虑着知识选用等问题。

四、清末新政改革时期的蒙学内涵变迁

近代，丰富的史料更方便我们深入考察蒙学内涵。此时如果还仅以留存的蒙书作为历史分析的主要史料，或许不足以建构起蒙学的立体发展图景。对于距今较近的清末教育改革，目前存有丰富的史料，这可以帮助研究者深度解读蒙学内涵。例如，制度文件、改革批文、日记史料等，都能反映蒙学在近代的发展状况。清末，传统蒙学因时局、政局变化，实际上开始进入了新的建设时期。

（一）壬寅学制中的蒙学构想

清末《钦定学堂章程》（壬寅学制）第一次将"蒙学"与"小学""中学""大学堂"并列，并将蒙学作为学堂体系建设的一部分正式纳入了学制系统当中[①]。新政教育改革的推动者（广大儒士乡绅及爱国的有识之士）希望借助蒙学堂的建设重新矫正清末日渐衰败、落后的知识体系。

启蒙教育的第一阶段仍以"开蒙养正"为始。壬寅学制章程里面明确写道："蒙学为各学本根，西律有儿童及岁不入学堂罪其父母之条，今学堂开创伊始，尚未能一律仿照；所有府厅州县之各处乡集，应请于奉到章程之日予限半年，一乡之内先立蒙学堂一所，以后逐渐推广办理。"[②] 此时蒙学堂建设，实际上让蒙学进入了国家全面规划教育的时代，壬寅学制则成为我国

---

① 1902 年颁布《钦定学堂章程》，将蒙学堂、小学堂、大学堂等分列，虽然教育史教材常表述"该章程颁布并未实施"，可是民间却涌现了大量的蒙学堂。

② 《钦定蒙学堂章程》，1902 年 8 月 15 日。璩鑫圭、唐良炎主编《中国近代教育史资料汇编·学制演变》，上海教育出版社 2007 年版，第 291 页。

首次面向全体国民推行义务教育理念的启蒙教育政策。

（二）癸卯学制中的蒙学分层

张百熙、荣庆、张之洞在《重订学堂章程折》中指出，壬寅学制（1902年）的蒙学堂学段设计与"西学学制"有所出入："原章（即钦定蒙学堂章程）有蒙学堂名目，但章程内所列，实即外国初等小学之事。查外国蒙养院一名幼稚园，兹参酌其意，订为《蒙养院章程及家庭教育法》一册，此就原订章程所有而增补其缺略者也。"[1] 于是他们上奏了《重订学堂章程折》，并在《奏定学堂章程》中将蒙学堂改设蒙养院。同时指出："至蒙养院及家庭教育，尤为豫教之原。惟中西礼俗不同，不便设立女学及女师范学堂。现拟有蒙养院及家庭教育合一办法，详具专章。"[2] 在紧接着的《奏定蒙养院及家庭教育章程》则明确"各省设立蒙养院，应就育婴、敬节两堂，扩充屋舍，增加额数，即于堂内划出一区为蒙养院，令其讲习为乳媪及保姆者，保育教导幼儿之事。"[3] 至此，改革将启蒙教育所涉及的儿童年龄从六岁向前推到了三岁，将原本清朝的慈善机构育婴堂纳入到改革范畴之中；同时，为了效仿西方幼稚园的幼儿教师，将收容寡妇的敬节堂也纳入幼儿教师的培养对象，使之成为蒙养院的师资来源。为此，癸卯学制将蒙学分化为两部分，一部分并入"初等小学堂"，另一部分则建设为类似西方幼稚园机构的"蒙养院"。

尽管章程有明确的导向，但民间实际仍有大量乡绅在积极筹备蒙学堂建设。1904年官方通过报刊广而告之蒙学堂实为西方初等小学堂，并且重订出新的癸卯学制，但是民间在1904—1911年，还是不断涌现各类蒙学堂，据不完全统计这些蒙学堂多达五百余所。[4]

至此，传统的蒙学变为了三个部分：一个是并入小学堂，一个是新建蒙

---

[1] 《张百熙、荣庆、张之洞：重订学堂章程折》，1904年1月13日；璩鑫圭、唐良炎主编《中国近代教育史资料汇编·学制演变》，第297页。

[2] 《奏定学堂章程》的《学务纲要》，1904年1月13日正式颁布。

[3] 《奏定学堂章程》的《奏定蒙养院及家庭教育章程》，于1904年初正式颁布。

[4] 江露露：《蒙养强国：清末新政时期的蒙学建设》，北京师范大学2020年博士毕业论文。

养院，一是壬寅学制颁布之后仍然大量存于民间的蒙学堂。

表 2　新政时期蒙学知识进阶表

时间	编书主体	读本	学习内容（知识）	备注
1901 年	大学堂编书处	课本编撰宗旨要"端正学术，不堕畸邪，归有所用，无取泛滥；取酌年限，合于程途；博彩群言，标注来历。"	将《蒙学报》"足资采择""核定增减，成一定本"	清廷官方选择
1902 年之后	蒙学堂	"蒙学堂之宗旨，在培养儿童使有浅近之知识，并调护其身体。"课目表："修身第一，字课第二，习字第三，读经第四，史学第五，舆地第六，算学第七，体操第八。"	中西并用，一开风气，注重经学、史学，算学、地理、体操等。大多按照新政蒙学堂章程因地制宜选择教学内容	1904 年蒙学堂并入癸卯学制小学堂，但地方依旧有士人不断尽己之力创办蒙学堂
1903 年	端方主持湖北武昌幼稚园	"幼稚园重养不重学，儿童未及学龄之年，皆其当期（3 岁以上 6 岁以下），有此蒙养，将来就学自然高人一等。"	"行仪、训话、幼稚园语、日语、手技、唱歌、游嬉"①	尝试引入日本幼稚园模式，但所开科目与日本幼稚园不同
1904 年	《奏定蒙养院章程及家庭教育法章程》	"蒙养家教合一之宗旨。保育教导。""习于善良之规范""使趋端正"	"儿歌、游戏、手技、谈话"	与蒙学堂在民间教育实践中并存
1905 年	严氏蒙养院	蒙养院为保姆讲习所的实习场所	唱歌、游戏、手工、讲故事	私人创办
1905 年	湖南蒙养院	"教育发初之程度曰蒙养院"，"家庭教育不足以此补之。"	谈话、行仪、读方、数方、手技、乐歌、游戏等七种	蒙养院教课说明详细介绍了蒙养院中保育教导的具体做法。

---

① 中国学前教育史编写组：《中国学前教育史资料选编》，人民教育出版社 1989 年版，第 104 页。

续表

时间	编书主体	读本	学习内容（知识）	备注
1907 年	京师第一蒙养院振贝子福晋演说	"教育之根本，尤在蒙学及女学。两种盖幼儿时代为一生为学之基础，蒙学不振，则以上之教育不能躐等而施。"	"以女子为国民之母，女子有学问则蒙养教育亦即随之发达。"	民间私立蒙养院蒙养院同时附设保姆讲习所
1908 年	拟办江南保姆学堂所获批复	"保持幼儿有关天性自应设立学堂，保姆为家庭教育之本。"	"教以三育之要道，以资蒙养。"（体育、智育、德育）	对民间自办保姆学堂进行引导

这一时期，蒙学概念内涵因办学意图和教授内容也发生了巨大变化。新政之前的蒙学，多以教授"三百千千"和《弟子规》等蒙书为主；新政时期，则增加了中学、西学，地理、历史、体操等知识。可以说，新政时期的蒙学概念内涵跟随时代的风气出现了"中体西用"的价值取向。

五、传统蒙学和新政蒙学的内涵比较分析

通过将传统蒙学与新政时期的蒙学进行比较研究，我们会发现蒙学内涵在启蒙教育机构、教育对象的年龄和性别、教育宗旨、学习内容、师资、学制以及现实办学状况方面多有不同。

表 3　蒙学内涵演进

	传统蒙学概况	新政蒙学建设	
		新政壬寅学制中的蒙学建设	新政癸卯学制中的蒙学建设
启蒙教育机构	蒙馆、私塾、义学、社学等	蒙学堂	蒙养院

续表

	传统蒙学概况	新政蒙学建设	
		新政壬寅学制中的蒙学建设	新政癸卯学制中的蒙学建设
教育对象年龄	朱熹认为 8—15 岁；实际约为 2 至 15 岁或年龄更为宽泛①；清末林之望认为 1 至 20 岁②	6、7—10 岁③	3—7 岁④
教育对象性别	男孩为主	男孩、女孩	女孩、男孩
教育宗旨	理念：蒙以养正，圣功也。使命：培养"圣贤坯模"	培养儿童使有浅近之知识，并调护其身体	蒙养家教合一之宗旨，保育教导
学习内容	教之以洒扫、应对、进退之节。学习《三字经》《千字文》《百家姓》《弟子规》《性理至训》《小学》等蒙书⑤	修身、字课、习字、读经、史学、舆地、算学、体操	儿歌、游戏、手技、谈话

---

① 按：高涛对《北京图书馆藏珍本年谱丛刊》的统计，明清士子开始系统学习的年龄平均为 5.94 虚岁。大部分童蒙在 5—7 岁开蒙，其中最小 2 岁，最大 11 岁。见高涛《明清蒙学的八股文教学研究》，北京师范大学硕士学位论文，2015 年。

② （清）林之望编，沈锡庆删订：《养蒙金鉴》2 卷，清光绪元年鄂垣藩署刻本，北京师范大学古籍典藏本。

③ 按："凡蒙学以六七岁为入学之年，今开办伊始，估展其学年在十岁以内。"出自《钦定蒙学堂章程》第三章第六节（1902 年），引自璩鑫圭、唐良炎主编《中国近代教育史资料汇编·学制演变》，上海教育出版社 2007 年版，第 290 页。"儿童自六岁起受蒙学四年，十岁入寻常小学堂修业三年。"出自《钦定小学堂章程》第一章第六节，引自璩鑫圭、唐良炎主编《中国近代教育史资料汇编·学制演变》，第 279 页。

④ 按："蒙养院专为保育教导三岁以上至七岁之儿童。"出自《奏定蒙养院章程及家庭教育法章程》第一章第二节，引自璩鑫圭、唐良炎主编《中国近代教育史资料汇编·学制演变》，上海教育出版社 2007 年版，第 398 页。"令凡国民七岁以上者入焉。""古人八岁入小学，今西人满六岁入小学，即古之七岁也。"出自《奏定初等小学堂章程》第一章第一节第二节。引自璩鑫圭、唐良炎主编《中国近代教育史资料汇编·学制演变》，第 300 页。

⑤ 按："八岁未入学之前，读性理字训，自八岁入学之后，读小学书正文。"出自程端礼《程氏家塾读书分年日程》，该日程成书于 1315 年，商务印书馆 1937 刊印初版，本句出自该版第 1 卷第 1—7 页。明清之后，八岁之前多读"三百千"及《弟子规》，详见本书第 2 章。

续表

	传统蒙学概况	新政蒙学建设	
		新政壬寅学制中的蒙学建设	新政癸卯学制中的蒙学建设
师资	蒙师、塾师，或称教书先生（多为男教师）	有功名者（男教师）	保姆、日本幼儿教习（女性）等
学制	第一次参加科举童生试之前都算蒙学学段，与朱熹所说的小学类同①	理论上为四年，实际上是十岁升入寻常小学堂之前	一至四年不等，实际为七岁升入初等小学堂之前
备注	新政之前的传统蒙学属于科举选官之外的教育，办学主体或为官设或为官办民助或为民间乡绅捐办，或塾师自立。新政期间依旧存在	1904年蒙学堂并入癸卯学制小学堂，但地方依旧有士人不断尽己之力创办蒙学堂。多为私立	有官办、公办和私立三种类型。1904年之后蒙养院与蒙学堂在民间教育实践中并存

实际上，新政之前中国并没有全国统一的蒙学机构，儿童启蒙教育多由家庭的家塾、宗族的族塾、乡村的义学和社学、甚至是带有教育功能的寺庙等机构组成。蒙学所涉及的开蒙对象较为宽泛，年龄跨度从1岁到20岁不等。蒙学的教育内容则是以读经为目标，认字识字是常见的启蒙方式，此外还会借助"三百千"这样的常用蒙书帮助儿童获得一般生活常识、历史知识和了解儒家典籍概况。但是，新政之后，蒙学的发展更为细化。新政蒙学建设从国家层面着眼于人才培养，自身朝着制度化的方向不断完善，不但明确了全国统一的启蒙教育机构，在传授知识、教授对象、师资选聘方面都有更严格的规定。这一时期，"蒙学"的名词背后，不但包含了明确具体而富有多层级的教育内涵，还体现了"千年之未有大变局"时期国家层面对启蒙儿童的重视，并将此关系到未来国家的前途和命运。

---

① 按：朱熹曾说："人生八岁，则自王公以下，至于庶人之子弟，皆入小学。"出自朱熹《大学章句序》，引自《四书章句集注》，中华书局1983年版，第1页。

六、民国教育史语境下的新政蒙学言语评述

将言语行动作为"概念分析"的基础，借助概念史视阈考察"蒙学"在不同历史语境中的内涵变化，从而理解语言、言语行动背后的政治意义，是我们整理蒙学概念史的重要线索。"新"与"旧"在历史学研究里，除了具备一定的时间意涵之外，还与政治改革密切相关。在清末新政这段从"旧"过渡到"新"的改良或称为改革时期，实际也是后世关于"蒙学"的史实表述和史论争议不断进行内容层叠的结果。新政蒙学研究在民国教育叙事中究竟是"新教育"还是"旧教育"，我们需要从后世的历史书写中再做辨析。

清末新政教育改革距今已经过去一百多年，对于处在"三千年之未有之大变局"的清末新政蒙学建设，史学家们也早已经展开了近一百年的回顾和评述。1915 年，郭秉文在其博士论文《中国教育制度沿革史》里详述了中国上至西周、下至民国的教育制度。[①] 在清末和民国的教育制度沿革部分，因撰写年代较近，因此作者对整体教育制度改革过程有着较为详细的记录。研究者在论文的第四编中，将道光二十二年（1842 年）江宁条约开放五口通商开始的西学东渐到洋务运动、同治八年初变科举制度到甲午中日战败对新教育的影响、戊戌政变百日维新到清末新政 1905 年废除科举视为"新旧教育之过渡时代"，并认为 1905 年设立京师教育官制、宣布教育宗旨始为"新教育制度之设立"，即清朝覆亡前七年（1905—1911）属于新教育创立阶段，以区别民国时代建立的新教育。书中引述了清末癸卯学制系统图，对蒙养院有明确介绍。实际上，在郭秉文所划分的教育制度沿革史的视阈下，壬寅学制中的蒙学学段的制度化创设可以被视为新旧教育之过渡时期的产物，癸卯学制中的《奏定蒙养院及家庭教育章程》在学制酝酿和颁布时也处在

---

① 郭秉文：《中国教育制度沿革史》，商务印书馆 2014 年版。按：该书最早于 1915 年由哥伦比亚师范大学教育学院出版，并由导师孟禄教授作序。

“新旧教育之过渡时代”；但是蒙学政策的具体实施推广和管理上，郭秉文认为属于清末“新教育”。

1930 年，陈翊林撰写了《最近三十年中国教育史》。[①] 正如该书开篇所说：“本书的目的，在说明近代中国的教育历史，特别是最近三十年来的教育革命史。”该书认为，1862 年同文馆创立，新教育就开始入住本国，到“最近三十年”则达到了革命的顶峰。正是这场革命造成了“旧教育的崩溃”和“新教育的发展”。由此可见，陈翊林认为，清末新政中新学制的颁布是这场教育革命的开始。

1931 年 9 月，庄俞和贺圣鼎出版了《最近三十五年之中国教育》（纪念商务印书馆诞生三十五周年，商务印书馆诞生于 1897 年）[②]，其中穿插了蒙学的表述，但办学机构则以“小学”概念取而代之，蒙学仅仅在启蒙教科书中被提及，例如表述为“蒙学读本”。实际上，笔者认为恰恰是传统中国的蒙养教育在新政时期进行了新的知识推广和民国新文化运动以及清末民初的各种新国民的塑造表述，才让“传统蒙学”的内涵不断被分解甚至是消失。

1934 年教育部审编的《第一次中国教育年鉴》中，仅仅只能查阅到按照民国的学制分类统计的高等教育、中等教育、初等教育情况，蒙学由于逐渐消失在民国学制的表述当中，因此也不再有官方的相关统计资料的记录。但在 1935 年丁致聘编写的《中国近七十年来教育记事》[③]，记录了 1862 年至 1933 年间中国近代的教育大事记，其中提及了新政中蒙学堂章程的颁布和蒙养院的设立。

1936 年，上海商务印书馆发行的陈东原《中国教育史》将清末新式教育分为三个时期，第一时期是同治元年（1862 年）到甲午之战（1894 年），第二时期是甲午次年（1896 年）至庚子八国联军之役（1900 年），为试验时期；庚子之后则为第三时期，是清政府痛定思痛之后将试验期的办法再为所用的时期。萌芽时期，无论是语言学校还是船政学堂，实际也都是应对

---

① 陈翊林：《最近三十年中国教育史》，上海太平洋书店 1930 年版。
② 庄俞、贺圣鼎：《最近三十五年之中国教育》，上海商务印书馆 1931 年版。
③ 丁致聘：《中国近七十年来教育记事》，上海商务印书馆 1935 年版。

西方列强入侵中华的新式的办学，但却谈不上系统有计划的改革。① 直到光绪二十一年（1895年），甲午战败才真正开始较为全面的系统改革。这一年《马关条约》签订，闰五月皇帝"下诏求治"，真正开始了新教育自上而下的探索改革。② 该书引述了这一时期盛宣怀禀奏创办学堂的奏折："自强之道，以作育人才为本，求才之道，尤以设立学堂为先。"③1896年盛宣怀创设的南洋公学便是新教育中最早的师范学校，此时诞生的蒙学课本包含了时代新知识的世界图景，开拓了国人的眼界，具有很有的变革性。陈东原1899年写于纽约的这本书，对于新教育的记载基本结束在维新变法失败之时，而对于未来教育改革，作者尚未涉及。陈东原笔下的新教育大事件包括：南洋公学及师范学校设立、京师同文馆整顿、维新变法、京师大学堂创设，张之洞劝学以及维新变法失败。

在这一时期，外国学者对清末新政的基础教育改革也有所回顾，但在他们的叙述中并未提及中国传统蒙学，只是在新教育制度的建设中记述了小学教育、适龄儿童义务教育的改革成效。比如1931年，卡梅伦（Meribet E. Cameron）出版英文版《The Reform Movement in China，1898—1912》（中国的维新运动），书中认为清朝统治者在认识到西方列强的强大后真诚地开展了改革。其中，第四章专门论述了这次新政中的教育改革，提到了新教育制度构想缺乏国家财政、缺乏教师，并且小学教育被严重忽视的情况。卡梅伦指出："1910年，晚清总人口大约为4.38亿，其中适龄学童则约有0.65亿，但是同年的各类公立学校只有57267所，学生则为1626529人。"④ 此处，就改革成果而言，其中提到了适龄儿童，也就是新学制下被视为教育对象的儿童。但对比日本改革成果，日本明治维新后1872年的适龄儿童为0.049亿，而学校则多达1590115所。这之间的校生比差距巨大，说明晚清教育改革效果依旧是有限。

---

① 此为李鸿章的见解，出自陈东原《中国教育史》，上海商务印书馆1936年版，第473页。
② 陈东原：《中国教育史》，上海商务印书馆1936年版，第477页。
③ 盛宣怀：《拟设天津中西学堂章程禀》，1895年10月2日光绪皇帝准奏。
④ Meribet E. Cameron, *The Reform Movement，1898—1912*, Stanford：Stanford University Press，1931.

　　由此可见，对于民国教育史的叙述者而言，他们在评价清末新政蒙学建设时，言语取向更靠近西方学制系统的"标准"表述。当以西式为"新"作为评价标准时，他们理所应当会将改革之前的蒙学视为"旧"，改革之后的视为"新"。在此种评述的话语中，蒙学堂、蒙养院的建设也被贴上了"西化"的标签。可惜他们忽略了改革者"中体西用"的立场。同样，在外国学者的国际视野中，新政是向西方学习，并以"革旧"为目标的改革的产物，是完全以日本明治维新为参照的学堂建设。这样的看法在历史话语上可能没有体察到改革者（如管学大臣张百熙）的初心。

　　无疑，从纯粹时间的角度看，新旧交替和过渡过程中，"蒙学"所包含的概念内涵也在不断随改革的进程而增加"新"的变化，但我们应当注意到，改革者们在进行蒙养制度建设时还是尽可能地保留了传统"养蒙之道"的理念追求，并未是纯粹制造了西式教育的机构或体系，而是在启蒙阶段尽可能坚守和保留了"蒙以养正"的基本精神，以精神为价值追求，使蒙学在理念和制度上随时代之需都获得了概念内涵的发展。

　　当我们以概念史视阈重新梳理传统蒙学的"蒙""养"内涵时，回到历史的线索之中，或许可以看到更多"连续"而非"断裂"的近代教育改革立场，体会清末改革者们坚守传统养蒙之道的历史意义。

七、小　结

　　将语言、言语作为历史行动的线索，以此切入，理解语言行动背后的政治意义，同时将概念史分析变成"一种认知转型期整体历史的独特视角或方法"，能够让我们看到传统蒙学在社会变迁中"言"传至今的连续性。本文从词源考察了古代蒙学的基本价值理念，在近代变局中考察了蒙学概念内涵变化情况，最终发现，蒙学概念随时代变迁会发生内涵的层叠、风化和延拓。蒙学内涵的不断提炼、扬弃和扩充，体现我国传统文化启蒙教育承古开新的特点。

　　在"千年未有之大变局"中，传统蒙学一直植根中国土壤，将文教与治国理政、家国稳定紧密关联。例如当启蒙教育以为培养近代变局中的"圣贤坯模"时，蒙学的内涵在精神主旨不变的前提下，基本要素则会不断地与时俱进，从而在教育者、学习者、教育内容等方面有所创新。正是儒者们对"蒙以养正"有着孜孜不倦的追求，才使得蒙学实践在历史发展进程中不断获得发展，留下了层叠累积的精髓要义。

越南福江书院入学仪式初探*

刘怡青**

摘要：越南后黎朝学者阮辉僭所创福江书院，为当前越南少见文献记载的私人书院。阮辉僭在《福江书院规例》《初学指南》中记录其书院入学相关仪式，对了解书院制度在越南的情况，及越南对于儒家仪节引用或吸收的讨论，提供一个切入的角度。在福江书院入学仪式中，以三献礼作为祭祀主要仪节，后则引入画符、授版、授笔等为入学孩童祈福的步骤，具备中国儒家祭祀仪节与越南仪式，显现出越南入学仪式中的特殊性。又借由祭祀仪节的讨论，祭孔中的释奠礼、释菜礼亦分见于越南文庙与入学仪式之中，足见儒家文化对于越南的影响。

关键字：福江书院；阮辉僭；《初学指南》；《福江书院规例》；入学仪式

书院在中国教育制度中有其独特与重要的地位，具备藏书、讲学与祭祀的功能①，书院制度亦被东亚文化圈相关国家所接受，如建于朝鲜明宗十三年（明嘉靖三十七年，1558）的伊山书院，其院规中除以《四书》《五

---

* 基金项目：2018 年度国家社会科学基金一般项目"越南蒙学文献整理与研究"（18BZS172）；2016 年度国家社会科学基金重大项目资助"中国童蒙文化史研究"（16ZDA121）。

** 作者简介：刘怡青，文学博士，闽南师范大学历史地理学院助理教授，主要研究方向为碑刻学、越南蒙学、琴学。

① 《中国书院史》称书院在北宋前期形成"讲学、藏书、祭祀、学田"四大基本规制，此基本规制为官学的延伸，到南宋时期扩展为学术研究、讲学、藏书、刻书、祭祀、学田等六大事业。邓洪波《中国书院史》，台大出版中心 2005 年版，第 200—209 页。

经》《小学》《家礼》为院生主要基础读物外，亦有"泮宫明伦堂，书接伊川先生《四勿箴》、晦庵先生《白鹿洞规》《十训》、陈茂卿《夙兴夜寐箴》"等记载①，其中《白鹿洞规》同见于韩国其他书院相关规定中，李縡《道基书院学规》更称"白鹿洞是书院之祖，而朱夫子《学规》辞约而义尽"②，以见书院制度随着儒家文化的传播，影响着周边的国家。

　　书院制度在同属东亚文化圈之一的越南，未如日韩有明确的文献记载可供参考。③ 在学校设立的部分，越南仿中国制度在省、府、县等皆设有学校。④ 陈文《越南科举制度研究》对越南教育机构设置的介绍中，指出越南除国子监、各级地方学校外，村社中另有类似于私塾的乡学、社学等存在，村社中学校非属于官方机构，乃是来自村社捐助而兴立⑤，或为私人讲学，如河内省有"龚黄古堂"，据载为"陈儒朱文贞筑室讲学处"⑥，在《文贞公祠碑记》更称"师道极其尊严，弟子多其成就"⑦。但以书院具备藏书、讲学、祭祀的功能来看，不论是乡学、社学或是"私人讲堂"，未有明确的制度或讯息确认其是否属于书院。

　　在此情况下，近年越南阮辉家族后人阮辉美先生针对其家族文物进行整理与公开，公开的文物中以其家族所刻、藏的书版为主，书版主要源于阮

---

① 邓洪波主编：《中国书院学规集成》卷3，中西书局2011年版，第1844页。
② 《中国书院学规集成》卷3，第1781页。
③ 《中国书院学规集成》计收有韩国书院43笔，日本书院12笔。
④ 嗣德版《大南一统志》中即有记载各省学校所在位置，如《河内省·学校》记有：河内省学、怀德府学；常信府学、青池县学、富川县学；应知府学、彰德县学、青威县学；里仁府学、南昌县学、平陆县学。[越南] 阮朝国史馆编：嗣德版《大南一统志》第1册，西南师范大学出版社、人民出版社2015年版，第46—48页。
⑤ 陈文：《越南科举制度研究》，商务印书馆2015年版，第66—92页。
⑥ 嗣德版《大南一统志》第1册，第81页。
⑦ 《文贞公祠碑记》（越南汉喃研究院馆藏拓片编号01127）。另，陈荆和编校《校合本大越史记全书·本纪》卷七，"陈艺宗绍庆元年（明洪武三年，1370）十一月"载其"性刚介，清修苦节，不求利达，居家读书，学业精醇，名闻远近，弟子盈门，蹑青云登政府者，往往有之。如范师孟、黎伯适已为行遣，亦各执子弟礼。"陈荆和编校，校合本《大越史记全书》（东京大学东洋文化研究所东洋文献セソター刊行委员会1984年版），第440页。

辉儇设立福江书院时所藏。① 透过残存的《福江书院规例》及阮辉儇《初学指南》中对于福江书院入学仪式的记载，或许可以一窥越南书院或地方私学的情况。

一、阮辉儇与福江书院

福江书院主要见于阮辉家族所存之文献，少见于越南其他方志或史籍中，但在《大南一统志》有记阮辉儇"尝建书楼，积书万卷，聚徒数千人，登第同朝者三十人，授州县者不可胜数"②。以见阮辉儇藏书、授徒之事为其重要事迹之一。除史书记载外，针对阮辉儇及其家族授徒之事，可分见于阮辉儇所撰之《官市碑记》与《阮家庄科名田碑记》。

《官市碑记》撰于景兴十七年（清乾隆二十一年，1756），碑文中称"官市旧名群寮……吾早岁授徒，尝于是处课习门生"③。阮辉儇于景兴九年（清乾隆二十一年，1748）中举后④，即将此地捐地建市，并撰写此碑记以述建市之经过与目的。⑤ 又景兴二十一年（清乾隆二十五年，1760）《阮家庄科

---

① ［越南］阮俊强《书院与木雕版在东亚儒家知识的传播：越南教育家阮辉儇及其1766—1767年出使中国的案例研究》（《东亚文明研究学刊》第15卷第2期，2018.12）一文中记阮辉家族现存所藏与福江书院有关的雕版、书籍计有10种，分别为：《福江书院规例》（雕版）、《初学指南》（钞本）、《训女子歌》（刻本）、《国史纂要》（刻本）、《诗经纂要大全》（雕版）、《书经纂要大全》（雕版）、《礼记纂要大全》（雕版）、《易经纂要大全》（雕版）、《春秋纂要大全》（雕版）、《性理纂要大全》（雕版）。

② ［越南］阮朝国史馆编纂，维新版《大南一统志》（东京，1941年版）卷13《河静·人物》，第44页。

③ ［越南］阮辉儇：《硕亭遗稿》，越南汉喃研究院馆藏编号A.3135，第80页。

④ 碑文中记"戊辰春登进士及第"，在《校合本大越史记全书》续编卷之四《黎纪·显宗》记"（景兴九年）三月，会试，取武㰔等十三名。殿试，赐阮辉儇进士及第第三名，郑春澍进士出身，武㰔等十一名同进士出身。"《校合本大越史记全书》，第1126页。

⑤ 《官市碑记》记阮辉儇早年授徒时已有捐地建市之意，待其中举之后"己巳（景兴十年，清乾隆十四年，1749）、庚午（景兴十一年，清乾隆十五年，1750）复有师旅之行，日不遑暇。顷因丁变宅忧，壬申（景兴十三年，清乾隆十七年，1752）中元，又有是处设祭堂、竖柳车，礼事完遂，因其趾而建市焉。"

名田碑记》开篇乃言"我父参政公早岁贫乏，因与我母徙宅于里南，以教授生徒自乐，四方来受业者一千二百十有八人，间以束修所得别贮一函"①，可知阮辉僅中举前，依循其父之路，以授徒为业。开班授徒并非为阮辉家族的特例，除前引陈朝朱文贞之外，越南碑志中，景兴五年（乾隆九年，1744）《黄宗碑记》内容主述青威县黄氏家族迁居经过与先祖功名，并言先祖福川公"以兵灾之故，徙居青威县，授徒讲学"②。又，西山朝景盛四年（清嘉庆元年，1796）《郁轩先生碑记》记志主谭慎伯授青兰县知县秩满后"退居授徒"，生前"三十余年间，及门前后几千人，领乡书者过半，登进士者由昭统丁未 以前凡九员，今多以文学显"③。

　　藉由以上碑志的记载，可见越南士人于其居住地授徒亦为常态，对此陈文进一步指出地方私学教师的来源，分别为：1.科举中第者自己设堂招徒，讲授举业；2.在仕与致仕官员在家设堂授业；3.不愿入仕者或罢官归甲者在相开学授业；4.科举落第者和贫穷书生以授课为业；5.一些游学士人，讲授举业范文。④故阮辉僅前期延续其父以授徒为业，中举后据《天南历朝登科备考秋集中》所记：

　　　　阮辉僅，菜石社人，年庚三十六⑤，登景兴九年戊辰科第一甲进士第三名。乙酉科，官东阁大学士，充岁贡正使，历进吏部左侍郎，即硕岭伯致仕。起复升御史，累迁户部尚书，寿享七十七。⑥

① 阮辉僅：《硕亭遗稿》，第84页。
② 《黄宗碑记》，越南汉喃研究院馆藏拓片编号2300—2301。
③ 《郁轩先生碑记》，越南汉喃研究院馆藏拓片编号03123。
④ 陈文，《越南科举制度研究》，第87—89页。
⑤ 原记"二十六"，但据景兴四十年（清乾隆四十四年，1779）《鼎锲大越历朝登科录·景兴九年戊辰科进士》所记"阮辉僅，罗山菜石人，三十六中，奉使，仕至左史致仕，起复升都御史。"（越南国子监藏本，卷3，第58页），另在景兴十五年（乾隆十九年，1754）《阮探花家谱记》（越南汉喃研究院馆藏拓片编号19311）中阮辉莹记其"戊辰科三十六岁"，可知阮辉僅实为三十六岁中举，《天南历朝登科备考》误植为"二十六"，故改。
⑥ ［越南］潘辉温辑，潘辉澳修订：《天南历朝登科备考》（越南汉喃研究院馆藏编号HM2219），《秋集中》，第26页。

就以上经历来看，福江书院是否建于阮辉僜归甲之后？

针对此问题，在现存《福江书院规例》版六记有"皇朝景兴强圉大渊献奉使大陪臣阮榴斋书于北京会同馆"①，"强圉大渊献"即为丁亥年，时为景兴二十八年（清乾隆三十二年，1767），据其《奉使燕行总歌并日记》的纪录，阮辉僜于景兴二十七年（乾隆三十一年，1766）奉命出使中国，同年十二月二十一日抵达北京，乾隆三十二年（景兴二十八年）正月初一日拜见乾隆，二月十五正式离京返国。以此时间来看，《福江书院启蒙》主要于阮辉僜在北京停留期间完成。透过《福江书院启蒙》完成时间，可确定福江书院建于景兴二十八年之后，而阮辉僜《初学指南》亦有几个讯息值得参考。

首先在版本上，此书虽现存为钞本，但与其它书籍在版本上署"硕亭藏板"或"硕亭正本"有所不同，乃署作"福江书院藏板"，以"福江书院"为向外展示的单位，而非以阮辉僜个人为主。在时间纪录上，《初学指南·序说》文末乃署"景兴癸巳望百老人题"，景兴癸巳即景兴三十四年（乾隆三十八年，1773），以此来看《初学指南》成书应于在景兴三十四年左右。另在《初学指南》中有图六幅，为阮辉僜画像與分别题为"乘风得意""北使风帆""罢官课子""晴阁攻书""发派田所"等五图，并附小赞或诗歌，以表达阮辉僜中举、北使、授徒、著作、致仕等重要事迹，在"罢官课子"有诗文作"金马朝回傍水斋，将典籍课子孩"，透露出阮辉僜在未"奉旨致仕"之前已在家乡授徒。此期的生活，可透过《硕亭遗稿》所收诗馀作品，间接了解其退隐后乡居的心情与生活。② 其中，《投簪戏作》即是描写阮辉僜辞官归乡的情况，由首句"三十年来继月卿，曾兼吏隐名"，以其景兴九年三十六岁中举正式开始官场生涯推算，三十年恰为阮辉僜六十六岁之时，对照《初学指南》"乘风得意"中所抄的"癸巳年九月十七日亥时生"与"戊戌年十一月十九日□板"两个时间点，前者所指为阮辉僜生辰（即永盛九年，清康熙五十二年，1713），后者戊戌年为景兴三十九年（清乾

---

① ［越南］阮辉僜：《福江书院规例》（阮辉美提供材料），版六。

② 《硕亭遗稿》所收诗馀分别为《岁初耀武》《长安春日》《投簪戏作》《遂初行状》《书怀》（2首）《闲中述事》《乡居即景》《登文笔山》，除《岁初耀武》《长安春日》为当官时在皇城时所作外，其余描写退隐乡居的生活。

隆四十三年，1778）此年阮辉僜66岁，与《投簪戏作》所述的情况相呼应。故由《初学指南》"乘风得意"图与《硕亭遗稿·投簪戏作》可推断阮辉僜应在66岁时告老，《投簪戏作》句末又有"福江院静月长明"，可知其告老之时福江书院亦已建立。

在以上的讯息中，虽未能明确地了解到阮辉僜建立福江书院的确切时间，由阮辉僜编纂《福江书院规例》到《初学指南》成书，中间莫约隔了七年，《初学指南》到其《投簪戏作》中所描绘六十六岁告老回乡，在福江书院与"罢官课子"的生活，约隔6年的时间，以此来看阮辉僜在这13年里筹备、规划建立福江书院，以作为晚年生活藏书、授徒主要据点。

为何阮辉僜以"书院"作为授徒的学堂名称？越南学者阮俊强言"书院"在传入越南后主要被理解为"藏书"之处，并透过阮辉僜北使作品的讨论，提出在北使过程中阮辉僜所参访的中国书院对其所造成的影响。① 讨论中提及这些书院特别是岳麓书院，在学规等方面虽未被阮辉僜福江书院明确采用，但中国书院模式确实影响阮辉僜建立"书院"的想法。且《福江书院规例》《初学指南》中对于入学仪式的纪录，得以了解阮辉僜福江书院并非只有名，而是有实质的礼仪规章运作。而福江书院的入学仪式有何独特之处？以及是否可与中国书院的礼仪有所呼应？

二、福江书院入学仪式

《福江书院规例》雕版原应有五版，但现只存四版，缺版二，于版心题有"书院规例""硕亭留板"；《初学指南》为钞本，封面题有"阮探花正本"与"福江书院藏板"字样，书中前有图六幅以表达阮辉僜的事迹，其中夹有

---

① 阮俊强《书院与木雕版在东亚儒家知识的传播：越南教育家阮辉僜及其1766—1767年出使中国的案例研究》整理出阮辉僜参访的书院有：广西丽江书院、阳明书院、武成书院、苍梧书院、古岩书院、爱日书院、流恩书院；湖南石鼓书院、岳麓书院；山东龙山书院；河北瀛洲书院等。阮俊强《书院与木雕版在东亚儒家知识的传播：越南教育家阮辉僜及其1766—1767年出使中国的案例研究》，第48页。

《叙说》一则，在阮辉僯《硕亭遗稿》亦收并题为《初学指南叙说》，内容为"九仞之山始于一篑，千里之途始于一蹞，壮而行者幼之学也，不可以无是书。"足见阮辉僯对于《初学指南》一书的看重。

在内容上，《福江书院规例》主要分作四部分，首为"启蒙新套"以记入学相关仪式，但因缺版二故在相关记载未能见其全貌；二为院生中试后报捷等事，如报捷单样式、报捷方式等；三则为文会聚会、祭祀等相关记载；最后则为中国文人格言。《初学指南》则有：一入学仪式，包含择吉入学的参考时间，入学时需准备祭祀摆设、行礼仪节等；二为学习要点，主要提醒文章、写字与作诗的要点；三为学文资典，分别有帝王、政要、官常、用人、躬行、颂德等内容。最后附有《词学指南》以言各类文体特点。

《福江书院规例》与《初学指南》重合处在入学仪式的部分，因《福江书院规例》缺第二版，故本文以《初学指南》为主，以观福江书院入学仪式。首先对于仪式中所需祭品、祭器的记载：

> 凡入小学涓浮吉辰，预先一日斋戒。排设正中一卓牌先师孔子位；① 左右两卓祀四配；东乡一卓祀先师；② 当中香案一张置祝板及灯烛台；案前置一矮卓上置木板一片（长六寸宽四寸五分，涂以粉），包板帛三尺四寸，新笔五，双黄纸五张，硃五升。土（塯）二口，净盖一口，三岐水一壶，小镜一面，小刀一把，小灯一座。左设盥洗一座帨巾一尺五寸。
>
> 贵者加牲币，常仪用雄鸡一只、鲤鱼四尾、粢盛六盘，酒果、金银、芙蕳用足，脯肉一片旁祀先师，灯烛四双，酒盏十口。

以上的记载主要仿文庙的安排，中为孔子神位，左右从祀四配为颜子、曾子、子思、孟子，并加院内"先师"作为仪节过程中主要缮祀的对象，而其馀祭品、祭器的功用，则见以下行礼仪节：

---

① "牌先师孔子位"原书为双行附注小字，为与正文以示区别，引文中附注部分皆以缩小字号呈现，下同，不另出注。

② 疑为东厢。

序立祭主前立，童子后随，迎圣鞠躬拜凡四，平身，诣香案前，跪祝云"安南国某府县社臣阮某，今有亲子生或孙或弟子年生干岁，择浮吉日愿入小学，受业于先圣先师，伏望降临。"俯伏，兴平身，复位。初献礼，诣盥洗所，盥洗祭主与童俱洗帨巾。诣香案前，跪献爵只正中一位，俯伏，兴平身，少却，跪宣祝：

维皇号岁次干支某月干支朔越某日干支，某府县社祭主具官阮某今为小子某初入小学，谨以某物敢昭告于　至圣先师孔子位前，恭惟王祖述尧舜，宪章文武，删定六经，垂训万世。古，兹训童蒙，恭陈礼效，尚鉴至诚，下垂善诱，学进循循，岸登步步，帙卷万通，科目叠取，道统得传，斯文永存。以伏兖国复圣公颜子、郕国宗圣公曾子、沂国述圣公子思、邾国亚圣公孟子，配尚享。

俯伏，兴，平身。行亚献礼，跪，献爵分献各位，俯伏，兴，平身。行终献礼，跪，献爵分献各位，俯伏，兴，平身。复位，盥洗，诣卓子所西向立取小刀，剪黄纸画符，以朱笔熏香烟上祝曰：

太上授符，进平传习，五脏开明，闻一知十。

祝毕画符。（画有一符咒）画讫取三岐水倾净盏中，以镜浸水中贵者用明珠，仍焚符三道搅入盏中，授童子饮。祝曰：

太上授符，进平传习，五脏开明，闻一知十。

又以鲤眼双精授与童子，祝曰：

至圣名子，为鱼之伯，双眼汝吞，聪明天锡。

又授砣与童子磨，祝曰：

太阳之精，下藏于地，汝以磨之，以脩文事。

仍以珠笔题于板，上大人圣乙己旁题某年月日受板，后生天锡聪明，圣扶功用，以帛包三尺四寸包板授与童子，祝曰：

木星之精，震方惟明，以书文字，汝宜习成。

童子捧受加额起立，置卓上，少却，拜谢先圣四拜，次拜授板先生四拜。又以笔授童子，祝曰：

黄帝所造，蒙恬所制，汝宜写之，以修文事。

又以鸡头授童子，祝曰：

鸡有五德，取信丑时，闻声而起，学而知之。

事完毕，童子辞神，鞠躬拜凡四，兴，平身，焚祝，礼毕。饭余，并禁妇女食。

即日取纸钉书以硃写，逐日学习。①

以上仪式主要分作两大部分，一为以三献礼祭孔子、四配与先师；二则为针对入学孩童的祈福、勉励仪式，包含画符赠符、授鲤鱼睛、磨朱、授板、授笔、授鸡头等步骤。

比对《中国书院学规集成》所收的资料，其中与入学仪式相关的记载并不多见，特别是像福江书院所记"新生"入学仪式，在有限的记载中，可知书院在"送学日"或"启馆日"有"送学礼"等相关仪节，如广东越华书院梁廷楠道光二十一年（1841）《越华书院启馆仪注》所记启馆日礼仪，以院长率领生童诣先贤祠行一跪三叩首礼，督院、院长、行交拜礼，生童院长、督院行四拜礼以示仪节。② 江西凤巘书院清光绪年间《启馆仪节》详细其启馆送学日、送学礼，其礼以州尊、教官、山长与诸生于文昌帝君前行四拜礼，诸生对山长、各宪等行四拜礼，以此作为开学仪式。③

对比以上记载，显现福江书院的入学仪式更偏向以祭祀仪式为主。福江书院入学仪式结合祭孔，透过迎圣跪拜后的祝文，表明此为院童"愿入小学受业于先圣先师"所进行的仪式。祭祀孔子与陪祀常见于中国，而入学祈福的部分则笔者未见于中国其他文献中，福江书院祭孔仪式的参考对象，应是直接采用越南的祭祀仪式。故透过祭孔仪式探析，或许可间接观察到中国祭孔仪式对于越南的影响。

---

① ［越南］阮辉僅：《初学指南》，越南荣市出版社（Nhà xuất bản Đại Học Vinh）2018 年版，第 84—92 页。

② 《中国书院学规集成》卷 3，第 1271 页。

③ 《中国书院学规集成》卷 2，第 693 页。

三、福江书院入学仪式对祭孔仪式的吸收与采用

关于中国书院祭祀，《东林书院志·祀典》言"古有释菜、释奠之礼，释菜行于孟春而礼简，释奠四时可行而礼烦。今制学宫之祭，……每岁于正月上甲日行释菜礼，春秋仲月仲丁日行释奠礼。"释菜、释奠礼在中国原为祭祀孔子最主要的仪节，明初更规定依此二礼施行于太学、州府县学之中。① 据《安南志原·学校》所记，永乐五年（1407）在安南设置布政司后，"交趾等府设学，择民间俊秀者入为生徒……永乐六年（1408），奉礼部勘令开。八年（1409）七月内，始依中国学校定制一体建立。"② 可知释菜、释奠礼于属明时期施行于越南。

针对释菜、释奠二礼，《东林书院志·祀典》有"仪注"以明行礼步骤，就此部分来看福江书院的祭祀仪式中，释奠礼以"三献礼"为主，若不论祭品③，与福江书院祭祀仪式相符合④，相关礼仪如下：

---

① 《明史》（中华书局 1974 年版）卷 50《礼志·吉礼·至圣先师孔子庙祀》"（洪武）十五年（1382），新建太学成……帝既亲诣释奠，又诏天下通祀孔子，并颁释奠仪注。凡府州县学，笾豆以八，器物牲牢，皆杀于国学。三献礼同，十哲两庑一献。其祭，各以正官行之，有布政司则以布政司官，分献则以本学儒职及老成儒士充之。每岁春、秋仲月上丁日行事。初，国学主祭遣祭酒，后遣翰林院官，然祭酒初到官，必遣一祭。十七年敕每月朔望，祭酒以下行释菜礼，郡县长以下诣学行香。"（第 1296—1297 页）

② （清）高熊征，《安南志原》（法国远东学院 1932 年版）卷 2《学校》，第 106—107 页。

③ 《东林书院志》（雍正十年，1732 年版）卷 13《祀典·释奠仪注》所记释奠礼祭品部分为"先三日斋戒，前一日宿院中。午后省牲，用羊豕各一，以全牲献圣庙。主祭者恭揖而退，毛血用盘盛，待次早瘞。先师前设爵六，登一，铏二，簠二，簋二，笾八，豆八，俎四，帛一，酒尊一。"

④ 《东林书院志》卷 13《祀典·释菜仪注》所记释菜礼步骤为"前三日斋戒，前日一宿院中。先师前设爵三，笾豆各二。至日，夙兴，主祭者与陪祭俱吉服，执事者各就位，陪祭者各就位，主祭者就位。瘞毛血，迎神鞠躬拜，兴，拜，兴，拜，兴，拜，兴，平身。行献礼，诣盥洗所，诣酒尊所，司尊者举幂，酌酒，诣先师孔子神位前，跪，献爵，俯伏，兴，平身。诣读祝位，跪，陪祭者俱跪，读祝，俯伏，兴，平身，复位。送神，鞠躬拜，兴，拜，兴，拜，兴，拜，兴，平身，礼毕。"（第 1 页）

　　至日，夙兴，主祭者与陪祭者俱吉服，执事者各司其事。陪祭者各就位，主祭者就位，瘗毛血，迎神，鞠躬拜，兴，拜，兴，拜，兴，拜，兴，平身。行初献礼，诣盥洗所，诣酒尊所，司尊者举幂酌酒，诣 至圣先师孔子神位前，跪，献爵，奠帛，俯伏，兴，平身，跪，陪祭者皆跪，读祝，俯伏，兴，平身，复位。行亚献礼，诣酒尊所，司尊者举幂酌酒，诣 至圣先师孔子神位前，跪，献爵，俯伏，兴，平身，复位。行终献礼，诣酒尊所，司尊者举幂酌酒，诣 至圣先师孔子神位前，跪，献爵，俯伏，兴，平身，复位。①

　　以上祭祀仪节，亦见于阮朝《文庙祀典》与《列祀仪文》之中，前者抄有明命八年（清道光七年，1827）《文庙祀典》、明命十七年（清道光十六年，1836）《文庙秋祭仪注》、明命十八年（清道光十七年，1837）《文庙从祀增祀》与《朝贺仪章》等部分，内容主要为阮朝依据前朝典例与“北朝（中国）”典礼，针对文庙祭祀仪节进行规范，如《文庙祀典》明确规定文庙祭器、祭品、乐章、祭祀仪注等细节，在祭祀仪节部分则以释奠礼为主。②

　　若《文庙祀典》属于官方祭祀仪节的统整，维新九年（1916）《列祀仪文》则应属越南民间惯例，此书所记仪文中，在其“正祭仪节”备注为“丁祭戊祭用之”，亦是以释奠礼为祭孔时的主要仪节。③此书中另收有“入学开场告文”与“入学受书仪文”两部分，能补充福江书院入学仪式的讨论。“入学开场告文”所记内容如下：

---

① 《东林书院志》卷13《祀典·释奠仪注》，第3页。

② 未知辑者，《文庙祀典》，钞本，越南国家图书馆藏R.421。

③ 此部分仪节为：起金鼓，乐生就列，奏乐，纠察祭物。执事者各司其事，祭官与执事员各诣盥洗所，盥洗帨巾。陪祭员就位，祭官就位，诣香案前，跪，上香，俯伏，兴，平身，复位，迎礼鞠躬凡四，平身。初献礼，诣圣师神位前，跪，酌酒，进爵，献爵，俯伏，兴，平身，复位。东西各诣配献位，跪，献酒，俯伏，兴，平身，复位。诣读祝位，跪，皆跪，读祝，俯伏，兴，拜凡二，平身，复位，分献。亚献礼，诣圣师神位前，跪，配酒，进爵，献爵，俯伏，兴，平身，复位。东西各诣配献位，跪，献酒，俯伏，兴，平身，复位，分献。终献礼如亚，诣饮福位，跪，饮福，受胙，俯伏，兴，拜凡二，平身，复位。辞礼鞠躬拜凡四，平身，焚祝文，礼毕。[越南]黎文仍辑《列祀仪文》，越南国家图书馆馆藏编号R.372，第1—2页。

入学开场告文用一献仪节。某府县社后学姓名敢祇告于 至圣先师孔子 位前。曰"兹为某社某人延某讲授,谨以清酌某物行释菜礼,伏望监临"。①

引文中明确指明入学以释菜礼为主,所标注的"用一献仪节"应是近于东林学院"释菜礼"。而在"入学受书仪文"部分则更贴近于福江书院入学仪式,其主要内容为:

子生七岁八岁入学,宜涓吉延师,豫钉书卷,备笔砚墨朱。划木版,长九寸,阔一寸五分,厚二分。質明,设位于中堂,陈祭器、器物,别设桌子于其前,置书版笔砚。师礼服就位,童子立于其后,盥洗,诣香案前,跪上香,俯伏,兴,平身,复位。参礼鞠躬拜凡四,平身,诣圣师神位前跪,酌酒、献酒皆跪。读告文,俯伏,兴,拜凡二,平身。师退居西席,东向,童子退于东,西向。师开书者,以墨书"上大人,圣乙己"云云。又以朱书"天锡聪明,圣扶功用"于版,版后书"某年月日授版",遂以书版笔墨授童子,童子跪受之。毕,复拜位,谢礼拜凡四,焚告文,礼毕。②

透过以上引文对比福江书院的入学仪式,《列祀仪文》所载的步骤相对简化许多,如在祭祀仪式上,福江书院以三献礼为主,《列祀仪文》则为一献,关于此在"入学受书仪文"告文文式中,记"维某年○○某府县社后学姓名,敢祇告于 至圣先师孔子 位前○○。曰兹为某子名,某年堪入学,以某授书,谨以清酌某物,行释菜礼,伏望监格,启佑童蒙。"如同"入学开场告文"乃是以释菜礼作为主要的仪节。

另在为入学孩童祈福上,《列祀仪文》以授笔、墨、砚、纸、版为主,福江书院则有授符、鲤鱼双睛、鸡头等物以祝学童聪明、勤勉。在授福的部

---

① 《列祀仪文》,第4页。

② 《列祀仪文》,第4—5页。

分，《列祀仪文》"入学受书仪文"有小注记"旧仪开心书符，焚之，和水令童子饮不可从"，此处称"旧仪"，以《初学指南》约成书于景兴三十四年（1773），到维新九年（1916）《列祀仪文》，中间间隔约 144 年，以此来看，是否越南学童入学仪式到《列祀仪文》时已逐渐简单化？参考明命十七年《文庙祀典·文庙秋祭仪注》所录祝文文式①，《初学指南》入学仪式中祝文与此文式较为相近，以此来看，或许阮辉儆建立福江书院时，乃是参考文庙，以最严谨、庄重的仪式作为福江书院的仪节，凸显其对于福江书院及礼仪的重视。

四、结　语

礼仪是儒家文化中相当重要的一环，故中国书院制度中亦以"祭祀"。透过阮辉儆福江书院与《福江书院规例》《初学指南》所记入学仪节的探析，以及其他资料的延伸讨论，可以发现越南在文庙祭祀或教育单位所用仪节深受中国影响。特别是阮辉儆所设想的《福江书院规例》，以"三献礼"作为祭祀主要仪节，后则加上越南独特的祈福仪式，显现出中越文化融合的一面。阮辉儆对于仪节的重视，或许即是来自于对中国书院制度的理解，将中国书院所具备藏书、讲学与祭祀多重功能，吸收到其福江书院，建立起属阮辉家族的越南书院。

---

① 《文庙祀典·文庙秋祭仪注》所录祝文式"维几年岁次干支几月干支越干支朔几日干支，皇帝御姓名敢告于 至圣先师孔子，恭维 圣师德配 天地，道冠古今，删述六经，垂宪万世。今懋应福祉，晋介四旬，适因仲秋，举行崇典，谨以牲粢庶品致祭，尚享。敬以复圣颜子；宗圣曾子；述圣子思子；亚圣孟子；东序先哲列位；西序先哲列位；东序先贤先儒列位；西序先贤先儒列位 从祀。"（第 17—18 页）

博士生论坛

敦煌本《文场秀句》的影响、流传与散佚*

高静雅**

摘要：敦煌本《文场秀句》具有训练属对、掌握典故等方面功用，其编撰特点对后世蒙书编撰产生了一定的影响，后世蒙书对《文场秀句》编撰特点的继承与发展，也在一定程度上反映出了《文场秀句》的流传情况。本文主要通过分析《文场秀句》对后世蒙书编撰的影响，结合敦煌文献、书目资料，探究是书在国内的流传情况，并对其散佚的时间与原因进行探讨。

关键词：《文场秀句》；蒙书编撰；影响

《文场秀句》在敦煌文献发现之前早已散佚，关于《文场秀句》的记载亦相对较少，虽然其曾流传到日本，《日本国见在书目录》《仲文章》《注好选》等多部日本文献对《文场秀句》进行了著录、援引，并保留了《文场秀句》的佚文，为了解其在日本的流传与影响提供了一定启示，但对其在国内的流传、影响等问题，尚值得进一步探讨。

敦煌本《文场秀句》作为"属对"类蒙书，《文场秀句》具有训练属对、掌握典故的功用。① 学界对于《文场秀句》的研究，主要涉及性质、作者、

---

* 基金项目：2016 年国家社会科学基金重大项目"童蒙文化史研究"（16ZDA121）。

** 作者简介：高静雅，首都师范大学历史学院博士研究生，主要研究方向为隋唐史、童蒙文化。

① 详参金滢坤《论蒙书的起源及其与家训、类书的关系——以敦煌蒙书为中心》，《人文杂志》2020 年第 12 期。

内容等方面，少有论及《文场秀句》的流传与影响。目前所见，主要有李铭敬《日本及敦煌文献中所见〈文场秀句〉一书的考察》①、日本学者永田知之《〈文场秀句〉小考——"蒙书"と类书と作诗文指南书の间》②、王三庆的《〈文场秀句〉之发现、整理与研究》③，以及孙猛《日本国见在书目录详考》等研究④。在探讨《文场秀句》的过程中，论及了其在日本的流传情况。但并未论及其在国内的流传、影响等情况，因此，关于《文场秀句》在国内流传的情况及影响尚有进一步探究的空间。鉴于目前尚无专文探讨此问题，本文试从《文场秀句》对后世蒙书编撰的影响入手，结合相关史料以及敦煌文献，对《文场秀句》的影响、流传情况，以及散佚的时间与原因进行探析。

一、《文场秀句》对后世蒙书编撰的影响

唐代是中国古代蒙书发展的关键时期，上承六朝，下启宋明。⑤ 蒙书在编撰的过程中，或内容相袭，或体例相因，《文场秀句》的内容与体例对后世蒙书编撰的影响，也在一定程度上反映了其对后世的影响。然而后起的蒙书并非仅仅因袭，而是在已有蒙书的基础上不断发展和创新，从而具有其自身独特的特点，体现了蒙书编撰的灵活性以及蒙书强大的生命力。本文主要通过分析后世蒙书对《文场秀句》风格与功用的继承与发展情况，以探讨其对蒙书编撰的影响。

---

① 详参李铭敬《日本及敦煌文献中所见〈文场秀句〉一书的考察》，《文学遗产》2003 年第 2 期。

② 详参［日］永田知之《〈文场秀句〉小考——"蒙书"と类书と作诗文指南书の间》，收入［日］高田时雄编集《敦煌写本研究年报》第二号，京都大学人文科学研究所，2008 年，第 113 页。

③ 王三庆：《〈文场秀句〉之发现、整理与研究》，收入王三庆、郑阿财合编《2013 年敦煌、吐鲁番国际学术研讨会论文集》，成功大学文学系，2014 年，第 10—13 页；后又收入王三庆《敦煌吐鲁番文献与日本典藏》，新文丰出版股份有限公司 2014 年版，第 455—484 页。

④ 详参孙猛《日本国见在书目录详考》，上海古籍出版社 2015 年版，第 529—530 页。

⑤ 详参郑阿财、朱凤玉《敦煌蒙书研究》，甘肃教育出版社 2002 年版，第 451 页。

宋代蒙书编撰取得了巨大的发展，李裕民《唐宋蒙学书系年考证与研究》一文中，考订出宋代蒙书六十六种①，可见宋代在蒙书编撰方面的发展。宋代亦编撰了不少作诗属文、韵对相关的蒙书②，与《文场秀句》功能相似的主要有：曾子戟撰《曾神童对属》、真德秀撰《对偶启蒙》、叶凤撰《群书类聚》、胡继宗撰《诗韵大成》③、周子益编《训蒙省题诗》、吕祖谦编《诗律武库》等。兹择取宋代所撰蒙书中与《文场秀句》相关的蒙书，以见《文场秀句》对宋代蒙书编撰的影响。

较之《文场秀句》一书，宋代所撰、以供作诗属文蒙书的功用更加明确，分类也更加细致，主要表现在两个方面：

（一）编撰了针对诗赋考试的蒙书

就专门针对诗赋考试的蒙书而言，主要有吕祖谦的《诗律武库》。从其书名便可知其为专门针对诗律所撰之书。此书目录前亦存有牌记④，言此书为"吕氏（吕祖谦）家塾手校《武库》一帙，用是为诗战之具，固可以扫千军而降劲敌"⑤。从其可作"诗战之具"，能够"扫千军""降劲敌"之语，可见此书对于诗赋考试的重要价值。因其为吕氏家塾之课本，故此书应具有蒙书之性质。

---

① 按：李裕民《唐宋蒙学书系年考证与研究》中考订出北宋蒙书 15 种，南宋蒙书 51 种。详参李裕民《唐宋蒙学书系年考证与研究》，收入包伟民、刘后滨主编《唐宋历史评论》第 3 辑，社会科学文献出版社 2017 年版，第 132—157 页。

② 详参徐梓、王雪梅编《蒙学辑要》，山西教育出版社 1992 年版，第 296 页。

③ 按：清代黄虞稷撰《千顷堂书目》卷 15《类书类》中指出，胡继宗为庐陵人，编有《书言故事》十卷、《诗韵大成》二卷。张涤华先生《类书流别》中指出《诗韵大成》已佚。详参（清）黄虞稷撰《千顷堂书目》卷 15《类书类》，上海古籍出版社 1990 年版，第 421 页；张涤华《类书流别》，商务印书馆 1985 年版，第 58 页。

④ 按：关于牌记，清代叶德辉《书林清话》卷 6《宋刻书之牌记》指出："宋人刻书，于书之首尾或序后、目录后，往往刻一墨图记及牌记。其牌记亦谓之墨围，以其外墨阑环之也。又谓之碑牌，以其形式如碑也。"详参（清）叶德辉《书林清话》卷 6《宋刻书之牌记》，中华书局 1957 年版，第 152 页。

⑤ （宋）吕祖谦辑：《东莱先生分门诗律武库》，收入《续修四库全书》编纂委员会编《续修四库全书》第 1216 册《子部·类书类》，上海古籍出版社 1996 年版，第 201 页。

此书共十五卷①，分为庆诞门、幼敏门、荣贵门、庆寿门、仙道门、声乐门、释学门、文章门、诗咏门、游赏门、赠送门等十一门②，涉及了诗赋考试中所应掌握的、不同方面的知识和内容。与《文场秀句》相似的是，《诗律武库》各门类之下亦罗列与门类相关的词条。《诗律武库》各门类所列辞条数量不等，字数不一，二言、三言、四言、五言均有。且各词条下均有对词条进行解释、说明的内容。如卷一《庆诞门》中的"玉燕"条下，录有"开元遗事，张说母梦一玉燕飞入怀中，因而生说。后为宰相。故人有飞燕投怀之句"之语③，对"玉燕"进行解释、说明，便于学童理解和识记，以便在实际的诗赋创作中灵活使用。但是并未似《文场秀句》于罗列事对之后，撰有一段俪语。

就二者的内容而言，较之《文场秀句》，《诗律武库》中对于词条的解释，表述更为细致、详细。如《诗律武库》卷一一《文章门》中有"淮王门下士"，其下解释为："汉淮南王安，好文章，善属文，天下方术之士，多往大山，小山之徒，讲论道德。总统仁义而著鸿烈解焉。故杜子美上汝阳王琎诗有'淮王门有客'之句，盖以此也。"④与《文场秀句·王第十二》事对"八公"使用典故是一样的，虽然事对"八公"释文仅存"淮南王有"四字，但据其上"天人：陈思王有天人之才"的内容，可知"八公"的释文字数当与"天人"释文字数相差不多。则《诗律武库》中所作解释更加详细，也更具故事性和趣味性。学童通过阅读《诗律武库》中词条下的解释，便可大体认识和了解词条的含义或典故，从而更好地掌握和使用词条。而较为详细、具有故事性的解释，不仅易于吸引学童的注意力，提高学童的学习兴趣，也有助于培养学童的想象力和创造力。

---

① 按：吕祖谦《诗律武库》15 卷之后，亦有后集 15 卷，后集为东莱吕氏编于丽泽书院。

② 详参（宋）吕祖谦《东莱先生分门诗律武库·目录》，收入《续修四库全书》编纂委员会编《续修四库全书》第 1216 册《子部·类书类》，上海古籍出版社 1996 年版，第 201—206 页。

③ （宋）吕祖谦辑：《东莱先生分门诗律武库》卷 1《庆诞门》，收入《续修四库全书》编纂委员会编《续修四库全书》第 1216 册《子部·类书类》，第 208 页。

④ （宋）吕祖谦辑：《东莱先生分门诗律武库》卷 11《文章门》，收入《续修四库全书》编纂委员会编《续修四库全书》第 1216 册《子部·类书类》，第 243 页。

此外，周子益撰有《训蒙省题诗》，为宋人拟科场所作，从其以"训蒙"二字名其书，便可知其蒙书的性质。此书惜已散佚①，但尚有宋代杨万里所撰序存，可略见其所作之旨。杨万里《周子益训蒙省题诗序》云：

> 唐人未有不能诗者，能之矣，亦未有不工者，至李杜极矣。后有作者，蔑以加矣。而晚唐诸子，虽乏二子之雄浑，然好色而不淫，怨诽而不乱，犹有国风小雅之遗音。无他，专门以诗赋取士而已。诗又其专门者也，故夫人而能工之也。自日五色之题，一变而为天地为炉，再变而为尧舜性仁，于是始无赋矣。自春草碧色之题，一变而为四夷来王，再变而为政以德，于是始无诗矣。非无诗也，无题也。吾倩陈履常，示予以其友周子益《训蒙》之编，属联切而不束，词气肆而不荡，婉而壮，丽而不浮，骎骎乎晚唐之味。盖以诗人之情性，而寓之举子之刀尺者欤？至如"信符"之一题，独非古题，而诗句亦不为题所掣，可谓难矣。盖一尝试为我赋"为政以德"之题乎？惟蚁封乃见子王子之驭。嘉泰辛酉九月诚斋野客杨万里序。②

不仅指出了唐代多有能诗且工者的原因，盖因以诗赋取士，也肯定了周子益所撰《训蒙省题诗》"属联切而不束，词气肆而不荡，婉而壮，丽而不浮"的特点。周子益《训蒙省题诗》拟试而作，专门应对科举各环节的省题诗试。

（二）编撰了专门训练对属的蒙书

唐代儿童属文的情况很常见，敦煌文献发现之前，具体情况不甚明了。在唐代童蒙教育中，诗赋文章占有重要的地位，如唐高宗第四子许王"年

---

① 详参周兴禄《宋代科举诗词研究》，齐鲁书社 2011 年版，第 18 页；罗积勇、肖金云《〈礼部韵略〉与宋代科举》，武汉大学出版社 2015 年版，第 96 页。

② （宋）杨万里：《诚斋集》卷 84《序·周子益训蒙省题诗序》，收入（清）纪昀等编纂《影印文渊阁四库全书》第 1161 册，北京出版社 2012 年版，第 105 页。

六岁，永徽二年（651），封雍王……能日诵古诗赋五百余言"①。权德舆"生三岁，知变四声，四岁能赋诗"②。柳宗元亦言其"始吾幼且少，为文章，以辞为工"③。白居易自云其"及五六岁，便学为诗。九岁，谙识声韵"④。元稹"九岁学赋诗，长者往往惊其可教"⑤。又萧颖士"四岁属文，十岁补太学生"⑥。王勃"六岁解属文，构思无滞，词情豪迈"⑦。凡此可见，唐代儿童多在童蒙教育阶段便已接触到或学习了诗赋文章的相关内容，能作诗属文者更不在少数，而唐代对儿童进行作诗习文教育的时间是比较早的。

虽然诗赋在唐代童蒙教育中具有重要的地位，诗风亦盛极一时，但是后世对唐时儿童学诗的情况却不甚明了。⑧就唐代儿童的诗歌启蒙教育而言，郑阿财先生在《从敦煌本〈诗格〉残卷论唐代诗学对偶理论的实践》一文中，以敦煌本《诗格》为中心，探讨了唐五代学童诗歌的学习，以及这一时期诗学中对偶论的发展与实践。⑨之后，其《敦煌吐鲁番文献呈现的唐代学童诗学教育》一文，又特从敦煌吐鲁番文献中学郎所抄诗作、诗格、诵习范本等材料，对唐代学童诗学教育实况进行了深入探讨⑩，为探讨《文场秀句》在唐代儿童诗歌启蒙教育中的重要价值和功用提供了有益启示。

张志公先生曾指出，我国古代有一段散文、骈文的发展过程，而到了唐宋时期，近体诗仍然部分地运用对偶，赋体文学亦尚存，因此，教儿童学

---

① 《旧唐书》卷86《高宗中宗诸子传》，中华书局1975年版，第2826页。

② 《新唐书》卷165《权德舆传》，中华书局1975年版，第5079页。

③ （唐）柳宗元撰：《柳宗元集》卷34《书·答韦中立论师道书》，中华书局1979年版，第873页。

④ （唐）白居易撰：《白居易集》卷45《书序·与元九书》，中华书局1979年版，第962页。

⑤ （唐）元稹撰：《元稹集》卷30《叙诗寄乐天书》，中华书局2010年版，第351页。

⑥ 《新唐书》卷202《文艺传中·萧颖士传》，第5767页。

⑦ 《旧唐书》卷190上《文苑传上·王勃传》，第5005页。

⑧ 郑阿财：《敦煌吐鲁番文献呈现的唐代学童诗学教育》，收入金滢坤主编《童蒙文化研究》第3卷，人民出版社2018年版，第3页。

⑨ 郑阿财：《从敦煌本〈诗格〉残卷论唐代诗学对偶理论的实践》，《文学新钥》2013年第17期。

⑩ 郑阿财：《敦煌吐鲁番文献呈现的唐代学童诗学教育》，收入金滢坤主编《童蒙文化研究》第3卷，第2—23页。

习对属，当是以习文、作诗为目的的。① 随着童蒙教育的发展，对属亦成为童蒙教育的内容之一。宋代苏洵曾言："吾后渐长，亦稍知读书，学句读、属对、声律，未成而废。"② 苏洵将对属与童蒙教育中辨句读、识声律的教育内容相提并论，可见其在童蒙教育中的重要地位。从宋代儿童对属训练的情况，亦可见宋代对属训练的情况。如年方七八岁小童孙仲益，村学所学内容已涉及七字对，苏轼便题测试："衡茅稚子璠玙器。"孙仲益随即应之曰："翰苑仙人锦绣肠。"③ 苏轼大为叹赏。可见对属是宋代儿童学习的内容之一，亦可见宋代儿童对属训练的成果。

而蒙书编撰与童蒙教育之间具有密切的联系，对属是宋代童蒙教育的重要内容之一，如北宋《京兆府小学学规》中便记载："教授每日讲说经书三两页，授诸生所诵经文句、音义，题所学书字样，出所课诗赋题目，撰所对属诗句，择所记故事。"④ 可见对属在宋代童蒙教育的重要地位，因而蒙书编撰的过程中，对属必然不能忽略此教学内容。

因此，童蒙教育对对属的重视，以及对儿童进行对属训练的需要，促进了训练儿童对属蒙书的编撰。虽然宋代编撰的这类蒙书多已散佚，但从其相关的序文、小引等文献中，亦可窥见此类蒙书的编撰情况。如宋代曾丰《曾神童对属序》便指出：

> 嘉泰癸亥，得吾州中童子科曾氏子载《对属》一卷。一卷舒之，字颗珠，句片玉也。置诸袖，留示诸稚。其父德荣曰："小学之道，奚以示为？"余曰："不然。属辞比事而不乱者，深于《春秋》者也。《春秋》岂小学哉！""衡门稚子璠玙器"，"翰苑仙人锦绣肠"，文忠苏公轼、尚书孙公觌问答句也。时则孙公五岁，幼语如老作，猝应如徐思，所

---

① 详参张志公《传统语文教育教材论：暨蒙学书目和书影》，中华书局 2013 年版，第 87 页。

② （宋）苏洵：《送石昌言使北引》，收入曾枣庄、刘琳主编《全宋文》卷 920，上海辞书出版社、安徽教育出版社 2006 年版，第 55 页。

③ 详参（宋）王明清撰《玉照新志》卷 1，中华书局 1985 年版，第 6 页。

④ 霍玲玉：《北宋京兆府小学教学管理探析——以〈京兆府小学规〉碑刻为中心》，《廊坊师范学院学报》（社会科学版）2018 年第 1 期。

谓属辞比事而不乱者与！苏公器之，曰："真璠玙也。"既张且壮，天子擢为从臣，公卿推为文士，卒如苏公所器。此所谓小道，盖不失其为大学与！孙何人哉，曾何人哉，有为者亦若是。用书于卷，授德荣亦归戟，戟其勉之！①

曾丰所撰序文为了解《曾神童对属》一书提供了较为丰富的数据。依上文所引，曾子戟为童子科登第者，其编撰此书的目的在于传授"属辞比事"之成功经验，可见宋人对于对属训练的重视程度。儿童通过学习对字的规范，能够不断积累诗文创作中所需的各种词句，掌握对属的方法，有助于为进一步的诗文创作打下良好的基础。②

宋代真德秀亦编有《对偶启蒙》一书，徐梓《中国传统启蒙教育的发展阶段及特征》指出真德秀撰《对偶启蒙》已散佚，具体内容已难知晓。③然从其以"启蒙"二字名其书，亦可知其具有蒙书的性质。此外，哈佛大学图书馆藏有《分韵四言对偶启蒙》一书④，是明代蒙贤、史垂教二人在真德秀撰《对偶启蒙》的基础上，对真德秀原编《对偶启蒙》进行补韵、删补之书，明代周从龙所撰《四言对偶分韵小引》中有"真西山《对偶》，有四言五言……五言曷不宗唐律，子固独取四言"之语⑤，从其小引内容可知，真德秀所撰《对偶启蒙》中当不只《分韵四言对偶启蒙》中所存四言，亦存有五言内容。真德秀在编撰此书的过程中考虑到了四言、五言两种形式，以便初学者由浅入深，学习、练习对属，并掌握对属的基本方法。宋代童蒙教育

① （宋）曾丰：《曾神童对属序》，收入曾枣庄、刘琳主编《全宋文》卷6282，第322—323页。

② 详参林治金主编《中国小学语文教学史》，山东教育出版社1996年版，第109—110页。

③ 徐梓：《中国传统启蒙教育的发展阶段及特征》，《首都师范大学学报》（社会科学版）2018年第1期。

④ 按：此书为明万历三十四年（1606）端州六委斋刊本，其后亦附有（明）吴默泉撰《音律启蒙》。详参（宋）真德秀原编，（明）蒙贤补韵，（明）史垂教删补《四言分韵对偶启蒙》，明万历三十四年（1606）端州六委斋刊本（藏哈佛大学图书馆），第1a页。

⑤ （明）周从龙：《四言对偶分韵小引》，见（宋）真德秀原编，（明）蒙贤补韵，（明）史垂教删补《四言分韵对偶启蒙》，第1a页。

对对属的重视，促进了训练对属的蒙书编撰，而对属训练对于声韵的较高要求，使得这一时期的蒙书编撰逐渐将音韵与对属相结合，使所撰蒙书富有韵律，更加具有可读性。

依上文引，宋代出现的专门针对诗赋考试和对属训练的蒙书。这些宋代所撰蒙书虽具有作诗习文的功用，但较之《文场秀句》，宋代所撰蒙书的功用更加具体明确，使其更能够适应童蒙教育中不同的、具体的目标与需要，而世人也可根据童蒙教育的目的与要求选择适合的蒙书对儿童进行教育和培养。

二、《文场秀句》的流传情况

宋代所撰针对诗赋考试和对属训练的蒙书，将诗文创作与科考书的功用从唐代所撰蒙书中分离出来，形成了与唐代不同的蒙书特点，不仅丰富了蒙书的内容与类型，反映了蒙书编撰的发展，也在一定程度上反映出了《文场秀句》一书的流传与使用情况，要之如下：

通过梳理，《文场秀句》撰成之后的流传与使用情况，主要表现在以下三个方面：

其一，《文场秀句》的流传与保存。目前所知，敦煌文献中仅存两件《文场秀句》，为 P.2678 号 +P.3965 号[1]、羽 072 号写本。[2] 敦煌文献中虽仅存有两件《文场秀句》，然亦可反映出其在当时当地的流传情况。因此，从其被抄写的情况，可以进一步推知是书在当时当地应具有一定的影响力，从而使其能够以写卷形式得以保存。

其二，敦煌蒙书中对属类蒙书可以反映《文场秀句》的流传与使用情况。《文场秀句》撰成之后，其后亦出现了受其影响而新撰蒙书——《语对》。

---

[1] 上海古籍出版社、法国国家图书馆编：《法藏敦煌西域文献》第 17 册，上海古籍出版社 2001 年版，第 206—207 页。

[2] [日] 武田科学振兴财团杏雨书屋、[日] 吉川忠夫编：《敦煌秘笈：影片册》第 1 册，[日] 大阪：はまや印刷株式会社 2009 年版，第 425—426 页。

王三庆先生的《敦煌文献辞典类书研究：从〈语对〉到〈文场秀句〉》一文，通过对《文场秀句》与《语对》对比，指出二者之前存在着较为密切的关系，亦有诸多相似之处，《对语》中所存的四十部类内容与条目，很可能是删去了《文场秀句》俪语部分，并重新整合、改编之书。① 如其原因，盖因"自骈俪之体盛，文士往往采集语对，以资窘腹……至唐而俳偶益工，初学等书便专取事对"②，使得事对的重要性得到凸显，故而《语对》专取事对，而不录俪语。

其三，史籍记载与《文场秀句》的流传情况。关于《文场秀句》，《旧五代史》卷一二六《周书·冯道传》中这样一段记载：

> 有工部侍郎任赞，因班退，与同列戏道于后曰："若急行，必遗下《兔园册》。"道知之，召赞谓曰："《兔园册》皆名儒所集，道能讽之。中朝士子止看《文场秀句》，便为举业，皆窃取公卿，何浅狭之甚耶！"③

《兔园册》"非鄙朴之谈"，但世人仍"多贱之"④，冯道通过中朝士子凭借《文场秀句》便可成就举业，来反驳任赞取笑他所读《兔园册》。从冯道对于《文场秀句》与《兔园册》的评价来看，《文场秀句》一书在不如《兔园册》为名儒所集，强调较之其讽诵的《兔园册》，中朝士子通过学习《文场秀句》来成就举业的做法更为"浅狭"。冯道将《文场秀句》与《兔园册》进行比较，则二书应具有相似或相同的性质与功用，二者应与诗赋考试具有密切的联系，均是便于参加举业之书。则《文场秀句》具有广采诗文秀句，汇集成书，以便时人撰文之用，则可无疑。

---

① 王三庆：《敦煌文献辞典类书研究：从〈语对〉到〈文场秀句〉》，《厦门大学学报》（哲学社会科学版）2020 年第 4 期。

② （明）胡震亨：《岁华纪丽识语》，（唐）韩鄂撰：《岁华纪丽·序》，中华书局 1985 年版，第 3 页。

③ 《旧五代史》卷 126《冯道传》，中华书局 1976 年版，第 1656—1657 页。

④ 按：《旧五代史·冯道传》注云："北中村墅，多以《兔园册》教童蒙，以是讥之。然《兔园册》乃徐、庾文体，非鄙朴之谈，但家藏一本，人多贱之也。"（第 1656 页）

从《旧五代史·冯道传》记载的笑谈来看，其将《文场秀句》与《兔园策府》并提，则《文场秀句》当与《兔园策府》一样，是流行于晚唐五代之书。而《冯道传》中所言"中朝士子止看《文场秀句》，便为举业"之语，不仅反映出其对科举考试具有一定的参考价值，也体现了是书在当时应得到了较为广泛的认可和使用。

三、《文场秀句》的散佚时间与原因

从史籍和著录的情况看，《文场秀句》的散佚时间，当在宋时。《旧五代史·周书·冯道传》冯道将《文场秀句》与《兔园策府》并提，指出当时有中朝士子以《文场秀句》为举业[1]，可知是时《文场秀句》一书尚存。而至宋代叶德辉考证的《秘书省续编到四库缺书目·子类·类书》中，却言"孟献子撰《文场秀句》一卷"已阙[2]，可知是书宋时便已散佚。而是书于宋时便阙的原因，概有三端：

其一，宋代科举制度的改革与发展。宋代进士科诗赋几经变化，时兴时废。张希清先生指出，北宋前期进士科考试内容承袭唐及五代之制，考试内容为诗赋、论策和帖经、墨义，实际上主要是以诗赋取士，但诗赋中以赋为要。[3]但是难以培养和选拔经世致用的人才，故王安石改革罢诗赋和帖经、墨义，而专以经义论、策取进士。[4]宋室南迁，又复以经义、诗赋取士，其后元祐、绍兴间又几度变化，最后分为经义进士、诗赋进士两科，直至南宋灭亡。[5]

总体而言，虽然诗赋仍在宋代科举考试中具有一定的地位，但在实际

---

① 详参《旧五代史》卷 126《冯道传》，第 1656—1657 页。

② （宋）叶德辉考证：《秘书省续编到四库阙书目》卷 2《子类·类书》，见中华书局编辑部编《宋元明清书目题跋丛刊·宋代卷》，中华书局 2006 年版，第 327 页。

③ 详参张希清《中国科举制度通史·宋代卷》，上海人民出版社 2017 年版，第 361 页。

④ 详参张希清《中国科举制度通史·宋代卷》，第 81、83 页。

⑤ 详参张希清《中国科举制度通史·宋代卷》，第 81 页。

的考试中，多偏重于赋。如宋代欧阳修《六一诗话》便指出："自科场用赋取人，进士不复留意于诗，故绝无可称者。"① 宋代刘克庄亦言："唐世以赋诗设科，然去取予夺，一决于诗，故唐人诗工而赋拙……本朝亦以诗赋设科，然去取予夺，一决于赋，故本朝赋工而诗拙。"② 可见，宋代与唐代科举考试之间，存在着较为明显的差异。较之唐代，宋代科举考试中以赋为要，诗在考试中的地位已不似唐时，诗在决定去取方面，已不再如唐时具有重要的决定性作用。因此，作为以诗歌创作教育为主要功用的《文场秀句》一书，难以得到社会广泛的认可和使用。

其二，后世蒙书编撰的发展。至宋代，虽然科举考试多偏重于赋，但总体而言，诗仍然是考试的内容之一。因此，童蒙教育势必不能忽略对儿童进行诗歌写作的启蒙教育，且诗歌启蒙教育对于赋的写作也具有一定的帮助作用，依然是童蒙教育的重要内容之一，促进了宋代蒙书编撰的发展。如宋代编撰了专门针对诗赋考试和对属训练的蒙书，这些具有专门功用的蒙书使《文场秀句》一书所具有的作诗习文和科考参考书的功用更加明确地体现出来，并在前代蒙书编撰的基础上有所发展和创新，解释更加详细，具有可读性，更加符合儿童学习和身心发展的特点。而宋代蒙书编撰的发展与蒙书的丰富，如曾子戬撰《曾神童对属》、真德秀撰《对偶启蒙》、周子益编《训蒙省题诗》、吕祖谦编《诗律武库》等，替代并发展了原有蒙书的功用，继承并发展了《文场秀句》练习对属、作诗习文的功用。较之宋代新撰蒙书，《文场秀句》较难适应宋时的诗赋考试，或者适应对属训练等宋代专门教育的需要，故而随着新撰蒙书的发展而逐渐被人们遗忘。

其三，宋代文学文体的丕变与思想的变革。从文体丕变的情况来看，王水照先生在《文体丕变与宋代文学新貌》一文中指出，"宋诗的'以文为诗'实在是中国诗歌发展史上的一个必然经过的环节"③，宋代"以文为诗"，"把散文的一些手法、章法、句法、字法引入诗中，也指吸取散文的无所

---

① （宋）欧阳修：《六一居士诗话》，中华书局 1985 年版，第 9 页。

② （宋）刘克庄：《后村先生大全集》卷 99《题跋·李耘子诗卷》，收入《四部丛刊初编·集部》第 213 册，上海书店 1989 年影印本（据江安傅氏双鉴楼藏高丽活字本），第 8a 页。

③ 详参王水照《文体丕变与宋代文学新貌》，《中国文学研究》1996 年第 4 期。

不包的、犹如水银泻地般地贴近生活的精神和自然、灵动、亲切的笔意笔趣"。① 宋代"以文为诗"的特点，也在一定程度上使得宋代文学表现出了不同于前代的、不矫饰、不做作的散文精神。② 就宋代文学思想而言，宋代文学经过宋初的发展，经世致用的思潮促进了宋代诗文创作出现了新的变化。宋初华而不实、讲求雕章丽句的骈偶文风不再是文学创作的主流，经世致用成为文学创作和文学理论的主题，使宋代文学更加贴近社会现实，因而具有了不同于前代的新动力，并逐渐摆脱了晚唐五代文风的影响。在诗文创作方面，亦开创了新的写法和格局。③ 文风的转变也在一定程度上促进了诗风的转变，使士人不再满足于雕章丽句，而转向重道德、讲实用的追求。加之宋代理学的兴起，"重道德轻艺术，重理智轻情感，主实用反藻饰的思想倾向"④，也对宋代文风产生了一定的影响，故文学创作对于典故、辞藻的需求已不及唐时，《文场秀句》作为辑录事对、俪语之书，随着宋代文风的转变，较难获得世人的广泛接受和使用，对其重视程度亦随之降低。

此外，《文场秀句》一书不仅涉及对儿童进行对属训练，亦具有声律启蒙的作用。张志公先生指出："历代讲声律的书很多，但是专为蒙学用的比较少。有的，也往往因为讲得不够通俗，不好懂，而且过去的文人多半视声韵之学为畏途，教蒙学的塾师多半不碰它，所以这类书在当时大多流传不广，后来也就逐渐轶失不传。"⑤ 很多涉及声律之书难以得到较为广泛的使用。加之，《文场秀句》的作者孟献忠并非名儒，且为地方文人，其所撰之作难以形成较大的影响，使用范围也相对较小，也是此书未能进一步传播和流传的原因之一。

---

① 王水照：《文体丕变与宋代文学新貌》，《中国文学研究》1996 年第 4 期。
② 详参王水照《文体丕变与宋代文学新貌》，《中国文学研究》1996 年第 4 期。
③ 详参张毅《宋代文学思想史》，中华书局 1995 年版，第 54 页。
④ 张毅：《宋代文学思想史》，第 55 页。
⑤ 张志公：《传统语文教育教材论：暨蒙学书目和书影》，第 94 页。

四、结　语

后世承继《文场秀句》而编撰的蒙书，在一定程度上反映出了其在国内的影响。通过分析《文场秀句》写卷及相关写卷、敦煌蒙书以及史籍记载的情况，可知是书在当时应得到了一定的认可和使用，具有一定的影响力。从史籍和著录的情况看，《文场秀句》一书散佚的时间，当在宋时。究其原因，盖因科举制度的发展、蒙书编撰的发展以及文学思想的变革等，在一定程度上减弱了《文场秀句》在童蒙教育中的作用与影响力，使其逐渐淡出了历史舞台。

通过分析后世蒙书对《文场秀句》风格与功用的继承与发展情况，《文场秀句》对后世蒙书编撰的影响，主要表现在两个方面：一是，宋时编撰了针对诗赋考试的蒙书，如《诗律武库》《训蒙省题诗》。二是宋代编撰了专门训练对属的蒙书，如《曾神童对属》《对偶启蒙》。可知《文场秀句》对后世蒙书编撰产生了一定的影响。

值得注意的是，虽然《文场秀句》一书宋时已散佚，但却于散佚前传入了邻国日本，并在日本得到了一定的传播和使用，且在日本平安时期（794—1192）至镰仓时期（1192—1333），仍有不同的日本文献根据自身所需援引了《文场秀句》中的不同内容。[①] 可见此书对于日本学习、了解汉文化发挥了重要作用。因此，此书的散佚并非是因为其在实际的童蒙教育中不具有价值和意义，抑或是编撰存在问题，而是受到多重因素影响的结果。

---

① 按：日本所存文献对《文场秀句》的援引情况，可参考李铭敬《日本及敦煌文献中所见〈文场秀句〉一书的考察》，《文学遗产》2003 年第 2 期；［日］永田知之《〈文场秀句〉小考——"蒙书"と类书と作诗文指南书の间》，收入［日］高田时雄编集《敦煌写本研究年报》第二号，第 113 页；王三庆《〈文场秀句〉之发现、整理与研究》，收入王三庆、郑阿财合编《2013 年敦煌、吐鲁番国际学术研讨会论文集》，第 10—13 页；孙猛《日本国见在书目录详考》，第 529—530 页。

国图藏敦煌本《策府》与唐五代
童蒙教育的关系

吴元元*

摘要：国图藏敦煌本《策府》共存唐代对策文三十篇，用骈文写成，语句简洁、篇章短小、结构简单、大致对偶，存在诸多纰漏之处，与正规的科举试策文水平相去甚远。唐五代时期的私学主要以之作为童蒙教材教授儿童撰写对策文，为他们将来参加科举考试做准备，同时也兼具属对训练、典故积累的作用。其对策文涉及内容丰富，包括政治、经济、文化各方面内容，还有助于引导儿童树立正确的道德观念，具有非常重要的社会教化意义。

关键词：《策府》；骈文；童蒙教育；对策；道德教育

敦煌本《策府》由 BD14491 和 BD14650 写卷缀合而成。① 最早对该件写卷进行研究的是郑阿财，他的《敦煌本〈明诗论〉与〈问对〉残卷初探》一文将 BD14491《策府》写卷定名为《问对二十六条》，并对其内容进行了过录，简单介绍了该写本的流传情况。② 此后，郑阿财和朱凤玉《开蒙养

---

* 作者简介：吴元元，首都师范大学历史学院博士研究生，主要研究方向为隋唐史、童蒙文化。

① BD14491 号见中国国家图书馆编《国家图书馆藏敦煌文献》第 128 册，北京图书馆出版社 2010 年版，第 173—175 页。BD14650，见《国家图书馆藏敦煌文献》第 131 册，北京图书馆出版社 2010 年版，第 197—第 210 页。

② 郑阿财：《敦煌本〈明诗论〉与〈问对〉残卷初探》，收入《第四届唐代文化学术研讨会论文集》，第 303—325 页。

正·敦煌的学校教育》一书的《教育实施的现场重建》一节从体罚、作业和模拟考试着手，对敦煌地区的具体教育形式进行了相应分析，借助《策府》对模拟考试的方式和问答形式进行了简单分析，指出敦煌本《策府》是教师为教授儿童撰写试策文所作的模拟题。① 此后，对此写卷进行过深入研究的是国家图书馆古籍馆的刘波和林世田，他们对 BD14491 和 BD14650 两件写卷进行了缀合并录文，还结合写卷的避讳情况和具体内容，对《策府》的创作年代进行了分析，认为《策府》创作于初唐。此外，他们对写本的基本情况、俗字的使用情况和用典情况进行了详细的分析，研究较为全面。② 金滢坤在《敦煌本"策府"与唐初社会：国图藏敦煌本"策府"研究》一文中，从初唐的科举试策入手，对《策府》的创作背景、主要内容进行了详细的分析，对《策府》所反映的初唐社会环境进行了探讨。③

综上所述，学界对于《策府》多集中于写卷的整理、创作的时代背景、与科举的关系方面。本文主要就《策府》在童蒙教育中的使用情况，及其对童蒙教育的作用做进一步深入研究。

一、《策府》在作策教育中的作用

《策府》是一部典型是属文类蒙书④，主要针对的是具备了一定的识字能力，积累了一定的知识储备，有志于参加科举考试，入仕为官的童蒙，用以对他们进行对策写作启蒙教育，同时也兼具属对训练、典故积累的作用。因此，撰写对策文是儿童学习《策府》的直接目的，参加科举入仕是儿童学习《策府》的最终目标。

---

① 郑阿财、朱凤玉：《开蒙养正：敦煌的学校教育》，甘肃教育出版社 2007 年版。第 122—128 页。

② 刘波、林世田：《敦煌唐写本〈问对〉笺证》，《文津学志》2010 年第 3 辑，第 115—142 页。

③ 金滢坤：《敦煌本"策府"与唐初社会：国图藏敦煌本"策府"研究》，《文献》2013 年第 1 期。

④ 金滢坤：《论蒙书的起源及其与家训、类书的关系——以敦煌蒙书为中心》，《人文杂志》2020 年第 12 期。

　　《策府》在具体的对策文教学中的作用主要有三：一为属对训练；二为典故积累；三为对策文写作训练。

（一）属对训练

　　针对儿童的属对训练，唐五代时期出现了诸多相关蒙书，如《语对》《文场秀句》等，这类蒙书多以类书的形式，对不同性质的词汇加以分类，并附以简单的注文，对词汇的出处、含义加以解释，方便儿童检索应用。除专门的属对蒙书外，《千字文》《蒙求》《古贤集》等其他性质的蒙书也多以对仗的形式编写，韵律和谐、对偶严谨，便于儿童记诵，儿童在诵读过程中，也提高了属对的能力。

　　属对是写作的基础，唐五代时期科举对策多以骈文文体撰写，而对偶是骈文的重要特征。《策府》模拟科举试策文的结构，以骈文文体创作，对偶特征清晰。尽管相较于正规的科举对策，《策府》的对偶过于简洁，且存在诸多纰漏，但是对于初学习作的儿童来说，足以用于巩固他们的属对能力，引导他们将对偶应用于文章中。

　　《文心雕龙·丽辞》将对偶分为四类："故丽辞之体，凡有四对：言对为易，事对为难，反对为优，正对为劣。言对者，双比空辞者也；事对者，并举人验者也；反对者，理殊趣合者也；正对者，事异义同者也。"[1]

　　从《文心雕龙》的观点看，言对和反对较事对和正对的难度高。由于《策府》所针对的是初学习文的儿童，其所涉及到的对偶形式极为简单，以较为基础的事对和正对为主，难度相对较高的言对和反对所占比例不高。现以《策府》第三篇《论暴虐》为例分析：[2]

　　　　某对：某闻纣王酷虐，刳叔父之心；桀帝豺狼，烹忠贤之士。昔严延在任，长安有流血之廛；王吉当官，沛国有全尸之色。至如周吁（纣）闻赦，前决大刑；侯贤（览）见豪，诬之破没。斯乃乳彪害物，

---

① 王志彬译注：《文心雕龙·丽辞》，中华书局 2012 年版，第 405 页。
② 此篇对策文原写卷中缺标题，笔者按照其内容定名为《论暴虐》。

何名至治者哉。譬魅蛊之侵民，等蟦虫之食木。民遭蛊害，立见倾亡；树被蠹侵，寻者倒仆。苍生何罪，逢此凶时者哉。谨对。①

此篇所涉及到的对偶几乎全为"并举人验"的事对与"事异义同"的正对，而事对和正对中，最为简单的人名对又占了极大比例，如此篇中的纣王对桀帝、严延对王吉、周吁（紒）对侯贤（览）。

此外，《策府》的对偶还存在诸多纰漏，如上文"某闻纣王酷虐，刳叔父之心；桀帝豺狼，烹忠贤之士。""酷虐"是一个形容词，与之相对的"豺狼"则是一个具有比喻性的名词，二者词性不同，此处为明显的对偶错误。再如"叔父之心"与"忠贤之士"，也是如此。同样的例子还有："至如周吁（紒）闻赦，前决大刑；侯贤（览）见豪，诬之破没。""前决大刑"与"诬之破没"并无对应关系，此类错误在《策府》中比比皆是。

由此可见，与正式的科举对策相比，《策府》的对偶存在错误较多。且对偶以简单的事对和正对为主，其中人名对又占据了极大的比例，难度较低。《策府》的这种低难度文句和不够严谨的对偶使得它与真正的科举对策文相比有较大的差距，但是作为蒙书，却具有较高的优势，蒙书的特点，就是简单、易懂，简易的文辞便于儿童理解文章大意，有纰漏的对偶可以作为反面事例引导儿童明白如何正确属对。

（二）典故积累

《策府》两个写卷共存策三十篇，引用了大量典故，内容十分丰富，按其主旨共可分为三类：

第一类，内容与道德品行相关，主要集中在整个写卷前端，包括：《孝子感应》《断贪浊（前篇）》《唯欲贪求亦有义让》《问豪富》《问富贵人唯觅财利亦有清洁》《修礼让息逃亡》。这些篇章引用了大量侧重于体现个人品格的典故，如"郭巨埋于爱子""孟仁得笋抽之"等，此类典故体现了古人孝悌的品格；"解官留犊""受物送台"，核心是为官要养成清正廉洁的品格；

---

① 《国家图书馆藏敦煌文献》第128册，第174页。

"陶石施饭""梁鲔散物""安帝拯穷"等，则强调了仁义的德行。除以上这些正面典故外，还引用了诸多反面典故，如"石崇锦障""羊琇娇豪"等，从反面表达了清廉品格的重要。

第二类，内容皆与治国理政相关，主要为写卷中部几篇，包括：《[论暴虐]》《世间贪利不惮刑书》《问妇女妖皂》《安抚贫弱》《问帝王感瑞不同》《问武勇猛人》《进士无大才》《括放客户还乡》《问音乐所戏》《三代官名多少》《审官授爵》《隐居不仕为是无才为不遇时》《问俊义聪辩》《僧尼犯法》《断贪浊（后篇)》《书籍帐》《善治术》。这部分内容最为丰富多样，引用了大量前代治国理政的典故，如《进士无大财》一篇引用了"宁越专经，周威许为上宰""承宫愿学，汉明用以侍中"，用以论证进士取人的重要性；再如《审官授爵》一篇，引用了"齐桓管仲""高宗傅说""蜀葛孔明""楚昭奚恤""伊尹媵臣""宁戚扣角"等典故，论证任人唯贤的重要性。

第三类，内容主要与自然人文景观相关，包括：《蘭菀》《山石》《[山]》《[海]》《地》《江河》《请雨》七篇。其中《山石》一篇标题后有"天地无言，资四时而成岁；圣人端拱，仰百辟以和平。"①字体与全文不同，内容也与《山石》一篇关系不大，与正文当非出自一人之笔。这一部分除《海》篇外，其余六篇皆有双行小注，对所引典故做了简要注释。但除《请雨》一篇注文相对较为全面，将典故所出典籍名与所引内容严格地列出，如："雾宿三朝，神图之欲降。"注文为："《帝王世纪》曰：黄帝时，天大雾三日，帝遊洛水，见大鱼，煞五牲醮之，天甚雨七日七夜。鱼流得图书。今附图视萌篇是也。《文士传》曰：雾三日必甚大雨，自此为始。"其余几篇注文皆十分简单，不标注文出处，注文内容也是较为简单的概括性语句，且注文体例较为松散。如：《江河》："遂使魏文怅望，万骑亭骖。"注文为："魏文帝出广陵，欲伐吴，叹曰：吴据洪流，且夕粮谷。魏虽武骑千队，魏（无）可用之乃也。"再如《山石》篇的"某闻华山之上，仍生千叶之莲。"注文只是简单的"出吴《华山记》"。虽然注文无标准格式，但毕竟对典故出处做了简要标记，方便了童蒙阅读与整理。

---

① 《国家图书馆藏敦煌文献》第 131 册，第 209 页。

从以上分类情况看,《策府》内容丰富,自然人文各个方面的内容皆有涉及,前两类对策文虽未加注文,但各篇同样引用了大量的典故,以论证作者的观点。可以说,《策府》的写作特点,就是应用了很多典故。而童蒙在习文作策过程中,正需要积累大量典故素材,掌握其背后故事、制度,在创作中引经据典,以丰富文章的内涵,使对策更具说服力,《策府》正满足了童蒙教育的这一需求。

(三)作策训练

童蒙在掌握了属对方法,积累了大量典故后,便开始进入对策文的创作训练,唐五代时期童蒙的作策训练主要分为三步,一为范文抄诵、二为缀词成句,三为短文创作。

首先,范文抄诵,即让童蒙抄诵前人的范文模板、学习掌握基本的作策方法,是为其之后进行初步、简单的对策文创作所作的准备。因此,让儿童抄写前人的对策范文是进行对策创作训练的重要步骤。敦煌文献中发现了不少学郎所抄写的对策文,除了《策府》外,敦煌写卷中还有五件学郎抄写的《兔园策府》写卷,《兔园策府》是杜嗣先受蒋王李恽之命,参照科举试策文体例编撰的范文,以备习作对策和备考之用,唐五代时期多将其作为童蒙教材教授儿童习文作策,《新五代史·刘岳传》云:“《兔园册》者,乡校俚儒教田夫牧子之所诵也。”①斯六一四号《兔园策府》末尾还有学郎题记:“巳年四月六日学生索广翼写了。”可见唐五代时期,童蒙常通过抄写前人范文,为将来的对策创作积累经验。

其次,缀词成句,是童蒙开始自主学习写作对策的第一步。唐五代时期,为了教导童蒙掌握缀词成句的能力,编写了一系列相关蒙书,这类蒙书多以“事文兼采”的体例编写②,如《文场秀句》《籯金》等,此类蒙书多整理各类词汇于前,缀合词汇成句于后。如《文场秀句·日月第二》,前列“金乌”“玉兔”“乌景·蟾晖”等词汇,后将这些词汇缀合成:“金乌旦上,

---

① 《新五代史》卷 55《杂传·刘岳传》,中华书局 1974 年版,第 632 页。

② 张涤华:《类书流别》(修订本),商务印书馆 1985 年版,第 21—22 页。

散朱景于遥空；玉兔霄临，腾素华于迥汉。蟾晖东上，乌景西顷（倾）。"再如《簒金·东都篇》，前列"控鹤""浮龟""金谷""铜鸡"等词汇，其后的"叙"中将这些词汇缀合成句："抵控鹤之仙峰，带浮龟之温洛……新花绚金谷之园，初日丽铜鸡之浦。"此类蒙书以最为简洁直观的方法举例教导童蒙如何将所掌握的词汇、典故串联起来。

缀词成句是童蒙学习撰写对策文必须要经历的环节，《策府》虽非"事文兼采"体例编写的蒙书，但它的多篇对策文由各类典故缀合而成的特征明显，如《问俊义聪辩》篇：

> 至如甘罗十二，处丞相之尊；张强此年，任侍中之重。昔士季九岁，明于五经；仲宣十二，通经善史。葛元逊之神辩，吴国见而衔唇；秦子整之讴讥，蜀朝闻而结舌。至如崔琰九岁，杠对越于汉朝；杨氏此年，酬答惊乎晋日。

就是简单地将甘罗、张强、钟会（士季）、王粲（仲宣）等七人年少成才、俊义聪辩的典故缀合成句。再如《问武勇猛人》，就是由将共工、商纣、乌获、石蕃等大力者的典故简单地缀合而成。《策府》的诸多篇章都是这样简单地缀合典故而成，对于引导儿童掌握缀词成句的方法具有十分重要的作用。

缀词成句的学习是学生在具备了属对能力、掌握了大量典故知识，抄诵了大量范文后，开始学以致用的第一步。

最后，短文创作，当学生具备了缀词缀句的基本能力之后，就开始撰写短篇对策文。而《策府》，正是童蒙习作短篇对策文的范文蒙书。相较于同类型的对策蒙书《兔园策府》，《策府》作为短文创作蒙书的优势非常明显，其最大的特点就是短小精干、文辞简洁。《兔园策府》现存对策文五篇，除了《均州壤》一篇不到四百字外，其余四篇皆四百字以上甚至五百多字。对于初步进入短文创作实践的童蒙来说，以之作为范文模拟创作的难度过高。而《策府》最短的对策文为《蔺菀（苑）》，去掉注文后仅84字，其次是《问豪富》，仅90字。《策府》三十篇对策文除去《孝子感应》《断贪浊》

《问富贵人唯觅财利亦有清洁》这残缺不全的三篇外，有二十篇对策文字数在 200 字以内，最长的一篇《僧尼犯法》共 321 字，也少于《兔园策府》最短的一篇。

对于初学撰写对策文的童蒙来说，以《策府》这样短小精干的对策文作为范文，有利于他们模拟创作短篇对策文，在具备了短篇创作的能力后，再由简入繁，转而模拟难度更高的《兔园策府》，最终掌握撰写对策文的手法。

综上所述，唐五代时期学塾针对儿童习文制定了阶梯状的学习计划，初入学塾的儿童从属对、典故积累开始学习，随着儿童年龄的增长，能力的提升，开始教授儿童创作简单的对策文，随着儿童作策能力的提升，所使用的教材难度也随之提升。这就是唐五代儿童对策教学的全过程，针对不同能力、不同年龄段的儿童设置了不同的学习目标。由于《策府》是以骈文文体创作的对策文集，而对偶、典故是骈文的重要特征，因此，《策府》也兼具巩固儿童的属对能力、引导儿童灵活运用典故、巩固儿童属文基础能力的作用。

二、《策府》在道德教育中的作用

除用以教授儿童撰写对策文之外，《策府》全部三十篇对策文内容对引导儿童形成正确的伦理道德观念有十分重要的作用。其三十篇对策文以儒家思想为基本思想创作，地方私学以《策府》作为童蒙教材，与唐王朝统治者宣传儒学、统一思想、维护国家大一统的意图一致。《策府》在思想道德教化方面主要涉及立身以孝、戒贪止奢、劝学入仕、安国教育四个方面的内容。

（一）立身以孝

在中国古代儒家传统观念影响下，孝道教育是道德教育的基础内容。唐五代的童蒙教育给予了孝道教育以至高地位，这一点从现存敦煌蒙书中可以窥见一二。如唐初杜正伦在《百行章序》中就提到："至如世之所重，唯学为先，立身之道，莫过忠孝。"① 在《百行章·孝行章第一》中又指出："孝者，百行之本，德义之基。以孝化人，人德归于厚矣。"类似言论也见于《太公家教》："事君尽忠，事父尽孝……立身行道，始于事亲。"《百行章》和《太公家教》皆将"孝"认定为是一切行为、道德的基础。

《策府》也同样如此，它以《孝子感应》开篇，此篇内容虽然残缺，依然能从残缺部分看出作者对于"孝"的重视。《孝子感应》篇在对答之初便指出："立身之道，以孝为□"，空缺处推测或为"本""先"类字，强调了"孝"是个人立身的根本。与《百行章》所言"百行之本，德义之基"一致。作者为了印证自己的观点，抛出了郭巨与孟仁的典故。虽然此篇残缺，依然可以看出作者对于"孝"的重视，也从侧面证明了唐五代时期重"孝"，给予"孝"以至高无上地位的社会思潮。

我国古人提倡"孝"，并非仅局限于"孝"的表面含义，历来所倡导的"孝"皆与"忠"相关联。《论语》有言："季康子问：'使民敬、忠以劝，如之何？'子曰：'临之以庄则敬，孝慈则忠，举善而教不能，则劝。'"② 本质上是为了确立一种在家敬孝，在外忠君的思想。"孝"是"忠"的基础，这是古人家国天下思想的体现。

"孝亲"是"忠君"的基础，这一点在唐太宗与孔颖达关于《孝经》的讨论中既可以体现出来：

> 太宗又谓侍臣："诸儒各生异意，皆非圣人论孝之本旨也。孝者，善事父母，自家刑国，忠于其君，战陈勇，朋友信，扬名显亲，此之谓孝。具在经典，而论者多离其文，迥出事外，以此为教，劳而非法，何谓孝之道耶！"③

① 郑阿财、朱凤玉：《敦煌蒙书研究》，第 326 页。
② 李学勤主编，《十三经注疏》整理委员会整理：《论语注疏·为政》，北京大学出版社 1999 年版，第 23 页。
③ 《旧唐书》卷 24《礼仪志四》，第 914 页。

这里，唐太宗将"孝"与"忠君"结合，指出真正的"孝"不仅仅是表面上的愚忠、愚孝，所针对的对象也不仅仅是父母长辈，"忠于其君"也是孝的表现，是"孝"的最高形态。

这种将忠孝结合起来的情况在敦煌蒙书中也有体现。如《杨满山咏孝经一十八章·天子章》所言："圣主忧黎庶，偏念本二亲。"即帝王对百姓的关怀犹如父母之于子女，因此，百姓应当"一心思爱敬，不许慢于人"，要像孝敬父母一样对待统治者。可见，童蒙教育重"孝"，除了表面的教育子弟孝敬父母亲长外，也是为了引导儿童形成忠君爱国思想。

《隐居不仕为是无才为不遇时》篇便与此思想相合，按照此篇对答第一段所言："某闻微荑小草，顺四序而敷荣；禀识黔黎，逐昔因而受报。"最后一段："岂有才不升朝，窜身岩谷者也。"可见作者认为有才之士就应当顺应时代为国效力，这也是为了报答君主赠予社会安定之恩。将个人入仕从政视为报恩的体现，这种对君主的报恩，正是儒家所倡导的"孝"的最高体现。

引导儿童立身以孝，形成忠孝思想是维护社会稳定，确保国家长治久安的基础，因此，历来王朝的童蒙教育皆注重"忠孝"思想的启蒙教育。

（二）戒贪止奢

《策府》对于戒贪止奢这一问题十分重视，指出："世道贪竞，以贪为本。"认为贪是人的本性。这种重视从对策文的数量也可看出，《策府》三十篇对策文，与戒贪止奢相关的试策文便有六篇，分别为《断贪浊》两篇、《世间贪利不惮刑书》《唯欲贪求亦有义让》《问豪富》《问富贵人唯觅财利亦有清洁》。

《策府》之所以用如此多的篇幅描写这一主题，与魏晋南北朝以来形成的竞逐豪奢的社会风气有关，这种社会风气长期发展下去，对于国家的发展极为不利，其危害性主要有二：

第一，百姓贪奢不利于社会安定。《世间贪利不惮刑书》的问对部分对这一情况做了简要描述："世间驰骛，贪竞寔繁。贵贱咸然，非利不可。熟知刑宪，不忘条章。挂网触绳，仍从伏法。"可见，贪婪奢侈风气十分严重，无论贵贱，皆是如此，并非仅仅局限于高门大族，百姓为逐奢侈甚至不惜违背法律，不利于社会的安定发展。

第二，官吏贪奢加重百姓负担。隋炀帝好大喜功，性贪好奢，不断修建大型工事，在他统治期间，百姓生活艰难，被逼起义，推翻了隋王朝的统治。唐王朝建立以后，统治者不断吸取前代经验，以维护国家的稳定。《策府》创作于唐朝初年①，正是创作于这样的背景下，因此统治者不断强调止贪戒奢，《断贪浊（前篇）》问对中指出："贪官害政，浊宰乱民"，"害""乱"二字简明扼要地道出了统治阶级贪奢对国家的危害。

唐五代时期的教育非常重视引导子弟戒奢止贪，形成节俭的好习惯，无论是王公贵胄还是普通百姓皆是如此。唐太宗吸取隋亡经验，在留给皇室子弟的《帝范》中写道："夫君者俭以养性，静以修身。俭则人不劳，静则下不扰……乱世之君，极其骄奢……故人神怨愤，上下乖离。"②告诫子弟贪奢对于国家的危害，教育子弟要以"俭""静"养性。敦煌蒙书《新集文词九经抄》摘引孔子所言："所食不过满腹，所衣不过覆身。少欲知足，乐道安身。"告诫童蒙要知足常乐，吃饱穿暖即可，不必过度追求奢靡。

关于如何止贪戒奢，《策府》作者提出了三点主张：

首先，对于百姓来说，要以儒家的"义让"思想修身。他在《唯欲贪求亦有义让》篇中指出："为有义让，为止贪求。"即以儒家礼义思想修身，可以改正贪婪的习性。他继而列举了"张禹让田""陶石施饭""梁鲔散物""安帝拯穷"的例子，以证明自己的观点。

其次，对于统治者来说，则是任用仁德清廉之人治理国家。如《断贪浊（前篇）》指出："擢仁者以安人，使民谣五袴"。五袴，亦作"五绔"，典出《后汉书》卷三十一《廉范传》："（范）建初中，迁蜀郡太守……旧制禁民夜作，以防火灾，而更相隐蔽，烧者日属。范乃毁削先令，但严使储水而已。百姓为便，乃歌之曰：'廉叔度，来何暮？不禁火，民安作。平生无襦今五绔。'"③后以'五绔'作为称颂地方官吏廉洁之词。

---

① 关于《策府》创作年代的分析见刘波、林世田《敦煌唐写本〈问对〉笺证》，《文津学志》2010年第3辑，第115—142页。

② （唐）唐太宗撰：《帝范》，中华书局1985年版，第27—28页。

③ 《后汉书》卷31《廉范传》，中华书局1965年版，第1103页。

最后，考虑到贪奢风气由来已久，不能迅速根除，作者又提出了相应的缓兵之计，即贪奢和义让清洁是并不冲突的。《策府》先是在《问豪富》和《问富贵人唯觅财利亦有清洁》中列出了石崇、羊琇、秦始皇等奢侈的反例后，进而指出："为当悉事贪求，为当更有清洁。"即富贵人并非全如此类奢纵无度，也有讲求"义让"、用资材资助百姓者，如"吉甫粥枪，卅里而雷沸。""昔少平有洛阳之□□□布被；兴祖南阳之职，黄祇充衣。"也就是说，如果无法改变贪奢的风气，那就先从鼓励富贵高门养成"清洁""义让"的品性，出资出力，安抚贫弱，维护社会安定做起。

《策府》的这些篇章以贪婪、奢侈为题，多次指出"清洁""义让"在端正人格品行方面的重要性。《策府》在童蒙教育中所针对的对象是有志于通过科举入仕的儿童，这在前文已经提及，因此，这样的对策文用在童蒙教育中，主要目的在于从士子幼年起便引导他们形成以"清洁""义让"的观念，端正他们的品格。从长远看，若他们中的某人将来成功通过科举，进入仕途，则可成为清廉之官；即使科举不成，也可成为简朴朴素之人，有助于社会安定。

（三）劝学入仕

引导儿童努力学习、积极入仕。《策府》是指导儿童习文的蒙书，习文的最终目的是参与科举，入仕为官。《策府》的诸多篇章主要从两个方面引导儿童树立努力学习、入仕为官的思想。

首先，明确指出贤臣对于国家的重要性。如《进士无大才》《审官授爵》《问俊义聪辩》等篇章，引用了诸多典故指明贤能之人对于国家的意义。所举事例种类很多，如《进士无大才》篇中的："昔乎宁越专经，周威许为上宰；承宫愿学，汉明用以侍中。窃见近代举人，职不逾于九品，岂独量才有薄，亦乃班爵无优。"列举了周成王任用宁越和汉明帝任用承宫的典故，并强调，进士对于国家十分重要，但近代以来却并没有受到应有的重视。《审官授爵》篇："昔齐桓管仲，高宗傅说，方之舟楫，寔曰盐梅；蜀葛孔明，楚昭奚恤，可称梁栋，得号股肱。"列举了傅说、伊尹、管仲这样的国家重臣，对他们赋予了极高的评价。再如《问俊义聪辩》篇："至如甘罗十二，处丞相之尊；张强此年，任侍中之重。昔士季九岁，明于五经；仲宣十二，通经善史。葛元逊之神辩，吴国见而衔唇；秦子整之讴讥，蜀朝闻而结舌。至如崔琰九岁，杠对越于汉朝；杨氏此年，酬答惊乎晋日。"称赞甘罗、张强、钟会这样的年幼便通读诗书、为国出力的聪慧少年。意在告诉儿童，积极入仕是读书奋进的最终目标。

其次，《隐居不仕为是无才为不遇时》一篇虽然引用了如许由、庄子、高凤这样避世隐居，拒绝入仕的例子，看似赞扬隐士的高洁情操，但此篇策文开篇便提到："某闻微莠小草，顺四序而敷荣；禀识黔黎，逐昔因而受报。"结尾又提到："岂有才不升朝，窜身岩谷者也。"可见作者认为，许由、庄子等人所走本非入仕之路，对于有能力入仕治国之人，积极入仕、贡献国家是自然而然之事。由此，从侧面引导儿童形成读书入仕的理念。此外，《策府》中《修礼让息逃亡》《安抚贫弱》《括放客户还乡》《僧尼犯法》等诸多篇章，其内容所涉及者皆与治国方略有关，以这些内容教授童蒙，可以从侧面帮助他们树立治国理政观念，为将来入仕为官打好文化基础。

在童蒙教育中，这样正面、侧面引导儿童入仕的内容为儿童确立了奋斗的目标，使儿童自幼便树立起积极入仕的理念。这种引导儿童积极入仕的思想，是儒家"学而优则仕"思想在童蒙教育中的重要体现。[1]

（四）安国教育

《励忠节抄·政教部》引《周生烈》曰："天下所以平者，政平也；政所以平者，人平也人所以平者，心平也。"[2] 也就是说，要想国家安定，就要让百姓内心安定，而要让百姓安定，就要对他们进行安国教育。《策府》的安国教育，分颂圣与颂扬江山两部分。颂圣与颂扬江山教育可以引导童蒙形成对于统治者和王朝的敬畏之情，发自内心的认同当朝统治，实现人心安定，最终达到"心平""政平""天下平"。此外，对于培养童蒙的爱国情怀，引导他们积极投身仕途，为国尽忠具有十分积极的作用。

---

[1]　《论语注疏·子张》，第295页。
[2]　屈直敏：《敦煌写本类书励忠节抄研究》，民族出版社2007年版，第299页。

颂圣，在具体的文章中多与祥瑞结合，《策府》中的相关篇章也涉及到了与祥瑞相关的内容，这样的篇章应用在童蒙教育中是为了将"君权神授""天人感应"的思想传递给童蒙，让他们意识到唐王朝的统治乃是天命所归。以《问帝王感瑞不同》一篇为例：

> 某闻洛龟负字之征，河龙衔图之瑞。火禽巢于阿阁，仁兽集于丘园。荣光耀彩之奇，休气浮空之瑞。鱼人白面之美，龙马赤文之征。玄鸟化玉之形，赤雀衔书之异。逐帝王而出没，膺哲后而时来。故人非常人，瑞非常瑞。或托生右胁，或顶上受胎。或感电光而有身，或吞燕卵而怀孕。虽曰握图不二而禀有异端，乃受箓是同而随因有各。至如乾象无改，阴阳之气乃差；帝号不殊，而刚景之行斯别。或恩沾草木，则玄芝与秬秠连蔟（丛）；或惠及山陵，则璘璘与白玉俱至；或泽临毛羽，则麒麟与鸾凤并臻。岂直殷帝白狼、周王赤雀而已。谨对。

此篇引用了黄帝、尧、舜以及夏、商、周时期的诸多祥瑞传说，意在指出当朝统治者和远古圣王一样得天之助。如"洛龟负字之征，河龙衔图之瑞"乃尧帝遇祥瑞之典，见《艺文类聚》卷十一《帝王部一·尚书中候》："帝尧即政，荣光出河，休气四塞，龙马衔甲，赤文绿色。"[①] 借古喻今，以此表示当今统治者的统治和帝尧一样，乃是受命于天，百姓自当顺应天命。《策府》通过这样的篇章，将拥护统治者、维护王朝统治的思想灌输给儿童，以此达到维护国家的安定的目的。

颂扬江山，此类篇章多集中在《策府》后半部分，以自然名物为对策主题，如《山石》《[山]》《[海]》《地》等，这些篇章看似颂扬自然名物的壮阔，实质上是以自然的壮阔美好来隐喻国家的和平繁荣，培养儿童对于国家的热爱之情。

《山石》一篇题后有"天地无言，资四时而成岁；圣人端拱，仰百辟以

---

① （唐）欧阳询撰，汪绍楹校：《艺文类聚》，中华书局 1965 年版，第 213 页。

和平"一句①，此句与该篇内容看似并无直接关联，字体也与正文不一致，与正文当非出自一人之手。但整体看来，此句应是对涉及自然名物的这些篇章的主题所作的总结，将统治者的行为与自然名物结合，是天人感应思想的重要体现。如《[山]》篇所言：

> 故仁者以安人，山者以养人，则仁人爱矣。夏桀道衰，尧山乃崩；幽厉德衰，禄山便坏。越王筑垒，怪埠忽来；黑帝兴悲，鬼哭山陷然河东王屋，陇西鸟鼠，弘农熊耳，南郡荆山，并栖贤集智之方，盘龙巢凤之所。岂直华太桓霍，嵩高岩丽者哉。

便是以山来指代国家的发展，当国家富强之时，山出仁兽；当国家衰竭之时，山崩地陷。又如《[海]》篇："水莫大海，不可为量。故曰：海者，晦也。引乎浊秽，故黑而晦。君乘土德，海水于夷，故称仁也。"将海的特点与君主的仁德结合起来。《请雨》一篇也是如此，以"天雨不降，禾谷燋萎。施何异方，而能感泽"起问，谋求请雨之法，对答中却言："但使令长勤心，何忧不降者也"。将下雨这种自然天象与官吏的行为结合到了一起，认为只要官吏一心为民，自然可以风调雨顺。《世间贪利不惮刑书》中又指出"自大唐膺箓，四海归仁。玄芝于是见祥，朱草郁焉呈瑞。贪泉已息涌浪，□（义）井于是涛波。民怀廉耻之心，俗有邕邕之美。"即当今时代正是海清河晏、自然繁茂之时，教育子弟对当今王朝持敬畏之情。

这些篇章，皆是将天地山川的繁茂凋零、自然天象的祥瑞灾异与国家的发展相结合、与统治者的行为紧密关联。在童蒙教育中，这样的对策文可以培养儿童对于国家的热爱之情、崇敬之情。

由此可见，《策府》不单单是简单的教授儿童创作对策文的蒙书，它还起着培养儿童遵守忠孝伦理、树立远大理想；引导儿童形成家国天下理念的作用，这对于维护国家的稳定具有重要意义。

---

① 《国家图书馆藏敦煌艺术》第 131 册《对策（拟）》，第 205 页。

三、小　结

　　敦煌本《策府》在唐五代时期童蒙教育中的作用主要有二:

　　其一为对童蒙进行对策写作启蒙教育,同时兼以属对训练、典故积累的作用。因此,撰写对策文是儿童学习《策府》的直接目的。童蒙学习撰写对策从属对、典故积累开始做起,在具备了这些基本能力之后,才开始进入简单的对策文写作训练。而具体的写作训练,又分为范文抄诵、缀词成句,短文创作三部分。《策府》是唐五代儿童习作对策文所使用的的童蒙教材,其篇章短小、文辞简单,对于刚刚具备了基本的属对能力,有了一定的典故积累的,初学撰写对策文的儿童来说正好适宜。

　　其二,除了用于习作对策文外,《策府》也兼具伦理道德教化的意义。三十篇对策文反复提及端正品格、孝敬父母的重要性,鼓励学子努力学习,以入仕、安国为最高理想。还有数篇对策文大量引用祥瑞、灾异相关的典故,反复强调唐王朝的建立乃是顺应天命。唐五代时期的学塾以这样政治色彩浓厚的对策文教授儿童撰写对策文,体现了唐五代时期对于童蒙道德伦理教育的重视、对于治国理政人才培养的重视。

综述与资讯

岭南杂字文献材料收集和整理的重要成果

——评《清至民国岭南杂字文献集刊》*

丘　妮　　刘克汉**

摘要：杂字是中国传统社会民间编写的识字教材，其特点在于草根性强。杂字的编写者往往从民间生产生活的信息入手进行教材的设计。王建军教授主编的《清至民国岭南杂字文献集刊》，共影印收录101册岭南地区杂字，该书收集材料全面，图片影印清晰，对岭南地方历史、民俗、语言文化有重要的材料价值和参考价值，是对岭南民间文献搜集与整理的阶段性成果之一。

关键词：杂字；收集和整理；民俗文化

杂字是中国传统社会民间自行编写的识字教材。近代中国杂字文献的发展大致经历两个阶段，一是在近代国民教育体系未建立前，杂字是当时基层社会人们所能接触的教学材料。二是在近代教育观念传播后义务教育普及前，中国社会出现这些杂字与学校课本并存的局面。这些杂字亦与时俱进，添加一些反映近代工业文明的描述。草根性是杂字书的主要特点，基于这一需求，杂字书一般通篇以韵文形式连缀字词，以名物、事物类为单位结成篇

* 基金项目：教育部人文社会科学研究青年基金——清至民国岭南地区杂字文献收集、整理与汇编（17YJG870014）；教育部人文社会科学研究西部与边疆地区基金——《千字文》类文书的收集、整理和研究（19XJA870002）。

** 作者简介：丘妮，梧州学院西江流域民间文献研究中心助理研究员，主要研究方向为语言文字及地方文化；刘克汉，梧州学院教师教育学院，主要研究方向为教育学。

章，汇成卷册。其主要功能是识字启蒙，同时以经验传播为主的通识性教育也是杂字书编纂的出发点。因而，在杂字文献中，传统伦理、人生经验、知识技能等内容的灌输与传授是重要的传播内容。

岭南地区是中国最南边的地带，其地理区位通江达海，多民族世居。在唐宋时期，岭南还是偏居南方一隅的"蛮境"。至清中期，随着区域市场的发展，岭南成为中国南方经济繁荣的重要一极，同时也是中国向东南亚投射社会经济影响的依托地。经济基础决定上层建筑，相较于宋明时期岭南纸质文献相对匮乏的状况（尤以广西为最），清代中后期岭南存世的民间文献逐渐丰富，这归因于明中期以来，在两广区域市场逐渐培育带来信息交流的情况下，中央以儒家文化为导向，对岭南地区施以教化，建立了以官学—书院—社学／义学为标志的层级性地方教育体系。这是杂字文献在基层流行的重要社会基础。岭南（广东、广西）杂字文献虽然是民间文献的一面，但是存世量大。王建军教授主编的《清至民国岭南杂字文献集刊》（以下简称《集刊》），共影印收录 101 册杂字文献，是对岭南地区教育类文献整理的重要举措，可为相关学科研究的深入推进提供宝贵的资料支撑。下文将详细阐述，不当之处，敬请专家学者指正。

一、《集刊》的显著特征

影印出版的《集刊》主要有以下两方面的特征：第一是对岭南地方杂字文献材料收集不仅全面，而且集中。第二是全书图片影印清晰，超过以往刊行的杂字汇编。

（一）《集刊》收集岭南杂字文献全面

杂字文献不比传世经典文献，大多数杂字为私塾先生和地方乡贤所作，编撰自由，使用便捷，然而消亡也快。早在 20 世纪 50 年代，张志公先生在《传统语文教育研究》书后附有 29 种杂字。① 20 世纪 90 年代，来新夏先生主编、高维国编校《杂字》一书，收集《日用俗字》《新锲鳌头备用杂字元龟》《新镌便蒙群珠杂字》《天津地理杂字》等汇编成集，书后增列经眼杂字 13 种，知而未见杂字 39 种。② 杂字文献难以发掘和收集，来新夏先生（1995）对此曾揭示其原因："由于历代统治者对杂字的偏见和鄙视，给今天的杂字搜集工作带来极大困难，已往的杂字书编写者多不著姓名和撰写年代，官方编辑出版的书志、书目上又绝少收录，以至许多珍贵的杂字读本在长期流传中散失，有的虽找到残本但无法对证。"③ 新世纪以来，由于交通便捷，信息发达，书商书贩为利所趋奔赴远乡僻壤搜购杂字书，一有所获旋即求售于互联网，这使得原来深藏民间的杂字纷纷面世。民间学者王守照先生收集各类有代表性的杂字 200 余种，其中不乏善本和孤本，难能可贵的是其利用收集到、广泛流传于山东地区五十余种不同版本的《庄农日用杂字》，撰写《〈庄农日用杂字〉释读》一书④，对杂字文献的专书研究，起了很好的示范作用。天津图书馆李国庆先生将数年收集的杂字影印《杂字类函》（12册）⑤，八年后，李先生又与韩宝林先生合作，影印《杂字类函续》（15册）⑥，两书共收杂字 386 册，续编影印杂字的数量和质量高于初编。刘涛、潘杰就山西 56 种杂字录著成《山西杂字辑要》（上、下册）。⑦ 但是上述书籍或作者，并未详细提及杂字文献，有些提及但是未见到详细内容。这次王建军教授《集刊》汇编岭南杂字 101 种，其中广西地区杂字：东园杂字、捷经杂字（黎明善抄本）、捷经杂字（乾隆五十四年重刻本）、新编捷经杂字（光绪二十七年刻本）、捷经杂字（全廷抡后裔藏本）、增补四言杂字、六言杂字、七言杂字备览蒙童快捷方式须知、新编四言杂字、新录杂字汇编原本、七言杂字、四言杂字（下文署四言杂字，内容不同）、七言杂字、四言杂字、常

①　张志公：《传统语文教育研究》，人民教育出版社 1962 年版，第 89 页。

②　来新夏：《中华幼学文库·杂字》，南开大学出版社 1995 年版，第 226 页。

③　来新夏：《中华幼学文库·杂字》，第 4 页。

④　王守照：《清〈庄农日用杂字〉解读》，山东人民出版社 2009 年版。

⑤　李国庆：《杂字类函》，上海教育出版社 2009 年版。

⑥　李国庆、韩宝林：《杂字类函（续编）》，上海教育出版社 2017 年版。

⑦　潘杰、刘涛：《山西杂字辑要》，中国文化出版社 2013 年版。

识辞录、初学小文集、新刻七言杂字、二言杂字等十九种；广东杂字：初学官话总论杂字万全、东园杂字大全、霞园杂字、新刻人物通考启童杂字、冀识杂字、二言杂字（冯兆瑄抄本，下文署二言杂字，内容不同）、日用杂字、七言诗歌杂字、一言杂字、歌本杂字、四言杂字、蒙学一串珠杂字教科、一串珠杂字、新增一串珠杂字、初学分类七十二行杂字、七十二行杂字（一目了然）、训蒙至宝杂字、四三言杂字、四言杂字、七言杂字、二言杂字、妇孺八劝、妇孺八劝、妇孺教读要言、改良妇孺须知、最新七级字课、妇孺三四五字书（第一种）、妇孺三四五字书（第二种）、妇孺三四五字书（第三种）、妇孺三四字书（光绪版）、新增幼学信札、幼学信札（内附训蒙杂字）、幼学信札（内附梨园杂字）、字学良知（上、下册）、字汇、字辨信札、对类引端、对类引端、二言杂字、普通历史杂字、三言杂字、四言杂字、初学一串珠杂字、应酬杂字、字类注解、佛山绒线街月桂堂七言杂字、蒙学算法杂字撮要、新抄幼学七言杂字、杂言杂字（江肇田抄本）、全经杂字、七言杂字、四言杂字、东园杂字、二言杂字、杂字资深、杂言杂字、礼仪杂字（第一种）、礼仪杂字（第二种）、礼仪杂字（第三种）、礼仪杂字（第四种）、千字歌、杂字撮以、杂言杂字、七言杂字、东园杂字（严雁儒抄本）、五言杂字（杨文海修订重抄本）、眼前杂字、四言杂字（韶关始兴本）、四言杂字、劝世文四言杂字等七十一种。受两广地区杂字影响的东南亚地区杂字：新增七十二行杂字、妇孺浅史、杂字撮要（华英字典后附）、新刻便用杂字、正客音义木来由话、妇孺韵语下卷、妇孺浅解、改良妇孺须知（上、下卷）、日用常谈、四言杂字、七言杂字等十一种。[①] 如此完备收集和整理岭南地区杂字文献，不仅地域杂字文献收集上有示范作用，就是对地方文献编纂诸如《广州大典》、《广东文献集成》，都有重要的补充作用。

（二）《集刊》影印图片清晰

王建军教授主编《集刊》共影印收录 101 册杂字文献，影印图片整理清晰，这是本文献汇编的另一个重要特点。如何影印图片、列写注释，将岭南

---

① 　王建军：《清至民国岭南杂字文献集刊》，广西师范大学出版社 2018 年版，第 1—4 页。

101 余册杂字书按地级市为单位汇编成册，这是整理岭南杂字的最后工作。如果影印不善，杂字的实际应用价值则受到限制。如《新刻增校切用正音乡谈杂字大全》是明末保留下来的、为数不多的早期杂字，《新刻增校切用正音乡谈杂字大全》被《杂字类函》①、《明代日用类书》②影印，然而影印图片模糊不清，给研究工作带来极大的困难，尤其是语言文字方面的研究，需要从笔画清晰的结构中，探讨汉语汉字、方俗字与方言的关系。从这个角度看，《乡谈杂字》的影印图片几乎不可利用。但是《清至民国岭南杂字文献集刊》图片处理的质量、解题完备，这也是整理民间文献一个重点，更是近代汉字文字资料的发掘、整理与研究类项目首要的要求。书中如刻本《佛山绒线街月桂堂七言杂字》《蒙学算法杂字撮要》《东园杂字》《眼前杂字》等中音注、小字注都影印清晰。又如《新抄幼学七言杂字》《全经杂字》《七言杂字》《四言杂字》《二言杂字》《杂字资深》《杂字杂字》《千字歌》《杂字撮以》《杂言杂字》《七言杂字》《五言杂字》（杨文海修订重抄本）《四言杂字》（韶关始兴本）《四言杂字》《劝世文四言杂字》等抄本杂字中，俗字、方言

图 1：玉林《四言杂字·杂项门》

---

① （明）项存道：《新刻增校切用正音乡谈杂字大全》，李国庆《杂字类函》第 1 册，上海教育出版社 2009 年版，第 3—216 页。

② （明）项存道：《新刻增校切用正音乡谈杂字大全》，中国社会科学院历史研究所文化室编《明代通俗日用类书集刊》第 15 册，东方出版社 2011 年版，第 215—270 页。

字、自造字繁多，但是《集刊》中图片、文字比例适中，清晰可视，对语言文字尤其是需要研究点画清晰的汉字结构，如此影印是非常好的参考材料。以玉林《四言杂字·杂项类》为例（见图一），文中大量使方言字、俗语字，如果影印不高度清晰，对考证这些方言字、俗语字，有着非常大的困难。

二、《集刊》的学术价值

杂字文献是传统社会的记忆库，杂字书中记载传统社会的内容对岭南地方历史、民俗、语言文化有重要的材料价值和参考价值。

第一，《集刊》是一宗主要的民俗文献材料，是研究岭南地区民俗文化的重要的材料来源。杂字文献所记载的内容，反映了传统社会民俗文化各个方面，例如《一串珠杂字》以四言形式将文字分为61门类：身体、亲戚、嫁娶、儿童、奴婢、朋友、读书、文官、武官、捐纳、诏诰、僧尼、奉神、醮会、生理、耕农、处世、性情、言语、手动、足动、乞丐、偷窃、医药、疾病、死葬、风水、天文、山岳、江河、省份、县郡、时候、宫室、衣服、裁缝、谷米、食用、饮酒、煎煮、光明、请客、礼仪、馈送、贵重、金银、铁器、木器、竹器瓦器、乐器、舟器、鱼器、杂器、破坏、瓜菜、果木、花草、树木、虫介、走兽、飞禽、游鱼。每一门类下自成篇章，如《嫁娶》：

冠婚丧祭，事分几样，喜事从容，凶事良忙，娶亲嫁女，打扫厅堂，封包祝仪，遘遏相传，唱喏作揖，烧滚水汤，劏鸡劏鸭，杀猪宰羊，放血刨毛，破肚揉肠，短毛剃光，东剐西割，黎皮持肠，掘开脊骨，揍出脑浆，猪肚心肺，羊血泡汤，腰子肉溜，猪肝白肠，黄喉顶心，臁臀沙肝，版油猪利，小肚风肠，甲心凶肉，计开四甲，头尾另装，槽肉膈山。①

---

① （清）邵彬儒：《一串珠杂字》，王建军《清至民国岭南杂字文献集刊》第 5 册，广西师范大学出版社 2018 年版，第 115—116 页。

这段可以说把婚俗的生活描写得如此全面、热闹，让读者仿佛进入到传统社会的真实场景当中，这无疑是保护和传承传统社会民俗文化最重要的文献材料。又如流行于西江流域的《疍家七言杂字》一书收学士门、农家门、百工门、商贾门、疍家门、贺赠门、行聘门、嫁妆门、迎亲门、酒行门、衣服布匹门、食物门、瓜蒂门、百谷门、百花门、百果门、百木类、百药门、禽兽门、昆虫门、鱼名门、山水门、生理门、杂货门、器用杂类，如《疍家七言杂字·迎亲门》对疍家人习俗作了细致的描绘，婚嫁礼俗又是一番风景：

> 彩旗高照及头锣，迎亲又叫小登科，高脚牌中四伹字，状元及第我哥哥，清道蓝旗风闪闪，皮鞭板子满街拖，幌伞一堂兼掌扇，小弟今科新进士，今爪玉斧万千多，童子八音皆美貌，红鞋白袜衬绫罗。铜鼓大筒和小笛，勤吹勤打勿蹉跎，平地一声雷咁响，池塘犹觉水生波，京时果品都排定，美酒成坛配雁鹅，竹丝灯在了环手，梅香接嫁髻光梳，花楼大轿舆样，四枱四种渡银河。①

这里《疍家七言杂字》对于婚俗的描写，全书反映出疍家人日常生活、生产、习俗、思想、价值观念等多方面的内容。除此以外，"百谷门"介绍了作物的种植方法和经验，"百花门"描写了各种花独有的芳香和魅力，"百果门"讲述各类水果的味道等，"百木类"则描写了各种树木的作用和状态，"百药门"具体记录了各种动植物作为药物该如何对症下药，"禽兽门""昆虫门""鱼名门""山水门"主要针对传统社会疍民对日常生活紧密相关的动物进行的描绘，"杂货门"记载了人们生活中饮食起居所用到的各类物品，罗列各类物品颇为齐全，全章不仅列举市场中的货物，还有珠江上疍民使用独特海鲜、布匹、糖果等杂货的列举，并重点描述了沿海城市的特产。全书最后"器用杂类"章涉及到餐具、农具、乐器、装饰品等各种生活器具，同时还不忘提及船舱、船桨等疍家人水上生活所必备的独特什物。

---

① （清）佚名：《疍家七言杂字》，王建军《清至民国岭南杂字文献集刊》第 2 册，广西师范大学出版社 2018 年版，第 274—276 页。

《集刊》是岭南地区语言研究重要的原始材料。杂字文献中存在大量的音注，是研究岭南地区粤语方音、客家方音等语言文字的重要材料。例如《一串珠杂字》，全书正文分上下截，下截四字成句，上截标明生僻字词的语音，全书共有注音350多个，这些音注材料，对晚清至民国时期粤语实际方音以及粤语音类的研究，提供了直接的语音材料。又如贺州《四言杂字·饮食章》：

> 三餐粥饭，煮便时常，浸米擦汗，些饭汤，篓捞起，饭甑好装，饮熟粥饭，烧酒煖汤，捡杯揭快，托菜就来，三盆五碟，腊肉鱼干，新鲜豆腐，共熰猪肠，酸菜咸蛋，鱼羞揠羌，甜糟油渣，红面正香，相熟知己，便饭家常，有蔬无菜，款待一场，留客体面，闲时零样，工夫时候，芋苗菜夹，大盘大盆，任舔不妨，一噗一唆，尽吸口夹，禽乜味道，肚饱为上，未时有送，拈盐搥姜，乌豆送饭，炒龅炕酥，燿好嗜脆，焰爙平常，霉肚鱼仔，笋果煮汤，兼些辣椒，滋味深尝，从容饮食，捧碗喝汤。①

短短两百来字，竟然有“□篓、捞起、饮熟、捡杯、揭快、托菜、共熰、鱼羞、揠羌、甜糟、零样、一噗、一唆、乜味道、未时、拈盐、搥姜、炒龅、炕酥、燿好、霉肚、鱼仔、笋果等”方言词、俗语词、名物词近二十个，全面梳理和考证这些词汇，对汉语方言词汇史、词典编纂、地方文献的校勘等都有重要的参考价值。

三、结　语

总的来说，《集刊》是两广地区民间文献搜集与整理的阶段性成果之一，

① （清）佚名：《贺州四言杂字》，王建军《清至民国岭南杂字文献集刊》第2册，第204—206页。

其出版不是一个终点，应该说是杂字文献收集、整理和研究的一个新起点，它将岭南民间文献研究带到一个新的方向。结合《集刊》的特点，并在《集刊》新起点的基础上，岭南杂字文献的收集与整理还需注意以下问题：一是搜集时留意杂字文献版本源流的信息，以贺州《新录杂字汇编原本》为例（见图二），汇编《集刊》中这种杂字，只按照俚言提引、天乾门、地坤门、

图 2：贺州《新录杂字汇编原本》

儒家器用门、农家器用门、金器门、木器门、土器门、木器门、衣服门、饮食门、身体门、人品门、鱼虫门、鸟兽门、果菜门、杂货门、散杂门、通套上坛、统裁话柄、闲散清话、宇林续凑、聚附花言、体余类附、守先待后等二十五章汇编，但是抄本只有正文，以"读书须悟文章，才得本心通透彻，闲暇不览杂字，也知处世应酬，文墨那三篇，吾诚懵懂杂编这一项，我愿意钻研录齐几册，交晓诸般，亦必解明藏己腹，方勉别错被人弹"章节可知，但笔者还发现道光年间刻本《新录杂字汇编原本》（见图三），除了正文外，刻本还对正文中疑难字词的音义进行了注释：

> 悟，是解悟、觉悟；才，音柴，始终也；透，音豆，明也，与逗字不同；閒，常用闲也；处，读鼠，与读州与住者鲜别，酉酲畴字并同；懵懂，昔蒙董无知貌；襟，与杂字同；这，叶者，读谓此个；项，音巷，件刑读数也，石软；几，读己，与读居者别；册，音折；教，读交，与

图 3：贺州《杂字汇编》

读告者义同；般，与班字同；别，即俗讹云写白字，原谓写别个字也；
错，读胙，差也。①

如果将来续编能将刻本汇集，《新录杂字汇编原本》对晚晴粤方音史、
汉语词义学、民俗学等学科领域的研究，将有重要的材料价值。类似《新录
杂字汇编原本》未收集的其他种杂字，可能还不在少数，希望《集刊》作者
或者续编者能将此类失收的岭南杂字，一并影印出版。

---

① （清）夏沐春：《新录杂字汇编原本》卷3，嘉庆四年福文堂藏版。

敦煌写卷《孔子项託相问书》研究综述

王　珣*

摘要：敦煌文献中保存有大量珍贵的蒙书写卷，反映了丰富的唐五代蒙学知识。《孔子项託相问书》共有十九件汉文本，写本多，流传广，具有极高的研究价值。学界围绕《孔子项託相问书》的研究较多，成果颇丰，具有很高的参考价值和借鉴意义。本文意在全面系统总结前人研究成果，为深入全面研究《孔子项託相问书》提供学术史基础。

关键词：《孔子项託相问书》；童蒙教育；敦煌写卷

敦煌写卷《孔子项託相问书》具有鲜明特色，诸多前辈、学者进行研究探讨，主要涉及校释、成书年代、写卷性质、孔子形象及其反映的思想文化背景、流传与影响等方面。该写卷以孔子与神童项託问答为主要形式，就生活常识、自然知识、长幼尊卑、家庭关系等论题展开讨论，涉及尊卑、天人、天性等方面的辩题，具有开阔视野、启迪智慧、打破知识权威的意义。

一、《孔子项託相问书》基础研究

关于《孔子项託相问书》的基础研究，目前可知最早的研究为法国学者苏明远（M.Soymie）于 1954 年所作的 L'entrevue de Confucius et de

---

* 作者简介：王珣，首都师范大学历史学院硕士研究生，主要研究方向童蒙文化。

Hsiang'To'一文，该文依据英、法所藏 12 个汉文写卷对该书进行校录，并且翻译介绍了三件藏文抄本。①1957 年王重民在《敦煌变文集》一书中，依据 11 个汉文抄本对该书进行了详细校勘，该录文是嗣后学者多所引用的定本，也是后来校释者的重要参考本。文末还附录有与该书息息相关的《小儿论》和《新编小儿难孔子》。②

1961 年朱介凡《敦煌变文目录及〈孔子项託相问书〉传承》一文中，系统收集、整理了关于项託的汉代典籍史料，介绍了当时在台湾流行的闽南语七字唱本《孔子项託论歌》（1938 年新竹竹林书局发行）等资料。③1985 年，张鸿勋发表《敦煌本〈孔子项託相问书〉研究》一文，详细说明了孔子与项託辩难故事的来源、发展、形成和体制特点。④ 随后在《〈孔子项託相问书〉故事传承研究》一文，借助《孔子与项羽对语杂抄》等民间文学作品专门考察了《孔子项託相问书》的发展演变过程。⑤1986 年，朱凤玉发表《敦煌写本〈孔子项託相问书〉浅说》一文，着重分析了该文本中将孔子丑化为杀人凶手的故事情节，探究该情节产生的缘由。⑥1990 年、1991 年郑阿财《敦煌写本〈孔子项託相问书〉初探》《敦煌写本〈孔子项託相问书〉新探》两篇文章，对该书的写本、抄本及成书年代、故事形成、定型和成因进行了系统的介绍，提出可能早在初唐时期该故事就已经形成，此后不断流传至中国各地及西域等地区。同时，郑阿财提出，六朝期间玄学兴起，儒学式微，唐代时期儒、释、道三教并行是该故事风行的重要原因。⑦ 周庆华从反影响的角度分析《孔子项託相问书》成立的原因，反影响是指被影响者对

---

① ［法］M.Soymie：L'entrevue de Confucius et de Hsiang'To'，Journal Asiatique 242，pp.311-391，1954。

② 王重民：《敦煌变文集》卷 3，人民出版社 1957 年版，第 231—244 页。

③ 郑炳林、郑阿财：《港台敦煌学文库》第 13 册，甘肃人民出版社 2014 年版，第 28—42 页。

④ 张鸿勋：《敦煌本〈孔子项託相问书〉研究》，《敦煌研究》1985 年第 2 期。

⑤ 张鸿勋：《〈孔子项託相问书〉故事传承研究》，《敦煌学辑刊》1986 年第 1 期。

⑥ 朱凤玉：《敦煌写本——〈孔子项託相问书〉浅说》，《华风》1986 年第 20 期。

⑦ 郑阿财：《敦煌文献与文学》，（台湾）新文丰出版公司 1993 年版，第 395—436 页；傅璇琮、罗联添主编：《唐代文学研究论著集成》第 8 卷，三秦出版社 2004 年版，第 1072—1080 页。

影响者的一种"反动"或者"对抗",而反影响写作是文人对于前行者一种反叛性、"误读""误解"的写作思维,他提出该写卷是在这种写作机能下而形成的一个典型例子。①

新世纪以来,重要研究有,2002 年,刘长东于敦煌学国际学术研讨会上所发表的《孔子项託问事考论——以敦煌本〈孔子项託相问书〉为中心》,从历史学与文学相结合的角度探讨了项託的姓名、事迹及其文化形象。② 李江峰在其《敦煌本〈孔子项託相问书〉成书时代浅探》中,结合前人研究,针对该写卷的成书年代进行推测,认为该写卷当成于公元 848—936 年,至多不超出公元 781—936 年这 140 余年范围内。③

日本学者牧野和夫对《孔子项託相问书》进行了一系列相关专题研究,成果颇丰。④

二、性质与体例的研究

关于《孔子项託相问书》的文体以往学者意见不一,主要涉及话本、

① 周庆华:《影响与反影响——〈孔子项託相问书〉及相关文献析论》,(台)《中国文化大学中国学报》1995 年第 3 期。

② 刘长东:《孔子项託问事考论——以敦煌本〈孔子项託相问书〉为中心》,《四川大学学报》(哲学社会科学版) 2003 年第 2 期。

③ 李江峰:《敦煌本〈孔子项託相问书〉成书时代浅探》,《河西学院学报》2004 年第 1 期。

④ [日] 牧野和夫:《幼学书类の「発掘」とその持つ可能性について——〈孔子项託相问书〉の世界》,《アジア游学》2004 年第 11 期;[日] 牧野和夫:《〈孔子项託相问书〉の世界——现代台湾·报告 (1)》,《实践国文学》2002 年第 3 期;[日] 牧野和夫:《〈孔子项託相问书〉の世界——敦煌写卷の断简一纸——俄罗斯科学院东方研究所圣彼得堡分所藏〈[孔子项託相问书]〉断简と京都大学内陆アジア研究所 (羽田纪念馆) 藏〈羽田亨博士收集西域出土文献写真〉所收写真一叶との关系について》,《实践国文学》2003 年第 3 期;[日] 牧野和夫:《「孔子项託」故事の诸问题》『孔圣全书』所收〈小儿论〉と越南本三本とを加えて'杂字'系类书と〈小儿论〉テキスト——'杂字'系类书の一传本内阁文库藏明刊〔新锦增补类纂摘要〕鳌头杂字》所收〈小儿论〉绍介》,《实践国文学》2005 年第 10 期;[日] 牧野和夫:《新出〈小儿论〉二种绍介——带图にふれつつ》,《实践国文学》2006 年第 10 期。

俗赋、故事赋、变文、通俗小说，甚至话剧剧本等几个概念。

1959 年李骞提出应当属于话本①，周绍良亦持此观点。② 张鸿勋、翟翠霞、蒋先伟、王璐等学者认为，该写卷应是一种俗赋或故事赋，且其形式同于汉代大赋，内容富有知识性、趣味性和思想性。③ 程毅中认为《孔子项託相问书》属诙谐性俗赋。④ 喻忠杰将之定义为客主论辩俗赋。⑤ 朱凤玉认为其应当属于俗赋体，形式上为一问一答的论难体。⑥ 萧兵认为《孔子项託相问书》与《燕子赋》有着极强的相似性，两者涉及知识都十分广泛，且最终结局都为弱者战胜强者。从"赋"的发展演变角度说明民间赋有着独自的发展道路，它不仅不是源于文人赋，不是传流辞赋的通俗化，反而是孕育了文人赋，对当时的变文和后世的话本小说及其他讲唱伎艺都有着深远的影响。⑦ 伏俊琏则认为《孔子项託相问书》当是《孔子》杂剧的一种，是《汉志·杂赋》的嫡传。⑧ 而更多学者提出该书应属于变文，周丕显指出《孔子项託相问书》是以对话形式展开的变文，用以讲唱。⑨ 王重民、蒋伯勤持相同观点。⑩ 何国栋发表《讲唱文学的尝试与先导》一文，认为《相问书》的传承

① 李骞：《唐"话本"初探》，《辽宁大学学报》（哲学社会科学版）1959 年第 2 期。

② 周绍良：《敦煌文学刍议》，《甘肃社会科学》1988 年第 1 期。

③ 张鸿勋：《简论敦煌民间词文和故事赋》，《社会科学》1980 年第 1 期。另参见张鸿勋《敦煌讲唱文学的体制及其类型初探——兼论几种〈中国文学史〉有关提法的问题》，《教学研究》1981 年第 1 期；张鸿勋《敦煌讲唱文学的体制及类型初探——兼谈几部文学史的有关提法》，《文学遗产》1982 年第 2 期；翟翠霞《汉唐俗赋浅说》，《西南民族学院学报》（哲学社会科学版）1999 年第 6 期；蒋先伟《论赋起源于民间说话艺术》，《中国典籍与文化》2001 年第 2 期；王璐《敦煌话本小说叙事模式的定型》，《西安联合大学学报》2004 年第 4 期。

④ 程毅中：《敦煌俗赋的渊源及其与变文的关系》，《文学遗产》1989 年第 1 期。

⑤ 喻忠杰：《敦煌写本中戏剧发生研究》，兰州大学博士学位论文，2014 年。

⑥ 朱凤玉：《从越南汉文小说看争奇小说在汉字文化圈的发展》，《成功大学中文学报》第 2012 年第 38 期。

⑦ 萧兵：《〈天问〉文体的比较研究》，《文献》1984 年第 1 期。

⑧ 伏俊琏：《敦煌俗赋的文学史意义》，《中州学刊》2002 年第 2 期。

⑨ 周丕显：《敦煌遗书概述》，《敦煌学辑刊》1980 年第 1 辑。

⑩ 王重民：《敦煌变文集》卷 3，人民出版社 1957 年版，第 231—244 页；蒋伯勤：《沙皇俄国对敦煌及新疆文书的劫夺》，《中山大学学报》（哲学社会科学版）1980 年第 3 期。

与讲唱文学之间有密不可分的关系。① 沈彭年认为，成于春秋末年的《太子晋篇》为敦煌写卷中的《孟姜女变文》《汉将王陵变》以及《孔子项託相间书》等又说又唱之作的先代"仿影"。②

90 年代以后，尤其是新世纪以来，学者多认为该写卷属于通俗或白话小说，潘承玉认为其属于通俗小说，且可以细分为名人轶事类通俗小说。③ 孙林则将其视为"戏说"类历史故事或历史文学。他认为《孔子项託相问书》此类文本，是为迎合一般民众口味，以失去真实性为代价，增加趣味性内容编撰而成的。④ 曹燕柳等学者则认为该写卷应属于话剧剧本。⑤ 高国藩将孔子项託的传说视为敦煌民间的四大传说之一。⑥ 将该写卷视为剧本进行探讨者尚有戚世隽、刘清玄、刘再聪等。⑦ 傅满仓认为，南北朝时期戏弄僧人、圣人的话剧小品，当为《孔子项託相问书》的前奏，《孔子项託相问书》与同时代同类话剧小品都与之有一脉相承和诸代因袭的痕迹。⑧ 王小盾将《孔子项託相问书》视为论议伎艺文本，认为其是表层文化与基层文化之间双向交流的体现。⑨ 李明伟认为该写卷庄谐并举，富于智慧的寓言，源自前代诽谐文体。⑩ 潘建国

①　何国栋：《讲唱文学的尝试与先导》，《敦煌学论集》，甘肃人民出版社 1985 年版，第 203—210 页。

②　沈彭年：《说唱艺术探源》，《文艺研究》1987 年第 5 期。

③　潘承玉：《唐五代通俗小说综论》，《海南大学学报》(人文社会科学版) 2001 年第 2 卷。

④　孙林：《汉藏史学的交流以及敦煌学术传统与吐蕃史学的关系》，《西藏民族学院学报》(哲学社会科学版) 2004 年第 4 期。

⑤　曹燕柳：《中国话剧古已有之》，《甘肃社会科学》1998 年第 3 期；张兴华：《张氏归义军时期佛教影响下的文学研究》，四川师范大学硕士学位论文，2017 年。

⑥　束迟：《中国民俗文化学纵横谈——高国藩教授访谈录》，《东南文化》1993 年第 2 期。

⑦　戚世隽：《对敦煌写卷中"剧本"资料的检讨》，"非物质文化遗产保护视野下的传统戏剧研究"国际学术研讨会论文集 (上)，2008 年，第 13、127—134 页；戚世隽：《邓志谟"争奇"系列作品的文体研究——兼论古代戏剧与小说的文体分野》，《文学遗产》2008 年第 4 期；刘清玄、刘再聪：《敦煌讲唱文学对戏曲的影响探析》，《甘肃联合大学学报》(社会科学版) 2008 年第 2 期。

⑧　傅满仓：《中国古代话剧小品的程序化特征》，《中国古代小说戏剧研究丛刊》2008 年第 2 期。

⑨　王小盾：《敦煌文学与唐代讲唱艺术》，《中国社会科学》1994 年第 3 期。

⑩　李明伟：《敦煌文学中"敦煌文"的研究和分类评价》，《敦煌研究》1995 年第 4 期。

在研究争奇小说时，注意到孔子和项託故事演变的过程，恰与论议伎艺的发展关系密切：东汉高诱《淮南子·说林训》注语中出现"穷难为师"说法之时，正是讲经论议开始盛行的时期；当孔子与两小儿辩日故事出现之时，正是论议走上伎艺化道路的时期；而《孔子与子羽对语杂抄》这一极富论难色彩的作品，又恰好诞生在论议伎艺风行朝野的初唐。① 张兴华则提出存在以讲经文、赋、传文、话本等为形式的变文。②

关于《孔子项託相问书》是否具有蒙书性质，学界看法不一。陈祚龙在 1974 年提出，中古敦煌流行的《太公家教》《武王家教》《辩才家教》《孔子项託相问书》等书，不但都是当时文士用以训俗的蒙书，而且悉应视为当时敦煌俗文学的杰作。也就是说，陈先生认为《孔子项託相问书》首先是一部蒙书，而后才更应当视为俗文学作品。③ 但其后学者多不识此，一直将之视为俗文学材料进行分析考究，产生的争议亦都是站在文学的角度而言的。雷侨云《敦煌儿童文学研究》一文援引了不少蒙书，但并未将《孔子项託相问书》收入，而仅仅算作通俗文学中的儿童文学。④ 陈承汉在《民间故事〈孔子项託相问书〉及神通教育之研究》一文，提出《孔子项託相问书》具有中国古代读物的鲜明特点，内容采用了儿童故事形式，具有"儿童的""趣味的""教育的"重要价值，认为魏晋时期的神童观是该文本形成的思想基础。⑤ 杨秀清也并未直接将该书称为蒙书，仍将其称之为变文，不过他指出《孔子项託相问书》属童蒙读物，是教育儿童如何成为"神童"，或"典范"的文本。⑥ 冷江山在其发表于 2012 年的文章中，指出一二例敦煌变文与蒙书同抄的现象，其中《孔子项託相问书》即与蒙书《开蒙要训》同

---

① 潘建国：《明邓志谟"争奇小说"探源》，《上海师范大学学报》（哲学社会科学版）2002 第 2 期。

② 张兴华：《张氏归义军时期佛教影响下的文学研究》，四川师范大学硕士学位论文，2017 年。

③ 王金娥：《敦煌写卷〈古贤集〉教育思想探微》，《语文学刊》2012 年第 7 期。

④ 陈友冰：《台湾五十年来敦煌学研究历程及其特征》，《中国文化研究》2002 年第 1 期。

⑤ 陈承汉：《民间故事〈孔子项託相问书〉及神通教育之研究》，南华大学硕士学位论文，2006 年。

⑥ 杨秀清：《敦煌石窟壁画中的古代儿童生活》（二），《敦煌学辑刊》2013 年第 2 期。

抄。也就是说，冷江山并未将《孔子项託相问书》视为蒙书，而是依旧置入"变文"的范畴内。① 张永萍虽然将该写卷视为寺学教育的教材，却并未归入蒙书类，而是与《李陵与苏武书》一同归入文抄类。② 程兴丽、许松认为，该写卷之所以能广泛传播，是因为项託的故事有助于提高儿童自信心，可以用作教育儿童的教材。③ 兰州大学买小英在其博士学位论文中则将之直接归入蒙书类。④ 同年，兰州大学博士张利亚，在论文中将之归为诗赋类。⑤

从童蒙教育的角度分析该书者也不乏其人，越来越多学者强调其在启蒙教育中发挥的作用。余欣在《重绘孩提时代——追寻儿童在中古敦煌历史上的踪迹（婴戏篇）》一文中认为，该文本是当时童蒙教育中十分流行的教材，认为禁止儿童博戏是该写卷被当作蒙书的初衷。⑥ 从功能上讲，现存的题记提示我们，这部书很可能是被用于寺学教育的教材。⑦ 冷江山从儿童习字的角度切入，认为 S.5530 字距较大，笔画亦有明显刻意练笔的痕迹。反复抄同一内容，且以习字格式抄写，为习字抄卷无疑。其反正面内容的字词差异，多为疏漏造成，也似有记诵默写的迹象。而且该抄卷明显更注重单个的字，字与字之间缺少行款上的呼应。⑧S.395 卷背杂写众多，从这些漫不经心的文字中，我们会发现很多是和正面的《孔子项託相问书》相关的杂写，字迹各异，当是在阅读正面的《孔子项託相问书》时留下的痕迹。⑨ 由此不难推断出，该写卷曾在至少六年内被以学郎为主的敦煌人多次阅读过，则《孔子项託相问书》的流行及其与蒙学教育的关联于其中可见一斑。从故事内容上来看，该书可以被视为是一个教育儿童如何成为"神童"或"典

① 冷江山：《变文写卷的应用形态论析》，《云南社会科学》2012 年第 2 期。
② 张永萍：《吐蕃统治时期的敦煌寺学》，《西藏研究》2013 年第 2 期。
③ 程兴丽、许松：《敦煌变文写卷特征与编纂效果探析》，《大理学院学报》2013 年第 8 期。
④ 买小英：《儒释伦理共同作用背景下的敦煌家庭关系研究——以 8 至 10 世纪为中心》，兰州大学博士学位论文，2017 年。
⑤ 张利亚：《唐五代敦煌诗歌写本及其传播、接受》，兰州大学博士学位论文，2017 年。
⑥ 余欣：《重绘孩提时代——追寻儿童在中古敦煌历史上的踪迹（婴戏篇）》，《敦煌写本研究年报》2009 年第 3 期。
⑦ 张永萍：《吐蕃统治时期的敦煌寺学》，《西藏研究》2013 年第 2 期。
⑧ 冷江山：《变文写卷的应用形态论析》，《云南社会科学》2012 年第 2 期。
⑨ 冷江山：《小议敦煌文学写卷中的"杂写"》，《中华文化论坛》2018 年第 7 期。

范"的文本，有利于提高儿童自信心，可以用作教育儿童的教材。① 余新琴将该书与其他蒙书并举，认为其在教学识字写字除外，还担任着进行思想道德教育、传授历史故事、教学生讽诵、教学生生活常识的任务。② 金滢坤认为该书作为变文、俗赋、故事赋都有理由，但从编撰体例上来讲，应是主要采用了问答体形式；从使用来讲，应主要作为蒙书使用。③

三、孔子形象的研究

《孔子项託相问书》中不同寻常的孔子形象，早在"文革"以前就已经被学者认识到。1959 年，李骞《唐"话本"初探》提到孔子被描写成一种嫉贤妒能的鼠肚鸡肠的人，反映出了统治阶级圣人的真实面貌。④"文革"期间，更是出现了一些援引《孔子项託相问书》进行批孔的文章。如张志烈、邓运佳《历史上民间文艺中的反孔斗争》一文就认为，这个故事揭露了"孔老二"大搞阴谋诡计、血腥屠杀新生力量的反动罪行。⑤ 钟群将该写卷译成了简单通俗的现代汉语，在按语中提出该写卷是为了使读者"认清"孔老二的狰狞面目，彻底批判孔孟之道的虚伪性、欺骗性和反动性。⑥ 这样的分析模式在今日自然显得不大合时宜，不过这类文章亦有值得注意部分，如张志烈、邓运佳二人注意到，项託难孔子这个故事从唐代起就在中国境内广为流传，内容不断丰富，版本很多，显示出强大的生命力。可以

---

① 杨秀清：《敦煌石窟壁画中的古代儿童生活》（二），《敦煌学辑刊》2013 年第 2 期；程兴丽、许松：《敦煌变文写卷特征与编纂效果探析》，《大理学院学报》2013 年第 8 期。

② 余新琴：《语文教育语用观下语文课程知识研究——基于人教版高中语文教材》，青海师范大学硕士学位论文，2018 年。

③ 金滢坤：《唐代问答体蒙书编撰考察——以〈武王家教〉为中心》，《厦门大学学报》（哲学社会科学版）2020 年第 4 期。

④ 李骞：《唐"话本"初探》，《辽宁大学学报》（哲学社会科学版）1959 年第 2 期。

⑤ 张志烈、邓运佳：《历史上民间文艺中的反孔斗争》，《四川大学学报》（哲学社会科学版）1974 年第 2 期。

⑥ 钟群：《项托智斗孔老二》，《延边大学学报》（哲学社会科学版）1974 年第 2 期。

推测，正是因为"批林批孔"时期对这类材料的搜罗，从而进一步推动了80年代对《孔子项託相问书》研究的风潮，也使学者越来越重视孔子形象的演变情况。萧兵《〈天问〉文体的比较研究》可以说是一个典型的例子，其文认为《孔子项託相问书》反映了人民群众对于圣贤的怀疑和嘲弄，更表现了人民希望在科学和文化上也强于统治者的美好愿望。[①] 李骞《唐变文的形成及其与俗讲的关系》称该写卷揭露了封建社会圣人孔子的愚蠢、嫉妒和残暴，从而给人民反抗斗争以鼓舞和力量。其提法较之"文革"以前略为温和。[②] 80年代以后，一改前一时期对孔子的过度批评状况，更加客观地进行评价。1978年，汪泛舟《孔子及儒学考论》提出《孔子项託相问书》等写卷的存在，不仅反映了儒学已经深入人心，而且更说明了孔子已成为人民膜拜和信仰的圣人、神人。[③] 同样在1978年，王小盾《敦煌〈高兴歌〉及其文化意蕴》一文注意到《高兴歌》《孔子项託相问书》和《搜神记》中的孔子形象有某种类似，即在这些敦煌说唱作品中，孔子都是庶民主角的陪衬。[④] 1990年，张承健在《圣化的与魔化的孔夫子——敦煌本〈孔子项託相问书〉考评》一文中，详细地梳理了历代孔子负面形象，启示了今日研究古典哲学在研究孔子及孔子名下的儒学和儒教时，无论持正面或负面态度，都应依托于脚踏实地、实事求是的基础研究。[⑤] 此后多数学者论及于此，行文都较客观，意识形态色彩淡去，庶几可以看出学风流转。

　　进入新世纪后，提及《孔子项託相问书》中孔子形象者愈发增加。伏俊琏详细分析了该写卷中孔子和项託形象及其源流。[⑥] 同年，刘凤伟《古代

①　萧兵：《〈天问〉文体的比较研究》，《文献》1984年第1期。

②　李骞：《唐变文的形成及其与俗讲的关系》，《敦煌学辑刊》1985年第2期。

③　汪泛舟：《孔子及儒学考论》，《孔子研究》1987年第1期。

④　王小盾：《敦煌〈高兴歌〉及其文化意蕴》，《上海师范大学学报》（哲学社会科学版）1987年第3期。

⑤　张承健：《圣化的与魔化的孔夫子——敦煌本〈孔子项託相问书〉考评》，《温州师范学院学报》（哲学社会科学版）1990年第3期。

⑥　伏俊琏：《魏晋嘲讽俗赋考论》，《社会科学战线》2004年第6期；《〈孔子项託相问书〉体制探源》，《敦煌学辑刊》2005年第3期。

白话小说中的孔子形象》亦有类似的论述，还进一步比照了后世十五种孔子项託故事文本，使其源流愈明。① 同样在 2005 年，踪凡发表于《社会科学辑刊》上的《两汉故事赋的表现题材及文学成就》亦是循此思路而作。②2006 年刘茂靖《汉代俗赋的说唱性研究》皆是如此。③ 魏冬、益西群培和石硕等则从《孔子项託相问书》等藏文本写卷着手，对孔子的称谓进行分析，认为吐蕃对孔子这一人物并不觉陌生，在他们眼中，孔子不但是汉文化的象征与代表，还是在占卜、历算、工巧方面具有神奇和特殊能力的人物。④ 多数学者认为，《孔子项託相问书》的故事显示出唐代思想的多元化，突出了儒学并非独尊的情况。俞志慧则认为，这类置于孔子名下的故事，未必与历史上的孔子真有多少关系。孔子在此只是一个多智者的符号，叙述者需要这样一个公认的智能型、知识型人物，即使孔子被嘲弄，其初衷也不过是想突出游戏的另一方的机智与博学，未必真要唐突圣人。⑤ 金文京称，这个故事具有浓厚的民间文化及宗教色彩，还具有神话的意义，孔子和项託具有神话意义上的父子关系和同一性。⑥ 周淑萍认为，项託从语言到思想都源出儒家，符合儒家基本要义。可见该写卷基本立场是儒家的，处处完胜孔子的项託是儒家的代言人。可见作者并非对儒学本身不满，而是不满官方社会的文化强权。⑦

---

① 刘凤伟：《古代白话小说中的孔子形象》，苏州大学硕士学位论文，2005 年。

② 踪凡：《两汉故事赋的表现题材及文学成就》，《社会科学辑刊》2005 年第 1 期。

③ 刘茂靖：《汉代俗赋的说唱性研究》，山东大学硕士学位论文，2006 年。

④ 魏冬、益西群培：《藏族传统文化中的孔子形象》，《西藏研究》2009 年第 1 期；石硕：《从藏文史籍中的四个称谓看吐蕃对唐太宗的认知——兼论吐蕃的中原观》，《中国藏学》2015 年第 3 期。

⑤ 俞志慧：《从论辩游戏五称三穷看〈天问〉的成因》，《社会科学战线》2013 年第 1 期。

⑥ 段江丽：《中国古代文学与东亚文学—文化圈——金文京教授访谈录》，《文艺研究》2013 年第 2 期。

⑦ 周淑萍：《敦煌文学与儒学关系述论》，《敦煌研究》2015 年第 4 期。

四、流传与发展的研究

　　《孔子項託相问书》对周边民族的民间故事和俗文学产生重要影响。首先是藏地。藏文译本研究自苏明远（M.Soymie）以后，有冯蒸《敦煌藏文本〈孔丘項託相问书〉考》，该文对藏文写本《孔子項託相问书》进行简介，说明了写本时代以及语言特色，将古藏文转写成拉丁文，更清晰地探讨了汉文藏文本与汉文本之间的关系。① 陈践《敦煌古藏文 P.T.992〈孔子項託相问书〉释读》一文，对藏文 P.T.992 进行释读，并与汉文本进行对比，认为该藏文本确实译出了汉文本的精华，甚至更为紧凑和传神，提出《孔子項託相问书》藏文本的存在不仅仅反映了吐蕃时期的翻译水平，更折射出汉藏两大民族文化交流的多元和频繁。② 魏冬、益西群培认为，苯教文献中有关"贡则楚吉杰布"在旅途中与童子洽肯则岚眉的对话，极可能是脱胎于描绘孔子与项託事迹的民间传说。③ 旺多认为，《孔子項託相问书》行文顺畅、明达，并不拘泥于汉文的字句，而是译其大意，反映出译者对汉文注疏和故事是非常熟悉的。④ 沈卫荣亦由此证明吐蕃藏人吸收汉文化之早，汉文化修养之高。⑤ 陈荣泽则点明，藏文译者要有如此高的汉语文水平，无疑需要一个相对长的时间来接触、学习汉语文。⑥ 吴钰《敦煌藏文本〈孔子項託相问书〉的翻译特点》就相同内容的敦煌汉、藏文写本进行对比研究。⑦ 南卡加《〈孔子項託相问书〉藏译本研究》专门对藏译本进行了分析

---

① 　冯蒸：《敦煌藏文本〈孔丘項託相问书〉考》，《青海民族学院学报》1981 年第 2 期。
② 　陈践：《敦煌古藏文 P.T.992〈孔子項託相问书〉释读》，《百年敦煌文献整理研究国际学术讨论会论文集》（下册），2010 年。
③ 　杨黎浩：《早期藏族苯教历史研究》，陕西师范大学博士学位论文，2016 年；魏冬、益西群培：《藏族传统文化中的孔子形象》，《西藏研究》2009 年第 1 期。
④ 　旺多：《外来僧人对吐蕃佛教及佛经翻译方面的贡献》，《西藏研究》2010 年第 1 期。
⑤ 　沈卫荣：《汉藏交融与民族认同》，《读书》2010 年第 1 期。
⑥ 　陈荣泽：《论吐蕃时期藏汉语接触的途径》，《青海民族研究》2012 年第 1 期。
⑦ 　马德：《敦煌吐蕃文化学术研讨会综述》，《敦煌研究》2008 年第 5 期。

研究。①

郝苏民整理了蒙古文译本《骑黑牛的少年传》，与汉藏文本作对比，认为《孔子项託相问书》在蒙古人民中间传播并非照搬，而是一种蒙古化的翻译与移植，该文本并非"反孔"的"斗争"文学作品，而是地道地宣扬儒学观点的世俗故事。② 在此基础上，张先堂、彭书麟、冯晓平、杨富学、刘玉红、钟焓等人皆就《孔子项託相问书》的藏、蒙译本进行民族文化交流方面的研究。③ 戴莉则统计出民国时期与孔子项託故事相关的四个蒙译白话叙事文学的文本。④ 蒙古译本研究较为深入者当为玛瑙花的硕士学位论文，该文认为蒙古地区骑黑牛的少年的故事形成时间应该是比较晚的，很有可能不是直接译自汉写本，而是译自于明代的本子。⑤ 蒙译本虽然来自汉文故事，但深入融合了蒙古民间文化，应是一则原原本本的蒙古民间智力故事，得以在蒙古民间广泛流传并被蒙古人民所喜爱。

陈金文提出壮族《莫一大王》型传说中"竹生甲兵"的母题，应当源自《孔子项託相问书》。⑥ 潘艳涛进一步认为，"竹节育兵马"的母题不仅是受到《孔子项託相问书》影响，更由于这一故事与壮族人对竹的信仰和崇拜契合而生，体现出异文化与原文化整合的态势。⑦

---

① 南卡加：《〈孔子项託相问书〉藏译本研究》，西北民族大学硕士学位论文，2011 年。

② 郝苏民：《西蒙古民间故事〈骑黑牛的少年传〉与敦煌变文卷〈孔子项託相问书〉及其藏文写卷》，《西北民族研究》1994 年第 1 期。

③ 张先堂：《敦煌文学与周边民族文学、域外文学关系研究述论》，《敦煌研究》1994 年第 1 期；彭书麟：《论中古时期民族文化的大交流——我国少数民族古代审美文化研究》，《青海民族学院学报》1994 年第 1 期；冯晓平：《〈茶酒仙女论〉与藏族寓言体文学的成熟》，《中国藏学》1996 年第 2 期；杨富学：《20 世纪国内敦煌吐蕃历史文化研究述要》，《中国藏学》2002 年第 3 期；刘玉红：《变文与中印文化的交融》，《华夏文化》2002 年第 4 期；钟焓：《西藏史籍中木雅王占卜传说的汉族故事原型》，《中国典籍与文化》2004 年第 4 期。

④ 戴莉：《中国古典白话叙事文学对蒙古族胡仁乌力格尔的影响研究》，内蒙古民族大学硕士学位论文，2012 年。

⑤ 玛瑙花：《〈骑黑牛的少年传〉〈孔子项託相问书〉比较研究》，中央民族大学硕士学位论文，2014 年。

⑥ 陈金文：《"竹生甲兵"母题生成新探》，《广西民族大学学报》（哲学社会科学版）2008 年第 2 期。

⑦ 潘艳涛：《广西马山县金伦传说研究》，广西师范学院硕士学位论文，2011 年。

吐鲁番写卷中也有与《孔子项託相问书》内容相近的写卷，即《唐写本孔子与子羽对语杂抄》，该写卷收录于《吐鲁番文书》第 5 册。①1984 年，张鸿勋在其发表的《〈唐写本孔与子羽对语杂抄〉考略》一文中，将该写卷与《孔子项託相问书》进行详细比较，认为这两种写卷都是俗赋或古史赋，故事属于民间传说，不可认真。《孔子项託相问书》中故事主角发生变化是因为子羽相对项託而言并不知名，不易被民间群众接受。②1985 年，张鸿勋在《敦煌本〈孔子项託相问书〉研究》一文中点明，《孔子与子羽对语杂抄》应是《孔子项託相问书》的最早文本，其内容可以上溯到魏晋，从而将敦煌讲唱文学出现时间提前四五百年，通过实例说明了变文可以从古代赋中找到来源。③

《孔子项託相问书》的文本甚至还影响到周边国家。伏俊连注意到，日本平安朝成书的《今昔物语》中，有《臣下孔子道行值一童子问申语第九》，其内容亦为孔子与小儿论难的故事，其中有两段与敦煌本相同。④ 牧野和夫在《敦煌藏经洞藏〈孔子项託相问书〉类の日本传来・受容について》一文中提出《今昔物语集》中关于孔子的说话，一方面否定了孔子的权威，有一种讽刺的倾向，这与中世儒家的正当位置和佛教垂迹思想的佛菩萨化身的位置相距甚远。但另一方面在语言上，就连嘲笑"孔子倒"的谚语都要使用敬语，这是一种自相矛盾的情况。⑤ 王晓平则介绍道，中世纪日本的僧侣，在阅读《孔子论》（即《孔子项託相问书》）时也需要具备较高的汉文修养。⑥关于孔子项託故事在越南的流传，王小盾提出在越南古籍中，至少保存了 3 篇孔子、项託相问的故事，并认为这一故事在唐五代已经定型，且大略有北方、南方两个同源异流的传播系统。如果说敦煌本是北方系统的代表，那

① 唐长孺主编：《吐鲁番出土文书》第 5 册，文物出版社 1983 年版，第 97—99 页。

② 张鸿勋：《〈唐写本孔与子羽对语杂抄〉考略》，《敦煌学辑刊》1984 年第 1 期。

③ 张鸿勋：《敦煌本〈孔子项託相问书〉研究》，《敦煌研究》1985 年第 2 期。

④ 伏俊连：《俗赋研究》，西北师范大学博士学位论文，2001 年。

⑤ ［日］牧野和夫：《敦煌藏經洞藏〈孔子項託相問書〉類の日本傳來・受容について》，收入《敦煌文献论集》，辽宁人民出版社 2001 年版；高阳：《〈今昔物语集〉及日本中世的孔子故事——礼赞与讽刺之间》，《日语学习与研究》2011 年第 2 期。

⑥ 王晓平：《从敦煌到日本海》，《中国比较文学》2004 年第 4 期。

么，越南本、藏文本和明代《小儿论》则具备更强的传承关系，同属于《孔子项託相问书》的南方系统。后王小盾进一步推论，汉越本《孔子项託相问书》的功能略有差异，敦煌本主要用于讲唱，越南本则服务于蒙教，以书面、口头相结合的方式流传。① 金滢坤认为，迄今为止，使用周边国家收藏的中国古代古本童蒙读物及其注解、改编和撰写等相关古本童蒙读物，来探讨古代周边国家、部族在童蒙教育中使用、中国童蒙文化对周边国家和民族的传播和影响，依然是不足够的。②

五、社会文化背景相关研究

该写卷涉及博戏、民俗、社会习俗等多方面社会文化因素。从博戏观念看，《孔子项託相问书》源自上古名为"五称三穷"的论辩游戏，不过与春秋战国相比，涉及的知识更加生活化，游戏者群体也发生了变化，由上层下移下来。这是由于这种游戏的舞台日渐下移。③ 葛承雍《论唐代社会中的赌博浊流》一文中注意到了《孔子项託相问书》中关于博戏的问答，体现出唐代社会对沉溺于赌博的摒弃。④ 杨秀清利用《孔子项託相问书》中关于博戏的内容，提出唐宋时期的儿童教育及知识系统中对儿童游戏始终排斥的这一观点。⑤ 李晓春则分析道：吏人、农人、学生等好博，会因荒废时日而耽误正事，尚在前人批评之"因戏废事"范畴内；而"天子好博，风雨无期"则直接将博戏当作一种本身就被上天所否定的罪恶给予彻底否定了。⑥ 后王永平、杜朝晖、路志峻等人则在双陆的发展演变史研究中充分地利用了《孔

---

① 王小盾：《从越南俗文学文献看敦煌文学研究和文体研究的前景》，《中国社会科学》2003年第1期；王小盾：《东亚俗文学的共通性》，《中国社会科学》2015年第5期。

② 金滢坤：《中国童蒙文化研究的思路、方法与创新》，《首都师范大学学报》（社会科学版）2018年第1期。

③ 石龙岩：《〈庄子〉》，西北师范大学硕士学位论文，2011年。

④ 葛承雍：《论唐代社会中的赌博浊流》，《社会科学战线》1991年第4期。

⑤ 杨秀清：《敦煌石窟壁画中的古代儿童生活》（三），《敦煌学辑刊》2013年第3期。

⑥ 李晓春：《中国古代博戏文化研究》，北京大学硕士学位论文，2013年。

子项託相问书》中的材料。① 丛振、李重认为,《孔子项託相问书》假借孩童项託之口,对游艺活动进行了批判,体现出民众谨慎克制的娱乐观。② 谢军认为,这里假托孔子和项託对话来阐述博戏的危害,正是人们在双陆游戏最盛行时的理性反思结果。③ 丛振认为,《孔子项託相问书》中弄土拥泥和拥土作城应是儿童用沙土堆积成城舍的游戏,这在敦煌地区十分常见。④ 徐冰认为,该写卷开篇一段问答,体现出当时敦煌社会没有固定的用具、规则的游戏。即年轻人和孩童平常看到什么玩什么,包括打打闹闹,因此有“相伤”可能。⑤

　　就民俗角度而言,张成全认为,问答中关于“父母是亲”一段,项託认为母亲更亲的背后隐含着民族灵魂中最为深刻的东西,一种以退缩心理为基础的对母体及原始形态的认同和回归倾向。⑥ 钱钟书认为,由《孔子项託相问书》可见,血缘观已由雅文化进入俗文化,进入了古人的日常生活,已成了汉民族心里底层的一种集体意识。王政关注到该写卷中以树喻女性的现象在各民族各时期都比较常见。⑦ 李道和分析民俗中的衣妻观念时,提出该写卷中“车轮之喻”与衣服之喻当属“同科”。⑧

　　从社会习俗看,高国藩注意到《秋胡变文》写本中入石堂情景与《孔子项託相问书》中项託石堂仙境求学读书的情景一致。他认为正是因为有石窟的存在才有石堂的意识产生,石堂的幻境正是从石窟的艺术幻境中产生的。⑨ 吴玉莹亦认为,《孔子项託相问书》为代表一些写卷反映出,俗讲的不少内容未必与佛教有关,许多民间传说也成为了民众喜闻乐见的俗讲

① 　王永平:《唐代的双陆与握槊、长行考辨》,《唐史论丛》(第九辑),三秦出版社2006年版,第297—311页;杜朝晖:《敦煌文献名物研究》,浙江大学博士学位论文,2006年;路志峻、张有:《丝绸之路上的胡戏——双陆之考析》,《敦煌研究》2009年第5期。

② 　丛振、李重申:《试论敦煌游艺文化中的儒家特征》,《敦煌研究》2012年第3期。

③ 　谢军:《“双陆”运动功用的历史考察》,《兰台世界》2014年第15期。

④ 　丛振:《敦煌游艺文化研究》,兰州大学博士学位论文,2013年。

⑤ 　徐冰:《中国民间小戏研究》,上海大学博士学位论文,2014年。

⑥ 　张成全:《略论敦煌变文的原型意义》,《殷都学刊》1992年第3期。

⑦ 　王政:《〈周易〉和〈焦氏易林〉婚配生殖喻象摭论》,《周易研究》1999年第1期。

⑧ 　李道和:《女鸟故事的民俗文化渊源》,《文学遗产》2001第4期。

⑨ 　高国藩:《敦煌本秋胡故事研究》,《敦煌研究》1986年第1期。

题材。① 高国藩《古敦煌民间生育风俗》一文从古敦煌的教学形式入手，指出《孔子项託相问书》中"项託入山游学去，百尺树下学文章"一句，说明当时敦煌学童至青少年阶段有在山里的大树下学习的习俗。② 王昊在此基础上进一步认为，石室求学是一种敦煌特有的求学风俗，体现出敦煌地区重学之风。③ 杨治敏则将该文本总结为"扬弱心理"的体现，并认为这是底层人民对美好生活的期盼与向往的体现。④ 钟海波认为项託的形象体现出了民间的智勇崇拜。⑤ 刘泰廷认为，该写卷中的项託更接近圣童而不仅仅是神童或早慧儿童。这种形象是在中古时期神性儿童角色大量出现的文化语境中产生的，它为读者展现了一个潜藏神性特质的儿童形象在文本书写下是如何表露这种神性的。⑥

杨秀清通过研究该文本进一步提出，项託所代表的知识与思想系统，并非精英的知识与思想，而是一般大众的知识与思想系统。二人的对话乃是精英与大众的对话。项託向孔子提出的问题，正是大众所关心的日常生产、生活的基本知识。这种知识背后，便是敦煌大众的生活观念与普遍想法。⑦ 杨利民认为《孔子项託相问书》这类通俗读物所宣传的思想，实际上已经成为普通社会心灵世界的核心和灵魂。⑧ 丁淑梅从唐代弄孔子戏的源流角度探讨此文，认为该写卷的结尾部分以怪力乱神为孔子现身，完全是庶民的意识和民间思想的自然流露，显示出民间信仰反拨儒家道统的无畏勇气。⑨

---

① 吴玉莹：《俗文学中的观音本生故事文本研究》，暨南大学硕士学位论文，2018 年。

② 高国藩：《古敦煌民间生育风俗》，《民俗研究》1986 年第 1 期。

③ 王昊：《敦煌小说研究》，中国社会科学院博士学位论文，2003 年。

④ 杨治敏：《晏子故事研究》，四川大学硕士学位论文，2005 年。

⑤ 钟海波：《中国通俗叙事文学繁荣的先声》，陕西师范大学博士学位论文，2005 年。

⑥ 刘泰廷：《神性的儿童：中古时期的文本书写与思维世界——从〈天地瑞祥志〉中小儿占的言说谈起》，《暨南学报》（哲学社会科学版）2016 年第 12 期。

⑦ 杨秀清：《社会生活的常识、经验与规则及其思想史意义——以唐宋时期敦煌地区为中心》，《敦煌研究》2006 年第 4 期；杨秀清：《唐宋时期敦煌大众思想史研究的几个问题》，《敦煌研究》2011 年第 4 期。

⑧ 杨利民：《敦煌哲学范式初探》，《甘肃社会科学》2016 年第 3 期。

⑨ 丁淑梅：《唐代弄孔子优戏的俳谐意趣》，《烟台师范学院学报》（哲学社会科学版）2006 年第 2 期。

佛、儒、道相互渗透，呈现出互为异趣的民族文化特征，是《孔子项託相问书》这一复杂艺术形态的形成背景。丁淑梅认为，《论孔子七十二弟子》这类嘲戏佛教、儒家的题材，为唐代优人李可及的《三教论衡》以及敦煌变文中的《孔子项託相问书》，提供了前奏。① 杨晓慧亦探讨了三教论衡对唐代俗文学发展的影响，亦包括《孔子项託相问书》在内。② 张乘健将《孔子项託相问书》视为一部以佛评儒的文学作品。③ 潘承玉将其问难色彩与佛家"论议"的风气联系起来。俞晓红亦注意到该写卷中的佛教因素，同时提出《孔子项託相问书》等韵文中的"诗曰"，源于佛典中的偈颂、诗偈，并非来自汉语文献中的"诗曰"，与俗语所谓的"子曰诗云"之"诗云"完全不是一回事。刘玉红认为，之所以出现孔子杀项託的文本，乃是传统文化和佛教文化乃至印度文化冲突的体现。④ 王杰从语言的角度分析，认为"报答"的"答复"义就是出自于佛教影响。⑤ 姜生认为，项託之言呈现出《道德经》的"自然""无为""去甚、去奢、去泰"及"辅万物之自然而不敢为"的思想特征。⑥

六、结　语

正是由于诸多学者、专家长期对《孔子项託相问书》的系统深入研究，从而更加丰富、完善了对该写卷的认识。然而，从童蒙教育角度展开讨论者尚不多，尤其是对于该写卷所重点表现的尊卑之辩、天人之辩、天性之辩等辩题，还缺乏深入探讨。而且，敦煌文献中的《杂抄》《孔子备问书》等知

---

① 丁淑梅：《中国古代禁毁戏剧史论》，华东师范大学博士学位论文，2006 年。

② 杨晓慧：《唐代俗文学研究》，陕西师范大学博士学位论文，2012 年。

③ 张乘健：《佛性与魏晋以来的中国古代文学》，《温州师范学院学报》（哲学社会科学版）1994 年第 5 期。

④ 俞晓红：《佛教与唐五代白话小说》，上海师范大学博士学位论文，2004 年；俞晓红：《论敦煌变文叙事体制的渊源与衍变》，《湛江师范学院学报》2004 年第 4 期。

⑤ 王杰：《近代汉语词语与汉译佛经研究》，《毕节学院学报》2009 年第 7 期。

⑥ 姜生：《鬼圣项橐考》，《敦煌学辑刊》2015 年第 2 期。

识类蒙书、《太公家教》《武王家教》等家教类蒙书，在内容和形式上，与《孔子项託相问书》有很多共通之处，所以就该写卷与其他蒙书的关系、共通性背后的历史文化背景，尚有探讨的必要。当然，对于该写卷的内容不可一概而论。该写卷后文中孔子因嫉妒而杀项託的片段，明显与前文的性质不符，且在形式上具有俗赋、变文的特点，郑阿财认为《相问书》后半段应该是敦煌地区释徒为贬低孔子而特意增添的。① 针对该写卷，可以进一步以孔子与项託辩论部分为研究重点，挖掘孔子杀项託这一部分中与童蒙教育相关的信息，以求能更加全面认识该写卷在唐五代时期的用途、影响及所体现的社会文化。

① 傅璇琮、罗联添主编：《唐代文学研究论著集成》第 8 卷，第 1072—1080 页。

2020 年中国童蒙文化研究论著目录

贾 艺 帆*

本目录搜罗了 2020 年有关童蒙文化的研究成果。目录内容搜集主要参考了中国知网、读秀。① 本目录分为论文和著作两部分，其中论文分为通论、童蒙教育、蒙书、儿童文学和儿童生活、家风家训、学位论文、综述和书评等部分，著作分为蒙书、家训、童蒙教育及研究等部分。管见有限，疏漏之处，请专家学者批评指正。

一、论　文

（一）通论

班高杰：《人伦与规范：传统蒙书中的道德养成》，《江西社会科学》2020 年第 7 期。

李海兰：《让中华优秀传统文化融入儿童教育》，《当代家庭教育》2020 年第 28 期。

欧平：《蒙学读物在当代幼儿教育中的应用性研究》，《河南教育（幼教)》2020 年第 2 期。

宋欣：《国学蒙学经典阅读提升少年儿童道德品质的途径探索》，《科教

---

*　作者简介：贾艺帆，首都师范大学历史学院硕士研究生，主要研究方向为隋唐史、童蒙文化。

①　参考的网络索引有中国知网（http://www.cnki.net/）、读秀（http://www.duxiu.com/）等。

导刊》（中旬刊）2020 年第 12 期。

杨中启、任娜：《传统蒙学、蒙书与蒙教》，《中国德育》2020 年第 3 期。

（二）童蒙教育

1. 通论

王泉根：《中国古代启蒙读物、共享文学与儿童阅读教学研究》，《教育史研究》2020 年第 3 期。

徐洁、苏叶：《历史记忆的绵延：中国传统蒙学读物中的爱国主义教育思想》，《中国德育》2020 年第 2 期。

2. 先秦

崔颖：《〈史籀篇〉的传承价值探究》，《新疆广播电视大学学报》2020 年第 3 期。

朱有祥、李丽娇：《〈易经·蒙卦〉治蒙对教育惩戒权的启示》，《开封文化艺术职业学院学报》2020 年第 4 期。

3. 汉唐

金滢坤：《唐五代敦煌蒙书编撰与孝道启蒙教育——以〈孝经〉为中心》，《首都师范大学学报》（社会科学版）2019 年第 5 期；人大复印报刊资料《幼儿教育导读》（教育科学版）2020 年第 3 期。

李妍：《童蒙教材视阈下的域外唐宋饮食文化传播研究——以〈庭训往来〉的点心名称为例》，《佳木斯大学社会科学学报》2020 年第 5 期。

任占鹏：《唐五代敦煌地区学童书学教育研究——以敦煌文献为中心》，《童蒙文化研究》第 5 卷，人民出版社 2020 年版。

王子今：《行走的秦汉少年——教育史视角的考察》，《中山大学学报》（社会科学版）2020 年第 1 期；《童蒙文化研究》第 5 卷，人民出版社 2020 年版。

杨宝玉：《唐后期五代宋初敦煌寺学考索》，《隋唐辽宋金元史论丛》2020 年。

张小锋：《童歌童谣与两汉社会探析》，《童蒙文化研究》第 5 卷，人民出版社 2020 年版。

张永萍：《敦煌写本所见唐宋佛教寺院教育之童蒙读物》，《语文教学通讯·D 刊（学术刊）》2020 年第 4 期。

4. 宋元

蔡春娟：《辽金元时期童蒙教育研究的几点思考》，《中国史研究动态》2020 年第 1 期。

蔡春娟：《元代的童子举》，《童蒙文化研究》第 5 卷，人民出版社 2020 年版；人大复印报刊资料《幼儿教育导读》（教育科学版）2020 年第 9 期全文转载。

蔡春娟：《元代乡里社会对儿童儒家规范的教育》，《隋唐辽宋金元史论丛》2020 年。

蔡春娟：《许衡的小学教育思想及其实践》，《浙江师范大学学报》（社会科学版）2020 年第 4 期。

陈改军、赵国权：《责任与担当：两宋时期母亲对子女的人生引导》，《江西电力职业技术学院学报》2020 年第 5 期。

陈永宝：《小学与哲学：论朱熹蒙学思想中的儿童哲学》，《陕西学前师范学院学报》2020 年第 10 期。

范国盛：《朱熹与王阳明蒙养教育观之异同及现代启示》，《宁波大学学报》（教育科学版）2020 年第 2 期。

金滢坤：《宋辽金西夏元儒家经典与童蒙教育考察》，《童蒙文化研究》第 5 卷，人民出版社 2020 年版。

梁鑫：《史浩与〈童丱须知〉》，《文教资料》2020 年第 32 期。

王建军：《"心理之发见"——试论元代著名教育家吴澄的童蒙教育追求》，《教育史研究》2020 年第 1 期。

魏威：《宋代陶模童子造型考证》，《开封大学学报》2020 年第 1 期。

赵国权：《角色与责任：两宋母亲的教子生活》，《童蒙文化研究》第 5 卷，人民出版社 2020 年版；人大复印报刊资料《幼儿教育导读》（教育科学版）2020 年第 11 期全文转载。

朱季康：《宋代江苏私塾教育简论》，《金陵科技学院学报》（社会科学版）2020 年第 2 期。

5. 明清

杜云南：《明清科举文化下的幼教研究》，《肇庆学院学报》2020 年第 1 期；人大复印报刊资料《幼儿教育导读》（教育科学版）2020 年第 6 期全文转载。

刘婉：《论明清时期蒙师的作用及其地位》，《集美大学学报》（教育科学版）2020 年第 1 期。

翟力：《明清时期学塾中读书教学方法探微》，《童蒙文化研究》第 5 卷，人民出版社 2020 年版。

6. 其他

陈金平：《幼儿园蒙学教育现状调查分析与对策探究》，《科学导刊》（下旬）2020 年第 5 期。

陈蕊：《〈弟子规〉礼仪教育反思与现代儿童礼仪教育践行研究》，《科教文汇》（上旬刊）2020 年第 8 期。

郭齐家：《果行育德　蒙以养正》，《北京教育》（普通版）2020 年第 2 期。

高振宇：《民国时期儿童学研究者的理论成就及实践贡献》，《河北师范大学学报》（教育科学版）2020 年第 5 期；人大复印报刊资料《幼儿教育导读》（教育科学版）2020 年第 11 期全文转载。

何奕艳：《论颜之推早期儿童教育思想对当今家庭教育的启示》，《智力》2020 年第 16 期。

黄彦震、安燕、敖敦格日乐：《近现代儿童教育课程与教学法著作综述》，《黑龙江档案》2020 年第 1 期。

蒋小倩：《陶行知教育思想在幼儿园游戏化教学中实践与启示》，《文化创新比较研究》2020 年第 29 期。

孔亚梅：《基于理解的儿童教育思想研究及启示》，《教育教学论坛》2020 年第 47 期。

李会杰：《拓展传统文化教育推动儿童德育发展》，《当代家庭教育》2020 年第 28 期。

李明高：《传统蒙学德育思想现代转化的逻辑进路》，《中国德育》2020 年第 2 期。

刘雨杭：《王守仁童蒙教育思想对当代学前教育的启示》，《河南教育（幼教）》2020 年第 5 期。

李兴韵、张杨旭：《王阳明儿童"自得之美"教育思想研究》，《教育研究与试验》2020 年第 5 期。

杨艳：《论鲁迅儿童教育思想的忧患意识》，《汉字文化》2020 年第 18 期。

张楚萱：《家庭教育视野下的学前儿童教育问题分析》，《试题与研究》2020 年第 35 期。

卓俊科：《〈小孩月报〉"启蒙"平议》，《新闻爱好者》2020 年第 10 期。

藏兰荣：《中国传统文化与现代儿童教育研究——评〈中国传统儿童教育研究〉》，《语文建设》2020 年第 22 期。

（三）蒙书

1. 通论

高静雅：《中国古代蒙书编撰目的探析——以蒙书推广、传播为中心》，《浙江师范大学学报》（社会科学版）2020 年第 1 期。

黄正建：《蒙书与童蒙书——敦煌写本蒙书研究刍议》，《敦煌研究》2020 年第 1 期；人大复印报刊资料《魏晋南北朝隋唐史》2020 年第 4 期全文转载。

江露露：《敦煌蒙书中的蒙养理念探究》，《童蒙文化研究》第 5 卷，人民出版社 2020 年版。

金滢坤：《论蒙书的起源及其与家训、类书的关系——以敦煌蒙书为中心》，《人文杂志》2020 年第 12 期。

刘芳：《中国传统蒙书的发展源流及特色》，《文教资料》2020 年第 12 期。

张靖人：《蒙学文本三论》，《时代报告》2020 年第 12 期。

郑阿财：《敦煌蒙书的语言形式与熟语运用析论》，《厦门大学学报》（哲学社会科学版）2020 年第 4 期。

邹蓓蓓、孙继民：《民间蒙书与文化嬗变：太行山文书蒙学类文献的类型、特点及价值》，《宁夏社会科学》2020 年第 3 期。

2. 先秦

王纪红:《〈论语〉中孔子的"孝"观及其英译研究》,《南京工程学院学报》(社会科学版) 2020 年第 4 期。

3. 汉唐

陈正正、贺柳:《多维视角下的敦煌字书整理与研究——评〈敦煌写本〈俗务要名林〉语言文字研究》,《宁夏师范学院学报》2020 年第 12 期。

高天霞:《敦煌写本〈籯金〉系类书的文献校勘价值例说》,《河西学院学报》2020 年第 4 期。

高天霞:《敦煌写本〈籯金〉系类书童蒙教育价值浅论》,《童蒙文化研究》第 5 卷,人民出版社 2020 年版。

高天霞:《从敦煌写本看失传类书〈籯金〉的编撰目的与编排体例》,《文献》2020 年第 1 期。

黄益:《玄奘、义净与"圣义天"——〈梵语千字文〉作者梵名小考》,《德州学院学报》2020 年第 1 期。

金滢坤:《唐代问答体蒙书编撰考察——以〈武王家教〉为中心》,《厦门大学学报》(哲学社会科学版) 2020 年第 4 期。

刘全波、曹丹:《论〈兔园策府·议封禅〉产生的历史背景》,《甘肃广播电视大学学报》2020 年第 4 期。

刘全波:《〈初学记〉〈艺文类聚〉比较研究——以"诗文"为中心的考察》,《西华师范大学学报》(哲学社会科学版) 2020 年第 3 期。

刘全波:《论唐代类书与蒙书的交叉融合》,《浙江师范大学学报》(社会科学版) 2020 年第 4 期。

刘全波:《论中古时期类书、蒙书编纂的历史继承性——以〈艺文类聚〉〈初学记〉为中心》,《童蒙文化研究》第 5 卷,人民出版社 2020 年版。

刘全波、Chi Zhen:《再论中古时期类书编纂的因袭与替代》,《孔学堂》2020 年第 3 期。

吕冠南:《敦煌〈孝经注〉残卷的文献价值》,《西南交通大学学报》(社会科学版) 2020 年第 4 期。

蒙天霞:《从敦煌习字蒙书看唐代敦煌童蒙书法教育》,《大学书法》2020 年第 6 期。

冉怡：《敦煌写本 P.2633 综合研究》，《六盘水师范学院学报》2020 年第 5 期。

孙伯君：《西夏文〈大藏经〉"帙号"与勒尼语〈千字文〉》，《文献》2020 年第 5 期。

王辉：《肩水金关汉简所见〈急就篇〉人名考析》，《档案》2020 年第 8 期。

王三庆：《敦煌辞典类书研究：从〈语对〉到〈文场秀句〉》，《厦门大学学报》（哲学社会科学版）2020 年第 4 期。

吴洪成、郭曦垚：《北朝学校教材探析》，《南都学坛》2020 年第 5 期。

辛睿龙：《英藏黑水城文献 Or.8212/1344 号写本〈蒙求〉残页考》，《古籍整理研究学刊》2020 年第 1 期。

尹赋：《从"隐恶扬善"看儒学普及化中存在的问题——以〈王梵志诗〉、〈太公家教〉为中心》，《社会科学战线》2020 年第 11 期。

尹玉青：《〈急就篇〉中的人名研究——以"延年"为例》，《档案》2020 年第 12 期。

郑阿财：《〈蒙求〉在汉字文化圈的传播及其在日本接受的特殊意涵》，《童蒙文化研究》第 5 卷，人民出版社 2020 年版。

郑阿财：《〈开蒙要训〉的语文教育与知识积累》，《浙江师范大学学报》（社会科学版）2020 年第 1 期；人大复印报刊资料《幼儿教育导读》（教育科学版）2020 年第 5 期全文转载。

张新朋、桂钱英：《敦煌蒙书残片考辨四则》，《文津杂志》2020 年第 2 期。

4. 宋元

格根珠拉：《西夏蒙书〈圣立义海〉史源补考四则》，《宁夏大学学报》（人文社会科学版）2020 年第 4 期。

任晓霏、邓燕玲：《〈三字经〉在越南的传播与影响》，《国际汉学》2020 年第 2 期。

王文生：《朱子〈小学〉——蒙书中的儒典》，《朱子文化》2020 年第 5 期。

朱凤玉：《蒙书的界定与〈三字经〉作者问题——兼论〈三字经〉在日

本的发展》，《童蒙文化研究》第 5 卷，人民出版社 2020 年版。

张雨昕、任晓霏：《描写翻译研究下〈名贤集〉的英译研究》，《海外英语》2020 年第 23 期。

5. 明清

陈彦君：《明中后期蒙学版画图像的政治流播从〈日记故事〉系统"二十四孝"图像谈起》，《收藏》2020 年第 4 期。

金萍：《中国故事的深度叙述与文化软实力的话语形塑——晚清蒙学教科书中国家故事叙述的个案考察》，《社科纵横》2020 年第 8 期。

刘爱华：《明清蒙学教材对我国原创儿童绘本内容创新的启示》，《出版广角》2020 年第 20 期。

刘逢秋：《〈论语〉和〈弟子规〉中"孝"内涵的嬗变探析》，《长江丛刊》2020 年第 15 期。

刘怡青：《朱熹〈小学·明伦〉对越南李文馥〈明伦撮要歌〉之影响》，《童蒙文化研究》第 5 卷，人民出版社 2020 年版。

宋丹、余芳、胡平：《蒙学经典诗化教育探索——以〈声律启蒙〉〈笠翁对韵〉为例》，《凯里学院学报》2020 年第 5 期。

沈伟：《清代道德教化类书〈人镜集〉探析》，《古籍整理研究学刊》2020 年第 4 期。

孙欣：《传承与借鉴：内外兼修的晚清蒙学课本》，《宁波大学学报》（教育科学版）2020 年第 3 期。

仝建平：《从序跋看〈弟子规〉的传播及内容系统》，《图书馆杂志》2020 年第 8 期。

童垚森：《〈笠翁对韵〉对儿童古诗学习的积极作用》，《文教资料》2020 年第 24 期。

吴雁：《明沈度、张弼〈千字文〉合册考释》，《美术观察》2020 年第 12 期。

阴肖娟：《〈小儿语〉开蒙养正今鉴》，《文化学刊》2020 年第 8 期。

张占岭：《蒙学传承的中学实践——以〈弟子规〉为例》，《中国德育》2020 年第 2 期。

朱萍：《〈声律启蒙〉的蒙学教学价值探析》，《作家天地》2020 年第 23 期。

6. 其他

白英：《诗乐同根的中国古代蒙学教育实践——以琴歌〈阳关三叠〉为例》，《音乐天地》2020 年第 4 期。

晁保通、张茜：《试论蒙学经典〈千字文〉的内在结构关系》，《长安学刊》2020 年第 5 期。

陈智峰：《蒙学教育的守正与创新——以〈千家诗〉的传承为例》，《师道》2020 年第 7 期。

黄杉：《古汉语教学视域下的当代蒙学教材问题——以〈千字文〉为例》，《福建教育学院学报》2020 年第 2 期。

金烨：《〈幼学琼林〉的现代教育价值》，《遵义师范学院学报》2020 年第 1 期。

李忠琼、黄海霞：《浅析在小学开展传统蒙学教育的策略》，《中国德育》2020 年第 2 期。

宁博：《文化自信与中国蒙学译介——以英译〈三字经〉为例》，《福建茶叶》2020 年第 2 期。

宁博、李海军：《早期西方传教士对中国蒙学典籍的误读与阐释——以裨治文英译〈三字经〉为例》，《哈尔滨师范大学社会科学学报》2020 年第 4 期。

全香兰：《韩国谚解〈千字文〉释义研究》，《辞书研究》2020 年第 4 期。

沈伟：《清代私修类书编纂状况述论》，《兰台世界》2020 年第 1 期。

宋亚凝：《学习传统蒙学之我见》，《中国德育》2020 年第 2 期。

唐艳、肖鹏：《序知本末：〈广州大典〉中的蒙书序文》，《图书馆论坛》2020 年第 7 期。

王皓、黄岭：《越南汉喃四字蒙学文献述论》，《国际汉学》2020 年第 2 期。

徐兴林、王燕湟：《〈三字经〉中幼儿教育思想的当代价值探析》，《教育观察》2020 年第 24 期。

张敬雅：《清编唐诗蒙学范本研究及当代启示》，《语文建设》2020 年第 10 期。

周梁：《浅谈蒙学经典的动漫化表现和传播》，《戏剧之家》2020 年第 3 期。

朱莉清：《〈千字文〉的教育特点对当下语文教育的启示》，《文学教育》2020 第 1 期。

钟薇芳：《毛利虚白〈故事俚谚绘钞〉研究——以典故"西施捧心"为例》，《日语学习与研究》2020 年第 3 期。

（四）儿童文学和儿童生活

1. 儿童文学

贺思宇：《浅析儿童性在儿童文学创作中的体现》，《传播力研究》2020 年第 3 期。

刘丽莎：《试论新时代儿童文学的价值准则》，《海南大学学报》（人文社会科学版）2020 年第 4 期。

叶长胜、韩书：《教育学视角下的儿童文学观之"发现儿童"》，《文学教育》（下）2020 年第 12 期。

朱泗义：《"儿童本位观"与儿童文学及小学教学的应用研究》，《当代家庭教育》2020 年第 35 期。

2. 儿童生活

蔡洁：《儿童"看电影"：民国儿童社会生活的新风尚》，《汉语言文学研究》2020 年第 3 期。

李小东：《童声童趣：晚清儿童的游戏及其乐趣——以回忆史料为中心的考察》，人大复印报刊资料《幼儿教育导读》（教育科学版）2020 年第 2 期。

苏烨：《〈儿童杂事诗〉：现代目光下的童年建构》，《昆明学院学报》2020 年第 5 期。

王子今：《怎样真正亲近秦汉儿童生活》，《中国史研究》2020 年第 1 期。

谢鹏鹏：《〈儿童生活〉：苏北抗日根据地首张儿童报》，《江淮文史》2020 年第 6 期。

云海：《古代儿童的玩乐生活》，《视野》2020 年第 12 期。

3. 儿童形象、儿童观

郭法奇：《儿童观与教育：杜威思考的维度与内涵》，《河北师范大学学报》（教育科学版）2020 年第 5 期；人大复印报刊资料《幼儿教育导读》（教育科学版）2020 年第 10 期。

王贵玲：《简谈丰子恺"顺天而动"的儿童观及教育启示》，《佳木斯职业学院学报》2020 年第 5 期。

熊贤君：《陶行知的儿童观论析》，《生活教育》2020 年第 2 期。

叶水涛：《谈李吉林的儿童观》，《江苏教育》2020 年第 57 期。

于文倩：《论鲁迅作品中儿童形象的多面性》，《南方论刊》2020 年第 12 期。

（五）家训家风

1. 通论

常茝心：《良言家训为立身之本》，《半月选读》2020 年第 10 期。

曹世栋：《古代家训中教育元素传承意义及创新方式》，《中学教学参考》2020 年第 36 期。

高玲：《家风家训的现实意义与教育实践》，《太原城市职业技术学院学报》2020 年第 10 期。

龚娱：《论中国传统家风文化及其时代传承》，《文化学刊》2020 年第 12 期。

何桂美：《传统家训文化对当代家风建设的价值》，《学校党建与思想教育》2020 年第 7 期。

李慧：《中华家风家训的传承价值及其相关探析》，《作家天地》2020 年第 16 期。

李璐璐：《传统家训育德机制探析》，《职大学报》2020 年第 5 期。

马若燕：《树立好家风，润物细无声——浅谈家风家训对孩子的影响及其培养途径》，《中学课程辅导》（教师通讯）2020 年第 8 期。

钱波、何绍芬：《中国传统家训及其当代价值研究》，《昭通学院学报》

2020 年第 2 期。

岳生琼：《优良传统家训对现代家风建设作用的探索与实践》，《新课程》2020 年第 19 期。

赵婵娟：《从传统家训文化看新时代家风意涵》，《人民论坛》2020 年第 26 期。

张胜男、陈静：《家书家训中的家教思想及对当代家长的启示》，《当代继续教育》2020 年第 5 期。

张志明：《优秀传统家训文化融入高校思想政治教育的路径》，《西部素质教育》2020 年第 14 期。

2. 古代家风家训

卞文志：《〈颜氏家训〉：古今家训之祖》，《青春期健康》2020 年第 11 期。

杜超凡：《〈朱子家训〉研究文献综述》，《今古文创》2020 年第 19 期。

丁士虎、祝中侠：《〈负暄闲语〉家训思想渊源考略》，《池州学院学报》2020 年第 4 期。

高娟、徐国旺：《家庭：道德教育的起点基于〈颜氏家训〉的思考》，《求知》2020 年第 7 期。

郝芳：《读书思廉 修身立德——读〈曾国藩家书〉有感》，《工会博览》2020 年第 33 期。

嵇珺：《颜之推与〈颜氏家训〉》，《家庭教育》（中小学版）2020 年第 1 期。

解蓉：《传统家风文化传承研究——以万荣阎景李氏家族善文化为例》，《中国民族博览》2020 年第 6 期。

金滢坤：《唐代家训、家法、家风与童蒙教育考察》，《浙江师范大学学报》（社会科学版）2020 年第 1 期；人大复印报刊资料《幼儿教育导读》（教育科学版）2020 年第 5 期全文转载。

李颖：《关于徽州家风家训的实践与思考》，《智库时代》2020 年第 4 期。

李玲玲：《浅析〈朱子家训〉和〈朱柏庐治家格言〉的区别及联系》，《各界》2020 年第 14 期。

李燕青、贾丙香：《〈柳氏叙训〉的家教范例与忧患意识》，《运城学院学报》2020 年第 5 期。

缪方明：《〈颜氏家训〉家庭伦理思想简析》，《徐州工程学院学报》（社会科学版）2020 年第 6 期。

彭陵飞：《〈颜氏家训〉的家庭伦理思想》，《绵阳师范学院学报》2020 年第 1 期。

乔亏、张琳：《〈朱子家训〉伦理教化的三维向度》，《中国德育》2020 年第 2 期。

戚帅华：《杜甫诗教传家风》，《公民与法》（综合版）2020 年第 12 期。

钱云华：《关于"三苏"家风家训的几点探究》，《四川工商学院学术新视野》2020 年第 3 期。

汪锋华：《晚清徽州宗族的教育观新论——以徽州家谱、族规、家训为中心》，《合肥工业大学学报》（社会科学版）2020 年第 2 期。

汪仕惠：《浅析明清以来江南家族教育中家训的作用——以无锡堠山钱氏家族为例》，《文教资料》2020 年第 7 期。

王永丽：《明代县丞王邦直家族家训家风探析》，《青岛农业大学学报》（社会科学版）2020 年第 3 期。

辛昌泽、夏当英：《"修齐治平"家国叙事的重构逻辑：基于〈颜氏家训〉的解读》，《太原理工大学学报》（社会科学版）2020 年第 6 期。

寻霖：《王介之〈耐园家训〉及其对王夫之〈传家十四戒〉的影响》，《船山学刊》2020 年第 4 期。

颜炳罡：《范式突破与方式创新——〈颜氏家训〉在中国家训文化史上的地位》，《孔子研究》2020 年第 5 期。

赵丽英：《〈朱子家训〉对古代幼儿教育的启蒙作用探究》，《汉字文化》2020 年第 23 期。

祝虻：《从家训文献看晚明士大夫的治家认识——以方弘静〈家训〉为中心》，《安徽史学》2020 年第 1 期。

张小锋：《汉代张汤家风、家教与家族赓续》，《秦汉研究》2020 年。

3. 其他

陈建新：《〈颜氏家训〉家庭教育思想的现代意蕴》，《信阳师范学院学报》（哲学社会科学版）2020 年第 6 期。

楚亚萍：《明清家训德育思想的现代性启示》，《皖西学院学报》2020 年第 6 期。

范赟：《从"家风"谈幼儿礼仪教育中榜样的力量》，《当代家庭教育》2020 年第 33 期。

耿宁：《试论〈钱氏家训〉的家庭教育思想及其现代功用》，《青年与社会》2020 年第 10 期。

郭雅菲、王小琴：《三晋家训文化融入高校思想政治教育研究》，《运城学院学报》2020 年第 2 期。

黄彩卿：《中华优秀传统家风文化融入大学生价值观教育的几点思考》，《青年与社会》2020 年第 12 期。

何桂美、李璐璐、宋晓修：《传统家训文化育德功能及其对新时代家风建设的启示》，《学习与实践》2020 年第 8 期。

郝士红：《山西传统家训文化的当代价值》，《中北大学学报》（社会科学版）2020 年第 1 期。

侯文雯、刘汝怡、谢蓉：《论〈钱氏家训〉的内涵、家族影响与当代价值》，《戏剧之家》2020 年第 20 期。

何亚蓉、刘海霞：《〈颜氏家训〉家风建设思想及其当代价值》，《兰州文理学院学报》（社会科学版）2020 年第 4 期。

金哲：《论〈颜氏家训〉中家庭道德教育思想及其现代转化》，《文化软实力研究》2020 年第 3 期。

刘楚然：《中华传统文化在高职德育中的运用探讨——以〈颜氏家训〉为例》，《郑州铁路职业技术学院学报》2020 年第 2 期。

刘德才：《齐鲁优良家风融入高校思想政治教育的路径研究》，《潍坊学院学报》2020 年第 3 期。

刘胜梅：《新时代文明实践中传统家风家训传承研究》，《泰山学院学报》2020 年第 4 期。

李媛媛：《〈颜氏家训〉对当代德育的启示》，《文化学刊》2020 年第 5 期。

彭靖：《邓嗣禹〈颜氏家训〉英译研究与传播意义》，《国际汉学》2020 年第 4 期。

彭佳丽、黄琳庆：《浅析眉山苏氏家风家训的思想政治教育方法》，《广西教育学院学报》2020 年第 5 期。

蒲雨潇：《〈颜氏家训·教子篇〉对现代家庭教育的借鉴作用》，《甘肃教育》2020 年第 21 期。

曲笑玮：《〈颜氏家训〉与青少年教育理念的当代契合》，《文教资料》2020 年第 22 期。

汪俐：《家训媒介中传统文化艺术传播路径研究——以〈颜氏家训〉为中心的考察》，《湖南包装》2020 年第 2 期。

王肖亚：《〈颜氏家训〉中的家庭教育思想及其当代价值》，《现代交际》2020 年第 16 期。

裔建虹：《〈朱子家训〉对当代家庭教育的启示》，《语文世界》（教师之窗）2020 年第 Z2 期。

杨磊：《王师晋〈资敬堂家训〉思想及其现代价值》，《西部学刊》2020 年第 10 期。

于盼：《中国传统家训对当代家庭德育的启示——以〈曾国藩家书〉为例》，《教育实践与研究》（理论版）2020 年第 2 期。

张丹丹：《多维度视域下裴氏家风的时代价值》，《三门峡职业技术学院学报》2020 年第 3 期。

章剑锋、易文意：《传统家训融入大学生思想政治教育的动因、内容与对策》，《浙江师范大学学报》（社会科学版）2020 年第 5 期。

朱磊：《探析〈颜氏家训〉中的家庭教育思想及当代价值》，《河南教育：幼教》2020 年第 5 期。

赵旭、魏锦京：《诸葛氏家风家训的伦理思想及其当代价值》，《公关世界》2020 年第 22 期。

（六）学位论文

陈贵英：《蒙学教材"三百千"走进小学语文课堂的反思》，云南师范大学硕士学位论文，2020 年。

陈留芳：《〈幼学琼林〉语文教学功用探究》，淮北师范大学硕士学位论文，2020 年。

崔琳：《明清时期江南地区的儿童生活》，华东师范大学硕士学位论文，2020 年。

崔艳：《〈千家诗〉编纂理念及蒙童实践价值初探》，淮北师范大学硕士学位论文，2020 年。

韩臣才：《〈礼记〉儿童教育思想初探》，浙江大学硕士学位论文，2020 年。

郝金磊：《〈颜氏家训〉中的家庭教育思想及其当代价值——阐释、评价与实践》，河南大学硕士学位论文，2020 年。

江露露：《蒙养强国：清末新政蒙学建设研究》，北京师范大学博士学位论文，2020 年。

贾珊：《新时期以来儿童文学禁忌话题书写研究》，兰州大学硕士学位论文，2020 年。

龙光海：《敦煌蒙书研究》，贵州师范大学硕士学位论文，2020 年。

陆南男：《蒙学教材〈幼学琼林〉研究》，上海师范大学硕士学位论文，2020 年。

李腾：《〈颜氏家训〉家庭道德教育思想及当代价值研究》，山东师范大学硕士学位论文，2020 年。

陆燕南：《秦汉儿童教育研究》，武汉大学硕士学位论文，2020 年。

刘亚琼：《越南阮朝童蒙教育及其嬗变研究》，广西民族大学硕士学位论文，2020 年。

马静：《西夏字书〈新集碎金置掌文〉探析》，北方民族大学硕士学位论文，2020 年。

孟丹：《〈千家诗〉的选编研究》，上海师范大学硕士学位论文，2020 年。

庞丽军：《游戏化思维下蒙学教育体验设计研究》，江南大学硕士学位论文，2020 年。

裴雪霏：《传统蒙学教材〈笠翁对韵〉的语文教学功能研究》，淮北师范大学硕士学位论文，2020 年。

单鸿飞：《年希尧增补〈五方元音〉研究》，辽宁大学硕士学位论文，

2020 年。

邵莲萍：《〈颜氏家训〉中的历史教育研究》，苏州大学硕士学位论文，2020 年。

孙慧灵：《先秦师生关系的构建——以〈弟子职〉为基点的历史考察》，苏州大学硕士学位论文，2020 年。

王坤姿：《明清蒙学中的音乐教育》，湖南师范大学硕士学位论文，2020 年。

王艳：《写字教材〈千字文〉分析研究》，上海师范大学硕士学位论文，2020 年。

王子涵：《〈声律启蒙〉研究》，华中师范大学硕士学位论文，2020 年。

吴海峰：《丰子恺文学作品中的儿童观研究》，山东师范大学硕士学位论文，2020 年。

吴园：《敦煌写本〈事林〉〈事森〉整理与研究》，兰州大学敦煌研究所硕士学位论文，2020 年。

席文杰：《朱熹〈训蒙绝句〉研究》，贵州师范大学硕士学位论文，2020 年。

杨淑俐：《〈颜氏家训〉礼仪教育思想及其现代价值研究》，上海师范大学硕士学位论文，2020 年。

叶宝琪：《〈三字经〉教学的个案研究》，上海师范大学硕士学位论文，2020 年。

朱莲飞：《明代蒙学教材中的历史教育研究》，苏州大学硕士学位论文，2020 年。

朱续荣：《传统家训文化中的德育思想研究》，西北师范大学硕士学位论文，2020 年。

张灵慧：《〈笠翁对韵〉研究》，华中师范大学硕士学位论文，2020 年。

张玥：《敦煌知识类蒙书写本探究》，西华师范大学硕士学位论文，2020 年。

（七）书评、综述与目录

高静雅：《中华炎黄文化研究会童蒙文化专业委员会第五届国际学术研讨会综述》,《童蒙文化研究》第 5 卷,人民出版社 2020 年版。

江家发、曹雨：《清末〈蒙学化学教科书〉述评》,《化学教育》（中英文）2020 年第 10 期。

刘玲娣：《打开可以"望见生动情景的视窗"——读王子今教授〈秦汉儿童的世界〉》,《中国史研究》2020 年第 1 期。

李兰芳：《稚女童儿,冠笄未备——读王子今教授〈插图秦汉儿童史〉》,《博物院》2020 年第 4 期。

王玺：《2019 年中国童蒙文化研究论著目录》,《童蒙文化研究》第 5 卷,人民出版社 2020 年版。

吴元元：《弘扬童蒙文化传递中华精神——"第二届中国童蒙文化与亚洲社会"学术研讨会综述》,《童蒙文化研究》第 5 卷,人民出版社 2020 年版。

赵宠亮：《秦汉儿童生活的生动画卷——王子今著〈插图秦汉儿童史〉评介》,《文博》2020 年第 5 期。

二、著　作

（一）蒙书

1.蒙书点校

（南朝梁）周兴嗣、（清）李渔：《千字文·百家姓·笠翁对韵》,希望出版社 2020 年版。

（南宋）王应麟、（南朝梁）周兴嗣、（清）李毓秀：《三字经·百家姓·千字文·弟子规》,江苏凤凰美术出版社 2020 年版。

（南宋）王应麟、（南朝梁）周兴嗣、（清）李毓秀：《三字经·百家姓·千字文·弟子规·太上感应篇》,文物出版社 2020 年版。

（南宋）王应麟：《国学大书院　三字经》,江苏科学技术出版社 2020

年版。

（南宋）王应麟：《三字经》，吉林美术出版社 2020 年版。

（南宋）王应麟：《三字经》，北京教育出版社 2020 年版。

（南宋）王应麟著，邓启铜、诸华注释：《三字经》，长江文艺出版社 2020 年版。

（清）车万育著，韩芳主编：《声律启蒙》，宁波出版社 2020 年版。

（清）车万育著，少儿编辑部编：《声律启蒙》，晨光出版社 2020 年版。

（清）车万育：《声律启蒙》，中州古籍出版社 2020 年版。

（清）车万育撰，子张评注：《〈声律启蒙〉今读》，浙江大学出版社 2020 年版。

（清）程登吉：《万卷楼国学经典　幼学琼林　三百千》，万卷出版公司 2020 年版。

（清）程登吉著，靳瑞刚主编：《幼学琼林》，海燕出版社 2020 年版。

（清）程登吉著，少儿编辑部编：《幼学琼林》，晨光出版社 2020 年版。

（清）程登吉著，司瑞芳编，彭庆峰绘：《幼学琼林》，湖南美术出版社 2020 年版。

（清）程登吉著，王星主编：《幼学琼林》，浙江大学出版社 2020 年版。

（清）程登吉著，于树华导读：《幼学琼林》，苏州大学出版社 2020 年版。

（清）程登吉著，曹日升注译：《幼学琼林》，岳麓书社 2020 年版。

（清）蒯光典撰，李霜琴责编，曹小云、方孝玲校点：《文字蒙求广义》，黄山书社 2020 年版。

（清）李毓秀：《弟子规》，吉林美术出版社 2020 年版。

（清）李毓秀：《弟子规》，北京教育出版社 2020 年版。

（清）李毓秀：《弟子规》，南京大学出版社 2020 年版。

（清）吴楚材、（清）吴调侯编选：《古文观止》，人民文学出版社 2020 年版。

（清）吴楚材、（清）吴调侯编选：《古文观止》，中国言实出版社 2020 年版。

（清）吴楚材、（清）吴调侯选编：《古文观止》，岳麓书社 2020 年版。

（清）吴楚材、（清）吴调侯选注：《古文观止》，北京出版社 2020 年版。

［日］宫本百合子：《中华经典诵读　声律启蒙》，浙江古籍出版社 2020 年版。

《国学经典诵读》编委会编：《〈三字经〉选读》，浙江人民出版社 2020 年版。

常舒雅：《乐读经典　千字文》，黄山书社 2020 年版。

崇贤书院编：《弟子规》，世界图书出版公司 2020 年版。

崇贤书院编：《千字文》，世界图书出版公司 2020 年版。

崇贤书院编：《三字经》，世界图书出版公司 2020 年版。

崇贤书院编：《声律启蒙》，世界图书出版公司 2020 年版。

程仲庸主编：《千字文　注音彩图版》，成都天地出版社 2020 年版。

程仲庸主编：《幼学琼林　注音彩图版》，成都天地出版社 2020 年版。

冯水滢编写：《弟子规》，辽宁少年儿童出版社 2020 年版。

夫子主编：《百家姓　美绘版》，山东教育出版社 2020 年版。

夫子主编：《千字文　美绘版》，山东教育出版社 2020 年版。

韩芳主编：《三字经》，宁波出版社 2020 年版。

何山石主编：《三字经·千字文·百家姓》，湖北美术出版社 2020 年版。

黄秉泽、黄昉注译：《三字经·百家姓·千字文·弟子规》，崇文书局 2020 年版。

佳虹编著：《读蒙书　学做人》，江西人民出版社 2020 年版。

京京工作室编：《三字经·百家姓》，中国纺织出版社 2020 年版。

姜忠喆主编：《少年读幼学琼林》，民主与建设出版社 2020 年版。

李安纲编著：《〈弟子规〉讲解》，北京航空航天大学出版社 2020 年版。

刘敬余：《千字文　彩图注音版》，北京教育出版社 2020 年版。

绿萝主编：《千字文　彩绘注音》，吉林美术出版社 2020 年版。

刘可亮、吴小明、李永：《无情对韵》，团结出版社 2020 年版。

林涛主编：《百家姓》，延边教育出版社 2020 年版。

林涛主编：《弟子规》，延边教育出版社 2020 年版。

林涛主编：《千字文》，延边教育出版社 2020 年版。

林涛主编：《三字经》，延边教育出版社 2020 年版。

林涛主编：《声律启蒙》，延边教育出版社 2020 年版。

林涛主编：《增广贤文》，延边教育出版社 2020 年版。

林熙编：《三字经故事》，长江少年儿童出版社 2020 年版。

刘益宏主编：《千字文·增广贤文》，江西美术出版社 2020 年版。

刘益宏主编：《三字经》，江西美术出版社 2020 年版。

少儿编辑部编：《弟子规》，晨光出版社 2020 年版。

少儿编辑部编：《笠翁对韵》，晨光出版社 2020 年版。

少儿编辑部编：《千家诗》，晨光出版社 2020 年版。

少儿编辑部编：《千字文》，晨光出版社 2020 年版。

少儿编辑部编：《三字经》，晨光出版社 2020 年版。

少儿编辑部编：《增广贤文》，晨光出版社 2020 年版。

寿大本：《〈千字文〉今注》，中国书店 2020 年版。

田梅编，杨苇绘：《声律启蒙》，湖南美术出版社 2020 年版。

图说天下珍藏版编委会：《三字经　百家姓　弟子规　图说天下　珍藏版》，吉林出版集团有限责任公司 2020 年版。

王星主编：《三字经·百家姓·千字文》，浙江大学出版社 2020 年版。

肖辉主编：《弟子规》，中国言实出版社 2020 年版。

肖辉主编：《千字文》，中国言实出版社 2020 年版。

肖辉主编：《三字经》，中国言实出版社 2020 年版。

杏林文化编：《弟子规》，山西人民出版社 2020 年版。

杏林文化编：《千字文》，山西人民出版社 2020 年版。

杏林文化编：《三字经》，山西人民出版社 2020 年版。

严欢主编：《国学早教启蒙经典》，三辰影库音像电子出版社 2020 年版。

喻岳衡导读注译：《增广贤文·弟子规·孝经》，岳麓书社 2020 年版。

纸贵满堂编：《600 图三字经·弟子规·千字文·千家诗·中国寓言四格大绘本》，成都地图出版社 2020 年版。

中华书局经典教育研究中心编：《笠翁对韵诵读本·声律启蒙》，中华书局 2020 年版。

中华书局经典教育研究中心编：《中华优秀传统文化经典诵读　幼学琼林诵读本》，中华书局 2020 年版。

张圣洁主编：《声律启蒙》，浙江教育出版社 2020 年版。

张欣编著：《声律启蒙》，岳麓书社 2020 年版。

张艳玲主编：《千字文》，语文出版社 2020 年版。

张艳玲主编：《三字经》，语文出版社 2020 年版。

张燕玲主编：《弟子规》，语文出版社 2020 年版。

2. 蒙书研究

（清）李毓秀、（清）贾存仁：《弟子规译介——基于人类世生态诗学角度》，知识产权出版社 2020 年版。

班高杰：《传统启蒙教育中的道德养成与价值观建构研究》，上海三联书店 2020 年版。

高天霞：《敦煌写本〈纂金〉系类书整理与研究》，中国社会科学出版社 2020 年版。

王金娥：《敦煌写本蒙书十种校释》，中国社会科学出版社 2020 年。

（二）家训

1. 家训点校

（蜀汉）诸葛亮、（宋）范仲淹著，余进江选编译注：《历代家训名篇译注》，上海古籍出版社 2020 年版。

（三国）王肃著，（南北朝）颜之推著，夏华编译：《万卷楼国学经典　孔子家语　颜氏家训》，沈阳万卷出版公司 2020 年版。

（北齐）颜之推：《颜氏家训》，江苏凤凰美术出版社 2020 年版。

（北齐）颜之推著，王云路主编：《颜氏家训》，浙江大学出版社 2020 年版。

（北齐）颜之推著，冯祖贻：《颜氏家训》，国家图书馆出版社 2020 年版。

（宋）袁采著，赖区平译注：《袁氏世范译注》，上海古籍出版社 2020

年版。

（明）王艮著，杨鑫译注：《王心斋家训译注》，上海古籍出版社 2020 年版。

（明）袁了凡著，知书译注：《了凡四训》，台海出版社 2020 年版。

陈延斌：《江苏家训史》，江苏人民出版社 2020 年版。

迟双明：《朱子治家格言全鉴》，中国纺织出版社 2020 年版。

方佶蕊编，王勇绘：《朱子家训》，湖南美术出版社 2020 年版。

何山石、何于斯译著：《颜氏家训》，湖北美术出版社 2020 年版。

洪镇涛校注：《颜氏家训·朱子家训》，上海大学出版社 2020 年版。

焦金鹏：《国学经典诵读丛书　颜氏家训　注音版》，二十一世纪出版社 2020 年版。

姜忠喆主编：《少年读颜氏家训》，民主与建设出版社 2020 年版。

李佳、赖金普选编：《李拔家训选注》，团结出版社 2020 年版。

李顺保主编：《中国古代家训集》，学苑出版社 2020 年版。

励双杰、励聘操主编：《思绥草堂藏稀见名人家谱家训百种》，广西师范大学出版社 2020 年版。

秦望龙编著：《厚德家训》，甘肃文化出版社 2020 年版。

檀作文译注：《曾国藩家训》，中华书局 2020 年版。

王海兴编：《蒙学吟诵读本》，沈阳万卷出版公司 2020 年版。

吴荣山、祝贵耀主编：《聆听家训　立志》，浙江古籍出版社 2020 年版。

萧史、秦雨编著：《历代家训》，文化发展出版社 2020 年版。

姚彩萍、张君杰编者，潘铭明责编，吴荣山、祝贵耀总主编：《聆听家训　爱国》，浙江古籍出版社 2020 年版。

杨威、罗夏君：《中华传统家训精粹》，北京教育科学出版社 2020 年版。

杨义堂：《千古家训》，北京作家出版社 2020 年版。

俞亚娟、蒋玲娣编著：《聆听家训　孝悌》，浙江古籍出版社 2020 年版。

姚正燕、周佳主编：《聆听家训　勉学》，浙江古籍出版社 2020 年版。

中华书局经典教育研究中心编：《颜氏家训诵读本　升级版》，中华书局 2020 年版。

张伟：《赣南家训》，百花洲文艺出版社 2020 年版。

张艳国：《〈颜氏家训〉精华提要》，人民出版社 2020 年版。

张艳国：《中华家训讲读》，人民出版社 2020 年版。

庄辉明、章义和撰：《颜氏家训译注》，上海教育出版社 2020 年版。

左宗棠：《左宗棠家训译注》，上海古籍出版社 2020 年版。

2. 家训研究

党志强：《中国传统家训与现代家庭教育》，山西人民出版社 2020 年版。

冯和一、王飞朋：《颜之推家庭教育思想研究》，山西人民出版社 2020 年版。

顾易：《从颜氏家训看中国家教》，暨南大学出版社 2020 年版。

黄东、黄学佳译注：《峭公遗子孙诗译注》，南方日报出版社 2020 年版。

黄庆林：《明清佛山家风家训研究》，广东人民出版社 2020 年版。

匡济编著：《成语中的家风故事》，中国方正出版社 2020 年版。

匡济编著：《中华优秀家风故事》，中国方正出版社 2020 年版。

乐江主编：《吴江人的家风记忆》，上海文化出版社 2020 年版。

刘良业、马晓娟主编：《中华优秀家文化》，河北大学出版社 2020 年版。

饶云华：《古训家风润姚安》，云南人民出版社 2020 年版。

邵凤丽：《家风家训与文明乡风建设》，中国社会科学出版社 2020 年版。

邵泽水、高胜主编：《孟子故里家风家训》，山东画报出版社 2020 年版。

石孝义编著：《中华历代家训集成》，河海大学出版社 2020 年版。

王爽、裴颖编著：《中国家书》，海南出版社 2020 年版。

殷飞：《颜氏家训给我们的 110 条家教智慧》，江苏凤凰教育出版社 2020 年版。

张佳俊主编：《镇江朱氏文化研究文集》，山西经济出版社 2020 年版。

曾仕强著：《中国式家风》，北京时代华文书局 2020 年版。

（三）童蒙教育及研究

[美] 蒋彝：《儿时琐忆》，北京联合出版公司 2020 年版。

崔颖：《中国古代蒙学识字教材研究》，山西人民出版社 2020 年版。

顾易：《从三字经看中国启蒙教育》，暨南大学出版社 2020 年版。

金滢坤主编：《童蒙文化研究》第 5 卷，人民出版社 2020 年版。

梁启超：《我们今天怎样做父亲》，上海古籍出版社 2020 年版。

王泉根：《中国儿童文学的多维阐释》，人民出版社 2020 年版。

王子今：《插图秦汉儿童史》，西安未来出版社 2020 年版。

赵燕：《儿童文学教育学术史研究》，世界图书出版西安有限公司 2020 年版。

责任编辑:宫 共

封面设计:徐 晖

图书在版编目(CIP)数据

童蒙文化研究.第六卷/金滢坤 主编. —北京:人民出版社,2021.12

ISBN 978-7-01-023952-1

Ⅰ.①童…　Ⅱ.①金…　Ⅲ.①儿童教育-研究-中国-古代　Ⅳ.①G619.29

中国版本图书馆 CIP 数据核字(2021)第 226930 号

童蒙文化研究

TONGMENG WENHUA YANJIU

第六卷

主编　金滢坤

副主编　江露露

人民出版社 出版发行

(100706　北京市东城区隆福寺街 99 号)

北京汇林印务有限公司印刷　新华书店经销

2021 年 12 月第 1 版　2021 年 12 月北京第 1 次印刷

开本:710 毫米×1000 毫米 1/16　印张:24　字数:365 千字

ISBN 978-7-01-023952-1　定价:65.00 元

邮购地址 100706　北京市东城区隆福寺街 99 号

人民东方图书销售中心　电话 (010)65250042　65289539